PSY
CHO
LOGY

改訂版
現代と未来をつなぐ実践的見地からの
心理学

小松 紘・木村 進・渡部純夫・皆川州正 編著

八千代出版

執筆分担 （掲載順）

小松　紘	東北福祉大学名誉教授	第1部第1章第1節、第2章第1節／第2部第1章第1節／第3部第3章コラム／第4部第1章第4節	
西野美佐子	東北福祉大学名誉教授	第1部第1章第2節／第3部第3章第2節／第4部第1章第2節、第2章第2節コラム／第5部第1章第2節	
皆川　州正	東北福祉大学名誉教授	第1部第1章コラム、第2章第3節／第3部第2章／第5部第3章第2節・コラム・第3節3.コラム	
木村　進	東北福祉大学名誉教授	第1部第2章第2節／第5部第1章第1節、第2章第1節・第3節	
宇田川一夫	東北福祉大学名誉教授	第1部第2章第4節／第3部第3章第1節・第4節／第4部第3章第1節・第4節1.～3.	
柴田　理瑛	東北福祉大学講師	第2部第1章第2節	
大関　信隆	東北福祉大学准教授	第2部第1章第3節・第4節／第3部第1章第2節／第4部第2章第2節1.2.・第5節コラム／第5部第2章第2節	
白井　秀明	東北福祉大学教授	第2部第2章第1節、第3章第3節	
平川　昌宏	東北福祉大学准教授	第2部第2章第2節・コラム	
佐藤　俊人	東北福祉大学准教授	第2部第3章第1節・第2節／第3部第1章第1節／第5部第1章第3節	
吉田　綾乃	東北福祉大学教授	第3部第1章第3節／第4部第1章第3節	
山口奈緒美	東北福祉大学准教授	第3部第1章第4節／第4部第1章第5節・コラム	
渡部　純夫	東北福祉大学教授	第3部第3章第3節／第4部第1章第1節・コラム、第2章第4節、第3章第5節・第8節／第5部第3章第3節・4.コラム	
平泉　拓	宮城大学准教授	第4部第1章第6節	
中村　修	東北福祉大学准教授	第4部第2章第1節・第2節3.4.・第3節・第5節／第5部第3章第1節	
内藤　裕子	東北福祉大学准教授	第4部第3章第1節コラム・第4節4.	
秋田　恭子	東北福祉大学教授	第4部第3章第2節・第3節	
菊池　陽子	元東北福祉大学教授	第4部第3章第6節／第5部第1章第4節	
半澤　利一	東北福祉大学准教授	第4部第3章第7節・コラム	
結城　愛	航空自衛隊松島基地 心理療法士	第4部第3章第9節	
加藤　伸司	東北福祉大学教授	第5部第4章	

（コラム執筆者）

河地　庸介	東北大学大学院准教授	第2部第1章コラム	
清水めぐみ	東北福祉大学准教授	第4部第2章第1節コラム、第3章第5節コラム	
飯嶋　亮子	東北福祉大学講師	第4部第2章第4節コラム	
鎌田　克信	東北福祉大学講師	第4部第3章第4節コラム	
武村　尊生	東北福祉大学准教授	第4部第3章第6節コラム	
中村　恵子	東北福祉大学准教授	第4部第3章第3節コラム・第8節コラム	

プロローグ

「現代と未来をつなぐ実践的見地からの心理学」の初版が出版されて 10 年の歳月が流れました。この間に東日本大震災（震度 7 の地震と巨大津波）、熊本地震（震度 7 が 2 回）など、想定をはるかに超える大きな天変地異がありました。また、環境異変は世界各地でますます現実のものとなってきています。日本でも、「命にかかわる危険な暑さ」「命にかかわる危険な大雨」といわれるように、気候の極端化、記録的な豪雨、局地的大雨、台風の巨大化などが起きています。IPCC の報告以前から環境異変の原因が人間の活動にあることはわかっていました。人間の身勝手さと愚かさゆえの結果です。日本の場合、人口減少や労働力の不足、消費市場の縮小など自治体の存立に関わる重大問題に直面する一方で、AI（人工知能）が飛躍的に発展し、産業や社会を変えつつあります。その結果として自然環境や社会環境の急激な変化による予測困難な時代を迎えることになります。今こそ私たちは自分自身に目を向け、自分がいかなる能力を持ち、協力し合うことによりどのような力を発揮できるのかを知る必要があります。また、どのような弱点を持ち、どうすればそれを克服できるかを知ることも大切です。本書は基本的に人間の心の働きと行動を探求する心理学の概論書ですが、未来にもつながる現実的問題を取り上げた実践的性格を持った本でもあります。

本書の基本的構成は初版と同様、5 部から成っております。紹介が部分的になりますが、改訂版では、［第 1 部　心理学の歴史から未来を考える］において、心理学史の初めに、心理学の源流を成すものとして哲学や倫理学、宗教学など、東・西の思想文化が取り上げられます。また実践的話題として本書の柱を構成する、環境や社会、発達、臨床などを考える視点の問題、現代から未来への展望が述べられます。［第 2 部　人は現実世界をどう捉え、経験し、困難を克服するか］では、人間の認識機能や、経験を積み重ねて困難な問題を解決する能力について、基礎的知識の解説から、さらなる応用に向けての実践的工夫が紹介されます。［第 3 部　心の成り立ちと個性の形成を考える］では、行動の原動力となる動機づけや感情などの内面的世界と、人々との社会的関係のなかで、その人らしさ、すなわちパーソナリティや個性を形成していく過程が取り上げら

i

れます。［第4部　ともに生きるための心理学の役割］は最も議論の多い領域で、紛争解決や環境問題、ストレスなど、ネガティブな問題の解決とともに、ポジティブな生き方への心理学の貢献なども論じられます。また、社会における実践的活動のなかで、異分野間のコラボレーションの有効性と重要性、その現状や未来への可能性が、災害による被災者の支援の問題も含めて紹介されます。［第5部　「人生」を生きていくということ］は、初版と同様に本テキストのまとめの役割を担っております。あらためて「生涯発達」という観点から人生を通覧し、よりよい人生とは何か、人々が納得のいく人生を送るために、心理学に何ができるかが考察されます。

　このように本書は、私たちの人生に深く関わる内容になっております。生涯にわたって皆様の座右の書となることを願っています。

　改訂版刊行の計画が2度にわたって延期になったにもかかわらず、辛抱強く、今日の日を信じて努力してくださった東北福祉大学福祉心理学科教員の皆様および関係者の皆様に厚く感謝の意を表します。そして、準備段階から適切なアドバイスや有効な資料を提供してくださった、八千代出版社長森口恵美子氏とスタッフの皆様には、編者一同心より御礼申し上げます。

　なお、「公認心理師法」が2017年9月に施行されました。本書が心理職を目指している方々、そしてすでにその道を歩まれている方々にとっても、真に頼れる書になることを心から願うものであります。

編著者を代表して　　小松　紘

目　　次

プロローグ　*i*

第1部　心理学の歴史から未来を考える

第1章　心の学の誕生とその歩み ———————————————— *2*

第1節　心の学の始まりから心理学実験室の設立まで　*2*

第2節　学派・学説の時代　*6*

第2章　現代の心理学から未来へ ———————————————— *16*

第1節　現代の環境・社会心理学から未来へ　*16*

第2節　現代の発達心理学から未来へ　*21*

第3節　現代の臨床心理学から未来へ　*24*

第4節　研究倫理の問題　*28*

第2部　人は現実世界をどう捉え、経験し、困難を克服するか

第1章　「知る」ことの仕組みとその応用 ———————————— *34*

第1節　人間の情報処理—その基礎メカニズム—　*34*

第2節　情報処理の諸相　*40*

第3節　認識の障害と感覚代行　*46*

第4節　神経・生理心理学—心と身体との関連—　*51*

第2章　「学び、覚える」ことの仕組みとその応用 ———————— *60*

第1節　学習の原理　*60*

第2節　記憶の仕組み　*66*

第3章　「考え行う」ことの仕組みとその応用 —————————— *71*

第1節　思考の仕組みと言語の役割　*71*

第2節　知　　能　*72*

第3節　問題解決と思考　*75*

第3部　心の成り立ちと個性の形成を考える

第1章　「行動」から見た心と個性 ―――――――――――――― 82

第1節　動機づけの諸理論　*82*

第2節　感　　情　*85*

第3節　社会的認知　*89*

第4節　社会的促進と社会的手抜き　*93*

第2章　「パーソナリティ」から見た心と個性 ――――――――― 102

第1節　人格の概念　*102*

第2節　パーソナリティの形成過程　*103*

第3節　パーソナリティのさまざまな考え方　*104*

第4節　自我と自己　*110*

第5節　自己実現　*118*

第3章　「人間性」から見た心と個性 ―――――――――――― 126

第1節　「人間性」とは　*126*

第2節　「コミュニケーション」と個性　*131*

第3節　「適応」のあり方と個性　*137*

第4節　未来に求められる「人間性」とは　*140*

第4部　ともに生きるための心理学の役割

第1章　生活環境作りと心理学の役割 ―――――――――――― 148

第1節　人　と　人　*148*

第2節　人と家族　*153*

第3節　人と社会・文化　*159*

第4節　人と環境　*163*

第5節　社会問題と環境問題への心理学の活用　*169*

第6節　災害とコミュニティ支援　*175*

第2章　人の健康と心理学の役割 ———————————— 184

第1節　現代社会と心の健康　*184*

第2節　ストレスとその学説　*189*

第3節　健康生成論　*195*

第4節　予防、危機介入、コンサルテーション、カウンセリング　*201*

第5節　ポジティブ心理学　*206*

第3章　心理臨床の現場から ———————————————— 215

第1節　現代における心の問題の諸相　*215*

第2節　アセスメント（心理査定）　*219*

第3節　さまざまな心理療法とその活用　*225*

第4節　教育現場における心理臨床：

　　　　　教育と心理のコラボレーション（1）　*233*

第5節　福祉現場における心理臨床：

　　　　　福祉と心理のコラボレーション（1）　*241*

第6節　医療現場における心理臨床：

　　　　　医療と心理のコラボレーション　*246*

第7節　司法現場における心理臨床　*252*

第8節　産業現場における心理臨床：

　　　　　産業と心理のコラボレーション　*260*

第9節　組織における心理臨床：

　　　　　組織とのコラボレーション（自衛隊の場合）　*267*

第5部　「人生」を生きていくということ

第1章　生 涯 発 達 ———————————————————— 276

第1節　「生涯にわたる発達」という視点　*276*

第2節　遺伝と環境　*280*

第3節　子どもの社会と発達の課題　*285*

第4節　人格の発達　*288*

第2章　障害をもって生きるということ ——————————————— 295

第1節　障害の意味と定義　*295*

第2節　発達障害児とその親の援助：

　　　　教育と心理のコラボレーション（2）　*298*

第3節　心身の障害と家族への援助：

　　　　福祉と心理のコラボレーション（2）　*304*

第3章　思春期を生きる ————————————————————— 309

第1節　思春期の心身の特徴　*309*

第2節　思春期の心の成長と危機　*312*

第3節　思春期の問題とその援助：

　　　　教育と心理のコラボレーション（3）　*318*

第4章　老年期を生きる ————————————————————— 327

第1節　老年期の生物学的意味　*327*

第2節　老年期の心理学的意味　*331*

第3節　老年期の生きがいと死生観　*336*

第4節　これからの老年期：

　　　　福祉と心理のコラボレーション（3）　*340*

人 名 索 引　*345*

事 項 索 引　*349*

第 1 部

心理学の歴史から
未来を考える

第 1 章

心の学の誕生とその歩み

第１節　心の学の始まりから心理学実験室の設立まで

１．心理学の源流

　「心理学」を意味する英語の"psychology"は「精神や心の仕組みやはたらき方」を意味する"psycho"と「学」を意味する"logy"との合成語である。これらはギリシャ語のプシケ"psyche（精神）"とロゴス"logos（学）"がそのルーツといわれる。確かに洋の東西を問わず、紀元前の昔から哲学者や思想家たちの関心が、人間の心の働きや、価値観による善悪の判断、その結果としての行動のあり方などに向けられていたことは事実である。万学の祖といわれるアリストテレス（Aristotelēs; B.C. 384–322）は、哲学者でありながら経験を重視し、自然観察を行った人であった。彼は最初の心理学の書といわれる「霊魂論」（De Anima）において、私たちは「霊魂」を原因力として栄養の摂取や感覚、欲求、運動、思考などの生命現象を営み、身体は霊魂によってその機能を発揮すると述べている。そして師匠のプラトンの魂と身体の二元論に対して、霊魂と身体が不可分であるとする立場をとった。

　歴史的に振り返ってみれば、西洋と東洋とが具体的な接点がないまま、同じ時代を共通の課題として思索を深めた学は「倫理学」と思われる。アリストテレスの「倫理学」は、ソクラテスやプラトンのきわめて理念的な「倫理学」に対して、同時代のギリシャ人の実際の生活に根ざした「倫理学」であって、私たちの"生き方"や"価値観"と密接にかかわる学問であった。アリストテレスのそれは当然「心理学」と重畳するところが大となる。アリストテレスによれば、私たちが求めるべき最高の善は「幸福」とされる。快楽や富や名声は、人間の本性に根ざした内的な善性に基づくところの、それ自体が目的である自足的な

善ではなく、外的な善とされる。また行為のよさについても、理念的より現実的で、中庸を最も徳あるものとする考え方である（日下部, 2012）。このような倫理観や価値観はすでに古代中国春秋時代の孔子（B.C. 551-479）の儒教にも見られるもので、その後、孟子（B.C. 372-289）をはじめ多くの思想家, 教育家に受け継がれ、日本にも伝えられた。江戸時代には人民の教育思想として定着した。古代文明における人間の心や生き方についての思索が、千数百年後に人民の教育に影響与えたこと、また、医学的研究の倫理的原則を明示したヘルシンキ宣言やアメリカ心理学会の倫理綱領などは、人間の生き方と真理の探求とが、時代を超えて同じ軌道上にあり続けていることを示して意義深い。また、A.D. 4 世紀ごろのインドでは、心や霊魂そして意識の問題は、無著（むじゃく）と世親兄弟によって体系化された「唯識」のなかで深化を遂げ、「意識（心）」と「無意識」の働きについて、現代の心理学ともかかわりの深い独自の宗教的世界観が創生された。フロイトの登場より 1400 年も前の話である。

２．中世から近世の心理学へ

　アリストテレスの死後、ギリシャの衰退からローマの台頭、そしてローマの衰退から暗黒の中世へと時代は移る。文化的にはキリスト教を中心として、ユダヤ教、イスラム教三つ巴の時代となる。世の中の出来事の推移は神の意志によるものであり、すべて受け入れなければならないとするエピクテトス（Epictētos; 50-135）の禁欲的なストア主義に代表されるように、自由な思想の発展や人間性の解放などはルネサンスを待たねばならなかった。このような時代のなかで、聖アウグスチヌス（St. Augustinus; 354-430）は、内省によって真理を知ることができると考え、さらに人間には自身の経験を評価できる内的感覚があり、行動を選択する自由意志があると主張した。これはすべての行動が神に任されているわけではないことを意味する。内省によって真理を認知するという方法は、後にデカルトによって再び取り上げられることになり、実証主義と対立する心理学の一つの思想的流れになる。

３．デカルトの登場

　デカルト（Descartes, R.; 1596-1650）が近世の心理学にとって重要な存在とみな

される理由は、「心」を根拠のない存在ではないということを論理的に明確にしたことにある。数学の論理性と明晰さを重視していたデカルトの方法は、すべてを疑ってみて確実なものだけをよりどころとして論を進めるところにあった。この考え方に従うと、物質である身体と物としては存在しない精神とは峻別されなければならないことになる。それゆえデカルトは心身二元論の立場をとることになるが、精神と身体は決して一方通行の関係ではなく、相互に影響しあう関係にあるとする心身相互作用説の立場をとった。そして、彼が『方法序説』のなかで "cogito, ergo sum"〈われ思う、ゆえにわれあり〉と述べたごとく、心の存在を疑っても、疑っている主体自身（心）の存在は疑うことはできないことから、心あるいは精神は、物質あるいは身体とは別の意味で確かに存在していることを主張した。これは精神が内省という心的活動の自明性により存在していることを示し、ここから「内省」が心理学の研究法になり、内省の対象である「意識」が心を表すものとして心理学の対象となったのである（梅本・大山, 2006）。

4．イギリス経験論

心（意識）の存在はデカルトによって認めざるを得なくなったとしても、心の内容やその形成の仕方については、多くの議論の余地が残されていた。このようなときに、生まれたばかりの人の心は白紙のような状態であり、心の内容は感覚的経験によって獲得されて「単純観念」となり、繰り返されれば観念の連合によってより複雑な「複合観念」が形成されると考える人たちがイギリスに現れた。これが経験論に基づくイギリス連合主義心理学（association psychology）の人たちであった。ホッブス（Hobbes, T.; 1588-1679）は観念の連合の形成要因として接近と頻度を挙げ、ロック（Locke, J.; 1632-1704）は上記の「単純観念」から「複合（複雑）観念」への連合の過程について考察をより深めた。この連合主義の流れは、バークレイ（Berkeley, G.）、ハートレイ（Hartley, D.）、ヒューム（Hume, D.）へと続くことになる。この時代の科学史的背景として、コペルニクス、ケプラー、ガリレイらによる新しい天文学説や、物理学における物質の構造に関する発見や新学説が相次ぎ、意識や行動に関する問題も合理的・論理的説明が求められる機運の高まりがあった。

4 第1部 心理学の歴史から未来を考える

5．諸科学の発展

19世紀は科学のさまざまな領域で発見が相次いだ時代であった。感覚・知覚は、私たちの認識にかかわる基礎領域で、測定によって私たちの主観的印象を数量化できる、当時の心理学では数少ない領域である。例えば、「錘」という物理的刺激と「重さ」という感覚印象との間に成立する関係は、光の強さと明るさ、音の強度（振幅）と聞こえる音の大きさにもあてはまる関係で、重要な意味を持っている。ウェーバー（Weber, E. H.; 1795-1878）によって発見されたウェーバーの法則とは、基準の刺激量をWとしたとき、そのWを変化させて変化が知覚される最小の変化量をΔW（弁別閾）とすると、$\Delta W / W =$一定となる（ただしある範囲の刺激量に対してのみあてはまる）というものである。これをもとにフェヒナー（Fechner, G. T.; 1801-1887）は、刺激の物理的強度をI、感覚の大きさEとすると、ある範囲の物理尺度Iと心理尺度Eとの間に、$E = k \log I + K$（ただしk、Kは定数）という関係（フェヒナーの法則）が成り立つことを見出し、「精神物理学」という新たな学問領域を開いた。感覚・知覚領域における重要な研究としては、ヘルムホルツ（Helmholtz, H. L. F.; 1821-1894）による聴覚の共鳴説、ヤング（Young, T.; 1773-1829）と名前が併記される、色覚におけるヤング－ヘルムホルツの三色説などがある。

19世紀はまた後世に大きな影響を及ぼした脳研究が行われ始めた時代でもあった。神経学的研究から、脳は部位によってその働きが違うという機能局在の考え方が台頭し始めていた。ブローカ（Broca, P. P.; 1824-1880）は運動性の言語中枢を見つけ、ウェルニッケ（Wernicke, C.; 1848-1905）は、聴覚性の言語中枢を発見した。1909年にブロードマン（Brodmann, K.）は、大脳皮質を52の領域に分け、それぞれに番号をつけた。この脳地図は現在でも参照されている。

6．ヴントによる心理学実験室の設立

19世紀になっても「科学」の洗礼を受けなかった東洋に対して、ルネサンスを経験した西洋は、新たな思想や学問など、新しい文化が発展する土壌にあった。そのような時代にあって、それまでの哲学的心理学から、実証を基本とする科学的心理学への転換に大きな貢献をしたのがヴント（Wundt, W.; 1832-1920）であった。彼の功績を列挙すれば、① 1879年、世界で最初の心理学実験室を

ライプツィッヒ大学に創設した。②それまで蓄積された心理学的成果を整理し大系づけて、正式な科学の一部門として心理学を哲学から独立させた。③学術専門誌「哲学研究」（*Philosophische Studien*）を発行した。④世界中から集まった多くの心理学研究者を育てた。ヴントが去った後ではあったが、日本から千葉胤成（章末コラム参照）がライプツィッヒ大学に留学している。⑤感覚や知覚などの測定可能な現象は実験的方法を用い、測定が難しい社会学、民族心理学、社会心理学などの社会的現象は統計的手法を用いて研究することを推奨した。

　ヴントの心理学は構成主義心理学といわれ、要素としての純粋感覚（視・聴・触・味・嗅・痛などの感覚）と簡単感情（快－不快、緊張－弛緩、興奮－沈静）のさまざまな結びつきによる統合的意識（統覚）を考えるが、十分理解されることなく、連合主義を引き継いだ考えとして批判されることになる。しかし、ヴントの残した実験心理学の基本構想や、民族心理学などに見られる人間の文化の研究法は、間違いなく現代の心理学への遺産となっている。

第2節　学派・学説の時代

　ヴントは、心的過程を研究する方法として、自分自身の意識的経験の内容を言葉で報告させる内観法を用いた。彼の実験室で扱われるテーマは、主として感覚・感情・反応時間・言語連想などかなり限られたものであり、同じ刺激に対していつも同じ反応と報告ができるよう一定の訓練を必要とする生理学的内観法といわれる手法であった。しかし、個人が自分で経験する意識の内観報告は、主観的であるという批判はまぬかれない。そこから厳密な実験統制や被験者（実験参加者）の訓練・繰り返し報告等の手続きが開発されるなど、現代心理学の枠組みを発展させたといわれる。

1．心理学の代表的な学派

1）ドイツ心理学における学派

　ヴントが、ライプツィッヒ大学に心理学研究室を開設したことによって、ドイツ国内の他の大学でも次々と実験室を備えた心理学研究室が開設された。多くの大学では心理学講座の教授を中心としたさまざまな研究と心理学者を生み

出し、そうした研究者集団は「学派」と呼ばれている。代表的な学派としては、「ライプツィッヒ学派」と「ヴュルツブルク学派」がある。ヴントの研究室で行われていた実験心理学の流れを継承した一派を、一般にライプツィッヒ学派という。ヴントのもとで実験心理学を研究した人々は、その後さまざまな分野で活躍している。一例を挙げると、アメリカで最初の心理学研究室を開いたホール（Hall, G. S.; 1844-1924）とキャッテル（Cattell, J. M.; 1860-1944）などが教育心理学的な研究活動の端緒を開いた。アメリカにおける臨床心理学の創始者ともいうべきウィットマー（Witmer, L.; 1867-1956）や、応用心理学の父ともいうべきミュンスターベルク（Münsterberg, H.; 1863-1916）などがいる。また、ヴュルツブルク学派は、ドイツ中央部のヴュルツブルク大学のキュルペ（Külpe, O.; 1862-1915）の心理学研究室に集まった心理学者が結成したものである。ヴュルツブルク学派の特徴は、ヴントが不可能としていた高次精神機能である思考をテーマとしながら、そこに実験的設定を持ち込んだことであるといわれる。しかし、複雑な刺激として現れる実験デザインの中で、時間経過の間に自身の意識を通過したことをすべて報告する内観法に多く依拠していた。その後現代心理学は、主観性の強い内観法から離れ、客観性の高い行動に注目するようになっていった。

2）アメリカ心理学における学派

ヴントの指導を受けたティチナー（Tichener, E. B.; 1867-1927）は、精神構造の分析を意味する構成主義という用語を導入した。彼は、心理学の主題は意識経験であるとして、意識を最も単純な基本的要素へと還元すること、そのような要素が連合する法則を見出すこと、その要素と生理的条件を結びつけることが、心理学の本質的な問題と考えていた。構成主義は内観法を方法として採用したが、厳密な実験条件の統制こそがこの方法論の鍵と考えていた。その構成主義に異を唱えたジェームズ（James, W.; 1842-1910）のアプローチは、機能主義といわれる。構成主義が、意識の構造に関心を寄せたのに対して、進化論を背景にしたジェームズの機能主義の特徴は、「習慣」「注意」「記憶」などの現象を扱っており、意識の適応的機能を明らかにすることを目的にしていることである。機能主義は、その後シカゴ大学とコロンビア大学を中心に発展し、それぞれ「シカゴ学派」、「コロンビア学派」と呼ばれた。シカゴ学派の代表は、ワトソン（Watson, J. B.; 1878-1958）の指導教授であるデューイ（Dewey, J.; 1859-1952）とエン

ジェル（Angell, J. R.; 1869-1949）であり、コロンビア学派のなかには、キャッテルとその弟子、動物心理学の主唱者ウッドワース（Woodworth, R. S.; 1869-1962）と試行錯誤学習で有名なソーンダイク（Thorndike, E. L.; 1874-1949）がいる。

このように1930年までに、機能主義はアメリカ心理学の一般的傾向として定着した。その功績は、内観法以外の方法を、子どもや動物、そして障害者にも応用し、実践的問題に貢献したこと、人間が環境にいかに適応するかを調べるために、実際の行動を観察することが必要であると主張したことであるといわれる。構成主義と機能主義は、競合的な「心理学派」とされるが、ともにまだ心理学を意識経験の科学と考えていた（サトウ・高砂, 2003）。

2．心理学の3大学説

心理学の成立以後、意識と主観を中心とする心の理解が主流となるなかで、そのような心の理解では捉えられない現象が報告されるにつれて、それまでとは異なる研究の理論、いわゆる学説が出てきた。アメリカを中心とする行動主義、ドイツを中心とするゲシュタルト心理学、オーストリアのフロイトを中心とする精神分析が20世紀の3大学説といわれる。それぞれ主観に対する客観、要素に対する全体、意識に対する無意識というアンチテーゼを軸に、20世紀以降の心理学における重要な流れを作り出した。

1）行動主義

機能主義を推し進めシカゴ大学で心理学を学んだワトソンは、彼の論文「行動主義者から見た心理学」（1913）で、意識の内観的研究を激しく批判し、心理学の目標は行動の予言と統制であるとする行動主義（behaviorism）の心理学を提唱した。ワトソンの行動主義は、4つの基本的態度によって特徴づけられる。第1の特徴は、内観という主観的方法を排して客観的な行動の科学を強調すること、第2の特徴は、経験を通して学習されたS-R連合学習の強調、第3の特徴は、心理科学のデータを観察しうる行動に限定するため思考の源を末梢的な筋肉運動に還元して考える末梢主義の立場、そのため研究に用いられる方法は、観察、テスト法、言語報告法、および条件反射法などである。第4の特徴は、先天性を軽視し、環境の影響を重視する環境主義の立場である。ワトソンのその他の業績としては、条件づけの方法によって恐怖の消去を試み、成功し、

8　第1部　心理学の歴史から未来を考える

やがて行動療法の発展のきっかけを作ったことである。

2）ゲシュタルト心理学

　アメリカで行動主義が流行していたほぼ同時代の1920年ごろ、ドイツでは
ゲシュタルト心理学（gestalt psychology）が誕生した。主要な心理学者が研究し
た2つの大学名をとってフランクフルト／ベルリン学派と呼ばれる。ゲシュタ
ルトとは、形態を意味するドイツ語Gestaltに基づいているが、ウェルトハイ
マー（Wertheimer, M.; 1880-1943）と共同研究者ケーラー（Köhler, W.; 1887-1967）と
コフカ（Koffka, K.; 1886-1941）によって提唱されたアプローチを指す。この3人
によって発足したゲシュタルト心理学は、人々の賛同を得て大きな学派へと発
展した。ウェルトハイマーは、連合主義も構成主義も心理過程を要素の寄木細
工的な集合として考えようとしていることを指摘し、それらを「モザイク（寄
木細工的）仮説」あるいは「束仮説」と呼び、批判した。同様の批判は、同時代
に始まった行動主義の立場に対しても向けられた。

　ゲシュタルト心理学は主として知覚に関心をもち、全体はそれ自体構造化し、
ゲシュタルトを形成し、内的法則性をもち、部分はその全体によって規定され
ていることを強調する。どのように構造化されているかについて、ウェルトハ
イマーは、群化の現象を例として取り上げ、群化を規定する要因を見いだした。
群化とは、別の面から見ると分節であり、群化と分節が生じると全体は構造化
する。このような構造化は知覚だけではなく、多くの心理現象に関しても、通
じるものと考えた。ゲシュタルト要因はゲシュタルトの法則と呼ばれる。

　ゲシュタルト心理学者は、運動の知覚、大きさの判断、光の変化のもとでの
色の現れ方に関心をもっていた。それらへの関心は、現代の認知心理学的研究
の基礎を築く一助となり、学習、記憶、問題解決についての知覚を中心とした
多くの説明をもたらすことになった。一方、ゲシュタルト心理学は過去経験の
効果を全く認めないわけではないが、単純な経験頻度説を鋭く批判し、その鉾
先は行動主義的な学習説にも向けられた。例えば、ケーラーは、チンパンジー
を用いた実験を『類人猿の知能検査』（1917/1921）にまとめ、その中でチンパン
ジーが課題を解決するのは、試行錯誤のような過去の偶然による部分的成功が
寄せ集まって生じるのではなく、全体場面の機能的構造が正しく把握された場
合に洞察的に解決されるのだと説明し、「洞察学習」を唱えた。またレヴィン

（Lewin, K.; 1890-1947）は、体験を通し構造化される空間に興味をもち、それを後に生活空間と呼んだ。純粋に心理学的な場理論を考えており、それはトポロジー心理学（topological psychology）という名で知られている。

3）精神分析

精神分析は心の障害の治療技術として発達した人格理論である。20世紀の変わり目にフロイト（Freud, S.; 1856-1939）によって考案された。彼の理論の根幹をなすものとしては、無意識の重視が挙げられる。無意識とは、「私たちが自覚していない思考、態度、衝動、願望、動機づけ、情緒」である。フロイトは、性格の発達に関しても神経症の解明においても乳幼児期の意義を重視した。幼児期の受け入れられない願望が、意識から閉め出されて無意識の一部となり、それらが思考、感情、行動に影響を及ぼし続けると考えた。そして精神構造を、エス、自我、超自我の3つで構成されていると考える精神構造論を提起した。無意識の思考は、夢や、言い間違い、癖など多様な様式で表出される。患者の治療に、フロイトは、無意識的願望を自覚できるようにする方法として自由連想や夢分析を用いた。科学としての心理学を確立していこうとする途上で、人間を具体的に全体的に捉えようとしたのが精神分析であったといえる。フロイトの精神分析は、神経症などの心理的異常状態を引き起こすメカニズムとして力動モデルを提唱した点で画期的であったが、批判されている1つは、個人の発達に及ぼす社会の影響が考慮されていないこと、リビドー理論や性欲の過大視が挙げられている。フロイトと袂を分かつ形で、アドラー（Adler, A.; 1870-1937）は個性心理学を、ユング（Jung, C. G.; 1875-1961）は分析心理学という独自の心理学を打ち立てた。

3．その後の発展

1）新行動主義

1930年代になると、ワトソンの古典的行動主義とは異なる第2世代の行動主義者が登場してくる。反応は刺激によって一義的に決定されるとするS-R直結図式には、行動の主体である有機体の能動性が入り込む余地が全くない。科学の条件を満たしながら有機体の能動性をも取り込み、反応を、刺激と有機体の能動性の両方の産物として、S-O-R図式で捉えようとする新行動主義

（neobehaviorism）が出現し、1960年過ぎまでアメリカの心理学の主流となった。彼らは操作的定義をしっかりしておけば、動因や学習や不安といった理論的用語も実証的用語に変えることができると考え、独立変数の環境と従属変数の行動との間にさまざまな媒介変数を導入したのである。新行動主義の特徴としては、能動的な全体的行動を対象としたこと、動物を用いた学習実験を研究の中心に据えたこと、動機を満たすために有機体が環境に能動的に働きかける全体的行動を対象とし、幅広く統一的に理解し、そこから原理体系を打ち立てようとしたことである。

　代表的研究者としては、『行動の原理』(1943) で S-R 強化論を表したハル (Hull, C. L.; 1884-1952)、『動物と人間における目的的行動』(1932) で、ハルの唱える S-R 連合重視の立場には終始反対し、体験と行動の間に、期待や仮説、信念、認知地図といった心理的な媒介変数を導入し、「目的的行動主義」を主張したトールマン (Tolman, E. C.; 1886-1959) がいる。また、スキナー (Skinner, B. F.; 1904-1990) は、ハルやトールマンのように行動の原因を有機体の内的過程や内的状態に求めず、環境のなかに求める徹底した記述主義を取った。彼の行動主義は、「徹底的行動主義」と呼ばれている。彼は、行動を「レスポンデント」と「オペラント」に分け、受動的行動であるレスポンデントに対して、オペラントとは、外からの刺激を待たなくても自発するところに有機体の行動の最大の特徴があると考え、行動の能動性を主張したのである。(第2部第2章第1節参照) そして、オペラントと強化子の出会い (強化随伴性) の条件をさまざまに変化させて、行動変化と環境変化の法則的関係を実験的に明らかにしようとした。オペラント条件づけの応用例は、教育場面ではティーチング・マシンや CAI (computer assisted instruction) に、また、臨床場面では行動修正法に見ることができる。

２）新フロイト学派

　ヨーロッパからアメリカに移住した精神分析学者ホーナイ (Horney, K.; 1885-1952)、フロム (Fromm, E.; 1900-1980)、フロム－ライヒマン (Fromm-Reichmann, F.; 1890-1957)、アメリカの分析家サリヴァン (Sullivan, H. S.; 1892-1949) らによって、それまでのフロイト流の精神分析とは異なる新フロイト派と称される学派が現れた。フロイトによるリビドー説に反対したので非リビドー派、あるいは人間の深層に与える文化や社会環境の影響を重視したので文化学派とも呼ばれる。

◇◆コラム◆◇

仙台と心理学

　仙台発祥の食べ物といったら、牛タン、冷やし中華、笹かまぼこ。回転ずしや炉端焼きも仙台発祥といわれる。また、仙台の地での日本初として、三居沢発電所（初の水力発電）、商工省工芸指導所（初の国立デザイン指導所）、青柳文庫（初の公共図書館）、五色沼（フィギュアスケート発祥の地）が知られている。
　心理学でも、仙台発祥あるいは仙台の地での日本初といわれるものがある。

①ヴント文庫（1922年）
　1922年、ドイツ留学中の千葉胤成（帰国後に東北帝国大学心理学講座初代教授）は、ヴント（近代心理学の祖）の蔵書がちょうど競売にかけられることを知り、苦労の末に多くの大学との競争にも勝って落札した。製本済の雑誌を含む単行書が6762冊、抜き刷りなどの小冊子が9098冊（ヴントの蔵書の約6割）で、当時の値段で2万円（当時のサラリーマンの平均年収が約1000円）であった。千葉は、この当時のことを心理学講座の大福帳に「ヴント文庫物語」として描き、「金は一時の廻りもの、書庫は千載の宝」と記している。ヴント文庫は、千葉の熱意と努力の賜物であり、現在は東北大学図書館に所蔵されている。

②日本で最初の精神分析学の講義（1916年）
　アメリカに留学した丸井清泰（帰国後に東北帝国大学精神医学講座初代教授）は、フロイトの5日連続講演を聴いたマイヤー（Meyer, A.）のもとで精神分析学に出会い、学んだ。帰国後、日本で最初の精神分析学の講義を行った。丸井は、広く門戸を開いたので、心理学講座の学生らも聴講した。また、「国際精神分析学会仙台支部」を作り、精神分析学に関する学術雑誌も刊行した。しかし、その歴

図1-1-1　ヴント文庫物語
出典）東北大学心理学研究室提供。

史は長らく埋もれていた。1997年日本心理臨床学会第16回仙台大会のシンポジウム「精神分析学の導入をめぐって」で心理学史の研究者や当時の関係者が集まり、その歴史が関係者の証言とともに掘り起こされた。感動的であった。

③日本で最初のブリーフ・サイコセラピーのワークショップ（1986年）
　日本家族心理学会第3回仙台大会（大会委員長・小野直広）に長谷川啓三（現・東北大学名誉教授）によりド・シェーザーが招聘され、日本で初めてブリーフ・サイコセラピーのワークショップ「短期療法解決の鍵」が行われた。受講者の多くがそのアプローチに驚いた。とりわけ、それまでクライエント中心療法を主として臨床実践を行ってきた小野は感銘を受け、その後もブリーフ・サイコセラピーの実践と研究を重ね、問題の解決を導く3つの鍵（黒字ノート・よい例外・小さな変化）を提起した。また、ブリーフ・サイコセラピーを教育・看護・福祉の領域にも広めた。p.323も参照。

「ワークショップは好評だった。わたし個人にとっては、それ以上に強烈なカルチャーショックだった。……短期療法の考え方は、……問題の解決が目標になる。しかも、その方法は……いたって素朴、単純な技法が中心だという。「どのようにして解決したのか、経過がわからないことがよくある。しかし、それでよいのだ」という説明をきいて、頭が混乱したことを記憶している。当時はシステム理論も知らなかったのだから、無理もない。こうして、わたしのショック・興奮・疑問・好奇心が渦巻きはじめた。
　このとき、わたしはド・シェーザーから一冊の著書を贈られた。それが、本書だった。」（「訳者あとがき」より）

図1-1-2　『短期療法　解決の鍵』（ド・シェーザー著、小野訳、1994）

④日本で最初の「福祉心理学」の名称（1974年）
　「福祉心理学」（well-being psychology）という名称も東北福祉大学による使用が日本初である。そこには、人間の心理の各側面を捉える細分化された心理学では「木を見て森を見ず」「盲人、象をなでる」のたとえのごとく、モザイク的な理解にとどまりがちであるから、生活し人生を送っている全体の人間を対象として研究し、人々の幸せに貢献しようとの意気込みが込められていた（当初はドイツ語で"Lebens Psychologie"といった）。p.117も参照。

●引用・参考文献
ド・シェーザー, S.　小野直広（訳）（1994）．短期療法解決の鍵　誠信書房

新フロイト学派の代表であるホーナイは、『現代の神経症的人格』(1937)『精神分析の新しい道』(1939) を刊行し、神経症の原因を、人間関係の障害に由来すること、また、受身的で劣等感に支配されやすい女性心理は、男性中心社会という当時の文化的な影響が大きいと考えた。このようにホーナイは、人格形成の要因としてその時代のもつ意義と、現在の治療者患者関係を重視した。また、イギリスに渡ったアンナ・フロイト (Freud, A.; 1895-1982) は、『自我と防衛機制』(1936) を著し、S. フロイトの考えのなかでも特に自律的な自我の機能を強調し自我論を発展させた。アイデンティティ論で知られるエリクソン (Erikson, E. H.; 1902-1994) も、アンナ・フロイトとともに自我心理学を展開した。

3) ヒューマニスティック心理学

1960年代に登場した心理学に、ヒューマニスティック心理学 (humanistic psychology) がある。この心理学の方向性の主導者であるマズロー (Maslow, A. H.; 1908-1970) は、行動主義を第1勢力、精神分析を第2勢力と名づけ、これらに対抗する勢力ということで、自分たちを「第3勢力」と名づけた。ヒューマニスティック心理学の先駆けとしては、実存主義を取り入れた心理学、すなわち現存在分析のビンスワンガー (Binswanger, L.; 1881-1966)、ロゴセラピーのフランクル (Frankl, V. E.; 1905-1997)、そして実存心理学のメイ (May, R.; 1909-1994) などがいる。

ヒューマニスティック心理学の父と称されるマズローは、欲求階層説を表したことで有名である。彼は、人はそれぞれ自分がなりえるものにならなければならないとする欲求である自己実現をめざす内的傾向があるとし、自己実現を成し遂げた人を調査し、彼らに共通する特徴には現実性・受容性・自発性などがあり、こうした健康な人々の研究が必要であると主張した。ロジャーズ (Rogers, C. R.; 1902-1987) は、臨床の立場からヒューマニスティック心理学へと向かい、『カウンセリングと心理療法』(1942) のなかで、健康なパーソナリティを促進する1つの方法としてクライエント中心療法を強調した。

●引用・参考文献

日下部吉信（2012）．アリストテレス講義・6講　晃洋書房

Leahey, T. H.（1980）．*A History of Psychology: Main Currents in Psychological Thought.* Prentice-Hall.（リーヒー, T. H.　宇津木　保（訳）（1986）．心理学史―心理学的思想の主要な潮流―　誠信書房）

大山　正・岡本夏木・金城辰夫・高橋澪子・福島　章（1990）．心理学のあゆみ　新版　有斐閣新書

大山　正・上村保子（1998）．心理学史　社団法人放送大学教育振興会

サトウタツヤ・高砂美樹（2003）．流れを読む心理学史―世界と日本の心理学―　有斐閣アルマ

シュルツ, D.　村田孝次（訳）（1986）．現代心理学の歴史　培風館（Schultz, D.（1981）．*A History of Modern Psychology.* 3rd ed. Academic Press.）

田中美知太郎（編）（1980）．アリストテレス　世界の名著8　中央公論社

梅本堯夫・大山　正（編著）（1994）．心理学史への招待―現代心理学の背景―　サイエンス社

第2章

現代の心理学から未来へ

第1節　現代の環境・社会心理学から未来へ

　この100年の間の物質文明と精神文化の進歩を比べるとき、前者が加速化された進歩を示したのに対して、後者のそれはまさに牛歩にたとえられるものであった。その結果、両者の間の格差は広がるばかりで、物質文明の基礎をなすとともにその独走を抑える精神文化の役割は十分果たせないまま現在に至っている。この結果が歓迎すべきものならば問題はないが、核兵器など軍事力増強による脅威、資源の乱獲・乱開発、有毒物質の廃棄による自然破壊、社会の複雑化にともなう心身疾病の増加、利便性追求の結果としての地球温暖化等々、問題山積の現状である。地球全体が危機に瀕しているといわれる今、何とか軌道の修正を図りながら、それぞれの進歩の足並みをそろえる努力をしなければ地球の将来は本当に危ういことになるかもしれない。心の科学である心理学の担う役割があらためて問い直されなければならない時代である。

1．環境・社会心理学のコラボレーション

　意識と行動の学といわれる心理学は、人間の理解と行動の予測がその主たる目的とされてきた。社会心理学は、集団や社会における人間行動の理解と予測をめざす学問といえる。環境心理学は1950年代にアメリカに誕生した、歴史的に新しい学問ではあるが、課題である人間と環境とのさまざまなかかわり合いにおける問題解決とモデル構築、そしてその環境への還元が試みられてきた。社会心理学と環境心理学は、学問としての視座や研究方法にそれぞれ独自のものはあっても、フィールドを共有することの多い学問であるので、相互の交流と共同を図ることによって、さまざまな難問の解決に寄与することが期待される。

1）社会心理学における「認知」の問題

　誤解や偏見、差別意識は歴史的に多くの悲劇を引き起こしてきた。それは私たちの行動が私たちの認知のあり方に規定され、その認知のさまざまな要因によって影響を受けるからである。例えば人の性格を述べる場合でも、どのような言葉で始め、また結ぶかによってその人の印象が変わるし、用いる言葉によっては全体の印象を変えてしまうこともある。皮膚の色、住んでいる国や地域なども認知に影響する。このような偏見や差別意識をなくすことは難しいが、池上（2004）は対人認知に関する研究を通覧して知識が活性化され認知に影響を及ぼす様態を2つに分けている。1つは対象人物に関する情報の一部があらかじめ示された場合の期待効果（expectancy effect）であり、もう1つは偶然のきっかけから、必ずしも関係のない知識が賦活され利用されるプライミング効果（priming effect）である（第3部第1章第3節）。どちらかといえば、期待効果の方が自分の認知の情報源を知っているだけに自分の認知を修正しやすいといえる。

　ハイダー（Heider, F.）は人と人との関係に見られる認知の問題を取り上げた。ハイダーは人がある対象あるいは他者との間に形成する関係について、ユニット関係とセンチメント関係という2つの関係を想定する。前者は人が何かを所有したり、親子関係や労使関係、師弟関係などに見られるあるまとまりをもった関係の構造的性質を意味し、一方後者は、ある対象や人に対する感じ方や評価に関するいわば力動的性質を意味する概念である。このセンチメント関係はポジティブな場合はプラス、ネガティブな場合はマイナスとされる。今、人をPとし、他者をO、事物をXとすると、PとOとXによって構成されるシステム（POXシステム）は①PのOやXに対する認知が一般に同質のとき（"総体的に好き"など）、②センチメント関係とユニット関係が一致しているとき（"自分の車を気に入っている"など）、③PのX、PのO、そしてPのO－X関係に対するそれぞれのセンチメント関係の符号をかけ合わせた結果がプラスであれば、バランスが取れた状態となり安定するとされる。もし同質の気持ちになれなかったり、持ち物やパートナーに不満をもったり、POXシステムの3つの関係の積がマイナスになったりすると、バランスが崩れ、その回復のためP自身が認知を変えるなど、システムに何らかの圧力が働くことになる（瀬谷, 1977）。

これらの研究で取り上げられた問題は、個人のレベルに限られるものではなく、国家間の問題へと拡大することができる。つまり、国を代表する首長同士が、相手国あるいは相手国の代表者に対して、さらには他の国との関係についてどのような認知をもち、印象形成をするかが国家間の関係に影響する場合が大いにあり得よう。人は一般に緊張や危険を避け、平和や安寧を求める傾向にある。それはマズロー（Maslow, A. H.）による欲求階層説の基本的欲求を構成するものであり、ハイダーのバランス理論もそれを証明するものである。しかしながらこの傾向はまた、人間のもう1つの強力な願望によっていとも簡単に危うくされることが多い。それは現状に満足せずさらなる豊かさや名誉、自己の向上を求めて困難に挑戦する欲求である。多くの欲求理論で「自己実現（self-actualization）」（第3部第2章第4節）の欲求として重視されるこの欲求も、他者配慮に欠けた状態で発揮されると“自己中心的”あるいは“利己的”行動として、多くの問題を引き起こす。

2）環境心理学における「認知」の問題

　後述するように、「環境」には2つの意味があり、私たちは客観的な環境よりも、自分が認知した環境に適応するよう行動する傾向にある。このことが、環境問題に対する私たちの態度や行動が異なる大きな原因となっている。

　2007年2月に、IPCC（Intergovernmental Panel on Climate Change 気候変動に関する政府間パネル）から、地球環境異変（global environmental change）の中心的問題である「地球温暖化」は人間の行動が原因であるという公式の見解が示された。それ以来、一気にさまざまなメディアを通して地球温暖化対策が取り上げられるようになった。それ以前にも環境科学や医学・生物学から、病原菌の耐性化や生態系の変化、環境ホルモンによると思われる生殖機能の変化、絶滅危惧種の激増など、地球環境の異変に関する警告は書物や報道を介してしばしば発せられてきた。しかしまた、環境破壊に関する報道の信ぴょう性に疑問を抱き、慎重な態度を促す見方もあった（ロンボルグ, 2007）。2015年12月1日にはIPCC第5次評価報告書が発表された。さらに深刻な内容であったにもかかわらず、多くの人々の反応は第4次報告ほどではなかった。現実には多くの人々の環境に対する危機意識は乏しく、報道を目にし耳にしても、現実の生活に戻ればもはやそのとき抱いた感想は忘れ去られ、再び日常の流れのなかに身を置くことの

繰り返しであるように思われる。

地球規模の環境異変がなぜここまで進行してしまったのかその理由を考えてみると、①環境異変のなかで最も重大な地球温暖化も微弱な変化なため、私たちの感覚器官では感知できない。ここ数年内に起こった熱波などにより、近年の気温の上昇は意識されるようになったが、1906 ～ 2005 年の 100 年間での世界平均気温の上昇は 0.74℃ である。しかし、これは平均値なので、実際の最高・最低気温は耐えきれない場合もある。②北半球の温帯地域にある先進諸国に原因があるとされる環境異変も、それが顕著に現れるのは、距離的に遠く離れた極地や乾燥地帯、熱帯である。③問題が発生するまでに時間がかかり、上記②と合わせ、因果関係が特定しにくい。④環境異変の報道がなされても、対岸の火事のように自分には無縁という意識が多くの人にあり、具体的な対応行動が生じにくい。⑤環境異変の因果関係について、十分な啓蒙が行われなかった。IPCC のような国際的機関による、重大な事実の公表には時間がかかる。⑥人は快と安楽を求める傾向にあり、環境保全のためとはいえ、それまでの生活のスタイルを変えにくい。以上の 6 点が挙げられる。

では "なぜ今まで改められなかったのであろうか"。この問いに対する答えの 1 つは、私たちは "自分が認知している環境に適応するよう行動の意思決定を行う" ということである。交通事故にも当てはまることであるが、私たちは自分自身が被害者となって初めて考えや行動を改めることが多い。つまり客観的環境に置かれてそうせざるを得なくなったともいえよう。このような事態に追い込まれる前に、何をなすべきかを考えなければならないときである。環境・社会心理学の現代から未来への課題の 1 つは、今当面している重大な問題を解決するために、いかにすれば多くの人々がある行動に向けて協力し合うことができるか、その心理機制を明らかにすることである。

2. 行動変容へのプログラム

現代の困難な問題の多くは、そこにかかわるものの利害関係から生じるといっても過言ではなかろう。集団に協力すれば全体の利益を増すことができるのに、個人の利益追求に執着した結果、全体にも自分にも損失をもたらしてしまう、いわゆる「社会的ジレンマ」(第 4 部第 1 章第 5 節) はその好例である。これ

は私たちの実生活の随所に存在し、解決の困難な問題として私たちを悩ませている。この問題の解決のためには、自己中心的な行動をしないことが第1であることはいうまでもない。しかし人をそのような行動に導くためには、自己中心的な行動の負の結末についての知識や、自分だけでなく他者も協力行動を行うとみなす他者への信頼が必要である。そして、他者はどうであれ自分は社会的規範に従う道徳意識をもつことができれば、自己中心的な行動は抑えられ、社会的ジレンマは生じないかもしれない (Dawes, 1980)。しかし現実はあまりに異なるものであり、共通の目的に対して非協力的である者の行動をどう変えることができるかが問題の要となる。この点に関して藤井 (2003) は、いくつかの先行研究を統合して「協力行動への行動変容プロセスモデル」を提唱している。

このモデルの骨子は、「人は行動意図があってもそれが実際の行動につながらないことはよくあることである。『協力行動をしよう』から『いつ、どこで、こういうふうに協力行動をしよう』と意思決定するためには、『行動プラン』を立てそれを実行しようという意図をもつことが肝心である。このプロセスがあって初めて協力行動が実行される。しかしそれまでの過程でさまざまな要因がかかわってくる。行動意図をもつ前段階としては、協力行動が好きという〈態度〉、他者からの評価である〈個人規範〉、協力行動が困難か否かといった〈知覚行動制御〉、知識・信頼・道徳といった〈協力行動の3心理要因〉が、行動意図に影響を与えることになる。またそれまでの習慣も、それが非協力行動の習慣ならば抑制的な、協力行動の習慣ならば促進的効果をもつと考えられる。そして、「協力行動の実行を一つずつ重ねていくことで、非協力行動の習慣が徐々に改められていく一方で、協力行動の習慣が徐々に形成されていく。この繰り返しにより、ようやく、人々が習慣的協力者（habitual cooperator）となる」（藤井, 2003 p. 45）というものである。いい方を変えれば、これは、外発的動機づけを有効に活用しながら、内発的動機づけを喚起していくことの繰り返しによるともいえよう。このような現実的問題を解決する方法の探究は、より望ましい社会作りのために今こそ真剣に取り組まなければならない課題と思われる。人間性の基盤は家庭でつくられるものであり、その後の人づくりを社会が担うとして、果たして今の家庭や社会のあり方において、私たちが信頼できる人間の持続的育成がどれほど期待できるものであるか、心配である。

20　第1部　心理学の歴史から未来を考える

第2節　現代の発達心理学から未来へ

1．発達心理学の歴史

　生涯発達という概念が普及するまでは、「発達」は、子どもを対象として論じられてきた。しかし、子どもが独自の存在として認識されるようになった歴史は、そう古くはない。アリエス（Aries, P.）によれば、中世から近世にかけては「子ども」は存在せず、「小さな大人」（miniature adult）とみなされていた。つまり、子どもはすでに完成した存在であり、単に量的に劣っているだけと理解されていた。その結果、衣服や遊びにおいても、養護を必要とする時期を過ぎると、すぐに大人の仲間入りをし、労働においても同様であったとされている。このような児童観が大きく転換し、独自の存在として発達心理学的に捉えられるようになったのは 20 世紀を迎えてからであり、ゆえに 20 世紀は「子どもの世紀」と呼ばれるのである。

1）遺伝か環境か（第5部第1章第2節参照）

　発達を考える上で、遺伝の影響を重視する考え方（遺伝説、素質説、成熟説）と環境の影響を重視する考え方（環境説、学習説）の間で長いこと論争があった。ゴダード（Goddard, H. H.）の「カリカック家の研究」を代表とする「家系研究」は、発達に対する遺伝の影響を明らかにしようとした試みであるし、一卵性双生児と二卵性双生児の類似度を比較する研究も同様に行われた。ゲゼル（Gesell, A. L.）の「階段昇りの実験」も成熟説を証明しようとしたものである。

　一方、環境説の代表的研究者は、行動主義心理学者ワトソン（Watson, J. B.）である。彼は、「自分に 12 人の健康な赤ん坊と彼らを育てる機会を与えてくれれば、その子の親がどのような才能、好み、職業であっても、医者、弁護士、泥棒など、どのような人物にでもしてみせる」と豪語したと伝えられている。ワトソンの考えは単純過ぎるという批判があったが、ネズミを使った実験などで環境の影響の大きさが証明されている。

　もとより発達への影響は、遺伝か環境かという形で捉えられるべきものではなく、「輻輳説」（シュテルン〔Stern, W.〕）を経て、「相互作用説」として、環境が個体に影響するだけでなく、個体も環境に影響を与えるという考え方に至っている。

2）母子関係の成立に関する理論

　発達心理学における中心的なテーマの1つに「母子関係」がある。これは、発達心理学成立の初期から注目されてきた。なかでも母子関係がいかにして成立するのかということが重要な視点であった。初期の母子関係成立の理論は、「二次動因説」（別名「食器棚理論」）であった。これは、養育者が赤ちゃんの（主に）生理的欲求を満たすことによって関係が成立するというものであった。この考えに異を唱えたのがハーロー（Harlow, H. F.）で、早期に母ザルから引き離したアカゲザルを使った実験で、母子関係の成立に重要な影響をもつのは「接触の心地よさ」（日本では「スキンシップ」と呼ばれているが、この呼称は和製英語である）であることを証明した。このほかに、ハイイロガンの生態から「インプリンティング（刻印づけ）」による母子関係の成立を明らかにしたローレンツ（Lorenz, K. Z.）の研究も影響を与えた。

　これらの理論はしかし、母子関係の成立の条件を母親側に求め、母子関係を母親⇨子どもという構図で捉えたものであった。これに対して、母親⇔子どもという相互作用により母子関係が成立するという「アタッチメント（愛着）理論」を提唱したのがボウルビー（Bowlby, J. M.）である。彼によると、子どもは生得的に、周囲の大人の注意を喚起し、接触や接近を求める行動パターン（「信号行動」と「接近行動」）を備えており、母親側からの働きかけだけでなく、子どもの側からの働きかけも母子関係の成立に重要な役割を果たすと説明している。

3）この項の簡単なまとめ

　上に取り上げた2つの項目だけで発達心理学の歴史を語ることに無理があるのは自明のことであるが、2つとも、研究の流れの到達点は「相互作用」ということである。この相互作用という捉え方には、発達する存在としての人間の主体性の重視という傾向が内包されていると考えられる。それは、人間発達の可塑性の尊重であると同時に、生涯にわたって変化する存在に対する働きかけの大きな有効性が再確認されたことでもあると思われる。

2．発達心理学の未来への視点と課題

　人間の発達は、「変化」をキーワードに、生涯にわたって生起するという「生涯発達（心理学）」という捉え方が一般的になってきた（詳しくは、第5部第1章第1

節参照)。このことは、従来発達をいくつかの段階に区切って説明してきたものから、発達を「積み重ね」として、一定の流れとして捉え直すということを意味しているといえよう。そして、そこにおいて重要なのは、人間を発達の主役として位置づけるということである。例えば、エリクソンは青年期の「発達課題」として「自我同一性の確立」を挙げているが、この同一性は、いったん確立したら一生維持されるというものではなく、その後の人生においてたびたび揺らぐことがあると説明されている。そして、そのたびに自我の再構築が課題となるのである。そのときに人は、主体的に自分の人生および自らを振り返り、新たな自分を作り上げるということが求められることになる。この主体性の尊重ということが、今後発達を考える上で重要な視点になると考えられる。

　今後の発達心理学を考える上で基本的な点となると思われることについて、2つのことに絞って論じておきたい。

1）発達を考える視点

　発達を考えるときに、それを一人ひとりの子どもに固有の事象として捉えがちな傾向が従来一般的に見られた。その結果、発達心理学は、一面では、「個人の心の機能が個別に進歩していく基準の姿を浮き彫りに」することに寄与してきたと、古澤頼雄は指摘する。しかし、さまざまな実践的研究の積み重ねにより、新しい「発達観」が生まれてきた。それは、発達を、個人と環境の相互作用の産物として捉えようとする見方である。これは、先に述べた「相互作用説」と同じことを意味しているが、実践的な裏づけをともなっていることから「新しい輻輳説」と呼んでもいいかもしれない。

　例を示しておこう。筆者が指導した事例に、A子という小学4年生の女子児童がいた。彼女は、ADHD（注意欠如・多動症）と診断されており、担任の教師によると、「片づけができない。帰宅時に机のなかのものを全部かばんにいれて持ち帰り、登校時にそれをまた机に戻すということで、必要なものを見つけるのに時間がかかる」とのことであった。筆者はそれに対して「それは、忘れ物をしないための、その子の知恵とも解釈できる」という見方を示した。担任は「なるほど」と納得してくれた。他の側面を含めて、担任がそのような見方をするようになった結果として、その児童は、多動がおさまるとともに、学習への意欲も増加したのである。この子の問題行動を、ADHDという固有の傾向

に原因があると解釈していた担任の見方が変化することによって、子ども自身の発達が引き出されたと解釈できる。

2）臨床的視点の重要性

　このことは、換言すれば、発達を考えるときに、どのように働きかけるかという、いわば広い意味での臨床的視点を加えて捉えることの重要性を示しているということである。それは、ワトソンが豪語したような環境を絶対視する見方ではないが、発達を個人の側から見るだけでなく、社会的な相互作用（働きかけ）の産物として捉えるという見方である。同時に、人間を生活者として捉え、発達を、日常的に経験されるごく普通の社会生活のなかの現象とみなすということを意味している。したがって発達は、人間を取り巻く歴史的、文化的、社会的文脈のなかで理解されなければならないことになる。広く捉えれば、「臨床」という言葉は、まさにそのようなことを意味していると思われるのである。そういう意味で、発達心理学を研究する・学ぶということは、結果として、今を生きる子どもの生活に寄与することをめざすものでなければならないのではないだろうか。そのためには、育児・保育・教育など発達への働きかけを視野に入れた研究・学びの重要性が、今後ますます増していくのではないかと思われる。

第3節　現代の臨床心理学から未来へ

　臨床心理学は、臨床心理学的発達論、臨床心理学的人格論、心理アセスメント、心理療法、臨床心理学的地域援助を主な柱としている。ここでは、心理アセスメントと心理療法を中心に述べる。

1．さまざまな心理療法の展開と体系化の動き

　現代はさまざまな心理療法が展開されてきた。それらを概観すると、まず、歴史的な流れから大きくは、心の深層を探る力動的心理療法、適応的な認知や行動の再学習をめざす認知行動療法、人間の肯定的側面を強調する人間性心理学のアプローチ（クライエント中心療法、ゲシュタルト療法、交流分析、サイコドラマ、アドラー心理学など）がある。さらに、イメージ体験を重視するアプローチ（箱庭療

法、ドリームワーク、ファンタジーグループなど）やシステム論に基づくアプローチ（家族療法、ブリーフセラピーなど）、自己超越を重視するトランスパーソナル心理学のアプローチが生まれた。また、マインドフルネスが不安やストレスの低減、抑うつやPTSDの改善にも有効とわかり、広まった。

そこで、これらの心理療法を体系的に捉える試みがなされている。アイビィ（Ivey, 1985）は、さまざまな

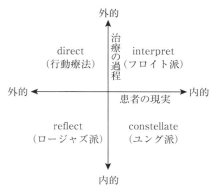

図1-2-1　心理療法における学派の相違
出典）河合（1992　p.173）。

心理療法で使われる面接技法を分類して階層的に体系化し、マイクロカウンセリングとして提唱した。河合（1992）は、心理療法の学派の違いを、図1-2-1のように、患者の現実（「内的」は夢や連想を扱い、「外的」は行動や人間関係、症状を扱う）と治療の過程（「外的」は症状の消失や外的適応をめざし、「内的」は自己実現をめざす）という軸によって捉えた。アトキンソンら（Atkinson et al., 1996）は、心理療法の共通要素として、①温かく信頼できる関係、②安心と支持、③脱感作（不安の軽減）、④適応的反応の強化、⑤理解・洞察を挙げ、どれを重視するかによって学派の違いが生じることを示した。

2．実証に基づく心理療法への展開

現代は、さまざまな心理療法や技法の効果を調べる研究が行われるようになってきた。丹野（2000）は、治療効果研究として、事例研究、一事例実験（ベースライン期と処遇期の比較）、要因統制研究（第1段階：治療群と未治療統制群の比較、第2段階：他の治療法との比較、第3段階：その治療技法のうちどの要素が効くのかを調べる治療要素の分解研究、治療がどんなプロセスで進むのかを調べる治療過程研究、どのクライエントにはどのような治療が効果があるのかを調べる治療の個人差研究）、要因統制研究の文献レビュー、メタ分析を挙げ、体系づけている。

なお、メタ分析では次のような効果量を算出して比較する。

$$効果量 = \frac{(治療群の平均値 - 未治療統制群の平均値)}{未治療統制群の標準偏差}$$

　シャピロとシャピロ（Shapiro & Shapiro）の研究では、症状では恐怖症全体で 1.28、抑うつで 0.51、不安全般で 0.16、治療技法では行動療法 1.06、認知療法 1.00（不安・抑うつで行動療法 0.74 ／認知療法 1.34、恐怖症で行動療法 1.46 ／認知療法 0.92）、力動的療法やヒューマニスティック療法で 0.40 であった（丹野, 2000）。

　その後、クライエントが語る症状の物語や満足度も重視されるようになった。今後、問題別・クライエント別に実証と物語の傾聴に基づく（evidence-based, narrative-based）心理療法や技法が重視されるようになると思われる。

3．心理療法における媒体方法の広がり

　心理療法の端緒とされる精神分析は言語を媒体として行われた。その後、遊びを媒体とした子どもの治療（遊戯療法）が行われるようになった。さらに、絵画、音楽、箱庭やコラージュ、詩歌、ダンスなどによる表現を媒体とした心理療法が編み出され、表現療法と呼ばれるようになった。また、身体を媒体として心についての気づきと自己成長をめざす心理療法が編み出され、ボディワークと総称されるようになった。今後も、さまざまな媒体を用いた心理療法が編み出されると思われる。

4．対象の広がり

　心理療法は個人療法から始まった。その後、小集団を対象とした集団療法が導入され、集団力動や集団による影響がメンバーの治療要因として活用された。さらに、家族を対象とした家族療法が導入され、家族システムの構造や機能、家族成員間の相互作用や役割などについて再規定を行うことが治療要因として活用された。個人療法の対象も、病院臨床では神経症から精神病や心身症に広がった。また、学校臨床では、不登校、いじめ、非行の問題も扱うようになった。さらに、心の健康づくりや復職希望の労働者、事件事故の被害者、災害の被災者、介護家族、ホスピス患者などにも心理療法が活用されるようになった。今後も、心理療法の対象は広がると思われる。

5．他の心理学分野との融合

今日、臨床心理学に発達心理学、教育心理学、社会心理学、認知心理学の視点や知見を導入した領域は、それぞれ「発達臨床心理学」「教育臨床心理学」「社会臨床心理学」「認知臨床心理学」といわれるようになった。いわば臨床心理学のハイブリッド化であり、今後もこの流れは広がると思われる。

6．多職種間、異なる専門分野間との連携・協働

病院では、患者に医師や看護師、社会福祉士・精神保健福祉士、作業療法士、薬剤師などもかかわる。学校では、生徒に教師や養護教諭、スクールソーシャルワーカーなどもかかわる。病院や学校の臨床心理士・公認心理師はこれらの職種と連携しながらかかわることが求められる（チーム医療や精神科リエゾン、チーム学校）。また、臨床心理士・公認心理師のかかわりだけでは限界がある場合（虐待の事例など）、他の職種や地域の関係者と連携しながら支援することが望まれる。さらに、多職種が協働することで新たなサービスを提供しようという考え方（コラボレーション）も生まれ、実践されるようになった　（藤川, 2007）。多職種連携や地域連携、協働による支援は今後も広がると思われる。

7．肯定的な面についての心理アセスメント

これまでの心理アセスメントは、障害や問題点を明らかにし、それを取り除くためのものであった。今日、ブリーフセラピーの解決志向アプローチによって、その人の強みや問題が生じなかった例外を把握することがその後の治療にも有用なことが見出された。さらに、健康の回復・増進をめざす健康心理学や幸福感などを高める思考・行動を研究するポジティブ心理学が提唱された。コア（信念や価値観など）の省察と尊重によって行動の持続的変化が生じることも明らかになった（コア・リフレクション）。これからの心理アセスメントでは、その人のもつ内的資源やコアの査定も重視されると思われる。

8．心理療法のモデル―治すと治る―

河合（1992）は、心理療法のモデルとして、①医学モデル（症状→検査・問診→病因の発見〔診断〕→病因の除去・弱体化→治癒）、②教育モデル（問題→調査・面接→原

因の発見→助言・指導による原因の除去→解決)、③成熟モデル（問題、悩み→治療者の態度により→クライエントの自己成熟過程が促進→解決が期待される）、④自然モデル（問題→万物と自己とは根源的に１つの状態なので→自らの秩序を本来的にそうである秩序の状態〔道〕へと回復→周囲も自然に道を回復）を示し、後者ほど「治す（自と他を分離して心を対象として扱う）」から「治る（自と他の関係性に基礎を置き、自己治癒力が働く条件作りをする）」という考え方が強くなることを示した。その上で、解決しようとする課題の性質によってモデルを使い分ける必要があること、治すタイプの治療者は解釈や要求を押しつけてクライエントの本来的な生き方を歪ませようとしていないかを反省し、治るタイプの治療者はクライエントの自主性という考えに甘えて治療者の責任や能力という点で厳しさに欠けるところがないかを反省する必要があること、どちらのタイプにしても自分の力で治ったと考えて、いわば神の座に治療者が坐ってしまう（自我肥大）という危険性を自戒していかなくてはならないと指摘している。この指摘は、これからますます重みをもつと思われる。

第4節　研究倫理の問題

　科学の進歩は、人類に多大な幸福をもたらしているが、一方では、大量破壊兵器に象徴されるように人類を破滅させてきた。科学は、その使用により人類にとって「諸刃の剣」となる。それを防ぐには、科学者たちの研究倫理が重要となる。心理学も科学の１つの分野であり、研究の倫理が求められる。

　そこで心理学研究のなかで論争を巻き起こしたミルグラム（Milgram, S.）の有名な「服従実験」を紹介し、研究倫理の問題を考えたい。

　科学としての心理学は、他者を観察することに基礎を置いている。他者を観察することは、研究者が協力者の人格的環境に侵入することを意味する。結果として、すべての研究者は、厳格な倫理規準を遵守することが重要となる。

　そこでミルグラムの実験を、現代のアメリカ心理学会（APA＝American Psychological Association）や日本の心理学諸学会の倫理規定から検討してみよう。

1．研究者の責任

心理学者は、他者の人権と尊厳を尊重する専門的責任がある。これは、人々の健康、安全、幸福を重視することを意味している。

ミルグラムの実験では、実験参加者が実験の中止を求めたが、実験者が威圧的態度で継続を促したため、続けられることとなった。電圧を上げるボタンを押すたびに実験参加者は、苦痛な声を発したり、身震い、爪を皮膚に立てたり、引きつった笑い等が見られた。実験により実験参加者にこのような心身の反応を生じさせること自体、研究者が実験参加者の人権や尊厳を尊重しているとは思えない。また、実験者が、実験参加者に致死量まで電圧を上げるよう指示したことは、実験参加者の健康、安全、幸福を重視しているとは思えない。

心理学研究は、ある刺激と反応により成立するが、ある研究に予測される身体的、心理的危険は、日常生活において出会うもの以上であってはならないと規定している。その点、ミルグラムの実験は、実験参加者に致死量のスイッチを押すという非日常的な危険な心理的ストレスを強いている。

しかし、一口に日常生活といっても、私たちはしばしば無礼なこと、ウソをつかれること、不安になることなどを経験する。そのためどの程度の心理的ストレスが、研究計画において倫理的に適切であるかどうかを決定することが難しくなる。その場合、指導教官や研究組織の倫理委員会の判断に委ねることが大切である。

2．インフォームド・コンセント（説明と同意）

インフォームド・コンセント（informed consent）とは、実験前に実験参加者への「説明と同意」を行うことである。まず実験者は、実験を行う前に実験参加者に実験の目的、方法、実験の影響そして結果を説明し、実験参加者の質問にも誠意をもって説明することが求められる。その説明に同意した人のみが実験参加者となる。なお、同意して実験が始まっても、実験参加者には実験に不参加の自由があり、中止により不利益にならないことも保証する。

ミルグラムの実験は、ナチス・ドイツのユダヤ人大量虐殺が行われたことについて「アドルフ・アイヒマンとその実行者たちは、単に命令に従っただけなのか」を確かめるため、「服従の心理」を解明することが目的であった。しかし、

実験者は、実験参加者へ、「暗記学習における罰の効果」と偽りの説明をし、同意させている。電流が流れていないなど実験そのものが「偽装」されていたが、一切説明をしていない。また、実験による心身の影響についても説明をしていない。途中で実験への不参加を申し出た人もいたが、威圧的態度で結果的に服従させている。

　心理学の研究において、実験目的・方法をすべて説明をしてしまうと実験が成立しない問題に直面することが多々ある。例えば、怒りの感情は、脳のどの局所が活動するかを目的とした実験の場合、実験スタッフが「横柄な態度」をわざと演じ、実験参加者に怒りを生じさせる実験計画を立てたとしよう。これを前もって実験スタッフが「横柄な態度を取ります」と説明した場合、実験が成立しなくなる。同様にミルグラムの実験においても、実験の目的は、「服従の心理」の解明である。この解明の方法は、実験中止の自由を実験参加者に保証しているが、実際に中止を求めてきた場合、実験参加者に実験者が「威圧的態度」を取り、権力に服従させることである。それを実験参加者に「中止を求めた場合、実験者は、威圧的態度を取ります」と説明したとすると実験の目的が遂行できなくなる。このようにインフォームド・コンセントが厳格に遂行できない場合、次の倫理規準を実行する必要がある。

3．デブリーフィング（研究影響からの回復援助）

　デブリーフィング（debriefing）の目的は、実験終了後、実験から受けた影響を実験前の状態に「回復するための援助」である。つまり、実験参加者が実験者と対等に扱われたと確信をもてるようになることと、実験中に生じた心身のストレスをいち早く取り除き、回復させることである。そのために、①実験の目的と方法を説明すること、②実験中の行動から生じたいかなる否定的な感情や罪悪感を適切に対処できるよう援助すること、③デブリーフィングのセッションのなかで生じたいかなる疑問にも答えなければならないことである。

　日本においてデブリーフィングは、その言葉の意味から実験終了後、研究目的・方法を「事後に説明すること」と技法的に理解されがちである。しかし、本来のデブリーフィングの目的や機能は、上述したとおりである。

　ミルグラムの実験では、実験終了後、致死量まで電圧を上げていった実験参

加者の諸々の感情を取り扱っていないし、人が死ぬまでの電圧のボタンを押してしまった実験参加者の罪悪感も扱っていない。ミルグラムは実験後の追跡調査のなかで、心的外傷を受けた人はほとんどいないと述べているが、実験終了後、電流は流れていないと説明を受けても、致死量のボタンを押した実験参加者の否定的感情や罪悪感は、心的外傷体験として残ると思われる。その後の実験参加者の人生において、心理学者と権力者に対しては不信感を抱いたり、猜疑心の目で見ることとなるであろう。

心理学研究において、インフォームド・コンセントが厳格に遂行できず、実験の説明を「偽装」しなければならないことが多々ある。そのため心理学研究においては、インフォームド・コンセント以上にデブリーフィングを厳格に行うことが重要となる。

4. 秘密保持

研究者は、実験参加者のプライバシーの権利を尊重しなければならない。心理学の研究は、実験参加者の心理的環境に侵入して初めて成り立つ。そのため研究者は、個人の守秘義務を守ることにより、個人のプライバシーを尊重する義務があるし、実験が終了しても守秘義務の権利は継続している。

ミルグラムの実験では、一見守秘義務は守られているが、実験についての一連の論文や本を公にすることの同意を得ているか不明であるし、このようなショッキングな内容を発表することに実験参加者が同意するかも疑問である。

ミルグラムの実験は、1960 年代から 1970 年代にかけて行われたが、まだ当時は倫理規準が整備されていない時代である。ミルグラムの実験の方法と結果はショッキングなものであるが、科学的には示唆に富むものである。このように科学の解明や進歩と倫理規準は、常に厳正な判断を求めていくことが重要である。

●引用・参考文献

藤井　聡（2003）．社会的ジレンマの処方箋―都市・交通・環境問題のための心理学―　ナカニシヤ出版　pp. 35, 45.

アトキンソン, R. L. ほか　内田一成（監訳）（2002）．ヒルガードの心理学　ブレーン出版（Atkinson, R. L., Atkinson, R. C., Smith, E. E., Bem, D. J. & Nolen-Hoeksema, S. (1996). *Hilgard's Introduction to Psychology*. 12th ed. Fort Worth: Harcourt Brace College.）

Baltes, P. B. (1987). Theoretical Propositions of Life-span Developmental Psychology: On the Dynamics Beween Growth and Decline. *Developmental Psychology, 23*, 611-626.

コウリー, G., キャラナン, P. & コウリー, M. S.　村本詔司・浦谷計子・殿村直子（訳）（2004）．援助専門家のための倫理問題ワークブック　創元社

Dawes, R. M. (1980). Social dilemmas. *Annual Review of Psychology, 31*, 169-193.

藤川　麗（2007）．臨床心理のコラボレーション―総合的サービス構成の方法―　東京大学出版会

平山　諭・鈴木隆男（編著）（1994）．発達心理学の基礎 I　ライフサイクル　ミネルヴァ書房

平山　諭・鈴木隆男（編著）（1994）．発達心理学の基礎 II　機能の発達　ミネルヴァ書房

池上知子（2004）．社会的認知と印象形成―自動性と統制可能性―　岡　隆（編）社会的認知研究のパースペクティブ―心と社会のインターフェイス―　培風館

アイビィ, A. E.　福原真知子ほか（訳編）（1985）．マイクロカウンセリング　川島書店

河合隼雄（1992）．心理療法序説　岩波書店

ロンボルグ, B.　山形浩生（訳）（2007）．環境危機をあおってはいけない―地球環境のホントの実態―　文藝春秋（Lomborg, B. (2001). *The Skeptical Environmentalist: Measuring the Real State of the World*. Cambridge University Press.）

ミルグラム, S.　岸田　秀（訳）（1980）．服従の心理―アイヒマン実験―　河出書房新社

無藤　隆・やまだようこ（責任編集）（1995）．講座生涯発達心理学 1　生涯発達心理学とは何か―理論と方法―　金子書房

ネイギー, T. F.　村本詔司（監訳）（2007）．APA 倫理規準による心理学倫理問題事例集　創元社

岡本浩一（1986）．社会心理学ショート・ショート―実験でとく心の謎―　新曜社

瀬谷正敏（1977）．対人関係の心理　培風館

下山晴彦（編）（2004）．心理学の新しいかたち 9　臨床心理学の新しいかたち　誠信書房

丹野義彦（2000）．効果研究とメタ分析　下山晴彦（編）臨床心理学研究の技法　福村出版　pp. 127-132.

氏原　寛ほか（共編）（2004）．心理臨床大事典　改訂版　培風館

第2部

人は現実世界をどう捉え、
経験し、困難を克服するか

第1章

「知る」ことの仕組みとその応用

第1節　人間の情報処理—その基礎メカニズム—

　私たちの環境を知る仕方にはいろいろあるが、そのなかで、明るさや色、音、匂いなどを感ずる素朴で単純な認識を「感覚（sensation）」といい、○は丸い形で○は○と同じだが△や□とは違うなど、同定や識別をする認識を「知覚（perception）」いう。「認知（cognition）」はこれらの認識に加えて、学習や記憶、感情や欲求、さらにはその人の性格や価値観などを含めたきわめて広い意味・内容を含む概念である。認知心理学（cognitive psychology）や認知科学（cognitive science）という場合は、科学としての考え方の枠組みや方法論を意味している。どちらも総合科学といえよう。ここでは環境を知る仕組みを人間の情報処理という観点から取り上げる。

1．認識の原点

1）視覚的認識の形成過程

　鳥居（1982）は、先天盲患者の開眼手術後の視覚的世界についてさまざまな事例を紹介し、人間の視覚の発生過程について考察を加えている。そのなかで、"生まれつき目の見えない人が開眼手術を受けて目が見えるようになったとして、触覚的に認識していた立方体や球体を、同じように視覚的にも認識することができるか"という「モリヌークスの疑問（Molyneux's Question）」を引用し、視覚の成立と学習・経験に関するさまざまな事例と学説を取り上げている。この質問状を送りつけられたイギリス経験論の代表者であるロック（Locke, J.）の回答は、"視覚的経験のないものが触覚的に形はわかっても、それを視覚的に体験することはできない"というものであったが、経験論的立場からは当然の

帰結と思われる。しかもこれら17世紀の人々の推測は、現代の知見と大きく異なるものではなかった。この話題は視覚の発生過程といった私たちの認識の根本的問題を提起する。いろいろなケースを総合すると、まず明暗の認識から始まり、次いで運動と色の認識、その後に形の認識が形成されると考えられている。開眼手術後の世界は平面的であって、3次元の認識の成立には時間を要するといわれる。

2）図と地の分節

視覚に限らず、私たちの意識のあり方を省察してみると、意識の焦点にあるものと、その周辺にあるものとに分けることができる。前者は「図（figure）」、後者は「地（ground）」と呼ばれる。注意（attention）など、意識が何らかの対象に向けられ、情報処理系が稼働体制に入るためには、図が地から分離されることが必要である。図になりやすい特徴としては、形態的には簡潔でよい形（プレグナンツ Prägnanz）をもつこと、明るく鮮明で、小さく、意味をもつことが挙げられる。これによって対象は注意の焦点になることができる。図と地の分節（segregation）を困難にする状況とは、図と地の明暗の対比（contrast）が小さかったり、図と地の形が類似して地に同化したり、図としてのまとまりに欠けていたり、他の刺激によって遮蔽されたりなど、いろいろなケースが考えられる。いずれにせよ結果として信号（signal S）とノイズ（noise N）の分離の度合いであるS/N比が悪いということになる。この図と地の分節こそが経験に先行する私たちの認識の原点といっても過言ではないと思われる。

3）特徴検出器の発見

生体がその生命を維持し、環境に適応し、パートナーを得るためには、正確にしかも迅速に対象を認識しなければならない。その目的のために、生体には種々の特徴検出器（feature detector）が備わっていることが知られている。ヒューベル（Hubel, D. H.）とウィーゼル（Wiesel, T. N.）が、微小電極法によってさまざまな形に対するネコの大脳視覚野の神経反応を記録する実験を行ったのは1960年代であった。網膜上のある領域が大脳皮質視覚野の特定の神経細胞を興奮させる場合、網膜上の当該領域をその神経細胞の受容野（receptive field）と呼ぶ。具体的には、網膜上にテスト光をあてていき大脳の神経細胞の応答をモニターしながら調べることによって、受容野の地図を描くことができる。この方

第1章 「知る」ことの仕組みとその応用　35

法によって脳の視覚野の表面に微小電極を刺入し、ある特定の深さで記録すると、種々の形、明暗、幅、動きなどの刺激特徴に特異的に反応する細胞群が見いだされる。リンゼイとノーマン（Lindsay & Norman, 1977）がまとめたものによれば、大きく次の3つのタイプに分類される。

①単純細胞（simple cell）：光の on に対して反応する領域と、on に対して反応が抑制される領域とが隣接して線上に並んだ構造をしている。刺激の明暗パターンと一致したとき反応は最大となり、直角に交差したときは最小となる。エッジやスリット、ラインなどの検出に働くとみなされるが、網膜の位置に規定されるため、眼球運動に大きく影響を受ける。

②複雑型（complex cell）：網膜上の位置に規定されないため、眼球運動によってあまり影響を受けない。網膜の広い範囲において、線分の幅や方向を捉える。

③超複雑型（hypercomplex cell）：一方向性や両方向性の運動に主に反応するが、線の長さや幅などに規定され、角度にも特異性を示す。

これらのほかにもサルを被験体として手の形や顔に反応する細胞群が見いだされている。

4）境界の強調

形の知覚は輪郭線の知覚ともいえるが、これは明暗の境を知覚できるかどうかにかかっている。この明暗境界の検出は、エッジ検出器（edge detector）も参加するであろうが、側抑制（lateral inhibition）と呼ばれる並行する神経間に生ずる抑制的相互作用も関与する。神経の結合には縦方向からの興奮性の結合と横方向からの抑制性の結合とがある。明から暗に移行する部分では暗からの側抑制が弱いため、やや明るく見える。これとは反対に暗から明へ移行する部分では、明へ立ち上がった部分からの側抑制が強いため、やや暗く見えることになる。これらの結果として明暗の境界が強調されることになる。

2．感度の鋭化と鈍化―生存のための仕掛け―

生体にとって最も重要な事柄は、広い意味での環境への適応である。したがって、生体には環境への適応の面からきわめて合理的と思われる機制が本来備わっていることが推測される。それは生命保持の基本原理の上に立ち、状況

に応じて、ときには情報入力の効率化として、またときには非効率化としてダイナミックに機能する性質をもっている。これらの機制は互いに表裏の関係にあり、一体となって限りある処理能力を補っている。

１）感覚的順応

順応（adaptation）は本来生体が環境に慣れ適応していく機制であり、新たな情報の入力と処理を円滑にし、妥当な出力を促す役割をもつが、感覚的順応（sensory adaptation）は特徴的な刺激適正化の機能をもつ。日中、明るいところから映画館のように暗いところに入るとよく見えなくなるが、時間の経過につれて次第に見えるようになる。反対に、暗いところから明るいところに急に出た場合は明るすぎて見えにくくなる。しかしこの場合は短時間で見えるようになる。前者は暗順応（dark adaptation）といい、後者は明順応（light adaptation）といわれる。暗順応の場合は瞳孔を開いたり網膜の感度を上げることによって、明順応の場合は瞳孔を収縮させ網膜の感度を下げることによって、どちらも刺激量の適正化を図ることにより見えやすくしている。このような刺激水準の適正化の機制も生体が備えた仕掛けである。

自分の鼻腔内の匂いや、唾液の味、内耳を流れる血流音、肌着の感触などが、常に意識されるようでは困るが、うまい具合に感覚的順応によって意識しないで済んでいる。暗順応はわれわれの情報処理に見られる効率化の機制といえるが、明順応や他の感覚的順応は非効率化の機制といえよう。感覚的順応は時間の経過に従って刺激にともなう感覚印象が低減する現象をいい、刺激変化が乏しい場合に顕著である。この定義に従えば暗順応は暗さの印象が、明順応は明るさの印象が低減する現象といえよう。

２）刺激強度の変化と心理印象

図 2-1-1 は、光の明るさや音の強さ、電気刺激による痛みなどの感覚印象を、基準の刺激の大きさを 10 として、さまざまな刺激の大きさを数で評定させたときの刺激強度（物理尺度）と心理印象（心理尺度）との関係である。この方法はマグニチュード推定法（magnitude estimation method）といわれ、スティーヴンス（Stevens, S. S.）によって考案された。$n = 1$ の点線は線分の長さの評定結果であるが、ほぼリニアに変化する。一方、$n < 1$ の光の明るさや音の大きさの印象は、それぞれの強度が小さい場合は、わずかの増減に対しても鋭く大きく変化

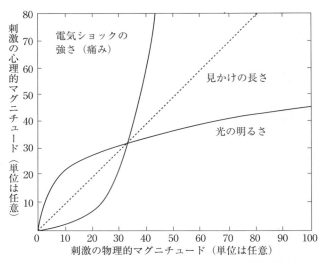

図2-1-1　マグニチュード推定法による刺激強度の評定

刺激の物理的強さ（I）と心理的マグニチュードの判断との間には $E = KI^n$ の関係がある（E は心理的印象〔評定値〕、I は刺激強度、K は定数を示す。n はベキ指数で感覚モダリティによって異なる）。長さの判断では見かけの長さの変化が実際の長さとほとんど一致するので、n はほぼ 1.0 であるが、光の明るさや音の大きさでは 0.33 〜 0.6、電気ショックの大きさでは 1.0 を超え、3.5 前後になる。
出典）リンゼイ＆ノーマン（1985 p.267）および、小松（1994 p.95）、による。

する。これに対して刺激強度が大きくなると、刺激量がかなり変化しても心理印象はさほど変化しない。前者は効率化、後者は非効率化の機制である。私たちには声高の話より、ひそひそ話の方が気にかかる。暗がりでお金を落としてもライターの光１つで十分に探せるが、晴れた日に太陽が雲に隠れて大きな照度の落差があっても、それほど感じないで済んでいる。$n > 1$ の痛みと刺激との関係はこれと全く反対である。つまり、刺激が弱いところでは痛みはほとんど感じられず、強度が増してくると痛みの印象は急峻に強くなる。危険信号である痛みが、刺激があるレベルを超えると急激に増すのは、いち早く危険を生体に知らせるためであり、生命維持のために重要な役割を担っている。

3）体制化

「体制化 organization」は情報構造の特徴を示す概念の１つであり、認識され

やすい、快をともなう、理解しやすいなど、情報処理が円滑に行われる性質をもっている。現象としては対象が"まとまり"をもって認識されるということである。20世紀の心理学に多大な影響を及ぼしたゲシュタルト心理学（gestalt psychology）が、最も重視した認識特性の1つである。図2-1-2はウェルトハイマー（Wertheimer, M.）による群化の法則として知られる刺激側の要因である。言語においても話の筋や内容がまとまっている文章は読みやすく理解しやすいため、覚えやすく内容も正確に記憶されていることが多い。このように生体にとって、情報処理が円滑に進行することは、エネルギーの節約の点からも好都合なことであるが、これが習慣化すると自動化（automatization）が起こりやすくなる。この自動化は注意を必要としない自動的処理（automatic processing）であり、慣れ（habituation）と共通する面がある。生体の適応にとっては大切な機制であるが、しかし一方では、意識のチェックを受けないことによるさまざまなエラーの原因になる（第3部第1章第3節）。

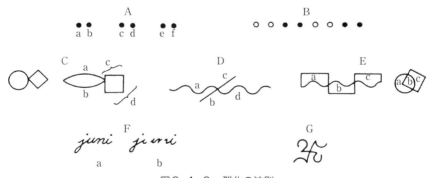

図2-1-2　群化の法則

A：近接の要因。ab, cd, ef にまとまる。B：類同の要因。白丸どうし、黒丸どうしにまとまる。C：閉合の要因。左図では円と四角に、右図では ab, cd にまとまり、ac, bd にはまとまりにくい。D：なめらかな連続の要因。ad, bc にまとまり、ab, cd のまとまりは、不可能ではないにしても困難。E：よい形の要因。右図では円と四角が重なった形に見た方が a, b, c の図形の組合わせと見るより、単純で良い形。左図では波状の曲線と折線との重なりと見た方が、より単純。F：経験の要因。経験上、b の見方は成立しにくい。G：なかに数字の 4 がかくれているが、なめらかな連続の要因が働いているため見つけにくい。

出典）小松（1994）。

4）補　完

図 2-1-3 はカニッツァ（Kanizsa, 1979）による。この図を3つの欠損部分のある黒い四角形と、3つの鋭角線図形からなる刺激布置として見るよりも、黒い四角形と三角の線図形の上にイチョウの葉状の白い三角形の面図形がのっかっていると見た方が理解しやすい。二次元のパターンに奥行を見る要因の1つに「重なり」があるが、これは覆われている図形部分を想像的に補完して、奥行きのある重なりに見る方が自然だからである。これらは不完全な刺激布置に対して、より安定

図2-1-3　輪郭のない曲がった形を見ることもできる
出典）カニッツァ（1985 p. 185）。

した、より規則的な、より単純な図形を認知させる機制である。補完は自分の書いた文章を校正する際にも働いて、ミスを発見しにくくもする。

第2節　情報処理の諸相

1．注意のメカニズム

　私たちの感覚器官には絶えず膨大な情報が入ってきている。しかしながら、私たちの脳はこのように膨大な情報のすべてを処理し、意識しているわけではない。心理学では、無数の情報のなかから選択された情報を処理し、選択されなかった情報の処理を抑制する働きのことを、注意（attention）と呼んでいる。

　普段目に見えることのない注意は、情報処理のどの段階で作用しているのであろう。チェリー（Cherry, 1953）は、両耳分離聴課題を用いてこの問題を検討した。両耳分離聴課題では、実験参加者がステレオヘッドホンを装着し左右の耳に異なる音声が出される。実験参加者は左右どちらかの音声にのみ注意を向け、注意を向けた側から聞こえてくる音声を復唱した。実験の結果、注意しなかった側の音声は、注意した側の音声の復唱を妨げなかった。課題終了後、注意しなかった側の音声内容について実験参加者に報告を求めると、ほとんど報告す

ることができなかった。非注意側の音声が全く記憶されていないというチェリーの実験結果は、ヒトの情報処理過程において、注意による情報の選択が長期記憶（long term memory：第2章第2節3. p. 68参照）以前の段階で行われることを示唆している（初期選択説：early selection theory）。一方モレイ（Moray, 1959）は、両耳分離聴課題を改変し、注意を向けない側の耳に実験参加者の名前を音声で挿入するという実験を行った。その結果、約30％の実験参加者は注意の向けられなかった耳から聞こえてきた自分の名前に気がついた。この結果は、注意による情報の選択には、刺激の意味やすでに知っている知識の関与を示唆する。このことから、すべての入力情報は長期記憶で意味処理が行われた後に注意によって選択されるという、後期選択説（later selection theory）が提案された。

　その後さまざまな実験が行われ、注意の初期選択説と後期選択説は排他的な関係にあるのではなく、課題の状況や刺激を知覚するために必要な処理資源（知覚的負荷：perceptual load）に応じて効率的に切り替わるとする説も提案されている（Lavie & Tsal, 1994）。パーソナルコンピュータの進化によって、視覚刺激の制御がこれまでよりも容易になるに従い、注意に関する研究は聴覚から視覚を対象とした研究へと移った。次第に、注意が「どの段階で」働くのかといった問題よりも、注意が「何を」対象に働くのかといった問題を検討する研究が増えていった。次項ではこの問題について、注意の定位と選別（フィルタリング）といった2つの機能から考えていく。

2．注意の定位

　定位とは、環境のなかで変化した刺激や新たに出現した刺激の空間位置に眼球を動かしたり身体を向けたりすることを指す。道を歩いているときに突然呼び止められると声のする方に振り返ったり、風景のなかで何か動くものがあればそちらに目を向けたりすることである。このような定位反応を誘発する刺激には注意も向けられることから、生体は環境のなかで新しく出現した刺激を感覚器官の中心で捉えようとし、その新たな刺激に注意を向けることで情報を効率的に処理していると考えられる。ここでは、定位反応をともなう注意の定位を顕在的注意（overt attention）と呼び、定位反応をともなわない注意の定位を潜在的注意（covert attention）と呼ぶことにする。

顕在的・潜在的注意に関する研究は、主に先行手がかり課題（precueing task）を用いて行われてきた（Posner, 1980）。先行手がかり課題では、円などのターゲットをモニターに出す直前に、ターゲットの出す位置と一致（一致条件）あるいは異なる（不一致条件）位置で、突然フラッシュが出される。一致条件ではフラッシュがターゲット検出の手がかりになるので、ターゲットより先に出されるフラッシュを手がかり刺激（cue）と呼ぶ。潜在的注意を扱う場合には、眼球を画面中央に出される凝視点からできるだけ動かさないよう実験者が教示するので、手がかり刺激に対して完全に眼球が定位されることはない。一方顕在的注意を扱う場合には、凝視点からターゲットの出現位置まで眼球を動かすことが求められる。一致条件では、手がかり刺激出現からターゲット出現までの時間差（stimulus onset asynchrony：SOA）が約 0.2 秒の間は、手がかり刺激によってあらかじめ注意がターゲットの出現位置に引きつけられ、直後に出されるターゲットの処理が促進される。その結果、一致条件の反応時間は不一致条件の反応時間よりも短くなる一方で、SOA が 0.3 秒を過ぎると、ターゲットの処理は抑制され（inhibition of return：復帰抑制）、一致条件の反応時間は不一致条件の反応時間よりも遅くなる（Posner & Cohen, 1984）。

　ここまで、新たな刺激の出現にともなって外発的かつ非意識的に定位される注意について述べてきた（外発的注意：exogenous attention）。ポズナー（Posner, 1980）は、先行手がかり課題で画面周辺のターゲット出現位置に突然出される手がかり刺激の替わりに、画面中央に左右いずれかを示す矢印を出した。その結果、矢印の示す方向とターゲットの出現位置が一致している場合に、それらが不一致である場合よりも反応時間は短くなった。このような課題では、矢印の出現した方向に実験参加者が内発的かつ意識的に注意を定位する（内発的注意：endogenous attention）必要があり、この場合においても刺激の処理は促進されることがわかる。外発的注意では、SOA が 0.2 秒ほどで注意による効果が最大になり、0.3 秒を過ぎると効果がなくなった。ポズナーとコーエン（Posner & Cohen, 1984）によると、内発的注意では SOA が 1.25 秒を過ぎても一致条件で反応時間が短くなったことから、外発的注意と内発的注意は異なる時間特性をもったシステムであることが示唆される。

3．注意は刺激のどの次元に定位されるのか

　注意は潜在的・顕在的にも定位することができ、このような注意の定位は外発的・内発的に生じることがわかった。いったい注意は刺激のどの次元に定位されるのだろう。先行手がかり法を用いた実験の結果から、内発的・外発的注意はともに視野内のある領域に向けられると、その領域の中心から離れるに従って反応時間の短縮や課題成績の向上といった注意の効果は弱まる。このような特性から、注意は刺激の存在する空間領域に向けられるスポットライトのようなものであると考えられた（Posner, Snyder, & Davidson, 1980）。

　リュー、スティーブンスとカラスコ（Liu, Stevens, & Carrasco, 2007）は、左方向に運動するランダムドットパターンと右方向に運動するランダムドットパターンを重ね合わせた刺激をターゲットとして用い、手がかり刺激として画面中央の凝視点付近にターゲットの出現方向か運動方向を示す矢印を出した。空間手がかり一致条件では、手がかり刺激がターゲットの出現方向を示すので内発的注意が空間に定位される。一方、特徴手がかり一致条件では、手がかり刺激がターゲットの運動方向を示すので内発的注意がターゲットの運動特徴に定位されるというわけである。中立条件では両端に矢羽がついた矢印が手がかり刺激として出された。この条件では、両端に矢羽がついているので、空間的にも特徴的にも注意を定位することができない。中立条件を課題成績について注意による効果がない条件とすると、空間手がかり一致条件／特徴手がかり一致条件における課題成績との差分をとれば、注意による課題成績への効果を検討することができる。

　この実験では、ターゲットの運動速度が一瞬上昇する場合があり、実験参加者の課題はターゲットの運動速度の上昇を検出することであった。中立条件と各手がかりの一致条件における課題成績の差分を SOA ごとに求めたところ、空間手がかり一致条件では SOA が 0.15 秒で課題成績の向上が見られた。SOAが 0.5 秒になると、特徴手がかり一致条件でも課題成績の向上が見られることが示された。これらの結果から、注意は刺激の特徴にも定位され、空間に対する注意は特徴に対する注意に先行して動き始めることがわかる。そのほかにも、注意は刺激の存在する空間や特徴だけでなく、知覚的なまとまりに対しても定位されることが明らかとなっている。

4．注意によるフィルタリング

　注意には、注意の定位された空間、特徴や知覚的なまとまりから情報を抽出し、注意されなかった刺激の情報を抑制するといったフィルターのような働きがある。視覚でもこのようなフィルタリングは起きることが知られており、不注意による見落とし（inattentional blindness）と呼ばれている。シモンズとチャブリス（Simons & Chabris, 1999）らは、白い服を着た3人組と黒い服を着た3人組がバスケットボールを互いにパスし合う映像を実験参加者に見せ、白服あるいは黒服チームいずれかにおいてボールがパスされた回数を数えさせた。この映像の途中に、5秒間だけ着ぐるみのゴリラが胸を叩きながら通り過ぎたり、傘をさした女性が通り過ぎたりする。実験者は実験参加者にパスの回数について報告を求めたあと、「映像中で何か変なことに気づきましたか？」といった質問をし、ゴリラの着ぐるみや傘をさした人物が通り過ぎるといった予想外の出来事について気がついたかを確認した。実験の結果は、全条件で46％もの参加者が予想外の出来事に対して気がつかなかったことを示した。ボールの移動にともなってあちこちの空間に対して注意の定位が繰り返されたとすると、注意の向けられた空間に着ぐるみのゴリラや傘をさした人物が入ってきた瞬間に検出できるはずである。しかしながら実際には、こうした予想外の出来事に気がついたのは全体の半数程度であった。このような非注意による見落とし現象は空間的に起きているというよりも、知覚的なまとまりに対して起きていると考えられる。

　非注意による見落としに代表されるように、2つ（あるいはそれ以上）の知覚的まとまりや事象に注意を分割することはかなり難しい。一方で、私たちは音楽を聞きながらパソコンで文字を入力することができるし、ハンドルを握りながらブレーキやアクセルを踏み分けることができる。いったいいくつの知覚的まとまりや事象に注意を分割できるのであろうか。心理学では、注意をいくつかの作業に配分して同時に行動を行ったり、切り替えたりする機能のことを分割的注意（divided attention）と呼んでいる。ピリシンとストーム（Pylyshyn & Storm, 1988）は分割的注意の容量限界について複数物体の追跡（Multiple Object tracking）課題を用いた検討をしている。複数物体の追跡課題では、画面のなかをランダムに運動する複数の正方形や円などの一部をターゲットとして、指でなぞった

りせずに心のなかで追跡することが実験参加者に求められる。おおよそ10秒後すべての刺激がストップし、実験参加者は追跡できたターゲットを画面上のマウスカーソルで示す。実験の結果は、画面中にターゲットではない5つの妨害刺激があるなかで、実験参加者が5つまでのターゲットであれば85％の精度で課題を遂行できることを示した。1度に5つまでであれば、注意を分割することができるようである。

5. これからの注意研究

　本節では、注意における定位とフィルタリングといった2つの機能に注目し、注意は刺激のどの次元に対して働くのかといった問題について検討してきた。当初注意は定位した空間の情報処理を促進すると考えられていたが、その後さまざまに工夫された心理実験によって、注意は空間だけでなく刺激の特徴や物体に対しても機能することが明らかになった。また、注意による情報の選択は課題の状況や知覚的負荷に応じて効率的に切り替わることや、内発的・外発的注意はそれぞれ異なる時間特性をもっていることなどから、一言に注意といっても異なったシステムが相互に関係しながら存在していることが示唆された。この20年間、陽電子放射断層撮影（Positron Emission Tomography）や機能的磁気共鳴画像法（functional Magnetic Resonance Imaging）といった、体を傷つけることなく、非侵襲的に脳活動を可視化できる技法が急速に進展普及したことで、注意の神経的基盤が解明されつつある。このようななかでケントリッジ、ヘイウッドとワイスクランツ（Kentridge, Heywood & Weiskrantz, 2004）は、右視野に存在する対象が全く見えない盲視患者が、対象への意識的な知覚がないにもかかわらず空間的に注意を定位することができ、さらに注意を定位した空間領域の処理が促進されることを報告した。意識と注意はこれまで不可分の概念として扱われてきた経緯があり、これらの概念を科学的に区別することは現在の科学において最もホットなトピックの一つである（Lamme 2003）。意識の解明は今もハードプロブレムであり続けるが、意識と注意の区別が脳神経科学と認知科学の両面からなされれば、意識の解明に一石を投じることができるかもしれない。

第1章　「知る」ことの仕組みとその応用　　45

第3節　認識の障害と感覚代行

　私たちが外界の情報を捉え、認識し、それに意味をもたせ処理をする過程を認知過程と呼ぶが、この認知過程に問題が生じる場合、さまざまな適応上の不都合が生じる。このような認知、認識の障害は入力段階での問題と処理段階の問題、そして出力の段階の問題とに分けることができるが、これら各段階は相互に関連しており、ある段階の問題が他の段階に影響を及ぼす。例えば聴覚障害の場合、音の入力に問題があることはそのまま音声の出力（構音）に問題を生じる。また入力の不正確さはそれを認識する段階でもエラーを生じやすい（例えば「たまご」と「たばこ」の区別など）。これらの問題に対して、私たちはハード・ソフトの両面から支援を考えていく必要がある。

1. 障害をもつ方への支援

　視覚や聴覚に障害をもつ場合、そのままでは情報の入出力に多大なハンディキャップを背負うことになる。これに対して情報入力に用いる感覚を別の感覚器官に置き換える（感覚代行）ことで、その機能を補う方略が考案されてきた。一例としてコミュニケーション行動を対象として、その方略を考えてみたい。

　視覚に障害がある場合、その代わりとして活用できる感覚は触覚と聴覚である。古典的に用いられてきた方法としては触覚を用いた点字がある。点字はフランスのブライユ（Braille, L.）がその祖といわれ、縦方向に2列並んだ全6点もしくは8点のドットで文字を構成している（図2-1-5）。近年では部屋の出入り口や広場の案内図、缶ジュースのプルトップ部にも刻印されており馴染み深いも

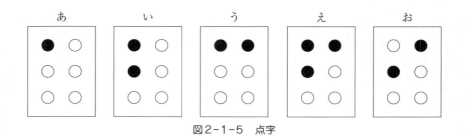

図2-1-5　点字

図2-1-6　オプタコン

出典）岩下恭士「ユニバーサロンリポート〈新春特別企画〉2010年、中途失明者に光が戻る――ここまで来た人工眼開発（第2回）　第2回　海外の人工視覚研究」（2004年1月6日）（http://www.mainichi.co.jp/universalon/report/2004/0102.html）。

のになっている。シャンプーボトルの先端や側面についている突起、紙幣についているドット、宅配の不在票上部の切り欠きなどは、点字ではないものの触覚によって情報を伝達する手段である。

　一方、点字はあらかじめ点字化する作業がともない、文字情報を得るためには事前に多大な作業が必要となる。この問題を解決する1つの方略としてオプタコンが開発された（図2-1-6）。オプタコンとは1966年にスタンフォード大学のリンビル（Linvill, J. G.）とマサチューセッツ工科大学のブリス（Bliss, J. C.）らにより発表され、1970年代以降に開発・販売された、文字を文字そのものの形として触覚的にフィードバックする、視覚障害者用の文字読み取り装置である。紙面上の文字を光電変換するための小型イメージセンサー（スキャナ部）と、それを振動によって使用者の指先にフィードバックするための触覚ディスプレイとで構成されている。触覚ディスプレイには、読み取った文字の形が振動によって描き出され、使用者はその振動パターンの差異を手掛かりに形態を認識する。画数の多い文字の識別は難しいが、英数字などであれば比較的わかりやすい。現在では文字認識システム（OCR）や文字の音声化技術の発展により、視覚障害者にとって文字を読む方法は多様になったが、当時は不可能と考えられていた「活字を読む」ことを可能たらしめた画期的な装置であった。

　また最近では、サングラスにつけた小さなカメラをスキャナとして眼前の視

図2-1-7　FSRS
出典）アイプラスプラス（http://www.eyindex-com/service.html）。

覚情報を読み取り、それを電気刺激により触覚情報に変換し額にフィードバックする"額感覚認識システム：Forehead Sensory Recognition System（FSRS）"（図2-1-7）も研究開発されている（梶本ほか，2002）。

　聴覚に障害がある場合、音声入力に関する代行は古典的なものとして手話が挙げられる。手話は手や指、腕などの手指動作や、視線や頬、口、首の傾き等の非手指動作を用いたコミュニケーション手法である。手話が体系化され始めたのは点字よりもさらに古く、1750年代のフランスにその起源を見ることができる。日本における手話は情報伝達手段としての口話法（発声法を学び口の形で意味を読み取る方法）との長い対立の歴史があったが、現在では大切な情報交換手段として認識されるに至っている。また視覚や聴覚に対するこれらの手法は、入力への支援であるのと同時に出力への支援にもつながっている。

　処理段階における支援も考えてみたい。この段階における問題事として考えられるのは、注意や記憶の機能、視覚情報の読み取り、数的処理、空間認識等、多岐にわたる。処理段階に対する支援では「感覚代行」という言葉は馴染み難いが、「機能を補助する」という意味で考えることは可能であろう。一例としてSLD（限局性学習症）を例にして考えてみたい。SLDとは全般的な知能には遅れがないものの、「読む」「書く」「計算する」等、高次の認知機能の一部にうまく働かない部分をもっている発達障害の1つである。具体的な行動像としては、「ろ」と「る」など文字を読み分けることが難しい、行を読み飛ばす、漢字を読

めるのに書けない、文字を思い出すのに時間が掛かる、すぐに忘れてしまう、等である。SLD に対しては「情報を整理して理解しやすい形に整える」「理解しやすい別の情報を使う」「理解を手助けする補助的道具を用いる」などが基本方略となる。例えばプリントに複数の問題が書かれているよりは、1ページに1つの問題が書いてある方が読み誤りは少なくなる。紙にスリットを空けた台紙を教科書の上に置きながら読むことで、複数行が書かれている文章の読み飛ばしが低減される場合もある。ワードプロセッサの出現は、文字の形がどうしても整わない、書きたい漢字が出てこない、作文などで章立てがまとまらない、等の問題事に有効な補助手段となる。また計算の意味を理解した上で計算機を使うことも効果的であろう。

2．日常生活への応用

　「感覚代行」など、ここまで述べてきた支援は障害をもつ方に特化した事柄のように受け取られやすいが、「情報の入出力、そして処理の特性を考えて対応する」という意味として捉えれば、障害の有無にかかわらず私たちの日常生活にとっても大変に役立つものである。

　2004年、アメリカ連邦道路管理局は道路標識に使用される文字フォントに、ClearviewHwy というフォントの使用を承認した（図2-1-8）。ハイウェイゴチッ

図2-1-8　ClearviewHwy フォント

出典）　http://www.nytimes.com/（The New York Times の HP、Photo: Cour-tesy of Don Meeker）から"clearview"で検索ヒットしたページの1番目に上記画像のスライドショウが見れる HP がある（2008年11月20日時点）。

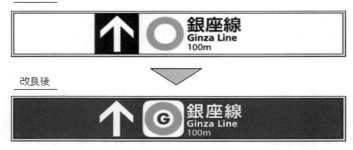

図2-1-9 東京メトロの新サインシステム
出典）東京メトロ（http://www.tokyometro.jp/news/2005/2005-32_1.html）。

クと呼ばれる従来のフォントは太く見やすいものであったが、車のヘッドライトで標識を照らした場合、白色の文字が光を拡散させる働きをしてしまい輪郭が膨らみ判読性が低下していた。そんななか、高速走行時にも見やすく、またライトによるハレーションにも強い書体が多くの研究の上に作り上げられた。この取り組みは車が日常の交通手段として非常に重要であり、また高齢者ドライバーの増加とその安全性の確保が急務であるアメリカにとって、1つの解決策を提供する可能性を秘めている。

　視認性への対応は日本でも行われている。東京メトロでは2004年から旅客案内サインシステムの変更を開始した。例えば路線案内板を従来の「白地に黒文字」から「濃紺地に白文字」とし文字を発光させることで、文字を大きく見せる工夫をしている(図2-1-9)。これは先ほどの道路標識とは逆の効果を狙ったものであり興味深い。

　特別な機械を開発するわけではないが、人間の認知・認識の特性を理解して、そこに適した環境を提供することで私たちはもっと情報を理解しやすくなるであろう。

3．ユニバーサルデザインへ

　このように環境や製品のデザイン（設計）1つで私たちの利用しやすさは大きく変わる。デザイン面から「認識」や「使用」を手助けし、すべての年齢や能力

の人々に対して、可能な限り最大限に使いやすい状況を作ることを「ユニバーサルデザイン」と呼ぶが、この考え方は物の設計や製造にかかわる専門家のための考え方のみならず、対人援助に携わる可能性のある私たちにとっても重要な視点を提供してくれる。ユニバーサルデザインにかかわる主要な7つの視点 (The Center for Universal Design, 1997) を示し、まとめとしたい。

『ユニバーサルデザインの7つの原則』
①誰もが同じように使えること（equitable use）
②誰もが思いどおりに使えること（flexibility in use）
③操作が直感的であること（simple and intuitive）
④必要な情報がすぐにわかること（perceptible information）
⑤安心・安全に使えること（tolerance for error）
⑥身体への負担が少ないこと（low physical effort）
⑦誰もが使いやすい大きさであること（size and space for approach and use）

第4節　神経・生理心理学―心と身体との関連―

　心理学を学び始めてまだ日の浅い方々に「心はどこにあると思いますか？　心のある場所を触ってください」とお願いすると、だいたい2つの反応が返ってくる。一つは頭を触る場合。もう一つは胸（心臓）を触る場合である。心理学における「心」とは精神世界のことであり、それは大脳の機能により作り出される世界である。したがって頭を触ることが正解ではあるのだが、心臓がある場所を触りたくなる気持ちも、非常によく理解できる。それは私たちの気持ちが動いたときに心臓の拍動が強くなるからであり、緊張すれば汗が出るし、落ち着いた気分になると身体から力が抜けるからである。これらのこと一つとってみても、心と身体は別物ではあるが非常に密接に関連していることが理解できよう。

　行動と生理的反応との関係性を理解する心理学の領域を「生理心理学」、そして脳を中心とする神経系と精神機能との関係を理解する領域を「神経心理学」と呼ぶ（宮田, 1998）。これらの領域はややもすると生物学に近い、あまり心理とは関係のない領域のように感じられるかもしれないが、心の動きの基礎を理解するためには実は非常に重要な領域だといえる。ここでは、脳と神経系の基礎

知識、身体の諸器官が心理的反応とどのように関連しているか、といったことについて理解を深めていきたい。

1．神経系の構造

　私たちの心＝精神世界は脳の神経系の働きにより作り出される。そして神経系は身体のいたるところに伸びている。最初に、それら神経の分類を見ていきたい。

　神経系は大きく2つ、中枢神経系（CNS：Central Nervous System）と末梢神経系に分類される。中枢神経系は脳から脊髄までを指し、末梢神経系はそれ以外の神経繊維を指している。また、末梢神経系は自律神経系（ANS：Autonomic Nervous System）と体性神経系とに分けられ、自律神経系は交感神経系（SNS：Sympathetic Nervous System）や副交感神経系（PNS：Parasympathetic Nervous System）に、体性神経系は運動神経系や感覚神経系に分類される（ハセット，1987）。

2．中枢神経系の構造とこころ

　大脳には数百億の神経細胞が存在するといわれている。そしてこれら神経細胞が互いに情報を送り合うことで、私たちの「こころ」という世界が形成されている。一つの神経細胞は大きく3つの要素から成り立っている。核を含み神経細胞の中心となる「細胞体」、細胞体面に複数分布し他の神経細胞から情報を受け取る「樹状突起」、そして細胞体から1つ長く伸びて他の神経細胞に情報を送る「軸索」、である。これらを総称して神経細胞＝ニューロンと呼ぶ。他のニューロンから樹状突起を介して受け取った情報は、電気信号としてニューロン内を走り軸索の末端から他のニューロンの樹状突起へと情報が伝達される。しかし、それぞれのニューロンは密着して接合しているわけではなく、その間に非常に小さな隙間が存在している。軸索の末端まで来た電気信号はこの隙間を超えることができない。そこで電気信号をトリガーとして、末端に蓄えられている化学物質をその隙間に放出することで次のニューロンの樹状突起に情報を送っている。軸索の末端と樹状突起にある、これら電気信号と化学物質の変換を担っている構造が「シナプス」であり、前述の隙間のことを「シナプス間隙」と呼んでいる。このように、脳では電気信号と化学物質という2つの大切な要素を使って情報がやり取りされている（村上，2010）。

1）電気信号とこころ

　ニューロン内の電気信号はそれ自体は非常に微弱なものであるが、一定範囲にあるニューロン群が発生させる電気活動を、高感度の装置を用いて読み取ることができる。それは波のような形として描き出され、「脳波」と呼んでいる。脳波（EEG：Electroencephalogram）とは脳のニューロン群が示す電気的な活動の様子である。睡眠中のようにニューロン群の活動が穏やかであれば、波形もゆったりと大きくなり、逆に何かを考えたり話しているときなどのように、脳の活動が盛んになれば波の間隔が狭く振れ幅も小さいものになる。このような脳波の波の違いはヘルツ（Hz：1秒間に何回波が発生するか）という単位で表され、決められた間隔ごとに名前がつけられている。代表的な4つの脳波として、0.5〜3.5Hzのデルタ波、4〜7Hzのシータ波、8〜13Hzのアルファ波、14〜25Hzのベータ波が挙げられる（南山堂. 2006）。なかでもアルファ波はリラックスと関連づけられてその名を知られているが、特定の心的体験というよりも、睡眠から覚醒に至る過程での脳の活動状態の一つと考えたほうがより適切であろう。

2）化学物質とこころ

　大脳における情報伝達にとって大切なもう一つの要素がシナプスが放出する化学物質であり、これは一般的に「神経伝達物質」と呼ばれている。神経伝達物質は多くの種類があるが、そのなかにはドパミンやセロトニン、オキシトシンといった、聞き覚えのある名前の化学物質が含まれている。ドーパミンは意欲などに関係するホルモンとして、セロトニンはうつ病との関連で、またオキシトシンは幸せや信頼感と関係するホルモンとして知られている。

3．大脳の機能局在

　これらのニューロンが集まり大脳（大脳皮質）を形成している。大脳は頭の前から後ろにかけて中央部分に大きく走る深い溝（中心縦裂）を境にして左右に分かれている（大脳半球）。また、大脳の表面にしわのようなうねりがあることはすでに知っていると思うが、そのなかに特に大きな2つの溝があり、それらは、頭頂から左右に走る「中心溝（ローランド溝）」と、こめかみ辺りから中心溝末端と接し斜め上後方に走る「外側溝（シルビウス溝）」と呼ばれている。この2つの溝をだいたいの境目として、大脳は大きく4つの部位に分けられる。中心溝と

外側溝で囲まれる線より前の部分を前頭葉、中心溝よりも後ろ側を頭頂葉、外側溝より下の部分を側頭葉、そして頭の一番後ろの部分を後頭葉と呼ぶ（スターリング, 2005）。これらの「葉」は領域ごとに異なる精神機能を担っており、それを大脳皮質の機能局在と呼ぶ。

　前頭葉は運動のコントロールに始まり、物事の進め方を計画立てたり、知的機能や社会性、創造性を担ったりと、人格や人間性と密接に関係する部位である。さらに中心溝が後述する側頭葉と接する付近の三角形の領域には、「ブローカ野」と呼ばれる言葉を発する機能に関連する領域も存在する。前頭葉が人格や感情と関連することを示す出来事として、フィネアス・ゲージの事例が有名である。19 世紀中期のアメリカで鉄道建築技術者として働いていたゲージは、業務上の事故で大きな鉄の棒が頭蓋骨を貫通し、左前頭葉の大部分を破損する大事故に見舞われた。奇跡的に一命を取り留めたものの、事故後ゲージは性格が激変し、それまでの礼儀正しくまじめな性格から粗暴で無計画・無責任な行動をとる人物へと変化してしまったのである。前頭葉と性格との関連を示すこの出来事は、後の脳研究の発展にとって、一つの転換点になったといっても過言ではない。

　頭頂葉は触覚や感覚などの重要な中枢といわれている。中心溝に最も近い領域には一次体性感覚皮質と呼ばれる領域があり、そこの神経細胞は特定の身体領域と対応している。これはカナダの脳外科医ペンフィールドがてんかん患者を治療する際に見出したもので、脳の特定領域にあたかも人の全身が細かくマッピングされたかのような様相を示していた。手や指、顔などの感覚が鋭敏な部位は脳内でも広い面積にマッピングされており、逆に足や身体などは少ない面積のなかにマッピングされていた。このような、全身ではあるがいびつな割合で広がっている脳内の感覚領域を指して「脳のなかのホムンクルス」と呼ばれている。

　側頭葉は耳に近い領域ということもあり、聴覚に関する機能を担っている。外側溝の近くには一次聴覚野と呼ばれる領域があり、鼓膜の振動に端を発した刺激は最終的にこの領域に到達し知覚される。また左半球の一次聴覚野下部には、「ウェルニッケ野」と呼ばれる言語を理解する機能に関連する領域が存在する。逆に右半球の同部位には音のトーンやリズムなど非言語性の情報処理に関連する領域がある。

　後頭葉は視覚情報を処理する領域として知られている。目から入った光刺激

は網膜の細胞で信号に置き換わり後頭葉に送られ、最終的に私たちに映像として知覚される。

これら領域は個別の機能を有していると同時に、隣接した部位では相互関連性を持っている。例えば頭頂葉の後ろ側、つまり後頭葉に近い部位には触覚と視覚とを統合する領域が存在する。ここが損傷されると立体感覚失認という、触覚によって物体をイメージすることができなくなる。

4．生命維持に関連する脳領域

大脳の深部には間脳、そして間脳から続く脳幹と呼ばれる器官がある。どちらも複数の器官が集合したものの名称であり、間脳には視床下部や脳下垂体など、脳幹には橋や延髄といった器官が含まれている。それらは心拍や血圧、呼吸など自律神経系の中枢や、種々のホルモンを分泌する機能、覚醒水準と深い関係のある機能など、生命維持にとって非常に重要な働きを担っている部位である。脳死を判定する際にはいくつかの厳格な基準があるが、その一つがこの脳幹の電気活動の有無である。

脳幹の後ろ側に接続し、後頭葉と側頭葉の下部にコブのように位置している器官が小脳である。小脳は古くより知覚と運動機能の統合を担っていると考えられているが、近年はより高次の機能（刺激連合学習の機能）も有していると考えられるようになってきた。

5．自律神経系とこころ

先に述べたとおり自律神経系は交感神経と副交感神経とに分けられるが、これらは全身に分布しており血圧や呼吸数をはじめ、身体の種々の機能を調整している。自律神経系は意識的な努力をせずとも自律的に働くことが特徴であるが、同時に意識的な関与によってある程度コントロールすることも可能である。自律神経系とかかわりの深い身体器官と反応として、心臓血管系が挙げられる。

心臓は全身に血液を送る役割を担う、人間にとって最も重要な器官である。1日に約10万回拍動する心臓の動きを電気的に観察すると、5つのフェーズが波形上に観察される。そのなかで最も強い波をR波と呼ぶが、このR波と次のR波との間隔をもって1回の心拍動と捉えている。ヒトの平均心拍数は約70 bpm (beats per minute) であるが、安静時にはより減少し、運動したり緊張を伴う場面では増加する。

心臓と関連するもう一つの重要な器官が血管であり、この血管にかかる圧が血圧である。血圧には最高血圧と最低血圧があることはすでに知っていると思うが、これらも心理的な緊張や弛緩に対応し、かなり即時的に変化することが知られている。

6．こころと身体との関連

ここまで大脳をはじめとする中枢神経系から自律神経系までを概観してきた。大脳は種々の機能分化が行われており、それが私たちの精神世界、例えば性格だったり感情や記憶だったりを形作っていることがわかった。それは言い換えれば、脳の働きに不具合が生じると精神機能の不具合として現れることを意味する。統合失調症やうつ病、認知症や高次脳機能障害、てんかんや失語症などがその一例である（山鳥, 1985）。また一方で、自律神経系などは私たちが意識的に制御できる部分も残されている。そこで呼吸法や弛緩法などを使って身体面を能動的にコントロールし、不安や緊張の低減を図るなど感情面への働きかけも可能となる。心理に携わる者として人のこころと行動を理解しようとするなら、こころと行動との関係性の背後にある身体的なメカニズムの重要性についても忘れないでいてほしい。

●引用・参考文献

馬場元毅（1991）．絵でみる脳と神経—しくみと障害のメカニズム—　第2版　医学書院

Cherry, E. C. (1953). Some experiments on the recognition of speech, with one and with two ears. *The Journal of the acoustical society of America,* **25** (5), 975-979.

Don Meeker（http://www.nytimes.com/slideshow/2007/08/12/magazine/20070812_CLEARVIEW_8.html）

ハセット, J.　平井　久・児玉昌久・山中祥男（編訳）（1987）．　精神生理学入門　東京大学出版会

石合純夫（2003）．高次脳機能障害学　医歯薬出版

梶本裕之・川上直樹・舘　暲（2002）．神経選択刺激のための最適設計法　電子情報通信学会論文誌　Vol. J85-D-Ⅱ No. 9, 1484-1493.

カニッツァ, G.　野口　薫（監訳）（1985）．視覚の文法—ゲシュタルト知覚論—　サイエンス社　p. 185（Kanizsa, G.（1979）．*Organization in vision.* Praeger.）

56　　第2部　人は現実世界をどう捉え、経験し、困難を克服するか

Kentridge, R. W., Heywood, C. A., & Weiskrantz, L. (2004). Spatial attention speeds discrimination without awareness in blindsight. *Neuropsychologia,* **42** (6), 831-835.

小松　紘 (1994).　人間の情報処理　大山正博 (編)　人間への心理学的アプローチ　学術図書出版社　p. 103.

Lamme, V. A. (2003).　Why visual attention and awareness are different. *Trends in cognitive sciences,* **7** (1), 12-18.

Lavie, N., & Tsal, Y. (1994).　Perceptual load as a major determinant of the locus of selection in visual attention. *Attention, Perception, & Psychophysics,* **56** (2), 183-197.

ラヴィーン, P. A.　池島良子・西村もゆ子・福井義一・牧野有可里 (訳) (2016).　身体に閉じ込められたトラウマ—ソマティック・エクスペリエンシングによる最新のトラウマ・ケアー　星和書店

リンゼイ, P. H. & ノーマン, D. A.　中溝幸夫・箱田裕司・近藤倫明 (共訳) (1985).　情報処理心理学入門　感覚と知覚　サイエンス社 (Lindsay, P. H. & Norman, D. A. (1977). *Human information processing: An Introduction to Psychology.* 2nd ed. New York: Academic Press.)

Linvill, J. G. & Bliss, J. C. (1966).　A direct translation reading aid for the blind. *Proceedings of the Institute of Electrical and Electronics Engineers,* **54**, 40-51.

Liu, T., Stevens, S. T., & Carrasco, M. (2007).　Comparing the time course and efficacy of spatial and feature-based attention. *Vision research,* **47** (1), 108-113.

宮田　洋 (監修) (1998).　新生理心理学 1 巻　生理心理学の基礎　北大路書房

Moray, N. (1959).　Attention in dichotic listening: Affective cues and the influence of instructions. *Quarterly journal of experimental psychology,* **11** (1), 56-60.

村上郁也 (編) (2010).　イラストレクチャー認知神経科学　オーム社

南山堂 (2006).　南山堂医学大辞典　第 19 版　南山堂

日経サイエンス編集部 (2007).　脳から見た心の世界 Part 3　別冊日経サイエンス 159　日経サイエンス社

Posner, M. I. (1980).　Orienting of attention. *Quarterly journal of experimental psychology,* **32** (1), 3-25.

Posner, M. I., & Cohen, Y. (1984).　Components of visual orienting. *Attention and performance X: Control of language processes,* **32**, 531-556.

ポスナー, M. I. & レイクル, M. E.　養老孟司・加藤雅子・笠井清登 (訳) (1997).　脳を観る—認知神経科学が明かす心の謎—　日経サイエンス

Posner, M. I., Snyder, C. R., & Davidson, B. J. (1980).　Attention and the detection of signals. *Journal of experimental psychology: General,* **109** (2), 160.

Pylyshyn, Z. W., & Storm, R. W. (1988).　Tracking multiple independent targets: Evidence for a parallel tracking mechanism. *Spatial vision,* **3** (3), 179-197.

Simons, D. J., & Chabris, C. F. (1999).　Gorillas in our midst: Sustained inattentional blindness for dynamic events. *Perception,* **28** (9), 1059-1074.

スターリング, ジョン　苧坂直行・苧坂満里子 (訳) (2005).　大脳皮質と心—認知神経心理学入門—　新曜社

山鳥　重 (1985).　神経心理学入門　医学書院

The Center for Universal Design (1997).　*Principles of Universal Design.* NC State University.

鳥居修晃 (1982).　視覚の心理学　サイエンス社

◇◆コラム◆◇
fMRI

　fMRI（functional Magnetic Resonance Imaging、機能的磁気共鳴画像法）は脳活動を可視化するニューロイメージングの一つであり、種々の心的機能（視覚、注意、記憶、情動や社会的認知等）を脳内のさまざまな部位に関連づける測定法である。本コラムでは、fMRI 実験の原理・実際・発展について概観する。

1）fMRI の原理
　脳内の神経細胞の活動にともなって酸素が使用されると、活動している神経細胞に近い脳血管内では脱酸化ヘモグロビンが増える。脱酸化ヘモグロビンは MRI の強い磁場のなかで磁性をもち、それらが個々に磁場を形成するため、活動した細胞の近隣の磁場の均一性が乱れ、生体組織内の水からの磁気共鳴（MR）信号が弱くなる。この脱酸化ヘモグロビンの磁性による MR 信号の変化を BOLD（Blood Oxygen Level Dependent）効果と呼んでいる（Ogawa et al., 1990）。この後、活動した神経細胞に酸素を供給するために、酸素を多く含む血流が増大することで、脱酸化ヘモグロビンが流され、磁性をもたない酸化ヘモグロビンが増え、近隣の磁場の均一性が高まり、磁気共鳴（MR）信号が強くなる。このように fMRI では、神経細胞の活動自体ではなく、細胞活動に伴う近隣の脳血管の血流量変化を測定している。fMRI 研究では、主にこの血流量増大にともなう MR 信号をモデル化した脳活動について議論を行っている。

2）fMRI 実験における測定の実際
　fMRI 実験において特定の心理機能を研究対象とする場合、その多くは Donders（1969）の減算法に基づく認知的減算法を用いる。Donders は研究対象である心理過程を必要とする課題と、同様の振舞いを必要とするものの研究対象である心理過程を含まない課題のペアを用意し、各課題遂行に要する時間を計測し、所要時間の差を取ることで、対象である心理過程を抽出し、定量化した。fMRI 実験でもペアの課題を用いて、各々の課題に対する脳活動の差分をとり、特定の心理過程に対応する脳活動および活動部位を同定する。ここで顔認識に特化して活動する脳部位を同定する実験例を述べる（Kanwisher et al., 1997）。実験参加者には MRI 装置内にて、顔画像を観察する課題と、一般的な物体（スプーン、車など）を観察する課題の 2 つを遂行してもらう。視対象を観察するのは両課題で共通だが、顔を観察するか否かに差異がある。そして、顔観察課題時の脳活動から物体観察課題時の脳活動を引き算すると、顔観察に特化した脳活動が紡錘状回で示された。このような形で特定の心的過程に対応する脳活動・部位を見つけていく。

3）fMRI 実験における画像解析の実際
　脳画像データは一般的に以下の処理がなされる。まず脳画像データ撮像中の頭

部運動を補正する。次に、複数の断面画像からなる脳画像データを下断面から上断面まで収集するには2～3秒要するので、各断面の撮像タイミングのずれを補正する。さらに、後の集団解析のために個々人のデータを標準化する。そして、空間的な高周波ノイズの影響を弱めるために平滑化を行う。その後、個人のデータ（実際の局所的な脳活動変化）について、各課題条件や体動等の説明変数を組み込んだ一般線形モデル、いわゆる重回帰分析を適用する。そして個人解析で推定された偏回帰係数を用いて集団解析を行う。

4）fMRIの発展

近年、特定の心理過程は、特定の脳部位だけではなく、複数の脳部位が協調して働く脳機能ネットワークによって実現されていると考えるのが一般的になり、ネットワーク計測・解析の実施が増加している。特に、脳の自発的な活動と考えられる安静時脳活動を測定し、各脳部位の活動の時間的な相関関係から脳機能ネットワークを特定するresting-state fMRI研究が盛んである。本測定は課題遂行が困難な患者にも適用できるため、多種多様な疾患の病態解明への貢献が期待されている。

また、特定の刺激・課題に対する脳活動の空間的な広がり・パターンから心的状態や行動の解読・予測を行うデコーディング研究が注目を集めている。現在、視覚野の脳活動の空間的パターンから実験参加者が観察している動画像を解読・再構成する試みがなされている（Nishimoto et al., 2011）。さらに、脳活動から解読された情報をリアルタイムで実験参加者に呈示して実験参加者の認知や行動の変化を促すといったニューロフィードバックといった研究も進められている（Shibata et al., 2011）。

●引用・参考文献

Donders, F. C. (1969). On the speed of mental processes. *Acta Psychol*, **30**, 412-431.

Kanwisher, N., McDermott, J., Chun, M. M. (1997). The fusiform face area: A module in human extrastriate cortex specialized for face perception. *J Neurosci*, **17**（11）, 4302-4311.

Nishimoto, S., Vu, A. T., Naselaris, T., Benjamini, Y., Yu, B., Gallant, J. L.(2011). Reconstructing visual experiences from brain activity evoked by natural movies. *Curr Biol*, **21**（19）, 1641-1646.

Ogawa, S., Lee, T. M., Kay, A. R., Tank, D. W. (1990). Brain magnetic resonance imaging with contrast dependent on blood oxygenation. *Proc Natl Acad Sci U S A*, **87**, 9868-9872.

Shibata, K., Watanabe, T., Sasaki, Y., Kawato, M. (2011). Perceptual learning incepted by decoded fMRI neurofeedback without stimulus presentation. *Science*, **334**（6061）, 1413-1415.

第2章

「学び、覚える」ことの仕組みとその応用

第1節　学習の原理

1.「学習」の定義と基本的な2つの原理

　「学習」という言葉は、日常では"勉強"にかかわる文脈で使われている。しかし、心理学用語としては、「経験や練習による、多少とも永続的な、行動の変化」という定義が昔から使われてきた。できなくなる行動の変化も含まれる。特に、他者が観察可能な（五感で捉えられる）「行動の変化」としていることが特徴である。人間以外の動物が多分に持っている生得的な行動（遺伝的にプログラムされて発現する行動：ローレンツ〔Lorenz, K. Z.〕が発見したインプリンティングなど）は学習には含まれない。加齢や薬や酒あるいは疲労などによる行動の変化ももちろん含まれない。習得的な行動（生まれてからの練習や経験に依拠して発現する行動：動物の芸、人間の子どもの成長や発達による変化、閉所・高所恐怖症など）は、すべて学習に含まれる。人間以外の動物の行動でも「習得的な行動の変化」なら含めるという点で、心理学の方がより広い意味で捉えている。その理由は何か。まず、典型的な2つの異なったタイプの「学習の原理」について紹介する。

1）レスポンデント条件づけ（Respondent Conditioning）

　見つけたのは生理学者であるパブロフ（Pavlov, I. P.）。実験当初は、肉粉をイヌの口のなかに入れた後に、管を通して体の外に出ている試験管に唾液が溜まるのを確認していた。しかし、実験を続けるなかで、イヌが、肉粉を見る、その容器を見る、さらには肉粉を与える助手の足音を聞くだけで（肉粉を口に入れる前に）唾液が分泌されることに気づいた。足音をベルやメトロノームの音や光の点滅などに変えても同じ現象が生じることも確かめた。そして、まったく関係のない「足音」と「唾液分泌」を新たに結びつけたこの手続きを次のように

60

説明した。「中性刺激（足音）が、無条件刺激（肉粉）と無条件反応（唾液の分泌）という生得的な結びつき（無条件反射）に働きかけ、肉粉が口に入れられることの合図となり、足音を"中性刺激"から"条件刺激"に変え、唾液分泌を"無条件反応"から"条件反応"に変えた」。この手続きは「"条件"反射という新しい結びつきを形成した」ので「"条件"づけ」と呼ばれる。まさに、上の定義に則った「学習としての行動の変化」である。ただし、ここでいう新しい条件反射は、イヌの意思にかかわらず受動的・自動的に結びつけられたものである。イヌ自身が意識的に反応したいか否かを制御できない点に注意する必要がある。「古典的条件づけ（Classical Conditioning）」と呼ばれることが多いが、この項では"受動的な行動の変化"という本質を表現し、もうひとつの別のタイプの条件づけと対比するため「レスポンデント（応答的）条件づけ」と意図的に呼ぶ。生体が五感で捉えられるものなら何でも合図としての条件刺激となり得ることや、条件反応も、唾液分泌だけでなく、嫌悪感や恐怖心などの感情にともなう吐き気や泣くという行動にも結びつけられることもわかった。ワトソン（Watson, J. B.）は、当時、学習された観察可能な行動だけが心理学の研究対象であるという「行動主義」を自分の研究の旗印にしていた。生後8ヵ月の幼い男児に「ネズミ→ドラの音→怖がらせる」という手続きを繰り返し、男児がかわいがっていたネズミを怖がらせるという「学習」を成立させ、人間にもこの条件づけが適用できることを示した。ネズミに似たウサギ、子イヌ、毛皮なども怖がる「般化」という現象も見つけた。レスポンデント条件づけの典型例として有名だが、現在は倫理的に禁止されている。

2）オペラント条件づけ（Operant Conditioning）

心理学者であるスキナー（Skinner, B. E.）が問題箱（レバーを押すとエサが出る）に腹の空いたネズミを入れ、レバーを押すとエサにありつけるという経験をネズミに繰り返させると、箱に入れてからレバーを押すまでにかかる時間が徐々に短くなるという現象を見つけたことに由来する。

スキナーの前には、ソーンダイク（Thorndike, E. L.）も問題箱にネコを入れると、行き当たりばったりの行動を繰り返すが、そのうち紐の輪を引くと扉が開き箱の外にあるエサにありつけるという行動に収束することを見つけていた（試行錯誤を通して学習したという意味で「試行錯誤学習」と呼んだ）。また、紐の輪を引くとい

う行動をエサにありつけるという道具（手段）と考え、その手続きを「道具的条件づけ（Instrumental Conditioning）」と名づけた上で、快や満足を伴う行動は生起頻度が高まるという「効果の法則」が、学習成立の基本法則だと主張していた。

しかし、ネズミを入れた問題箱で「行動の結果がその行動の後の生起頻度に影響を与える」という考えを確かめたスキナーは、問題箱に入れられたネズミにとって、問題を解決に導く行動（レバーを押す）は、何かはっきりした刺激に誘発されたものとはいいがたく、むしろ最初は偶然かもしれないが、徐々に自分で選んだ自発的な行動といった方がいいと考えた。そこで、「はっきりした刺激に誘発された反応」を「レスポンデント（応答的反応）」、「ある問題状況のなかで明らかにわかる刺激との対応関係がなく自発的に現れる反応」を「オペラント（自発的反応という意味の造語）」と区別した。そして、自発的な行動の生起頻度の増減は、その行動が結果として快や満足につながるのか（報酬となるのか）不快や不満足につながるのか（罰となるのか）のどちらかによって決まると考えるに至った。まさに、こちらも学習としての行動の変化を引き起こすメカニズムといえる。スキナーが提唱した「自発的反応」を強調したこの学習の原理を、「オペラント条件づけ」と呼ぶ。

以上のように、「学習」といってもタイプの違う条件づけがある。同じ「学習」に含めるには、「行動の変化」を共通属性として重視した定義が必要だったのである。

2．「学習」における報酬や罰の効果と強化スケジュール

まず、2つの用語の確認をし、先述の異なる2タイプの条件づけの例について考えてみる。

- ・強化……当該の反応や行動の生起頻度が維持・高まるような働きかけ。直後に与える報酬などを強化子と呼び、強化子を与えることを「正の強化」と呼ぶ。反対に、罰などを除去するという状況を"報酬"として与えることを、「負の強化」と呼ぶ。
- ・弱化……当該の反応や行動の生起頻度を低めるような働きかけ。直後に与える罰など弱化子と呼び、弱化子を与えることは「正の弱化」と呼ぶ。反対に、報酬などを除去するという状況を"罰"として与えることを、「負の

弱化」と呼ぶ。

1）「レスポンデント条件づけ」では、報酬や罰を与えていないので、強化や弱化はできないと考えるかもしれない。しかし、「ベルの音」に続く「肉粉」がないと新しい条件反射を形成できないとすれば、「肉粉を口に入れる」ことが「正の強化」にあたると考えられる。条件反射が成立したイヌに「ベルの音」がしても「肉粉を口に入れる」のを止める（報酬の除去）と、唾液分泌が徐々に少なくなるのも「負の弱化」と考えられる。また、それを続けているとついには唾液分泌をしなくなる現象が生じる（これを「消去」という）。また、「強化スケジュール（ベルの音を鳴らしてから肉粉を口に入れるタイミング）」によっても、新しい「条件反射」が生じる程度が異なることがわかっている。例えば、タイミングを5秒以内、5秒以上、1分後、1時間後と定期的にする、あるいは、順序を逆にして肉粉を口に入れてからベルの音を聞かせるなど、系統的に条件を変えて実験をした。その結果、5秒以内というほぼ同時のタイミングで肉粉を口に入れるという「正の強化」が最適ということがわかった。なお、罰などを除去したり与えたりする「負の強化」や「正の弱化」については、専門的すぎるのでここでは触れない。

2）「オペラント条件づけ」ではどうであろうか。レバーを押すなどの「自発的反応」をしたら、エサという快につながる報酬を与えることは「正の強化」にあたり、電気ショックなど不快な罰を与えないことは「負の強化」にあたる。また、「自発的反応」をしたら電気ショックなどの「罰」を与えることは「正の弱化」にあたり、エサという報酬を与えないことは「負の弱化」にあたる。このように論理的には4つの手続きがあり、「正の強化」と「負の強化」が、「自発的反応」を生起させ維持させる効果があると予測できる。しかし、スキナー本人も「自発的反応が出たときに報酬を与えることこそが重要である。"罰"を与えられたら間違った反応をしなくなるということはない。どうやったら罰を回避できるかを学習するにすぎない」という主旨の発言をしていた。**動物の実験でも「罰を与えることは『自発的反応』を引き起こすことにとってはあまり効果がないこと」がわかっていたことになる。**

その一方で、こちらも「強化スケジュール」で「自発的反応」の生起頻度が異なることがわかっている。強化スケジュールは、大きく「連続強化スケ

第2章 「学び、覚える」ことの仕組みとその応用　　63

ジュール」と「部分強化スケジュール」の２つに分類される。「連続強化スケジュール」のように“毎回”報酬が与えられるという「正の強化」がなされなくても、「自発的反応」は維持できる。もちろん、ずっと報酬が与えられなければ、こちらも「自発的反応」は「消去」されてしまう（ただし、この消去過程の初期に一時的に「自発的反応」の生起頻度が爆発的に増える「消去バースト」という現象が起きる）。もうひとつの「部分強化スケジュール」にはいろいろなヴァリエーションがあるが、「自発的反応」を最も生起させ消去しにくい（「消去抵抗」が大きい）のは、「何回目の反応で強化するかはそのつどランダムに変動する（例えばレバーを１〜５回押したら〔平均３回〕強化する）というように、“強化は必ずされるがいつされるかが予測できない”スケジュール」ということがわかっている。

３．動物を使った実験と人間を使った実験の違い―「観察学習」からわかること―

　スキナーが強調したように、エサなどの動物自身が快と感じる報酬を与えた強化が大切だという考えからすると予測できない結果が、人間を使った実験から得られた。そのひとつにバンデューラ（Bandura, A.）とその同僚が、人間の子どもを被験者にして行った「観察学習」という実験がある。子どもを２群に分け、一方の群にはおもちゃ部屋で大人が“ボボドール（空気で膨らましたプラスチック製の人形）”を蹴ったり叩いたり声を上げて罵ったりと攻撃的な行動をした場面を映像で見せ、もう一方の群の子どもたちには同じ部屋で大人がただおもちゃで遊んでいる場面を見せた。その後ひとりずつ子どもを同じ部屋に連れて行きその様子を映像に記録した。その結果、大人の攻撃的な行動を見た群の子どもたちの方が、同じ人形に攻撃的な行動する子どもが明らかに多かった。この結果をバンデューラらは、人間の子どもは強化が直接与えられなくても、モデルの行動を自発的に模倣し自分の行動を変えるという学習ができると考えた。「自発的反応」と「その後の報酬」で成立する学習とは異なったタイプの学習が見つかったことになる。ここで大切なのは、“直接”と“強化が与えられない”の２点である。「自発的な行動」をした主体に「直接感じられる『強化』を与える」ことこそが、その自発的行動を促進するという学習の原理を見つけたと考えていた心理学者にとっては、予想外の実験結果だったと想像できる。人間以外の動物を使った実験結果を人間にあてはめようとするのは、よくよく気を

64　第２部　人は現実世界をどう捉え、経験し、困難を克服するか

つける必要があることを如実に示している。

4. 動物を使った実験の結果を人間にあてはめることの功罪

　以上のような人間以外の動物の実験からわかったことを人間にあてはめてみると、さまざまなことがわかる。日本人だからこそ梅干しを見るだけで顎が痛くなる。高所恐怖症は、レスポンデント条件づけの「消去」の手続きを応用すれば治療できるかもしれない。自発的な行動をした(望ましい行動を進んでした、望ましくない行動を自ら止めた)後に報酬("ほめる""ほうび")を与えれば、もっと自分で行動の制御ができるようになる、など。

　恐怖症の治療にはすでに「行動療法」という治療方法が確立されている。自発的な行動を報酬によって促進できることは、自分の娘の授業参観に行って、自分たちの「学習理論(オペラント条件づけ)」とかけ離れている授業に愕然とし、スキナー自身が「プログラム学習」を開発したという逸話にも表れている。「プログラム学習」というと「1. スモールステップ　2. 自己ペース　3. 即時フィードバック」という3つの原理が大切だという。それぞれ、学習者にとって「1. 難しすぎず簡単すぎない適切な問題系列になっているか」「2. 他人から早くやれゆっくりやれなどと命令されず、自分で回答するペースをつくっているか」「3. 自分の答えの正誤情報がすぐに自分に返され、次にどの問題をやればいいのかわかるようになっているか」に対応する。そう考えると、「自発的反応」や「(誤答をなるべく少なくして)正答を多くさせてほめるという報酬を与える機会を多くする」というように、「オペラント条件づけ」が応用されていると理解できる。

　その一方で、3. の観察学習からわかるように、人間の学習には「直接的な強化(報酬、ほめる、ほうび)を必要としない場合もあるのである。幼稚園児の遊び(絵を描くという行動)にほうびを与えるから描いてという状況で絵を描かせると、その後絵を描く時間が減った。イスラエルの保育所を実験に使い、子どものお迎えに遅刻する保護者に、日本円で200〜300円に相当する「罰金」を払わせることにしたところ、逆にお迎えに遅刻する保護者が増えてしまい、その「罰金」制度を止めても遅刻する保護者が多い状態が続いてしまった、などの実験結果もある。人間の行動にほうびをやれば促進されるという考えは必ずしもあ

てはまらないし、望ましくない行動に「罰」になると考えて与えたことが「報酬」として機能してしまう例であろう。人間の学習にとっては、外発的な動機づけだけでなく、内発的な動機づけやバンデューラが観察学習の実験から発展させた「自己効力感（Self-efficacy）：自分もやればできるという期待」などの認知過程も大切なのである。プログラム学習のように正答の積み重ねだけが「学習」ではなく、「誤答する、間違う、わからなくなる」ことも、次の学習への動機づけを高めるために大切な認知過程なのである。人間の学習についてさらに疑問をつくり、その疑問を足がかりとして、人間とは何かについて理解を深めてほしい。

第2節　記憶の仕組み

1．記憶とは

「経験から学び、さまざまな知識を得る」、「活動のプランを立て実行する」、「これまでの自分を振り返り、今の自分やこれからの自分について考える」。これらは私たちが日々の生活で行っている活動であるが、いずれの活動にも記憶という働きが大きくかかわっている。記憶には経験を何らかの形で「覚え」（記銘・符号化）、それを一定の間「覚えておき」（保持・貯蔵）、あるとき「思い出す」

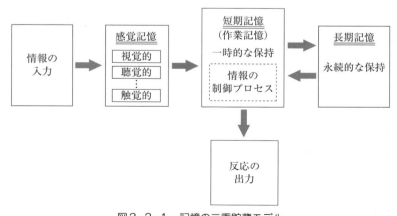

図2-2-1　記憶の二重貯蔵モデル
出典）Atkinson & Shiffrin（1971 pp. 82-90）に基づき作成。

（想起・検索）という3つの過程が含まれる。アトキンソンとシフリン（Atkinson, & Shiffrin, 1971）は、記憶における情報処理の流れについて、図2-2-1に示す二重貯蔵モデルを示している。経験が記憶される際、まず、ごく短い間、感覚記憶（sensory memory）として保持される。感覚記憶の多くはそのまま消えるが、注意が向けられた一部が短期記憶（short-term memory）へ送られる。さらに、短期記憶の一部が、大量の情報を長い間保持できる長期記憶（long-term memory）に送られる。

2．短 期 記 憶

1）短期記憶の保持時間と一度に保持できる記憶量

　短期記憶は、頭のなかでその情報を繰り返すリハーサルを行わなければ、15〜30秒程度で消失する。また、一度に保持できる情報量も7程度と限られている。ただし、7という数字の単位は情報の要素そのものではなく意味をもった情報のまとまり（チャンク〔chunk〕）であることが知られている。例えば、「1145105963」を覚える際に、「いい（良い）仕事、ごくろうさん」のようにまとまりを作ることで保持が容易になるように、私たちは情報をまとめチャンクを作ること（チャンキング）によって、より効率的に多くの情報を保持することができる（Miller, 1956）。

2）作 動 記 憶

　暗算で2桁以上の足し算をする場面を考えてみよう。まず与えられた数字を忘れないように頭のなかでリハーサルし保持しておく必要がある。さらには、各桁の数字を足したり、繰り上がりを考えるなどの情報処理を頭のなかで行う必要がある。このように短期記憶は、情報の保持と処理が同時に行われる認知活動の「作業台」であるということができる。短期記憶のこのような側面のことを作動記憶（working memory）という。

3）長期記憶への情報の符号化

　クレイクとロックハート（Craik & Lockhart, 1972）は情報が長期記憶へ符号化される際に行われる処理として、形の特徴に着目する形態的処理、音の特徴に着目する音韻的処理、意味に着目する意味的処理の3つを挙げ、この順で処理水準が深くなるとした。そして、処理水準が深いほど長続きする記憶が形成さ

れることを示した。加えて、意味的処理のなかでも、覚えたい情報にそれに関連した情報をつけ加えること（精緻化）によって記憶が向上することも明らかとなっている（Craik & Tulving, 1975）。

　また、私たちは、上手に記憶するためにさまざまな記憶方略を意図的・積極的に用いている。例えば、記憶を確実にするために、頭のなかであるいは実際に口に出してリハーサルを行ったり、記憶したい情報に関連するイメージや情報をつけ加えるといったことを行う。さらに、買い物リストを作ったり手帳に予定を書いたりなど忘れないための工夫も行う。このように記憶方略を意図的・積極的に用いることで、私たちは記憶をより確実なものにしているのである。

3. 長 期 記 憶

1）長期記憶の内容

　長期記憶では大量の情報が半永久的に保持される。また、その内容は、宣言的記憶と手続き記憶に分類できる。宣言的記憶とは、言語によって記述できる事実に関する記憶であり、概念などに関する一般的な知識（意味記憶）や出来事についての記憶（エピソード記憶）が含まれる。また、手続き記憶とは、「自転車の乗り方」といった動作の方法や物事の手順についての記憶である。そして、例えば「スキップの仕方」を言語で説明するのが難しいように、手続き記憶は必ずしも言語によって記述できるわけではない。

2）スキーマ理論

　私たちはどのような知識をもっているかによって、何をどの程度記憶できるかが変わってくる。また、記憶方略を効果的に使用するには、それについての知識が必要であろう。このように、長期記憶に保持されている情報は、ただ記憶の対象であるというだけでなく、それ自体が記憶過程に影響を及ぼす。これに関連する理論としてバートレット（Bartlett, F. C.）のスキーマ理論がある（Bartlett, 1932）。バートレットは、協力者に物語を記憶させ、それを繰り返し思い出したり、人から人へ伝えたりするよう求めた。その結果、作業が進むにつれて、物語がよりつじつまの合う方向へと変容していくことを明らかにしている。このような知見に基づき、バートレットは、記憶過程に関して、入力情報をただ単にコピーし再現する過程ではなく、スキーマ（過去の経験や反応について

の構造化された知識）を認知的な枠組みとして、積極的に新しい情報を取り込み、再構成する過程であるとしている。

4．想起─思い出すこと─

「思い出せなかったことが不意に思い出される」「いつも会っている人と、いつもと違う場所でばったり会うとなかなか気づかない」といった経験はいずれも想起の仕組みが関係している。一般的に、私たちは想起の際に適切な手がかりを与えられるとより思い出しやすくなる。タルヴィングとトムソン（Tulving & Thomson, 1973）によると、覚える際に与えられた情報と一致する情報が想起の際に手がかりとして与えられた場合、記憶成績は向上する。また、覚えるときの環境と想起するときの環境や状況が一致する場合にも記憶成績がよくなることが明らかとなっている（Godden & Baddeley, 1975）。

●引用・参考文献

アトキンソン, R. C. & シフリン, R. M.　船津孝行（訳）（1971）．記憶をコントロールする機構　サイエンス, 11 月号, 68-77（Atkinson, R. C. & Shiffrin, R. M.（1971）．The control of short-term memory. *Scientific American,* **225**, 82-90.）

バートレット, F. C.　宇津木　保・辻　正三（訳）（1983）．想起の心理学─実験的社会的心理学における一研究─　誠心書房（Bartlett, F. C.（1932）．*Remembering: A Study in experimental and social psychology.* London: Cambridge University Press.）

Craik, F. I. M. & Lockhart, R. S.（1972）．Levels of processing: A framework for memory research. *Journal of Verbal Learning and Verbal Behavior,* **11**, 671-684.

Craik, F. I. M. & Tulving, E.（1975）．Depth of processing and the retention of words in episodic memory. *Journal of Experimental Psychology: General,* **104**, 268-294.

Godden, D. R. & Baddeley, A. D.（1975）．Context-dependent memory in two natural enviroments: On land and under Water. *British Journal of Psychology,* **66**, 325-331.

Miller, G. A.（1956）．The magical number seven, plus or minus two: Somelimits on Our Capacity for Processing Information. *Psychological Review,* **63**, 81-97.

ジョージ・A・ミラー　戸田壹子・新田倫義（訳）（1967）．心理学の認識─ミラーの心理学入門─　白揚社

小山義徳（編著）（2018）．基礎からまなぶ教育心理学　ライブラリ　基礎からまなぶ心理学 6　サイエンス社

Tulving, E. & Thomson, D. M.（1973）．Encoding specificity and retrieval processes in episodic memory. *Psychological Review,* **80**, 352-373.

宇野　忍（編著）（2002）．授業に学び授業を創る教育心理学　第 2 版　中央法規出版

◇◆コラム◆◇
自伝的記憶

　私たちは、自身のこれまでの経験や自身に起こったこと等を「思い出」として想起したり人に話したりすることがある。これらの活動に関連する、自身がこれまでに経験したさまざまな出来事に関する記憶のことを自伝的記憶（autobiographical memory）という。この自伝的記憶にはいくつかの機能があることが指摘されている（佐藤, 2008）。まず1つ目は、「自身に生じた過去の出来事を振り返り自己の連続性や変化・成長を感じる」「現在の自分に大きく影響を及ぼした出来事を思い出す」などのように、現在の自己の在り方やアイデンティティを確認する機能（自己機能）である。2つ目は、「過去の自身の経験を思い出すことで他者の気持ちや行動を理解・共感する」「自身の経験を語ることで、相手に何かを教えたり、相手との親密な関係を形成・維持する」「集団のメンバーが過去の経験を語り合い共有することで集団の凝集性が高められる」などのように、他者理解の促進や効果的なコミュニケーションを可能にする機能（社会的機能）である。さらに、「何らかの課題や困難に直面した時、過去の類似した経験を思い出す」「過去の自分を振り返りこれからの自身の行動や態度について考える」などのように、これからの自己の行動や判断、生き方を方向づける機能（方向づけ機能）もある。

　このように、自伝的記憶は自身の現在およびこれからの在り方や他者・集団との関わり方に影響を及ぼすものである。したがって、自伝的記憶がより豊かになるような経験の提供が、福祉的かかわりにおいて有効であるといえよう。これに関連して木下（2010）は、幼児や障害児の「自分づくり」の支援において、日常生活をより豊かにすること、さらにはそこでの経験をともに振り返ることで表象として心に残していくことの重要性を指摘している。さらに、自伝的記憶は、過去の出来事そのもののコピーではなく、経験後に遭遇した出来事や想起時の本人の状態、想起の文脈等によってそのつど、再構成と意味づけがなされるものである。したがって、適切な想起の文脈を考慮しながら、自伝的記憶の再構成と意味づけの支援を行っていくことも、福祉的なかかわりにおいて有効であると考えられる。

●引用・参考文献

木下孝司（2010）. 子どもの発達に共感する時─保育・障害児教育に学ぶ─　全障研出版部

佐藤浩一（2008）. 自伝的記憶の構造と機能　風間出版

第3章

「考え行う」ことの仕組みとその応用

第1節　思考の仕組みと言語の役割

　言語を自在に操る人間にとって、言語は思考、行動に対して大きな役割をもつものであり、言語が行動に影響を与える言語の行動調整機能に関してはルリヤ（Lurija, 1969）による実験が代表的である。この実験では、幼児に「赤ランプがついたらボタンを押し、青ランプでは押さない」という課題を実施した結果、幼児はこの課題をクリアすることができなかった。次に、実験前に、赤ランプがついたら「押せ」と言葉でいい、青ランプには何もいわないという練習をした後に同じ実験を実施したところ、今度は課題を成功した。ところが、同じ幼児でも、赤ランプがついたら「押せ」、青ランプには「押すな」と言葉でいう練習をしてからこの実験をすると，両方とも押してしまうという混乱が起こったという。同様の実験で、他者からの言語的な号令や教示も、正確に行動したり行動を停止したりすることができるきっかけになるという。年齢が上がるとともに言語に正しく反応できるようになり、さらには次第に声に出さずに課題を正確にこなすことができるようになる。このことは、まず自分の言葉が行動を喚起する、いわば「かけ声」として言語の行動調整が起こり、発達に従ってその言葉の意味によって言語の行動調整がなされ、最終的には言語を発生せずに自分の行動をコントロールすることができるようになると考えられる。

　ピアジェ（Piaget, J.）は6歳児の1ヵ月間の自由遊び場面での発話を社会的言語（報告、批判、命令、威嚇、要求、質問、応答）と自己中心的言語（反復、独り言、集団的独り言）に分類した結果、自己中心的言語が非常に多いことを紹介している。このように集団のなかで観察される他者に向けられていない言葉の多さは、幼児が他者の視点に立った思考ができないという自己中心性の現れであると捉え

られた。

　これに対しヴィゴツキー（Vygotsky, 1962）は、このような独り言は、見知らぬ人や言葉の通じない人に対しては減少し、逆に困難な課題を解決するような場面では増大することを挙げ、幼児の言語は、社会的コミュニケーションの機能をもつと同時に思考の道具としての意味があると捉え、ピアジェとの間で論争したのである。

　さて、言語能力が発達し普段は言語の力を借りなくとも思考できるようになった成人の場合でも、困難な課題に直面したり何かを思い出そうとするような場合には思わず独り言が出てしまうものである。また、「教えることが一番の勉強である」といわれるように、情報を他者に言語で伝えようとしてはじめて、自分の情報や知識の足りなさに気づくことも多い。さらには、カウンセリング場面でも、怒りや悲しみの感情を言語化することによりすっきりしたり（カタルシス効果）、悩みを他者に伝えることにより頭が整理されることも期待できる。このように、言語は私たちの思考に広く関連している人間特有の能力であるといえよう。

第2節　知　　能

1. 知能とは

　私たちが日常生活に必要な知的能力とはどのようなものであろうか。知識を豊富にもって、学業成績がよかったとしても、それを使えなければ知恵にはならない。また、知識の豊富さが人間関係のスキルを高めたり、創造性や感性を豊かにするものでもないであろう。

　知能とは何かという定義は、研究者の視点によりさまざまであるが、代表的なものは、ウェクスラー（Wechsler, D.）による「目的にかなった行動をし、合理的に考え、環境からの働きかけに対して効果的に対処してゆく能力である」という定義である。つまり、知能とは、生活のなかで生じてくる新しい課題に対してうまく対応し、解決する能力といえる。

　現在、一連のウェクスラー知能検査やビネーテストなどの知能検査をはじめとして多くの知能検査が使用されているが、知能検査では一般に創造性や感性

を測定することはできない。

2．知能検査と知能指数

1）ビネーテスト

　知能を測定する手段である知能検査は、今から100年ほど前に、知的障害児を就学前に発見し、適切な支援を検討する目的でフランスの心理学者ビネー（Binet, A.）らにより作成されたのが始まりである。この際、知能とは何かという概念にこだわらず、子どもの年齢によって実際に成績に差が出る検査項目を選んで作られたものであった。その後改訂が繰り返され、現在日本で広く使用されている知能検査である鈴木ビネー法知能検査、田中ビネー式知能検査ができあがったのである。ビネーテストでは、検査対象の年齢とは関係なく同じ系列の検査項目が使われており、どのレベルの問題までを正答することができたかにより精神年齢が把握される。

　ビネーテストにおける IQ は、暦年齢に対して知能が何歳程度の水準まで達しているかという視点から、以下の計算式により算出され、理論上の平均値は100 となる。

　　　　IQ ＝精神年齢／暦年齢×100

　子どもが興味をもちそうな検査機器も多く、比較的短時間で検査が可能なために使いやすいが、不得意な課題を把握するなどの詳細な分析は難しい。

2）ウェクスラー知能検査

　ウェクスラー知能検査の特徴を以下に記す。

　①知能を、理解力・判断力や語彙知識の多さなどに関連する言語性知能と、絵画配列や積木模様、など、言語能力をあまり必要としない動作性知能を個別に測定できる。そのため、言語性 IQ、動作性 IQ、全体 IQ が算出できるため、個人の特徴を詳細に把握することが可能である。

　②知能指数の算出に知能偏差値を使う。ビネーテストでは、暦年齢が増加すれば知能も比例して発達するという考えに基づくが、知能の発達は必ずしもそのようなものではない。そこで、知能検査における対象者の得点が、同じ年齢の集団のなかでどの程度のレベルにあたるかという偏差値を使用することによって IQ を算出している。

第3章　「考え行う」ことの仕組みとその応用　　73

③ WPPSI（3〜7歳）、WISC-Ⅲ（5〜16歳）、WAIS-Ⅲ（16〜89歳）と、対象年齢別に3種類のテストが準備されている。

　以上のような代表的な2種類の個別式知能検査のほかにも、いくつかの個別式知能検査や集団式知能検査がある。どの検査を使うべきかという問に正解はないが、どのような検査を使う場合でもIQだけで能力を判断するべきものでも、単に興味関心で実施するものではなく、面接や行動観察、他の心理テストとの組み合わせ（テスト・バッテリー）により、どのような支援が可能かを具体的に検討するための判断材料の1つとして、目的をもって実施すべきものである。

3．知能の加齢パターン

　加齢とともに、知能はどのように変化するのであろうか。ある時期にさまざまな年齢の集団に知能検査を実施し、その得点の平均値を曲線でつなぐという、いわゆる古典的な横断法による結果では、言語性知能は30歳程度、動作性知能は20歳程度でほぼピークを迎え、その後加齢とともに急激に低下するというパターンを呈する。しかし、この研究方法には、その年齢の集団（コーホート）がもっているさまざまな特性を考慮していないという問題点があった。例えば、パソコンを苦手とする高齢者は多いが、これは若いころは得意だったのが加齢とともにできなくなったわけではなく、若いころはパソコンが常に身の周りにあるような時代で生活してこなかったためであろう。つまり、生きてきた時代の教育内容や社会・経済状況などが世代によって違うため、例えば高齢者の知能が低かったとしても、若いころできていたことが高齢になってできなくなったのか、そもそも若いころの教育の機会が限られていたために知能検査の得点が低いだけなのかが不明なのである。この危険性を考慮しない場合、高齢者の知能低下が実際よりも大きく報告されやすいという問題点がある。

　逆に、被験者集団を長期にわたって追跡調査を実施する縦断的方法では、研究が長期にわたるため、追跡されている調査対象者が回数を追うごとに次第に減少し、高齢になればなるほど元気な高齢者のみが対象となり、知能の低下が実際よりも小さく報告されるという問題点がある。

　これらの問題点を解消するため、シャイエ（Schaie, 2001）らはさまざまな年齢

集団に対して比較的短期間の追跡調査を実施する系列法により、新しい考え方の加齢変化パターンを見出している。これによると、従来年齢による知能低下とされてきたものの多くはコーホートによる差だということが明らかになった。つまり、実際には言語性知能は高齢になっても急激に低下することがないことが明らかになったのである。

なお、高齢者の認知症診断の材料として知能検査を実施することも可能であるが、実施に要する時間や体力的な負担などを考慮し、実際には長谷川式簡易知能評価スケールに代表されるような短時間で実施可能な検査が使われることが多い。

第3節　問題解決と思考

「問題解決」とは何か。国語辞典にはそのままでは載っていなかったが、「問題」という単語だけなら「解答や解決を要する事柄」という趣旨の説明があった。いきなり、ふりだしにもどってしまった。

それなら、まず心理学のなかから有名な「問題解決」の典型例を1つ挙げて考えてみよう。主人公はズルタンという名前の類人猿（エイプ）。ある部屋のなかで天井からバナナがつるされている。ジャンプしてもとどかない。地面には木箱が数個無造作に置いてある。何度ジャンプしてもとどかない。箱の上に登ってジャンプしてもダメ。地面にあった木箱を放り投げてもみるが、それでもダメ。しばらく跳んだり投げたりしている。ところが、こうした状態がしばらく続いた後、突然、地面にあった3つの箱を天井のバナナの下に積み上げてするすると登り、今までのことがウソのように、バナナを取ってしまった、というのである。「しまった」というのはズルタンに失礼か。とにもかくにも類人猿であるズルタンも「問題解決」できたというのだ。

この類人猿の問題解決の過程を図解したのが図2-3-1である。この類人猿の行動変化は、第2部第2章第1節の「学習の原理」で述べた条件づけのような強化によって徐々に生じたのだとはもはや説明できない。なぜなら、類人猿語で「あっ、わかったぁ！」に相当する叫び声を上げていたはずだとホラを吹きたくなるほど、劇的で突然の変化だからである。となれば、そうした行動の変化

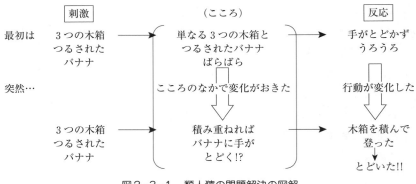

図2-3-1　類人猿の問題解決の図解

は、ズルタンの「こころ」のなかで何かが変化した結果として生じたのだ、と考えざるを得ない。この何かという部分について、よくされている説明は「3つの木箱とつるされたバナナ」というバラバラにしか見えていなかった個々の要素の間に、「高く積み重なった木箱とつるされたバナナ」というヒト語で表せば「手段と目的」とでもいえるような関係を見つけられるようになった（「再体制化」とか「洞察」などと呼ばれる）というものである。木箱1つの上に登ったり飛び降りたりしたことがあるのか、木箱を積み上げて遊んでいたことはなかったのかなどについて記録がないので、人間のように経験から得た「知識」を使って解決手段を予想したのだと説明するには無理があるのかもしれない。それでも、「考える」に相当する「こころ」の働きがあるからこそできるようになった行動変化であるとはいってもいいと思うのである。行動の変化が複雑になればなるほど、その変化を説明するには「こころ」のなかの「考える」という過程に注目した方がいいからである。

　いきなりヒト以外の例を出してしまった。共感できない人は、例えば「6本のマッチ棒で正三角形を4つくりなさい」などという問題を解決してみる過程をぜひ想像してみてほしい。これも有名な問題であるが、最初はいくら考えてもなかなかうまい方法が見つからない。平面ではなく立体にしないとうまくいかないと気づいた人は、おそらく心のなかで各自の母語で「ああっ、わかった！」とつぶやいているに違いないのである。

　それでは人間が日常でする問題解決を見てみよう。隣にいるゼミ生に最近直

面した問題とその解決にはどんなものがあると尋ねたら、次のようなものを挙げてくれた。

　①問題：面接予定の会社へ行く途中で道に迷った→解決：地図や案内板を手がかりに現在地や目的地を確認して道順を確認し、指定時間までに何とか会社にたどり着いた。

　②問題：北海道一周旅行を計画したがお金が足りない→解決：いろいろ計画を練り直して、往復の交通手段を飛行機から船に変更することによって予算内で旅行に行くことができた。

　③問題：彼氏に肉ジャガを食べたいと言われた→解決：はじめうまくできなかったが、砂糖とダシを入れてから醤油で味を調えるというコツを本で見て、美味しい肉ジャガを作ることができた。

　内容はバラバラであるが、確かにどれも「問題解決」といえると思う。というのも次のような共通点があるからだ。「すぐには到達できないような目標を問題として見つけたり与えられたりして、解決策を思いつくまでいろいろと考えたり調べたりして、思いついた解決策を実行している」のである。心理学では、こうした問題解決の過程を、**①問題の把握、②問題の解決策の予想**、そして**③解決策としての予想の吟味**、と３つのステップに大きく分けて一般化していることが多い。予想された解決策が③の段階で有効ではないとわかれば、本人が何らかの理由で諦めない限り、この②と③の過程が理想的には繰り返されることになる。ゼミ生に挙げてもらった例も、目標に到達する前にさまざまなことを「こころ」のなかで「考え」ていたに違いない。こうした「問題解決」はもはや行動主義の条件づけなどでは説明できない"複雑な"行動変化であるため、目に見えない「こころ」のなかでの思考過程の結果であるという点は何ら類人猿の例とは変わりない。「問題解決」の過程とは「思考」の過程だと言い換えても何ら差し支えがないのである。

　ところで、ここまでくると最も身近な「問題解決」が抜けていることに気づく人も出てくるはずである。それは"学校教育"のなかの「問題解決」である。あまりいい思い出のない（？）教科で恐縮だが、算数の「テスト問題」を典型例にしてみたい。例えば、図2-3-2を見てほしい。「次の平行四辺形の面積を求めなさい」という「問題」を私たちはどう「解決」してきたか。「平行四辺形の面積

第３章　「考え行う」ことの仕組みとその応用　　77

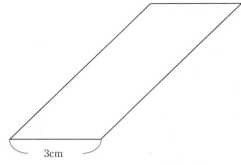

図2-3-2　面積を求めなさい　　図2-3-3　必要な長さを測って面積を求めなさい

＝底辺×高さ」という公式を学習し、似たような図形がテストに出てきて公式を"思い出し"、対応する2つの数字をかけ算して答えを出したはずである。何ら解決策の予想や吟味などという思考過程は必要ない。解決策をただ思い出せればほぼ自動的（計算手続きを知っていれば）に解決が保証されることになる。このように解決策を思い出して問題に対処するやり方を「再生的問題解決」と呼ぶ。他の教科でもいやになるほど例が見つかるに違いない。

　一方、こうした公式を思い出しただけでは解決できない問題がある。例えば、図2-3-3のように"高さ"がどこでどのくらいの長さなのか記入されていない場合である。この問題に対して、上のような「再生的問題解決」しかできない人はお手上げ状態になるに違いない。対角線や斜辺の長さを測ってしまう人も出てくるであろう。ところが、少なくとも図2-3-4の矢印が示すように、「高さというのは上下2つの"底辺"間の最短距離なのだ」ということも同時に学習している人ならば、公式とこの知識を組み合わせて考えれば、図2-3-2のような高さが図形内に入る場合であろうがなかろうが（その意味では図2-3-3のように頂点からの延長線であるかとか、長方形のように辺の長さであるとかも関係ないことになる）、さまざまな傾きや形の平行四辺形たちの求積問題を解決できることになる。このように、単に解決策を思い出して自動的に解決に行き着くのではなく、いくつかの知識を組み合わせて解決策を見出すことを「生産的問題解決」という。"生産的"というのは"記憶したこと以上のことを生み出せる"という意味である。だから、理解が深まるというのは、解決できる問題の種類や数が増える、

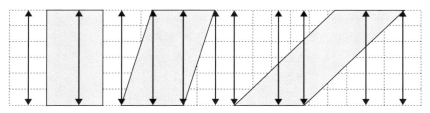

図2-3-4　平行四辺形の高さとは？

つまり"生産性"がアップすることでもある。上のゼミ生の挙げた例だけでなく、最近やった問題解決を振り返って、どちらのタイプの問題解決になるのか、どんな知識を使って解決したのかぜひ考えてみてほしい。レシピを見て料理をするなどは、他人の生産的問題解決の成果である知識を使った再生的問題解決なのだ、などに気がつくであろう。

　最近、大学の理科室に寄ったら、理科教育の先生が何やら楽しそうなことをしていた。普通、豆電球をつけるときには電池をいくつかつなげて光らせる。しかし、40個くらいつなげるとコンセントに直接つないでも切れないで光らせることができる。ここまでは知っていて実際に試したこともあった。ところが、その先生は、CDプレイヤーで曲をかけてスピーカー端子に豆電球をつないで点滅させていたのである。スピーカーを振動させているのも電流の働きであることを子どもたちにもわかりやすく視覚化するという問題に挑んでいたのである。点滅はしているのだが豆電球の光の明るさが少し暗かったのでなんとかしようという解決の途中だったのだ。こうなったらやるしかない。電流をたくさん流せばいいんだよね？ じゃあ、音量を上げたら？ 曲を変えたら？ 高い音なら？ 低い音なら？ 豆電球じゃなくて、もっと少ない電流で光るLEDにしたら？ 直列？ 並列？ もてる知識を使いまくって解決策の予想をしてその吟味を繰り返したことになる。

　あっという間に1時間くらいたっただろうか。薄暗い理科室に音量マックスの怪しげな音楽が鳴り響き、並列につないだ赤、緑、青、などのLEDの光を曲に合わせてにぎやかに点滅させることに成功したのである。もちろん、豆電球も。しかし、演歌も歌謡曲もポップスもいろいろ試したのだが、一番明るく点滅させることのできた音楽は"ラテン"だった。どれも最大限の音量なのだが、

なぜだかは今はわからない。知識を使いまくると、わからないこともどんどん出てくるのである。生産的問題解決の過程は、解決だけでなく"新たな問題"も"生産"する過程でもあるのだ。問題解決をどちらのタイプに近づけるかは、どんな知識をどのように組み合わせて学習しているのかによるところが大きいのはもちろんである。それ以上に重要なのは、「知識」は"思い出す"ものか、それとも失敗を恐れず"使いまくる"ものなのか、であろう。

●引用・参考文献

東　洋・繁多　進・田島信元（編）(1992)．発達心理学ハンドブック　福村出版

ビリン, J. E. & シャイエ, K. W.（編）藤田綾子・山本浩市（監訳）(2008)．エイジング心理学ハンドブック　北大路書房（Birren, J. E. & Schaie, K. W. (2001). *Handbook of the Psychology of Aging*）

フラベル, J. H.　岸本　弘・岸本紀子（訳）(1969)．ピアジェ心理学入門　上・下　明治図書出版

ルリヤ, A. R.　松野　豊・関口　昇（訳）(1969)．言語と精神発達　明治図書出版

メイヤー, R. E.　佐古順彦（訳）(1979)．新思考心理学入門―人間の認知と学習への手引き―　サイエンスライブラリ心理学 10　サイエンス社

Schaie, K. W. & Storother, C. R. (1968). A cross-sequential Study of age changes in cognitive hehavior. *Psychological Buletin, 70,* 671-680.

宇野　忍（編）(2002)．授業に学び授業を創る教育心理学　中央法規出版

ヴィゴツキー, L. S.　柴田義松（訳）(1962)．思考と言語　上・下　明治図書出版

第3部

心の成り立ちと個性の形成を考える

第1章

「行動」から見た心と個性

第1節　動機づけの諸理論

　人間はどのように自分の行動を決めているのだろうか。自分でも一見無意味だと思える行動をしてみたり、やらなければならない課題なのにやらないということもある。人間の行動には何らかの動機があり、その動機が継続的な行動につながっていくプロセスのことを、動機づけという。

　動機づけに関する研究は、生物学的研究、発達心理学、学習理論や臨床心理など、心理学の各研究分野に広く関連するものであり、例えば「なぜ水を飲むのか」と「なぜスポーツをがんばるのか」という問いに対する説明は全く異なるものとなる。

　本節では、人間の行動に広くかかわる動機づけについての諸理論について述べる。

1．動因低減説

　キャノン (Cannon, 1929) は、身体の生理的均衡状態をホメオスタシスと名づけた。例えば身体内部の水分が欠乏した状態になると、それを補うために生物は水分を取り、ホメオスタシスが維持されることになる。この仕組みは、生命を維持するために必要なものであり、生理的で生得的に身体に備わっている行動である。このように、生理的欲求から動因が起こり、それが人間の行動になって現れるという説である。

2．欲求階層説

　マズロー (Maslow, 1970) は、人間の欲求（動機）は5段階の階層構造をもって

いると考えた。まず生物としての生理的欲求がベースにあり、その上に安全・安定、愛情・所属、承認欲求が階層構造をなし、その一番上には自己実現の欲求がある。マズローは下位の欲求が満足されることによって次第に上位の欲求が出現すると考えた。しかし、食事や住居など、下位の欲求が満足されないままに努力して自己実現を達成するなどの例もあり、上位の欲求は必ずしも下位の欲求の満足の上に出てくるものではない。

３．外発的動機づけと内発的動機づけ

　私たちは、自分の行動や労働に対してお金、食べ物や称賛など、外部からの報酬を期待してある行動をすることがある。運動部の大会でよい成績を取るために練習し、給料をもらうためにアルバイトをする。もし一生懸命やってきたアルバイトをしても今後給料がもらえないことがわかったとしたら、私たちはその仕事を続けるだろうか。このように、外からの報酬によって行動が促されている場合、その行動は外発的に動機づけられているといえる。言い換えれば、報酬を与えることによって人間の行動を促したり、変容させたりすることが可能である。しかし、その行動を持続させるためには、報酬を与え続けなければならないばかりではなく、報酬を中止した場合に全くやる気をなくしてしまうという問題もある。

　一方、その行動をすること自体に興味をもち、たとえ外部からの報酬がなくともその行動を持続的に行うこともある。パズルを解くのに夢中になったり、何かに好奇心をもつような場合である。この場合は内発的に動機づけられているといえる。内発的動機づけ (intrinsic motivation) についてホワイト (White, 1959)らは、人間は何か不都合が生じなければ行動しようとしないという動因低減説を否定し、「自分が環境と効果的、相互的に処理できる能力（コンピテンス）」を実感すること自体が動機となり得ると主張した。

　このように人間の行動には外発的動機づけ (extrinsic motivation) と内発的動機づけという２つの仕組みが関連しているが、これらは相反するものではなく、たとえはじめは外発的動機づけによって促された行動が、のちにその行動自体が楽しくなるという内発的動機づけによる行動に移行する場合や、いくら外発的な動機づけが強くとも興味がもてずにその行動をやめる場合など、人間の行

動に独立に影響するものでもないのである。

4. 達成動機

　達成動機とは、自分の立てた目標を達成したり、他者と競争して勝つための努力をするための動機である。達成動機が高ければ、日常のさまざまな課題や問題に対して積極的に対処する姿勢が出てくる。しかし、何らかの条件により一時的にでも達成動機が低くなってしまっている人は自分に対して否定的に考え、何もやる気が起きなくなってしまうかもしれない。セリグマン (Seligman, 1975) らは、犬をつかった実験で、電気ショックを回避できない環境に置かれた犬が、その後、電気ショックを回避する行動の学習に失敗しやすいことを明らかにした。つまり、失敗を回避できないような状況に置かれている生物は、自分の力ではどうしようもないことを学習し他の行動についてもやる気を失ってしまうのである。セリグマンらはこれを学習性無力感 (learned helplesness) と呼んだ。

　一方、同じように失敗体験をした場合でも、その後の達成動機の低下に原因帰属のタイプが関連していることが明らかになっている。原因帰属とは、自分の行動の成功や失敗の原因を何であると考えるかということである。仕事を同じように失敗した人でも「運が悪かった」「仕事が自分には困難過ぎた」と考える人もいれば、「自分の不注意や能力が原因だ」と考える人もいるであろう。ワイナー (Weiner, 1980) によれば、成功した場合にその原因を「自分の能力」のように、「自分自身のなかの安定したもの」に帰属すると、次の行動に対する達成動機は高くなる。また、たとえ失敗した場合にもその原因を「努力不足」のように「自分自身に関連した安定していないもの」に帰属すると、次の行動に対する達成動機は高くなるという。しかし、成功した場合に「課題が簡単だった」「運が良かった」など自分自身ではコントロールできない外部の原因に帰属したり、失敗した場合に「能力不足」に帰属するような場合は、無力感をもってしまい、努力することを放棄してしまうであろう。

　自分の行動が成功するか失敗するか、その原因を実際は1つに絞れないことがほとんどである。その原因をどのように認知するかにより、達成動機は高まりもするし、低くもなる。一般に、自分の努力で何とか解決できるような原因

84　第3部　心の成り立ちと個性の形成を考える

に帰属した方が、自分ではすぐには解決できないような原因に帰属するよりも
達成動機は高まると考えられる。

第2節　感　　情

「感情」は私たちの気持ちを表す馴染み深い言葉であると同時に、「人間」という生物体にとって、最もオリジナルでユニークな特徴の1つである。程度の差こそあれ、多くの生物体が「感情様」の行動を示すが、人間はそのバリエーションの多さで、他の生物体から抜きん出ている。また私たちはこの感情の作用によって自らの行動をさまざまに変化させ、さらには他者の感情表出によっても自らの行動に影響を受ける。このように、「感情」の働きは人間の行動と密接に関連しており、それゆえ「人間は感情の動物である」と呼ばれている。「感情」を理解することは人間の行動を心理学的に理解していく際の、基本的な柱の1つと考えられる。

1．心理学における「感情」という言葉

心理学では、私たちの気分・気持ちを表す用語として「情動（emotion）」「気分（mood）」「感情（feeling）」など複数の言葉を用意しているが、これら感情にかかわる用語を明確に区別することは案外難しい。生理的変化をともない主観が強く揺り動かされる状態である「情動」、環境に順応的に応じる緩やかで持続的な「気分」、道徳や芸術、宗教や科学など文化的価値を含む主観的経験である「情操」など、いくつかに分けることが可能ではあるが、これら概念の枠組みに共通する要素として、いずれも「人の行動を方向づける」という点が挙げられる。したがって、本節ではそれら「人間の行動を方向づける気持ち」を包括して「感情」という語を用いる。

2．基本的な感情に種別はあるか

人間に備わっている感情には、いったいどれほどの種類があるのだろうか。感情とは内的体験であり、それを直接に調べることが困難なため、感情研究の初期は人間や動物の「表情」を通して感情研究が始まった。その古典的な研究

第1章　「行動」から見た心と個性　　*85*

はダーウィンに遡ることができる。ダーウィン（Darwin, C. R.）は著書『人及び動物の表情について』（ダーウィン, 1931）のなかで、動物間に見られる怒りや恐れといった感情の表出方法（表情）は種族を超えてかなりの共通性・普遍性があり、また生命存続や繁殖にとってきわめて合理的な機能を提供していることを指摘した。これは感情に基本的な要素（基本感情）があること、進化論的な視点から感情が適応システムとして機能していることを示唆し、以降の基本感情研究や感情機能の研究に大きく影響を与えた。例えば、エクマンとフリーセン（Ekman & Friesen, 1971）は表情の文化差に関する研究を行い、複数の異なる文化間で共通する表情が多数あることを見出し、感情の基本的要素が人類にとってある程度普遍的であることを指摘している。またプラチック（Plutchik, 1984）は、日常生活のなかで体験される感情を因子分析という手法を用いて8つの基本形（「喜び」「受容」「驚き」「恐れ」「悲しみ」「嫌悪」「期待」「怒り」）に分類している。

　基本感情の有無についてはこれ以降も研究が連なり、その存在は概ね受け入れられている。一方で、表情から感情を理解する際の文脈効果という視点から反証（Russell & Fehr, 1987）もなされており、まだまだ研究の余地のある領域でもある（コーネリアス, 1999）。

3．感情の発生に関する3つの考え

　私たちの感情はどのようにして生まれるのであろうか。この問に対する論争には長い歴史がある。

1）ジェームズ・ランゲ説

　「気持ちの変化が生じることで身体状態が変化する」という一般常識に反し、ジェームズ（James, W.）は「身体状態が変わることで気持ち（感情）の変化が生じる」という説を打ち立てた（James, 1884）。つまり「泣くから悲しい」のであり、「笑うから楽しい」のである。この考え方は同時期にデンマークのランゲ（Lange, C.）によっても同様の考え方が出されたことから、「ジェームズ・ランゲ説」と呼ばれている。この説の根幹は、外的刺激を知覚することで、例えば内臓や筋肉の活動といった身体の末梢反応が生じ、その情報が脳にフィードバックされることによって感情が生まれる、という考えであり「感情の末梢起源説」とも呼ばれている。

この説に従うのであれば、多様にある感情を生み出すためには、それら感情一つひとつに対応した個別の身体反応が必要になってくる。この点に関しては以降の研究でさまざまな反証が出されることとなったが、一方で身体反応の変化を知覚することで感情変化が生じるという関係性に注目したことは意義のあるものであった。また、現在用いられているリラクセーション法のいくつかは、この末梢の変化から感情変化を引き起こそうとする技法といえる。さらには顔面の筋肉と腺の反応パターンのフィードバックによって感情が生起するという「顔面フィードバック仮説」（Tomkins, 1982）にもつながる考え方であり、ジェームズ・ランゲ説が必ずしも事実にそぐわない考え方ではないことを物語っている。

2）キャノン・バード説

　生理学者であったキャノン（Cannon, 1927）は、①内臓器官は変化のスピードが遅く、素早く生起する感情反応の原因にはなりにくいこと、②投薬により人為的に創り出した内臓器官の変化では、本当の感情変化が生じないこと、③恐い映画を見ているときも好きな人を目の前にしているときもともに心拍が高まるように、異なる感情体験であっても同じような身体反応を示すことがあること、など身体器官の生理学的特性に関する知見を用いて、逆にジェームズ・ランゲ説の問題点を指摘した。キャノンは感情体験にとって重要な役割を果たすのは脳内の「視床」であり、この視床からの情報が大脳に伝達されることで感情が身体に伝達され、内臓や筋肉反応が生じると考えた。翌年にはバード（Bard, 1928）によって「視床下部」の重要性が指摘されたことから、これら 2 人の知見を合わせたキャノン・バード説は「感情の中枢起源説」とも呼ばれている。

　現在では感情に関連する脳領域として、視床下部以外に大脳辺縁系、網様体賦活系、大脳新皮質などが考えられている。大脳辺縁系は感情の調整を、網様体賦活系は覚醒水準の調整を、大脳新皮質は感情を対象に方向づける働きを、それぞれ担っている。

3）認　知　説

　シャクターとシンガー（Schachter & Singer, 1962）は感情の発生に関する第 3 の考え方として「認知」という視点を取り入れた。彼らは被験者を 4 群（A〜D）に分け、さらに被験者には「単なるビタミン剤」と称した 2 種類の物質（アドレナリン：実際に生理的変化を引き起こす、生理的食塩水：生理的変化を引き起こさない）の

いずれかを投与して巧妙な実験を行った。4群の内、アドレナリンを投与された群は3つ（A～C）であったが、各グループはその「単なるビタミン剤の副作用」について、A群：火照り・心拍数上昇・震えというアドレナリンの実際の作用、B群：頭痛・腫れ・痛みという事実と異なる副作用、C群：副作用はない、という異なる説明を受けた。また生理的食塩水を投与されたD群には、副作用がないという教示を与えた。この後、各群の被験者は待合室でしばらくの間過ごすが、このときに別の被験者を装った実験協力者（サクラ）が部屋のなかで陽気に振る舞ったり、逆にイライラした様子を見せた。この行動に対して、投薬による作用を正しく伝えられなかった群（BとC）の被験者は、サクラの取った行動と同じ感情体験を経験した。自身に起こった生理的変化（この実験の場合は火照り・心拍数上昇・震え）の原因を正しく意味づけられない場合、それを他の要因（この実験の場合は待合室の雰囲気）に帰属させて体験することが示されたのである。

　このように、感情は末梢反応の直接的な反映ではなくその反応に対する意味づけ、つまり「認知的な判断」や「原因帰属」によって影響を受けることが示された。感情の発生には身体反応と原因帰属の両方が不可欠であることから、「感情の二要因説」とも呼ばれている。その後、シャクターらの知見は人間の動機づけに関する研究にも応用されている。またこの「認知的な判断」という考え方はストレスの心理学的研究においても重要な役割を担うこととなる。

4．感情の機能

　それでは私たちに備わっている感情には、いったいどのような機能が含まれているのであろうか。ここでは2つの点について考えていきたい。

1）コミュニケーションとしての感情

　私たちが他者と情報交換（コミュニケート）をする場合、そこには交換する情報内容そのもの以外に、多くの場合「感情」という情報も付随させる。その感情情報は、受け手にとって情報を解釈する際の、1つの手掛かりとなる。そして受け手は単なる情報の推論や判断のみではなく、感情情報を土台とした判断や反応を返すことで、円滑なコミュニケーションが形成される。複雑で相互依存的な現実世界における人間関係にとって、感情は社会的な意味での環境適応システムとして、欠かすことのできない役割を担っていると考えられる。

２）覚醒、行動のパフォーマンスと感情

　私たちが意識的な行動をする際には、一定以上の覚醒レベルが必要になる。この覚醒レベルは行動のパフォーマンス（課題成績）と密接な関連があり、高すぎる覚醒や低すぎる覚醒はパフォーマンスを低下させる。感情は覚醒水準の調整を担う網様体賦活系と密接な関連があることから、感情の変化は覚醒の変化を引き起こし、パフォーマンスに影響を与える。過度な緊張や不安、逆に過度な喜びの状態にあるときに、普段どおりの成績を出せなかったり予想外の失敗を起こしてしまうのはこのためである。パフォーマンスと覚醒度とがちょうどよいバランスを保っている状態のことを「（覚醒の）最適水準」と呼んでいるが、これは感情が動機づけとも関連しながら人間行動に大きく影響していることを示す１つの例といえる。

第３節　社会的認知

　私たちは周囲の人々に対して「あの人はきっと〜な人だろう」と印象を抱くことがある。また、ニュースなどで重大な社会的事件を見聞きすれば、「なぜ犯人はこのような行動を起こしたのだろうか」と、その行動の原因について思いをめぐらす。このような、私たちが「ひと」や「ものごと」について理解しようとするプロセスは社会的認知（social cognition）と呼ばれている。この節では、私たちが普段行っているさまざまな情報の知覚や推論の大部分、さらには行動までもが自動的な情報処理過程を経て生起していることについて述べる。

１．自動的に行われる情報処理過程の発見

　1970 年代は、人は「素朴な科学者（naive scientist）」であり、どのような場合も合理的な推論や判断を行っていると考えられていた。しかしながら、1980 年に入ると、私たちは多くの場合、自分がすでにもっている知識や経験に基づいて直感的・自動的に推論や判断を行っていることが明らかになってきた。そして人はできるだけ自分の認知的な資源を使わずに済ませようとする「認知的倹約家（cognitive miser）」であるという見方が提唱された。1990 年代は、私たちはいつでもどんな相手に対しても倹約をするわけではなく、自分にとって重要

な相手であれば時間をかけ詳細な判断を行うなど、状況や目的に応じて方略を使い分けていることを示す結果が報告され、人は「意欲的な戦略家（motivated tactician）」であるという考えが提唱された。さらに2000年代に入ると、社会的環境は私たちが気づかないくらい瞬時に、社会的な概念を活性化することを通して、その概念と関連した認知、評価、感情、動機が触発することを示す研究が次々に報告され、人を「駆動される行為者モデル（activated actor）」としてみなすようになっている（Fiske & Taylor, 2017）。

　このような人間観の変遷の背景には、認知心理学の分野で提唱された人間の行う情報処理を、注意を向けずに無意識に行う自動的処理（automatic processing）と注意を向けて意識的に行う統制的処理（controlled processing）に区分して捉える二過程理論（dual-process theory）がある。二過程理論は、社会的認知研究だけではなくパーソナリティや感情などの研究領域においても幅広く浸透している考え方である（Barrett et al., 2004）。

　二過程理論はフロイトと同様に「無意識」という言葉を用いている。しかし、その意味は大きく異なる。例えば、運転をしながら携帯電話をかけることが法律で禁じられているのは、同時に2つの作業を行うと一方がおろそかになり、重大な事故を引き起こす可能性があるからである。このような例は、私たちが一度に行うことができる情報処理、すなわち配分できる注意資源には限界があることを示している。二過程理論における「無意識」は、知的で合理的な心理的活動が注意資源を費やすことなく自動的に行われるということを指して用いられている（池上, 2001）。

２．人物や出来事に対する自動的な推論

　これまでに多くの研究が、私たちの人に対する推論が、その人から直接的に得た情報だけではなく、自分自身がすでにもっているさまざまな知識や、過去の経験、先入観、固定観念（ステレオタイプ）によって影響を受けていることを示している。特に、さまざまな情報の入力に影響を与え、情報処理を方向づけるような枠組みとしての構造化された知識は、スキーマ（schema）と呼ばれている。例えば、私たちは多くの場合、病院で白衣を着ている人を見れば「医者だろう」と考える。また、大学の図書館で初老の男性を見れば「大学の教員であ

ろう」と推論するだろう。このように、私たちは過去の経験から、「〜な人は〜である」といった人についての知識をもっている。このようなスキーマは、私たちが他者と接するとき、自動的に活性化し、人を判断する際に無意識に用いられる。

　また、私たちは何らかの出来事が起こると、「なぜそうしたのか？　なぜそうなったのか？」という原因を考える。このような、行動や特定の結果が生起した原因を推測することは原因帰属と呼ばれている。行為の背後にある原因の帰属は、大きく2つに大別される。1つは、行為者に原因がある（例えば性格や属性、性別、年齢など）とする内的帰属と、環境に原因がある（例えば場所や時間的切迫感、外的圧力、課題の困難さ、運など）外的帰属である。人の行動の原因を考える場合には、どちらの可能性も考慮しながら推論を行うのが理想的だが、私たちは、他者の「殴る」という行動を観察した場合には、それに対応する「攻撃的」という性格特性を、瞬時に自動的に推論するという傾向がある（自発的特性推論〔spontaneous trait inference〕〔Winter & Uleman, 1984〕）。「殴る人は攻撃的である」というスキーマをもっているため、観察された行動はスキーマを用いて自動的な推論がなされるのである。

　このような因果関係の推論におけるバイアスとして、他者の行動の帰属においては、社会的行動の原因を状況などの外的要因に求めず性格特性などの内的要因に求める根強い傾向である、基本的な帰属のエラー（fundamental attribution error）、自分の行動の原因は外的要因に帰属しやすいが他者の行動の原因は内的要因に帰属しやすいという、行為者−観察者バイアス（actor-observer bias）、自分の成功は内的要因に帰属し、失敗した場合は外的要因に帰属するという自分に都合のよい帰属を行う傾向である、自己奉仕的帰属（self-serving bias）などが見出されている（池上・遠藤, 2008）。

　これらのエラーが生じるメカニズムに関して、自動的・統制的な処理を仮定したモデルとして、ギルバート（Gilbert, G. T.）による3段階モデルがある（Gilbert, 1989）。第1段階では、他者の行動を観察した場合、それがどのような性質のものであるかをカテゴリー化（identification）する。例えば、ある人の行動を目にして「殴っている」と判断する段階である。第2段階は、特性推論（characterization）と呼ばれる、行動に対応する特性を推論する段階である。この例では「殴って

いる」のだから「攻撃的」であろうという特性を思い浮かべることになる。この第2段階は認知資源を必要としない自動的な過程である。最後の第3段階は、修正（correction）であり、認知資源を必要とする複雑な過程である。ここで初めて状況要因を含めた行動の原因が検討され、行動を引き起こしたと考えられるような外的要因が存在する場合には、第2段階での推論が見直される。例えば、「相手が先に挑発した」というように、推論が修正される。しかしながら、時間的余裕がない場合や、他の作業を同時に行っている場合など認知資源に余裕がない場合には、このような修正は行われない。

　近年では、トドロフらがアメリカ議会の候補者の顔を実験参加者に提示し、容姿のみに基づいて候補者の有能さを推測するように求めた。そして有能さの評価が実際の選挙結果を偶然以上の確率で予測することを報告している（Todorov et al., 2005）。私たちが他者の顔や行動を知覚したときに行われる推論が瞬時に、自発的に行われていることは、今や多くの研究者の共通見解になっている（Todorov & Uleman, 2004）。

3．自動的処理が行動の目標や動機づけに及ぼす影響

　従来では、「〜したい」という目標や動機づけは意識的な内発的過程として捉えられてきた。しかしながら、目標や動機づけも、スキーマのように概念化されて記憶のなかに保持されているため、外部からの刺激を受けて自動的に活性化し、課題遂行の向上を促すことが示されている（自動目標論〔auto-motive theory〕; Bargh, 1990）。行動の目標や動機を自動的に活性化させる方法として、プライミング手法がある。これは実験の参加者に気づかれないように最初に何らかの課題を行ってもらうことによって、その後の課題の遂行レベルに影響を与える方法である。例えば、事前の課題において達成に関連する語句が与えられた実験参加者は、達成目標が自動的に活性化され、その結果、課題に対して努力し、持続的に取り組むことが明らかになっている（Bargh et al., 2001）。また、他者の目標が自動的に感染することも明らかになっている。アーツら（Aarts, Gollwitzer, & Hassin, 2004）は、お金を手に入れるという目標を暗示する行動文を読んだ参加者は、行動文を読んでいない統制条件の参加者と比較して、お金を勝ち取るくじ引きに取り組むことができる課題のペースが速いことを報告している。他者の

92　第3部　心の成り立ちと個性の形成を考える

行動を観察した際に推論された目標へのアクセス可能性が高まることにより、行為者自身の行動が変化したと考えられている。

　これらの研究結果は、私たちが、ふだん、すでにもっているさまざまな知識に依存しながら、多くのことをほとんど意識せずに行っていること、私たちの行動が外界から知らず知らずのうちにさまざまな影響を受けていることを示している。また、このような人間の社会的行動を支えている情報処理パターンやそのメカニズムが明らかになることで、偏見や差別といった社会的問題の解消がもたらされるだけではなく、人間像や意識と無意識の関連性についても新たな発見がもたらされている。

第4節　社会的促進と社会的手抜き

　前節まで、「行動からみた心と個性」というテーマに基づいて、動機づけ、感情、社会的認知という観点から人々の心について考察してきた。この節では、社会的促進と社会的手抜きという私たちの日常的な行動を取り上げて説明する。この2つの相反する現象は、私たちがいかに非意識的に周囲の状況にとりこまれ、その結果として行動が生じているかを表す興味深いものである。これまでに取り上げられてきた動機づけや感情といった人々の個人内に存在する行動を促す要因と、この節で取り上げる人々の個人外に存在する行動を促す要因の双方から、人々の心について考えてみたい。

1．社会的促進

　ひとりで食事をするときよりも、気の合う仲間や家族とともに食事をするときの方が、おいしく感じられてたくさん食べてしまうことはないだろうか。ひとりではなかなか解決しなかった課題であっても、チームで取り組むことによって予想以上の成果をあげられたという経験はないだろうか。あるいは、ひとりで勉強するよりも、教師や母親に見られている状況の方が、より勉強に集中できたということはないだろうか。このような、他者存在によるパフォーマンスの促進という現象を最初に明らかにしたのはトリプレット（Triplett, 1898）で、自転車レースで一緒に伴走するものがいる場合には、そうでない場合（単

独で一定の距離を走行する場合）よりも一般的に記録がよいことを見出した。オルポート（Allport, 1920）は、このような、見物者や共行動者が存在することによって個人の遂行行動が促進される現象を社会的促進と名づけ、遂行課題をさまざまに変えて研究した結果、課題によって社会的促進が起こったり起こらなかったりすることが解明されてきた。例えば、自由連想課題（ひとつの単語を起点とし、その単語から連想される単語を自由に書き出す課題）では、共行為者がいるときに社会的促進が生じたが、哲学的に困難な課題を与えられたときは、共行為者がいないときの方がその課題に対してよい成績を取る人が多かった。また、ペッシン（Pessin, 1933）は、7つの無意味つづりをできるだけ早く覚えるという課題に参加者が取り組まなければならないとき、観衆がいるときよりもいないときの方が学習成績がよいことを見出した。

　このように、他者存在が社会的促進に与える影響は相反する結果が得られていたが、ザイアンス（Zajonc, 1965）は、他者存在によって高められた覚醒水準と、課題に対する習熟度が社会的促進を生じさせるかどうかを規定するという、動因理論を提唱した。この理論では、ともに同じ行為をする他者であれ、行為者の作業をただ見ている他者であれ、他者が存在することによって行為者の覚醒水準が高まり（生理的心理的活動の活性化）、それによって、与えられた課題に対する行為者の習熟レベルにおいて出現しやすい反応の生起率が変化するというものである。例えば、他者に観察されているあるいはともに作業する場合、自分が慣れ親しんだ作業であれば、出現しやすい反応は正反応なので社会的促進が生じやすくなる。一方、自分にとって不慣れな新規な作業の場合、出現しやすい反応は負反応なので、ミスが生じやすくなり、社会的促進は起こりにくくなると考えられる。

　ハントとヒラリー（Hunt & Hillery, 1973）は、ザイアンスが提唱した社会的促進の動因理論を実証した。彼らは、習熟度の高さを明確に定義し、50％以上の確率で正答を導き出すことを高習熟、それ以下の確率でしか正答を導けないことを低習熟とした上で、参加者に迷路課題を行わせて実験を行った。彼らは、参加者に、単純迷路（高習熟課題）と複雑迷路（低習熟課題）のいずれかを、ひとりあるいは他者と一緒に行った。その結果、単純な迷路では他者と一緒の方が、複雑迷路ではひとりで行った方が、誤答数が少なくなった（図3-1-1）。この結果は、

94　　第3部　心の成り立ちと個性の形成を考える

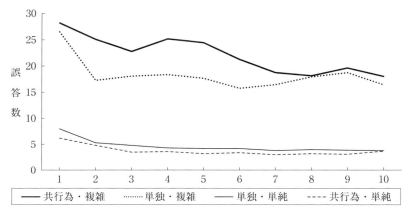

図3-1-1　迷路の複雑性と作業状況が誤答数に与える影響
出典）Hunt & Hillery (1973).

行為者にとって簡単でよく学習された課題ならば他者の存在は促進的に働くが、これとは逆に、行為者にとって複雑であまり学習されていない課題ならば他者の存在は抑制的に働くことを表している。

　ミハイルズら（Michaels et el., 1982）も、興味深いフィールド実験を行っている。彼らは、ビリヤード場に赴いてプレイしている人々を観察し、ショット率の成功率によって人々を上級者と下級者に分けた。その後、上級者と下級者それぞれに4人が近づいて観戦し、ショットの成功率がどう変化するかを確かめた。上級者は観戦前の成功率が71％だったのに対し、観戦者がいる場合には80％に上昇した。一方、下級者は観戦前の成功率が36％だったのに対し、観戦者がいる場合には25％に下がってしまった。

　以上のように、実験室実験でも、フィールド実験でも、ザイアンスの動因理論は立証されているといえよう。私たちは、自分が得意であったり、慣れ親しんでいる事柄であれば、他者の存在が後押しとなってよりよいパフォーマンスを行えるが、そうではない場合、他者の存在によって失敗しやすくなってしまいやすいといえるだろう。

2．社会的手抜き

　グループのみんなで協力して課題に取り組まなければならないとき、ひとり
で課題を行わなければならないときよりも、手抜きをしてしまった経験はない
だろうか。ひとりで行うよりも、みんなで行ったほうがはかどるだろうと思っ
ても、結果、意外とそうではなかったという経験はないだろうか。前述の社会
的促進とは対照的に、個人で作業するときよりも集団で作業するときに作業量
が低下する現象を社会的手抜きという (Latané et al., 1979)。このような現象はリ
ンゲルマンというフランスの農学者によって最初に見出されたが、彼は、農業
従事者の作業効率を調べ、綱引き、荷車引き、石臼まわしなどの作業について、
集団作業よりも個人作業のときのほうが効率がよいことを見出した。ひとりの
ときの作業量を100％とした場合、2人のときは93％、3人では85％、8人では
49％まで作業量は低下した。

　他者の存在によって、私たちはなぜ手抜きを行ってしまうのだろうか。原因
として2つの要因が挙げられている。ひとつは動機づけの低下である。集団で
作業を行う場合、自分がその作業の達成にどのくらい貢献できたのかが曖昧に
なるので、また、自分の貢献度が曖昧になることによって、貢献に対する評価
が得られにくいことから、作業に対する動機づけが低下する。池上・小城 (2005)
は、集団作業を行っても作業量が個人ごとに明らかにされる貢献度明確条件と、
それが明らかにされず集団としての作業結果のみが明らかにされる貢献度不明
条件を設けて、参加者に紙コップを作成させる実験を行った。人々の貢献度が
不明でそれにともなう評価も得られない貢献度不明条件では、作業に対する動
機づけが低下し、社会的手抜きが起きるだろうと予測できる。しかし、もし自
分が行っている作業が社会福祉に有益なものであるなら、個人の作業量が明確
にならずとも、その結果として評価が得られなかったとしても、社会的手抜き
は生じにくいだろうと予測し、作業の意義も実験のなかで変化させた。その結
果 (図3-1-2)、自分が行う作業が社会福祉に有益であると説明された群の参加者
は、自分の作業量が明確にならなくても、多くの紙コップを作成した。しかし一
方、作業が特に社会福祉に有益であるとは説明されなかった群では、一人ひと
りの作業量が明確になる条件においてよりも、不明確な条件において、紙コッ
プの作成量が有意に低下した。この知見は、社会的手抜きが起こりやすい要因

として、やはり自己の貢献度と評価の曖昧さと、それゆえに生じる動機づけの低下があることを示している。しかし、作業の価値を付加させることによって人々の動機づけを高めることができるのなら、集団作業であっても社会的手抜きを防止することができることも示している。

上記の池上らの研究は、集団作業であることを理由に意図的に、あるいは非意図的に手抜き

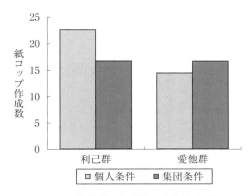

図3-1-2 作業状況と課題の愛他性がパフォーマンスに与える影響

出典）池上・小城（2005）。

をしようとする人々の心理を表していると考えられるが、社会的手抜きが生じるプロセスには、明らかに非意図的なものもある。それを調整の失敗と呼ぶが、これは、何らかの理由で個人の努力量が集団の生産性に十分に反映されないことを指す。例えば、綱引きにおいても、綱を引っ張る方向や力を出すタイミングを全員が完全に一致させることは難しく、このような、人々が個人でコントロールし得ない要因によっても、社会的手抜きが生じてしまう。

ラタネら (Latané et al., 1979) は、社会的手抜きを生じさせる2つの要因である動機づけの低下と調整の失敗について、うまく分離させて検討する実験を行った。この実験の参加者は、目隠しとヘッドフォンをつけた状態でできるだけ大きな声を出すように求められた。その際、単独でそれを行う単独条件、実際に2人で一緒に行う条件（2人条件）、実際に6人で一緒に行う条件（6人条件）が設けられた。さらに、参加者に他者1人（あるいは6人）と一緒に叫んでいると思わせて実際には参加者ひとりで叫ばせる架空条件も設けた。2人条件や6人条件では、一人ひとりの声量を明らかにはできないが、架空条件では実際には1人で叫んでいるので、参加者個人の声量を明らかにすることができる。これによって、人々が、声を出すのは私だけではないから全力を出さなくてもよいだろうと手抜きをするかどうか調べることができる。

実験結果は図3-1-3に示すとおりである。個人条件における声量の平均を

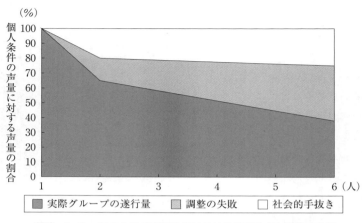

図3-1-3　ラタネらの実験における社会的手抜きと調整の失敗

100％としたとき、架空集団の参加者の声量は、82％（架空の他者2人条件）あるいは74％（架空の他者6人条件）まで低下した。やはり、他者と一緒であればちょっとずつ手抜きをするようになるようである。図3-1-3中の「社会的手抜き」と書かれた白い部分は、個々人の動機づけの低下により集団の生産性が低下した量を表している。

　次に、実在の他者と一緒に叫んだ参加者の声量と、架空の他者と一緒に叫んだ参加者の声量を比較してみよう。もし動機づけの低下だけが社会的手抜きの原因であれば、2人条件（あるいは6人条件）の叫び声全体を2（あるいは6）で割った声量（つまり2人および6人条件における1人分の声量）と、架空の他者2人（あるいは6人）と一緒に叫んだ参加者の声量は、等しくなるはずである。しかし、実際には、実在他者と一緒に叫んだ人々の声量は、架空他者と叫んだ人々の声量には及ばなかったのである（2人条件では実在他者と叫んだ人の声量約66％、架空他者と叫んだ人の声量約80％、6人条件では前者は約36％で後者は約72％）。このような架空集団における人々の声量と実際の集団における人々の声量が同等ではなく、後者の方が下回るということこそ、調整の失敗が働いていることの証明となる。すなわち、人間は機械のように一定の声量を出し続けることはできず、グループ全体で叫ぶときも全員の声が最大であるタイミングを合わせるのは至難の業である。このように、人々のコントロールが不可能な要因によっても、社会的手

抜きが生じてしまうといえる。

３．行動から見た心と個性

　本章のテーマである「行動から見た心と個性」という観点から考慮すると、社会的促進や社会的手抜きという人々の行動から、心や個性についてどのようなことがいえるのだろうか。

　人の心は意識的過程と非意識的過程という２つのプロセスによって構成されていると考えられている。物理的刺激や社会的刺激などは、最初に自分では意識できない過程で処理され（非意識過程）、その処理結果の一部が意識にのぼることにより自覚的に処理されるようになる（意識過程）。他者存在によって社会的促進が促されるのは取り組む作業が熟練したものであるときであるし、それが抑制されるのは作業に不慣れなときである。作業の熟練度という非意識的で自動的な要因が、私たちのパフォーマンスに大きな影響を与えているといえる。また、社会的手抜きについても同様で、人々は他者存在によって自己が集団に埋没し、自己の匿名性が高まった結果として半ば意識的に手を抜くが、それと同時に作業の価値自体を認識すると、動機づけが高まって意識的にパフォーマンスが維持される。一方、調整の失敗という人々の統制し得ない要因によって、社会的手抜きは促進されてしまう。社会的手抜きという現象も、私たちの意識的、非意識的双方のプロセスによって生じているといえる。このように考えると、私たちの行動は、心の意識的、非意識的プロセスの双方から生み出されたものであるといえるだろう。

●引用・参考文献

Aarts, H., Gollwitzer, P. M., & Hassin, R. R.（2004）. Goal contagion: perceiving is for pursuing. *Journal of personality and social psychology*, **87**（1）, 23.

Allport, F. H.（1920）. The influence of the group upon association and thought. *Journal of Experimental Psychology*, **3**, 159-182.

Bard, P.（1928）. A diencephalic mechanism for the expression of rage with special reference to the sympathetic nervous system. *American Journal of Psychology*, **84**, 490-515.

Barrett, L. F., Tugade, M. M. & Engle, R. W.（2004）. Individual Differences in Working Memory Capacity and Dual-Process Theories of the Mind. *Psychological Bulletin*, **130**, 553-573.

Bargh, J. A.（1990）. Auto-motives: Preconscious determinants of social interaction. In Higgins, E. T. & Sorrentino, R. M.（Eds.）*Hundbook of motivation and cognition*, Vol. 2, New York: Guilford Press, pp. 93-130.

Bargh, J. A., Gollwitzer, P.M., Lee-Chai, A., Barndollar, K. & Trots-chel, R.（2001）. The automated will: Nonconscious activation and pursuit of behavioral goals. *Journal of Personality and Social Psychology,* **81**, 1014-1027.

Cannon, W. B.（1927）. The James-Lange theory of emotion: A critical examination and an alternative theory. *American Journal of Psychology,* **39**, 106-124.

Cannon, W. B.（1929）. Organaization for physiological homeostesis. *Psychological Review,* **9**, 399-431.

コーネリアス, R. R.　齋藤　勇（監訳）（1999）. 感情の科学―心理学は感情をどこまで理解できたか―　誠信書房

ダーウィン, C. R.　浜中浜太郎（訳）（1931）. 人及び動物の表情について　岩波書店

Ekman, P. & Friesen, W. V.（1971）. Constants across cultures in the face and emotion. *Journal of Personality and Social Psychology,* **17**, 124-129.

Fiske, S. T. & Taylor, S. E.（2017）. *Social cognition.* 3rd ed. McGraw-Hill.

Gilbert, G. T.（1989）. Thinking lightly about others: Automatic components of the social inference process. In Uleman, J. S. & Bargh, J. A.（Eds.）*Unintended thought.* New York: The Guilford Press, pp. 189-211.

Hunt, P. J., & Hillery, J. M.（1973）. Social facilitation in a coaction setting: An examination of the effects over learning trials. *Journal of Experimental Social Psychology,* **10**, 371-384.

池上貴美子・小城幸子（2005）. 社会的手抜きに及ぼす課題への動機づけの影響　金沢大学教育学部紀要, **54**, 55-70.

池上知子（2001）. 自動的処理・統制的処理―意識と無意識の社会心理学―　唐沢　穣・池上知子・唐沢かおり・大平英樹（著）　社会的認知の心理学―社会を描く心のはたらき―　ナカニシヤ出版　pp. 130-151.

池上知子・遠藤由美（2008）. 社会的推論　池上知子・遠藤由美（著）　グラフィック社会心理学　第 2 版　サイエンス社　pp. 44-65.

James, W.（1884）. What is an emotion? *Mind,* **9**, 188-205.

Latané, B., Williams, K., & Harkins, S.（1979）. Many hands make light the work: The causes and consequences of social loafing. *Journal of Personality and Social Psychology,* **37**, 822-832.

マズロー, A. H.　小口忠彦（監訳）（1971）. 人間性の心理学　産業能率短期大学出版部（Maslow, A. H.（1970）. *Motivation and Personality.* 2nd ed.）

Michaels, J. W., Blommel, J. M., Brocato, R. M., Linkous, R. A., & Rowe, J. S.（1982）. Social facilitation and inhibition in a natural setting. *Replications in Social Psychology,* **2**, 21-24.

永江誠司（2004）. 脳と発達の心理学―脳を育み心を育てる―　ブレーン出版

Pessin, J.（1933）. The comparative effects of social and mechanical stimulation on memorizing. *American Journal of Psychology,* **45**, 263-270.

Plutchik, R.（1984）. Emotion: A general psychoevolutionary theory. In Scherer, K. R. & Ekman, P.（Eds.）*Approaches to emotion.* Hillsdale.

Russell, J. A. & Fehr, B.（1987）. Relativity in the perception of emotion in facialexpression. *Journal of Experimental Psychology: General,* **117**, 89–90.

Schachter, S. & Singer, J. E. (1962). Cognitive, social and physiological determinants of emotional state. *Psychological Review,* **69**, 379–399.

Schlosberg, H. (1954). Three Dimension of Emotion. *Psychological Review,* **61**, 81–88.

Seligman, M. E. P. (1975). *Helplessness: on depression, development, and death.* Freeman and company.

Tomkins, S. (1982). Affect Theory. In Ekman, P. (Ed.) *Emotion in the Human Face.* 2nd ed. New York: Cambridge University Press.

Todorov, A., Mandisodza, A. N., Goren, A., & Hall, C. C. (2005). Inferences of competence from faces predict election outcomes. *Science,* **308** (5728), 1623-1626.

Todorov, A., & Uleman, J. S. (2004). The person reference process in spontaneous trait inferences. *Journal of Personality and Social Psychology,* **87** (4), 482.

Triplett, N. (1898). The dynamogenic factors in pacemaking and competition. *American Journal of Psychology,* **9**, 507–533.

ワイナー, B. 林 保・宮本美沙子 (監訳) (1989). ヒューマン・モチベーション―動機づけの心理学― 金子書房(Weiner, B. (1980). *Human Motivation.* New York: Holt, Rinehart & Winston)

White, R. W. (1959). Motivation Reconsidered: the concept of competence. *Psychological Review,* **66**, 297–333.

Winter, L. & Uleman, J. S. (1984). When are social judgments made?: Evidence for the spontaneousness of trait inferences. *Journal of Personality and Social Psychology,* **47**, 237–252.

Zajonc, R. B. (1965). Social facilitation. *Science,* **149**, 269–274.

第2章

「パーソナリティ」から見た心と個性

第1節　人格の概念

1．心理学以前のパーソナリティのとらえ方

　心理学以前にも、パーソナリティはさまざまに捉えられてきた。

　ギリシャ時代には、テオプラストマが人の特徴として 30 を挙げた。また、四体液説に基づいて 4 つの気質が考えられた。特性論や類型論に通じる。

　古代インドでは、ウパニシャッドで意識状態について覚醒・夢・熟睡・アートマン（真我）の 4 つが挙げられた。そして、『バガヴァット・ギーター』では、人格をグナの心（肉体を自分と思う偽我）とアートマン（真我）によって捉え、グナの成分として純質・激質・翳質の 3 つを挙げ、人格の違いは 3 グナの配分と作用によると捉えられた（堀田, 1997-2002）。局所論や類型論に通じる。

　仏教では、唯識論（眼識・耳識・鼻識・舌識・身識・意識・末那識・阿頼耶識の八識）や天台宗の九識論（八識と真我である阿摩羅識）が説かれた（北村, 1991）。華厳経では、「存在するものは、すべて心の表れである」と捉えられた（木村, 2015）。局所論や認知論に通じる。

2．人格・性格・気質

　人格と性格はほぼ同義であるが、区別するときは、人格（personarity）は知性、態度、興味、価値などを含む心の全体的特徴を指す。性格（character）は主として感情や意志の側面の特徴を指す。また、気質（temperament）は生得的な性質、情動反応の基本的特徴（情緒的刺激への感受性、反応の強さや速さ、根本気分など）を指す。なお、日本では、人格という言葉は価値的な意味を含んで使われることもあることから（人格者、人格を疑うなど）、心理学では誤解を避けるために「パー

ソナリティ」と表記することも多い。

　パーソナリティの定義としては、「パーソナリティとは、個人の中にあって、その人の特徴的な行動と思考とを決定する精神・身体的体系の力動的な組織である」（オルポート, 1968）が最も有名である。

第2節　パーソナリティの形成過程

1．パーソナリティの発達

　パーソナリティの発達については、第5部第1章第4節を参照されたい（思春期については第5部第3章第2節、老年期については第5部第4章第2節参照）。

2．遺伝的要因によるパーソナリティの形成

　双生児法を中心とした行動遺伝学の研究によると、パーソナリティの特性5因子に関する遺伝規定率は、開放性で0.46、外向性で0.36、神経質で0.31、調和性と誠実性で0.28である（Pervin & John, 2001; 織田, 2004）。新奇性の追求や不安、攻撃性に関連する遺伝子も見つかっている。ただし、遺伝子を保持していても発現するとはかぎらない。遺伝子の発現は環境によっても影響される。

3．個体内要因によるパーソナリティの形成

　脳の前頭葉は自発性に、扁桃体は恐れに、自立神経系や神経伝達物質のドーパミン、ノルアドレナリン、セロトニンは不安や抑うつに関係する（伊藤, 2008）。

　思春期には性ホルモンが大脳に影響を及ぼす。思春期に、他者の怒りや悲しみなどの感情に敏感となり、強いストレスを感じ、自制心が低下して激しく怒り出したり、引きこもるようになったりするのは、その例である。

　男性ホルモンのテストステロンが高い場合は攻撃的になり、低い場合は不安や抑うつになる。更年期障害におけるイライラや不安はその例である。

4．環境的要因によるパーソナリティの形成

　野生児の事例は環境の影響の大きさを示している（第3部第3章第4節参照）。ただし、初期経験も影響するが、可塑性もある（第5部第1章第2節参照）。

トマス（Thomas, A.）らの気質に関する縦断研究の結果、青年期までに精神医学的に援助を必要とする問題を生じていた割合は、「扱いやすい子」で18％、「扱いづらい子」で70％、「ウォームアップが遅い子」で40％だった。ただし、母親との面接から、「扱いづらい子」であっても、母親があまり苦にせず、子育てを重荷と感じないで、その子どもにふさわしいかかわり方をするなら、後にあまり問題が生じないことも示唆された（三宅, 1992; 戸田ほか, 2005）。

親の発達期待が子どものパーソナリティ形成に影響する。長子・次子の性格の違いはその例である（清水, 2004）。

心理療法の一つである遊戯療法では、以下の過程でより統合されたパーソナリティの形成が生じる（氏原ほか編, 2004; アクスライン, 2008）。セラピストの受容的、許容的、共感的な、暖かい治療的関係により、子どもは安心して自分の情緒的表出をするようになる。そして、否定的・攻撃的感情も表現するようになり、それらがセラピストによって受容され肯定されると、肯定的な感情が交錯し始める。やがて肯定的な感情が優位になり、統合される。

社会・文化も人格形成に影響する。フロム（Fromm, E.）は、特定の集団の人々が共通にもっている性格の本質的な中核を社会的性格と呼び、その一つとして権威主義的性格を明らかにした。ミード（Mead, M.）は、南太平洋の3部族で、性格や育児、性役割に違いがあることを見出した（戸田ほか, 2005）。

5．主体的要因によるパーソナリティの形成

自己イメージや役割の認識、自己陶冶もパーソナリティ形成に影響する。

第3節　パーソナリティのさまざまな考え方

1．類型論の考え方

類型論では、人間はユニークな全体であり、部分や要素には分解できないと考える。ことわざの「木を見て森を見ず」の森にあたる。個性記述的アプローチを重視する。長所として、典型例が示されるので、全体像を理解しやすい。短所として、実際は混合型や中間型が多いが、ステレオタイプ的な見方になりやすい。さまざまな類型論があるが（瀧本, 2000; 皆川, 2014）、ここではクレッチマー

104　第3部　心の成り立ちと個性の形成を考える

（Kretschmer, E.）とユング（Jung, C. G.）による類型論を取り上げる。

　精神科医のクレッチマーは、病気と患者の体格が関係していること、病気にはそれぞれの病前性格があることに気づいた。そこで、調べてみると、内閉性（分裂）気質（非社交的、控えめ、まじめなど）は統合失調症に親和性をもち、細身型の体格が多かった（64%）。循環性（躁うつ）気質（社交的、親切、温厚など）は躁うつ病と親和性をもち、肥満型の体格が多かった（50%）。粘着性気質（粘り強い、几帳面、義理堅い、融通が利かないなど）はてんかんと親和性をもち、闘士型の体格が多かった（29%）。その後、シェルドン（Sheldon, W. H.）が健常者を対象に調べ、類似の結果を得た（各体格と気質の相関は $r = 0.79 \sim 0.82$）。

　ユングは、ある症例をめぐるフロイト（Freud, S.）とアドラー（Adler, A.）の解釈の違いを 2 人のパーソナリティの違いと考え、関心が外界の事物や人に向く外向型（フロイト）と、関心が自分の主観や内面に向く内向型（アドラー）を見出した。誰でも内向と外向をもっており、優勢な方が意識的態度として表れると考えた。さらに、判断機能として思考－感情、知覚機能として感覚－直観の心理機能を見出し、優位な主機能とその対の未分化な劣等機能に着目した。態度や心理機能をバランスよく発展させることを重視した。

　他にも、シュプランガー（Spranger, E.）は文化価値：経済・理論・審美・宗教・権力・社会によって、フロムは社会に対する関係のあり方：受動的（他人への依存）・搾取的（力と策略）・蓄積的（安定）・市場的（自分の売り込み）・生産的（真の愛情）によって捉えている。

　発達的な視点では、ハヴィガースト（Havighurst, R. J.）が青年期について自己志向的・順応的・服従的・反抗的・不適応的によって、ライチャード（Reichard, S.）が高齢期について円熟型・安楽椅子型・装甲（自己防衛）型・憤慨（外罰）型・自責（内罰）型によって捉えている。

　健康との関連では（島井, 1997）、フリードマン（Friedman, M.）が CHD（心疾患）と関連するタイプ A（敵意、攻撃など）を、ティモショック（Temoshok, L.）は癌と関連するタイプ C（忍耐強い、怒りの抑制など）を見出した。うつ病親和性性格として、循環性気質、執着気質（熱中性、徹底性、強い責任など）やメランコリー型性格（秩序への志向、几帳面さ、正直さなど）が知られている。原因帰属では内的統合型と外的統合型がある（第 3 部第 1 章第 1 節参照）

２．特性論の考え方

特性論では、個人の違いを共通の人格特性（人格を構成する基本単位）の量的差異と考える。法則定立的アプローチを重視する長所として、数量的に測定するので、個人間の違いを理解しやすい。短所として、「群盲象を評す」の寓話のように、断片的・モザイク的な見方になり、全体像がつかみにくい。さまざまな特性論があるが（丹野, 2003; 皆川, 2014; 小塩, 2014）、ここではキャッテルとアイゼンクによる研究と特性５因子モデルを取り上げる。

キャッテル（Cattell, R. B.）は、因子分析という手法を用いて、"躁うつ気質－分裂気質"、"情緒安定－情緒不安定" などの 12 の根源特性を見出した。

アイゼンク（Eysenck, H. J.）は、強迫神経症とヒステリーが連続したものと考えるフロイトに対し、健常者と神経症者を対象に内向性－外向性の因子と神経症的傾向の因子を見出し、強迫神経症では内向性が高く、ヒステリーでは外向性が高いことを明らかにし、2つは連続したものではないことを示した。また、パーソナリティの階層構造を明らかにした（図3-2-1）。

その後、ミッシェル（Mischel, W.）が、人の行動が状況に左右されやすいことを示し、通状況的一貫性を仮定する特性論を批判した（状況論）ことで、「人か状況か論争（一貫性論争）」が起こった。そして、行動の一貫性は、個人の要因と状況の要因の相互作用によって決定されると考えられ（相互作用論）、首尾一貫性（いくつかの場面では一貫している）が見出された（戸田ほか, 2005）。

一貫性論争を経て、特性論では、包括的にパーソナリティを記述できる特性５因子モデル（ビッグ・ファイブ）が提唱された。特に、コスタとマックレー（Costa, P. T., & McCrae, R. R.）の特性５因子モデル（外向性、調和性、誠実性、神経症的傾向、経験への開放性）とその測定尺度 NEO-PI-R が有名である。また、辻ら（1997）は、日本の文化に合い、かつ精神病理との関連も含んだ特性５因子モデルを提唱し、その測定尺度 FFPQ を作成した（表3-2-1）。

３．力動的構造論の考え方

力動的構造論では、人格を構成する領域間の力動関係を考える。長所として、葛藤や不適応を理解しやすい。短所として、構造は説明概念であり、実証的研究が難しい。さまざまな力動的構造論があるが（氏原ほか, 2004; 皆川, 2014）、ここ

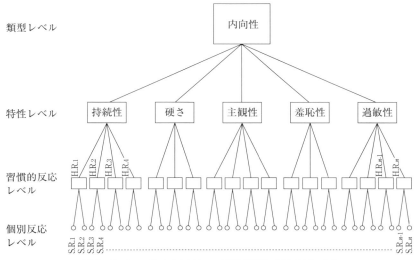

図3-2-1　パーソナリティの階層構造（アイゼンク）

注）個別反応レベルとは、具体的な行動を指す。例えば、誰かと話しているときに目を合わせなかったといった一つ一つの行動である。習慣的反応レベルとは、人と話すときに目を合わせないといった類似場面で繰り返し見られる反応を指す。特性レベルは複数の習慣的反応に相関をもたらす上位概念である。類型レベルは5つの特性の相関をもたらす最上位の概念である。
出典）今城（2004 p.77）。

表3-2-1　5因子の本質と特徴（辻ら）

名称	本質	一般的特徴	病理的特徴
内向性－外向性	活動	控えめな／積極的	臆病・気おくれ／無謀・躁
分離性－愛着性	関係	自主独立的／親和的	敵意・自閉／集団埋没
自然性－統制性	意志	あるがまま／目的合理的	無為怠惰／仕事中毒
非情動性－情動性	情動	情緒の安定した／敏感な	感情鈍麻／神経症
現実性－遊戯性	遊び	堅実な／遊び心のある	権威主義／逸脱妄想

出典）皆川（2014 p.36）。

ではフロイトの精神分析理論とその後の展開を取り上げる。

　フロイトは、症例や自らの神経症の自己分析を通して、当初は意識・前意識・無意識からなる局所論を展開し、その後イド・自我・超自我からなる構造論へと発展させた（図3-2-2）。イド（エス）は、本能的、衝動的、欲動的な部分、自我は知性的な部分、超自我は道徳的、良心的な部分である。イドが強いときは

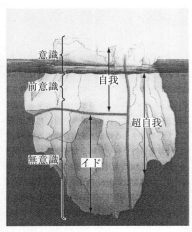

図3-2-2　フロイトによる心の構造モデル

注）フロイトによる心の「氷山」モデルでは、イド全部と、自我および超自我の大部分が無意識に沈んでいる。自我および超自我のそれぞれ一部が、意識あるいは前意識にある。
出典）Smith ほか（2005 p. 596）。

衝動的・感情的・幼児的になり、自我が強いときは理性的・合理的・現実主義的になり、超自我が強いときは道徳的・理想主義的・完全欲的・自己懲罰的になる。

自我は、イド（特に、性衝動や攻撃衝動）と超自我（道徳）の間で葛藤し、罪悪感を抱き、抑圧する。その後、外界（現実生活での外傷体験やストレス）により抑圧しきれず、不安になり、防衛機制（第3部第3章第3節参照）により症状を生じるか、運動や趣味などで昇華するか、抑圧した問題を直視するかになる。

発達段階ごとに特定の身体部位の快感と満足が不足あるいは過充足の場合は固着を生じ、人格形成に影響する（心理-性的発達理論）。口唇期（〜生後1歳半）での固着は依存的になり、肛門期（2〜4歳）での固着は几帳面で頑固になり、男根期（3〜6歳）での固着は自己顕示的で競争心が強くなる。

フロイトの理論は、症状の原因、内的対立、精神内界、外的な適応を重視している。それに対して、フロイトの弟子たちが異なる見方を示した。アドラーは、症状の目的、全体（相補的分業）、対人関係、認知（価値観や信念を含む）を重視した（アドラー心理学；チュウ, 2004）。ユングは、無意識を個人的無意識と集合的（普遍的）無意識の二層で捉え、自我を意識の中心、自己を心全体の中心と捉えた。そして、物語に共通のイメージやモチーフがあることから、集合的無意識から元型（生と死のグレートマザー、心のなかの異性像のアニマ・アニムス、切り捨てられた影、変化をもたらすトリックスター、外的性格のペルソナ、導いてくれる老賢者、大人になれない永遠の少年、内的人格の魂など）と神話的モチーフ（賢者との出会い、死と再生、秘宝の探索など）が生じること、過剰な批判や理想化は元型の他者への投影や同一化によって生じていることを明らかにした。そして、症状にはより高次

の自己に向かう建設的な意味があり、自己の働きによると捉え、個性化の過程（自己実現）を重視した（ユング心理学；樋口, 1978）。アサジョーリ（Assagioli, R.）は、フロイトが扱わなかった英知、忍耐、寛容、勇気、清廉、無条件の愛、ゆるし、創造性、意志などに着目し、その源泉である上位無意識とその中心のトランスパーソナル・セルフの働きによる統合を重視した（統合心理学；アサジョーリ, 1997）。

　フロイト以降の精神分析理論では、母子の観察から、内在化された他者との関係（内的対象関係）が現実の対人関係に反映されることが見出された（対象関係論）。また、原始的防衛機制（分裂、原始的理想化、投影性同一視、否認、躁的防衛）が明らかにされ、境界性パーソナリティ障害でも見られることが発見された。

　他に、レヴィン（Lewin, K.）による場の理論、精神分析を元にしながら、気づき、自発性、親密性を重視したバーン（Berne, E.）の交流分析などがある。

４．人間性心理学の考え方

　人間性心理学では、人格の中核は肯定的なものと考える。長所として、人間の肯定的側面を理解しやすい。短所として、自己実現の実証的研究が難しい。代表的なパーソナリティ理論としてマズロー（Maslow, A. H.）の欲求階層説とロジャーズ（Rogers, C. R.）の自己理論がある（第3部第3章第1節参照）。

５．学習理論の考え方

　学習理論では、人格は学習に基づく習慣によって形成されたものと考える。長所として、行動の変容を理解しやすく、実験に基づく実証的研究が可能である。短所として、人格の一部の理解にとどまり、実験的厳密さから実証的研究が限られている。

　恐怖症は条件づけで、攻撃行動は欲求不満の低減や強化で、抑うつは学習性無力感で説明される（第3部第1章第1節、第3部第1章第1節参照）。

　バンデューラ（Bandura, A.）は、攻撃行動や援助行動などの社会的行動は観察学習によると捉えた（社会的学習理論）。また、動機づけを高める自己効力感を提唱した。例えば、老人ホームの高齢者で、誕生日のプレゼントや娯楽の映画などで自己選択の機会を多く与えられた群は、職員が決めたものを受け取っていた群に比べ、社交的活動が増え、幸福感が高まった（Rodin & Langer, 1977）。

6．認知論の考え方

　認知論では、認知機能がパーソナリティの中心的役割を果たすと考える。長所として、個人の認知と感情や行動との関連を理解しやすい。短所として、人格の一部の理解にとどまり、しかも感情や行動が認知にも影響する。

　ケリー（Kelly, G. A.）は、その人なりのコンストラクト（認知の枠組み）を用いて出来事や経験を解釈し予測しており、コンストラクトの体系が複雑な人ほど（認知的複雑性）、多様な情報を取り入れて多次元的に判断すると捉えた。

　認知スタイルとして場独立 – 場依存や熟慮型 – 衝動型がある。場独立が高い人は課題解決で高い成績を示し、場依存が高い人は社会的感受性が高く、他者の感情の察知に優れている。熟慮型の人は熟慮しながら発話する。

　認知の偏りや歪み（認知バイアス）、特定の集団に対するステレオタイプや過去経験による暗黙の性格観が、その後の思考や行動、対人認知にも影響を及ぼす（第3部第1章第3節、第4部第3章第3節も参照）。

　相手の言動の背後に悪意や敵意を推測しがちな人（敵意バイアス）は、攻撃的になりやすい（大渕, 1993）。ネガティブな認知に偏る人（注意のバイアス、記憶のバイアス、解釈のバイアス、帰属のバイアス）は、抑うつになりやすい（袴田・田ヶ谷, 2011）。ネガティブな出来事を自分に関係づけて認知しがちな人（投影的帰属バイアス、自己標的バイアス）や少ない情報から強い確信に至ってしまう人（性急な結論バイアス）は、妄想観念を生じやすい（丹野, 2003, 2012）。

　災害時に想定外のことが起きても、正常範囲と思い込み大丈夫と思ってしまう人（正常性バイアス）や、周囲の人と同じ行動をとることが安全と思う人（多数派同調バイアス）は、避難行動をとるのが遅れがちになる（木村, 2015）。

　ほかに、確証バイアス（自分の考えの支持情報を集め、反証情報を軽視しがち）や対応バイアス（状況の影響を軽視し、行為者の内定属性との対応を過大に考えがち）がある。

第4節　自我と自己

1．心理学以前の自己・自我観

　古代インド思想では、肉体を衣服や乗り舟に、魂を衣服を着ている人や舟に乗っている人にたとえて捉える。その上で、本来の自己（真の自我、真我、仏教思

想では仏性、本来の面目）と自我（第2の自我、偽我）を区別する。そして、本来の自己は魂の内的本質（アートマン；普遍的我、梵の一部）をいい、自我は肉体を自分とみなしている魂をいう。そこで、万物を生かす大いなる存在（至高のアートマン・最高我といわれる神、梵、法、仏如来など）への統一による同置や信愛と奉仕による恩恵によって、「本来の自己を知る」「本来の自己になる」ことが最大の命題とされた。『ムンダカ・ウパニシャッド』では、本来の自己と自我は「2羽の鳥」にたとえられている。いちじくの木に2羽の鳥がおり、1羽はもう1羽の鳥を黙って見ている。もう1羽の鳥は盛んに甘い実を食べている。前者が本来の自己、後者が自我、木は肉体、実は欲望の対象という。『ブリハッドアーラニヤカ・ウパニシャッド』では、本来の自己について「見られることがなく、見るもの」「身体の中に住し、身体とは別のもの」「内制者であり、不死なるもの」と述べられている。サーンキヤ哲学では、本来の自己を跛者、肉体を跛者を背負う盲人にたとえる。そして、認識の主体・観察者である本来の自己と活動性を有する肉体の結合は、何が真実かを知るための経験をすることにあったが、それが不明となって肉体を自分と誤認する自我意識が生じているという。さらに『バガヴァット・ギーター』では、最高我と梵と本来の自己との関係、本来の自己と心と肉体の違いについて詳述される（堀田, 1997-2002）。

　古代ギリシャでは、ソクラテス（Sōkratēs）がアポロンの神託により自分の無知を知るゆえに知恵ある者とされた。彼は、問答法により人々を自分の無知の自覚と真理の発見に導き、魂の完成をめざして善く生きることを説き、「汝自身を知れ」という命題を残した。

　近代哲学では、デカルト（Descartes, R.）が、あえてあらゆるものに懐疑をかけた結果、懐疑をかけている自分は疑いようもなく存在するとして「我思う、ゆえに我あり」という命題を示した。

　古代インド思想の本来の自己と自我は、ユングの自己と自我やアサジョーリのトランスパーソナル・セルフとセルフに、ソクラテスによる無知の自覚は、ロジャーズの自己概念への経験の同化に、デカルトによる考える主体の自己と考えられた対象の自己は、ジェームズ（James, W.）やミードの主体としての自己（I）と客体としての自己（me）に見てとることができる。

2. 心理学における自我・自己の研究

　自分という意識は疑いようもなく存在するが、主観的な世界でもあるので、自我・自己の問題は心理学では当初は排除されていた。その後、3つの潮流が自我・自己に関する心理学的な研究を支えてきた（梶田, 1994）。

　第1に、精神分析学を背景とした流れがある（氏原ほか編, 2004）。特に、アンナ・フロイト（Freud, A.）、ハルトマン（Hartman, H.）、エリクソン（Erikson, E. H.）は、自我の機能を重視し、自我心理学派と呼ばれた。コフート（Kohut, H.）は、自己愛パーソナリティ障害の治療をもとに、自己の発達と自己の病理について内省と共感によって探究し、「自己心理学」を提唱した。

　第2に、現象学を背景とした流れがある（氏原ほか編, 2004）。現象学的アプローチでは、私たちは客観的・物理的世界を独自に意味づけることで構成された主観的世界（現象的場）にあって行動していると考え、現象的場をありのままに捉えようとする。ロジャーズは、現象的自己（自己概念）が意識や行動に大きく影響していることを明らかにした。

　第3に、社会学や社会心理学を背景とした流れがある。特に、クーリー（Cooley, C. H.）やミードによって社会的相互作用により形成される自己意識が着眼された。また、自己知覚理論（自己の心理状態は外的手がかりからも推測）、私的・公的自己、社会的アイデンティティ（社会集団や社会カテゴリーによって規定された自己アイデンティティ）、文化的自己観（第4部第1章第3節参照）が明らかになった。

3. 自我・自己の形成

　自我・自己の形成には、①社会的な相互作用による形成（養育者のかかわり、他者の評価、同一化・モデリング・役割期待による他者の態度や役割の取り込みなど）、②自らの活動による形成（課題の達成感や充実感による自信など）、③観察による形成（鏡、内省、知覚的フィードバックなど）がある。また、④言葉による自己概念の形成（先行する刺激がその後の感情や行動に影響するプライミング効果など）もある。

　適応的な自我・自己への変容のための援助としては、一貫して共感的応答を続けること、本人のよい点を認めること、自ら範を示すこと、役割を与えること、達成感や充実感を経験するように課題を工夫すること、自分自身の感情や欲求に目を向けるように促すこと、本人の行動についてフィードバックをする

112　　第3部　心の成り立ちと個性の形成を考える

ことなどが挙げられる。

4．自我・自己の機能

自我・自己の機能をまとめると（梶田編, 1994; 岩淵, 1996; 詫摩監修, 1998; 吉武, 1999; 加藤, 2001; 氏原ほか編, 2004; 遠藤, 2005）、1）意識、2）適応、3）同一性の確立、4）自尊心の維持・高揚と不協和の解消、5）行動の方向づけ、6）他者理解、7）対人関係における自己表現、8）自己制御、9）自己実現が挙げられる。

1）意　　識

自我は、意識に、①能動性、②単一性、③同一性、④自他の境界を与えている。それらが失われた例として、①自分が行っているという実感がなくなる離人症、②自分がバラバラになると感じる自己分裂、③同一性拡散（第5部第3章第2節参照）、④「宇宙人が交信してくる」という幻聴や「自分の考えが他人に知られている」という考想察知などが挙げられる。

2）適　　応

自我は、外的・内的な適応を図る。前田（1985）は、表3-2-2のような自我の強さ（自我の成熟度）の指標を挙げ、適応との関連を示している。

3）同一性の確立

同一性とは、エリクソンによれば、①自己の斉一性（独自で固有な自分）、②時間的な連続性と一貫性（以前も今も同じ自分）、③帰属性（社会集団への所属感と社会集団からの是認）の3つの規準によって定義され得る主体的実存的感覚あるいは自己意識の総体である。言い換えれば、①自分は何者なのか、②自分はどこから来てどこへ行くのか、③自分の役割は何か、という自分自身の問いかけであり、それに自分自身が答えることである。

同一性の問いは、青年期に最も意識され、一応の確立をみるが（第5部第3章第2節参照）、その後も人生の危機や変化のなかで同一性が問い直され、再編される。同一性の確立には自己概念（自分に対するイメージ）、自尊心・自尊感情（自分自身に対する評価及びその感情）や自己受容（自分の感情や特徴や置かれた状況を直視し、それでもいいと受け入れること）も影響する。

4）自尊心の維持・高揚と不協和の解消

自我は自尊心が低下しないように、また自尊心を高めるように行動する。時

表3-2-2　自我の強さ（自我の成熟度）の指標

項目	内容
現実吟味 （現実検討）	いかなる現実も客観化し、否認し逃避することなく直面（直視）し得る強さ（観察自我、合理的判断力、自己を過大評価も過小評価もしない、あるがままに現実を受け止め得る心）
フラストレーション忍耐度	不満、不安に耐え得る強さ（かなりの攻撃性、恥、罪悪感、劣等感、不全感にも耐え得る心のふところの深さ）
適切な自我防衛 ―特に昇華能力	不満、不安を現実に即して効果的に処理し得る健康な防衛機制を身につけている（特に昇華し得る能力）
統合性、安定性	分裂することなく、一貫性を保ち、バランスよく安定した心
柔軟性	自我の弾力性、自由に随意に退行し得る心の柔かさ（心のゆとり、心のあそび）
自我同一性の確立	自分への確信（社会的に肯定、是認された役割への自覚と責任感）

出典）前田（1985 p. 56）。

には自尊心の維持・高揚のために無理しすぎてうつ病や心身症になったり、自尊心を維持するために弱い人の世話をしたり、自尊心を低下させる状況から逃避したり、自尊心の低下を防ぐために自分の弱さを隠して強がったりする。また、失敗が予期されるときに、事前にハンディキャップを作る（例：試験前にネット動画を長々と見る）、事前に言い訳を主張する（例：試験前に準備不足という）のも自尊心の低下を防ぐ（セルフ・ハンディキャッピング）。

　自我は、矛盾する認知によって生じる不協和（不快感）を解消するために自らの態度や行動を変える（フェスティンガー〔Festinger, L.〕の認知的不協和理論）。

5）行動の方向づけ

　自己概念が行動を方向づける。例えば、否定的アイデンティティをもつと、自らを不幸や無価値と思い、反社会的行動（非行、暴力など）や自己破壊的行動（病気や事故につながる行動、自傷行為、自殺企図など）をとるようになる。肯定的アイデンティティに変わると、問題行動がおさまり、適応的な行動をとる。

6）他者理解

　自己が他者の気持ちの理解を促す。例えば、ロールリバース（役割交換）では、自分が相手の立場になってみたときに生じる自分の感情から他者の気持ちを理解し、配慮するようになる。さらに、次のような自我の働きによる他者理解の例もある。「バウムテストを施行しようと渡した用紙を投げ返すような女性

が、今この状況で感じているであろう世界を、村瀬（検査者）は本人かの如く感じ入る中で、当初はわが子を殺めるなど全く異質にしか感じられなかったことが次第に自分のうちにもあるような感覚が生じ、それを半ば独白のように語ると、被検者の態度がそれまでと一転し検査にも面接にも協力的になった」という。そして、それは、自我の「いわば白紙の状態で目の前に相手について、見えるものとその背景にあるものに思いを巡らす能動的な想像力を働かせ、かつそうした状況や自らの内面に生起したものを正直に見つめるという努力」によるという（日本心理臨床研修センター, 2018 p. 187）。

7）対人関係における自己表現

　自我は、適切な対人関係を形成・維持するための行動を起こす。そのため、自己は対人関係のなかで表現され、機能する。そのような行動として、岩渕(1996)は、自己開示（自分の心のうちを他人に語ることで信頼関係を築く）、自己呈示（相手の気持ちを考えてある特定の印象を与えるために自己を示す）、セルフ・モニタリング（自分の行動が相手や場面にとって適切かどうかを自ら評価し、相手や場面に応じて自分の行動を変える）を挙げている。さらに、相手に成長と癒やしをもたらす、次のような自己表現もある。「私自身の内面の自己、直感的な自己に私が最も接近しているとき、……そこに存在している（presence）というだけで、クライエントにとって解放的であり、援助的になっている」（ロジャーズ, 2001 p. 165）。

8）自己制御（セルフ・コントロール）

　自我は、望ましい目標を達成するために行動を抑制し、変える。かかる自己制御モチベーションによって高まり、衝動的な欲望によって低下する。また、休息やリラクセーションにより持続する。自己制御に影響する内的先行要因として、ポジティブな気分、自信、自身の意志決定の認識がある（金子, 2013）。

9）自　己　実　現

　自我はさまざまな経験を積み、自分の心を広げ、自分自身の精神的成長（向上）を図る。例えば、マスターセラピストとされる臨床家は、「学ぶことに貪欲であり、観察力を磨き、感受性を高めることに力を注ぐ。学ぶことを楽しむという姿勢は、感情的世界、そしてプライベートな対人関係にも向けられ、他者からのフィードバックを求め、それを歓迎する」という（日本心理臨床研修センター, 2018 p. 40）。自我は自己実現を志向する。詳しくは次節参照。

◇◆コラム◆◇
北村晴朗と自我の心理

北村晴朗（東北大学名誉教授・東北福祉大学初代福祉心理学科長、1908-2005）は、「自我の心理」をライフワークとして取り組んだ。その歩みを振り返る。

1）1962年の自我論（54歳）

わが国では1960年代から自我と自己の研究が盛んになるが、その端緒となるべき研究が北村晴朗の『自我の心理』である。そこでは、自我と自己の概念規定の問題、自我と人格形成との関係、自己の身体の意識体験の問題について意欲的な考察がなされている。

2）1975年の自我論（67歳）

以上を踏まえて、『新版　一般心理学演習』では、主体としての自我は自分が密接な交際や関係をもつ人々や事物と一体感を経験し、自らを同一視することによって、客体としての自己を知らず識らずのうちに拡大し、防衛していると指摘する。そして、同一視している主なものとして、①身体、②欲求、感情、思考や意志の内容、③才能や性格、④社会の文化基準、⑤地位・身分・職業およびそれに対する社会的評価、⑥家族・所属団体・国家、所有物・制作物、⑦自分というものについての全体的な概念（自己観、自己像）を挙げる。そして、行動の異常を改変し、人格の歪みをただそうとする際には、自己のうちの諸側面を何らの歪みも隠蔽もなしに省察し、客観的に認知する自己洞察が欠かせず、それには主体的な自我の内的統制力を強める必要があると指摘する。

3）1991年の自我論（83歳）

その後の自我・自己の研究によっても未だ開拓されない領域や種々の疑問が残る問題に探照の光を投げかけるべく、北村は『自我の心理・続考』を著した。そこでは、主体としての自我についての深い洞察と自らも経験してきたであろう苦悩と葛藤、人々の幸せを願う慈愛が感じられる。

例えば、「個人の理解－その諸側面」では、理解者の態度（体験、内面的感受性と自己洞察、無私的客観的態度、美的態度、友好的態度、人間への信頼－美しい心の喚起）を強調する一方で、理解の限界についても短歌「苦しみて出づる言葉を聴きたるがわが応答のつたなかりしを」（川島喜代詩）を引用している。

また、「エゴイズムの心理」では、エゴイズムからの解放についても触れ、オルポートによる自己の拡大（自分の周囲の人々を自分と同様にみなし、同様に愛し、大切にすること）とレルシェによる積極的な自己喪失（献身的な世話や犠牲をともなう奉仕をする、義務や責任や価値あるもののために英雄的に生きる）の2つの道を示している。さらに道元の言葉を引用して「すべての人は仏となるべ

きものとしての自分自身を愛し、うやまうべきであろう。そしてその自愛自敬は、……利他をはかる自己への愛と敬であって、エゴイズムを遠く超えたもの」「利他を先にする行ないが、自分にも利となる」と述べ、菩薩行の実践に自他の対立の解消を見出している。

「無我－心理学的考察」では、仏教における唯識説（個人の主体であり、因としての業を行いその結果を引き受けている阿頼耶識および自我の意識体験と我執のもとをなす末那識）と大我説（内在する本質的な、かつ超個人的な普遍的な主体）を取り上げて考察している。そして、無我に至る修行について、容易ならざる道と認めた上で、坐禅・称名念仏をしても、身・口・意の善業（我執を浄化する善の身体的・言語的・精神的活動）が伴わなければ十分ではないと注意を促す。

4）2001年の自我論（93歳）

北村は、唯識心理学を取り入れて、『全人的心理学』を著した。「はしがき」では、その趣旨を次のように述べている。

「人間の行動をそれぞれの脈絡を併せ考えることによって全体的に解明することは、全体的心理学の目ざすところである。しかしながら、そこには人間の具体的生活に苦や憂および楽や喜をもたらす煩悩や善の心の働きの後に及ぼす効果、影響についての考察およびそうした迷いを超脱する修行の道筋を追求する部門は含まれていない。これらの諸問題を含む全体的心理学はさらに全人的（holistic）心理学として特筆してよいであろう。」

そして「人間の主体」について、主体的自我は、主体として意識体験はされるが、個人の真の主体ではなく、常一主宰者のように思うのは、認知作用の一種の虚構と明らかにする。その上で「主体的人間」について、主体として感知される自我の主体的な努力によって我執が取り去られたときに、自他を含め一切の事物を平等に捉え一様に慈悲をもって接する智慧が発現することを示している。

北村は、『自我の心理・続考』について自我論の展開であり、しめくくりと述べている。さらに『全人的心理学』について、自我の問題が一応の結論に到達したと述べる一方で、全人的心理学の萌芽を語ったものとも述べている。それは、北村自身が自己実現・自己超越を見出した道とも考えられよう。70歳のころには「老人による老人のための老人心理学」を標榜して講義をし、晩年には病に倒れても、なお真理の探究と人々の幸せを願って研究を重ね、論文を書き続けた北村の姿が偲ばれる。

●引用・参考文献

北村晴朗（1962）．自我の心理　誠信書房（増補版；1965、新版；1977）

北村晴朗（1975）．自我　北村晴朗（編）　新版　一般心理学演習　誠信書房　pp. 177-184.

北村晴朗（1991）．自我の心理・続考―意識・個性的人格・無我―　川島書店

北村晴朗（2001）．全人的心理学―仏教理論に学ぶ―　東北大学出版会

第5節　自己実現

1．心理学以前の自己実現

　まず、古代インド思想における「本来の自己を知る」「本来の自己になる」こと（解脱、悟り）が挙げられる（前節参照）。『バガヴァット・ギーター』では、本来の自己はブラフマン（神の光、梵）から分かれたもので、智慧に満ち、無欲無執着で、真に人の幸せを願う意識といわれる（堀田, 1997）。ユングの自己、マズローの自己超越、ロジャーズの内面の自己、アサジョーリのトランスパーソナル・セルフは、古代インド思想の本来の自己に近い。

　また、ギリシャ哲学では、ソクラテスが魂への気遣いを重視し、プラトン（Plato）が、たとえとして人間は洞窟のなかで明かりが灯されて壁に映し出された影絵を実体（現実世界）と認識しているが、外の世界の太陽の光こそが実体（善のイデア）といい、肉体の牢獄にとらわれた魂を解放するには善のイデアを思い求めることと説いた。さらに、アリストテレス（Aristotelēs）は、すべてのものが可能態（いろいろなものになる可能性をもった状態）から現実態（可能性が表れた状態）に向かう運動のうちにあり、人間の目的は幸福である最高善を表すことにあると考えた。ホーナイ（Horney, K.）の真の自己、フロムの真の愛情は、ソクラテスやプラトンの考えに似ている。ロジャーズやマズローの自己実現（第3部第3章第1節参照）は、アリストテレスの考えに近い。

2．心理学における自己実現

　心理学における「自己実現」とは、「自分自身になる」過程であり、「その人独自の心理学的特徴や自分の可能性を十分に伸ばす」過程をいう（小林編, 1993 p. 16）。臨床家を中心にさまざまな自己実現の捉え方が提唱されている。そのなかで、マズロー（1987, 1964）は、23人の自己実現者について調査を行い、欠乏動機を超える成長動機としての自己実現、自己実現的人間の特徴、一時的な自己実現である至高経験について明らかにした（第3部第3章第1節・第2節参照）。その後、自己超越者と考えられる12人についての調査を行った。

3．自己実現の成長過程

マズロー（1964）は、自己実現が合理的力と非合理的力（意識と無意識、一次的過程と二次的過程）の統合によって進むこと、その統合は容易ではないが、至高経験によってなされることを示した。

ユングは、錬金術を個性化の過程（自己実現）を象徴的に示すものとして解釈し、錬金術における「黒化→白化→赤化」の変化を「影の認識→浄化（カタルシス）→影の統合」という過程として捉えた（樋口, 1978）。また、禅の公案である十牛図も、個性化の過程を表すものといわれる（河合, 1995）。

4．自己実現についての留意点

マズロー（1964）は、「自己実現」の用語のもつ欠点として、①利己的な意味が強いこと、②人生の課題に対する義務や献身の面が希薄なこと、③個人や社会との結びつきをかえりみないこと、④本質的魅力、興味を無視していること、⑤無我や自己超越の面がなおざりにされていること、⑥受動性、受容性についておろそかにされていることを挙げている。そこで、自己実現をめざす際に留意すべき点について、自己実現者の言葉等を交えて述べる。

1）他者への配慮・思いやり

マズロー（1987）は、自己実現的人間の欠点として、物事に専心集中するあまり、ほかの人々にとっては苦痛で不都合な、また無礼で傷つけられるような言動を取ってしまうことがあると指摘している。例えば、道元は、自分に厳しく修行熱心であったが、他人にも厳しかった弟子の義介に対し、老婆心（慈しみ、あたたかく導く心）をもつように遺誡を与えた。また、パウロは、「すぐれた教師であっても、病気を治す力があっても、自分の財産を貧しい人に分け与えても、愛がなければ何の値打ちもない」と語っている（聖書「コリント人への第一の手紙」）。自己実現をめざす者は他者の立場になって思いやりをもつことが望まれる。

2）義務と献身

『バガヴァット・ギーター』では、私心を入れず義務を果たすことで精神的向上をめざすあり方が説かれ、いたずらに出家遁世して奉仕の義務を果たさない無行為と利己的行為が戒められており（堀田, 1997）、自己実現は義務と献身のうちにあることが示唆される。また、釈尊の「前生物語」には、いくつもの菩薩

行（献身の愛の行為）の人生が語られており、釈尊の大悟（自己実現）は人々の幸せに尽くした長い菩薩行の末であったことが示唆されている。

3）社会との結びつき

パウロは、共同体社会を多くの部分が互いに結び合っている人の体にたとえ、互いにいたわり合うように戒めている。華厳経では「一即多・多即一」といわれる。互恵によって生かされるという認識をもつことが望まれる。

4）謙虚な自己認識

マズロー（1987）は、自己実現的人間はちょっとした欠点をたくさんもっているが、平均的な人は完全への願望を自己実現的人間に投影して見がちであることを指摘している。また、自己実現的人間は非常に強いので、その決断や近親者の死からの立ち直りが無慈悲、無情と見えることもあると指摘している。マザー・テレサが自分を「神のなかの小さな鉛筆」と認識していたように、自惚れや誤解を生じないよう謙虚な自己認識をもつことが望まれる。

5）自己超越

マズロー（1964）は、自己実現の人が愛他的、献身的、社会的である経験的事実を述べ、自己超越（自分を超えて人々を幸せにしたいという欲求）に向かうことを示している。釈尊の「梵天勧請」や十牛図の十番目「入鄽垂手」（第3部第3章第4節参照）、仏教思想の「還相」は、いずれも自己実現（悟りや往相）によって自己完結するものではないことを示唆している。

6）運命の受容・享受

河合（1977）は、一人の人格のなかに運命に対して積極的に闘ってゆく男性原理と運命を受け入れる女性原理があると捉えた上で、日本の民話「生まれ子の運」を例に挙げ、運命を受け入れ、自然に従い、運命を享受しようとする態度が運命を変えることになることを述べている。また、「つぐみの髯の王さま」では、増上慢から乞食の妻となり、自分の無能さや不運を何度も味わいながら、運命を受け入れ、次第に女性性を発展させ、最後に祝福を受ける姫のことを取り上げている。状況によって打ちひしがれる思いや怒り、悲しみ、不安、恐れが自然と湧いてくる。それにとらわれてしまう自分と闘い、運命を素直に受け入れることは、自己実現の過程にあることが示唆される。

●引用・参考文献

オルポート, G. W. 今田 恵（監訳）（1968）. 人格心理学（上・下） 誠信書房（Allport, G. W. (1961). *Pattern and Growth in Personality*. Holt, Rinehart & Winston.）

アサジョーリ, R. 国谷晴朗・平松園枝（訳）（1997）. サイコシンセシス―統合的な人間観と実践のマニュアル― 誠信書房（Assagioli, R. (1965). *Psychosynthesis: A Manual of Principles and Techniques*. Psychosynthesis Research Foundation.）

アクスライン, V. M. 岡本浜江（訳）（2008）. 開かれた小さな扉―ある自閉児をめぐる愛の記録― 日本エディタースクール出版部（Axline, V. M. (1964). *Dibs In Search of Self*. Ballantine Books.）

チュウ, A. L. 岡野安也（訳）（2004）. アドラー心理学への招待 金子書房（Chew, A. L. (1995). *A Primer on Adlerian Psychology: Behavior Management Techniques for Young Children*. Humanics Publishing Group.）

遠藤由美（2005）. 自己のパーソナリティ認知 中島義明・繁桝算男・箱田裕司（編） 新・心理学の基礎知識 有斐閣ブックス p. 201.

榎本博明（1998）. 自己論 詫摩武俊ほか（編） 性格心理学ハンドブック 福村出版 pp. 140-152.

榎本博明・岡田 努・下斗米 淳（監修）（2008-）. 自己心理学（全6巻） 金子書房

袴田優子・田ヶ谷 浩（2011）. 不安・抑うつにおける認知バイアス―認知バイアス調整アプローチの誕生― 日本生物学的精神医学会誌, **22**（4）, 277-295.

樋口和彦（1978）. ユング心理学の世界 創元社

堀田和成（1997-2002）. クリシュナ―バガヴァット・ギーター 法輪出版 全4巻

今城周造（編著）（2004）. 福祉の時代の心理学 ぎょうせい p. 77.

伊藤幸恵（2008）. 脳のメカニズムと精神障害 岡田 斉（編） 臨床に必要な心理学 弘文堂 pp. 20-24.

岩渕千明（1996）. 自己表現とパーソナリティ 大渕憲一・堀毛一也（編） パーソナリティと対人行動 誠信書房 pp. 53-75.

梶田叡一（1994）. 自己意識研究のパースペクティヴ 梶田叡一（編） 自己意識心理学への招待―人とその理論― 有斐閣ブックス pp. 1-4.

梶田叡一（編）（1994）. 自己意識心理学への招待―人とその理論― 有斐閣ブックス

梶田叡一（編）（2002・2005）. 自己意識研究の現在・同書2 ナカニシヤ出版

金子 充（2013）. セルフ・コントロールに影響を与える先行要因の整理 早稲田大学大学院商学研究科紀要, **77**, 121-137.

加藤孝義（2001）. パーソナリティ心理学 新曜社

河合隼雄（1977）. 昔話の深層 福音館書店

河合隼雄（1995）. ユング心理学と仏教 岩波書店

北村晴朗（1991）. 自我の心理・続考―意識・創造的人格・無我― 川島書店

木村清孝（1915）. 華厳経入門 角川文庫

木村玲欧（2015）. 災害・防災の心理学―教訓と未来につなぐ防災教育の最前線― 北樹出版

小林 司（編）（1993）. カウンセリング事典 新曜社

前田重治（1985）. 図説 臨床精神分析学 誠信書房

マズロー, A. H. 小口忠彦（訳）（1987）. 人間性の心理学―モチベーションとパーソナリティ― 改訂新版 産業能率大学出版部（Maslow, A. H. (1954). *Motivation and*

Personality. 2nd ed. Harper & Row.）

マズロー, A. H. 上田吉一（訳）（1964）．完全なる人間―魂のめざすもの― 誠信書房（Maslow, A. H. 1961 *Toward A Psychology of Being.* Van Nostrand.）

皆川州正（2006）．その人らしさとはどういうことなのか―人格心理学― 岡田 斉（編）臨床に必要な心理学 弘文堂 pp. 33-46.

三宅和夫（1992）．発達上の諸問題 福祉士養成講座編集委員会（編） 心理学（改訂 社会福祉士養成講座 11） 中央法規出版 pp. 92-100.

本明 寛（編）（1989）．性格心理学新講座 1 性格の理論 金子書房

日本心理臨床研修センター（2018）．公認心理師現任者講習会テキスト 金剛出版 pp. 40, 187.

西川隆蔵・大石史博（編）（2004）．人格発達心理学 ナカニシヤ出版

織田信男 パーソナリティ―性格の違いと心の健康― 今城周造（編著）（2004）．福祉の時代の心理学 ぎょうせい pp. 73-100.

大淵憲一（1993）．人を傷つける心－攻撃性の社会心理学 サイエンス社

小塩真司（2014）．パーソナリティ心理学 サイエンス社

Pervin, L. A., & John, O. P.（2001）．*Personality: Theory and Research.* 8th ed. New York: John Wiley & Sons.

ロジャーズ, C. R. 中田行重（訳）（2001）．クライエント・センタード／パーソン・センタード・アプローチ 伊藤 博・村山正治（監訳） ロジャーズ選集（上） p. 165（Rogers, C. R.（1986）．A Client-centered/Person-centered Approach to Therapy. In Kutash, I. and Wolf, A.（Eds.）*Psychotherapist's Casebook.* Jossey-bass.）

Rodin, J. & Langer, E. J.（1977）．Long-term effects of a control-relevant intervention with the institutionalized aged. *Journal of Personality and Social Psychology, 35*（12）, 897-902.

島井哲志（編）（1997）．健康心理学（現代心理学シリーズ 15） 培風館

清水弘司（2004）．性格心理学（図解雑学） ナツメ社

Smith, E. E., Nolen-Hoeksema, S., Fredrickson, B. L., & Loftus, G. R. 内田一成（監訳）（2005）．13 章人格 ヒルガードの心理学 第 14 版 ブレーン出版 pp. 587-637.

瀧本孝雄（2000）．性格のタイプ―自己と他者を知るための 11 のタイプ論― サイエンス社

詫摩武俊（監修）（1998）．性格心理学ハンドブック 福村出版

詫摩武俊・青木孝悦・杉山憲司・二宮克美・越川房子・佐藤達哉（編）（1998）．性格心理学ハンドブック 福村出版

詫摩武俊・瀧本孝雄・鈴木乙史・松井 豊（2003）．性格心理学への招待 サイエンス社

丹野義彦（2003）．性格の心理 サイエンス社

丹野義彦（2012）．基礎心理学と臨床心理学の協調―妄想的観念の認知行動モデルを例に― *Technical Report on Attention and Cognition, 20,* 1-2.

テオプラストス 森 進一（訳）（1982）．人さまざま 岩波書店

戸田まり・サトウタツヤ・伊藤美奈子（2005）．グラフィック性格心理学 サイエンス社

辻 平治郎・藤島 寛・辻 斉・夏野良治・向山泰代・山田尚子・森田義宏・秦 一士（1997）．パーソナリティの特性論と 5 因子モデル―特性の概念、構造、および測定―心理学評論, *40,* 239-259.

氏原 寛・亀口憲治・成田善弘・東山紘久・山中康裕（共編）（2004）．心理臨床大事典 改訂版 培風館

梅津八三・相良守次・宮城音弥・依田　新（監修）　東　洋・柏木繁男・末永俊郎・藤永
　保・麦島文夫・梅本堯夫・河内十郎・詫摩武俊・前田嘉明・吉田正昭・大山　正・佐治
　守夫・肥田野直・三宅和夫（編）（1981）．新版　心理学事典　平凡社
吉武久美子（1999）．自己　原田純治（編著）　社会心理学—対人行動の理解—　ブレーン
　出版　pp. 11-21.

◇◆コラム◆◇
心理療法家の自己実現

　著名な心理療法家の自己実現の歩みの一端を取り上げ、参考としたい。

①ロジャーズ（ロジャーズ, 1984 より）
　彼は、児童研究所の仕事に意気込んで取り組んだものの、彼の助言や示唆は必ずしも役立っていなかった。ひどい問題行動を起こす少年の母親との面接を打ち切ることになったとき、母親は「ここでは大人のカウンセリングはなさらないのですか」と聞いた。彼女は夫との関係を語り始めたが、彼はどうしていいかわからず、ただ聞いていただけだった。しかし最終的には、夫婦関係や子どもの問題まで解決していった。彼は、その経験から「真に暖かい理解的雰囲気を伴った対人関係を継続することによって、個人の自己や問題に対する探究力と理解力、並びに問題解決能力が引き出されることを信じるようになった」という。
　こうした経験をもとに、クライエント中心療法が展開され、治療者側の３つの態度条件および晩年には「存在」（presence）の態度条件が提起されるに至った。

②ユング（河合, 1978 より）
　彼は、精神病院に勤務して間もないころ、ひどい憂うつの婦人の治療にあたり、連想や夢を通して患者の語るところに耳を傾けた。患者は、憧れていた実業家の息子との結婚をあきらめて別の男性と結婚したものの、５年後に相手も彼女の結婚を残念がっていたことを知った。その後子どもたちが不衛生な風呂水にスポンジをつけて吸っていても止めずにいて、子どもの１人が腸チフスで亡くなっていた。いわば、無意識的に行われた殺人とその罪責感による抑うつ状態と思われた。ユングは、大いに迷ったが、勇気をもって彼が真実と思うところを告げた。患者は、大きな苦痛を感じたが、ユングの態度に支えられて受け入れ、患者の抑うつ状態は治った。彼は、自伝でこの例について「問題は常に全人的にかかわっており、決して症状だけが問題になるのではない。私たちは、全人格に返答を要求するような問いを発しなければならない」と語っている。
　彼は、フロイトとの劇的な別離後に方向喪失感の状態に陥り、不可解で強烈なヴィジョンや夢に襲われる。そして、心のなかでの対話で「お前の神話は何なのか」と問われ（一体自分はどこから来てどこへ行くのかという根源的な問い）、たじろぐ。彼は、行きづまり、考えることをやめ、情動をイメージとして意識化し、その内容を把握することに努め、自分自身の方向性を見出していった。
　「個性化の過程」の考えは、患者の内的現実を大事にする治療態度や全人的なかかわり、フロイトとの別離後の体験などをもとにして生まれている。

③フランクル（フランクル, 1993 より）
　彼は、第２次世界大戦中、ナチスの強制収容所に入れられ、絶望的な状況に置

かれた。収容所のなかで、将来に対する支えを失い倒れていく人たちと精神的な支えをもち苦悩にも意味を見出して耐えている人たちに出会った。そして、「われわれは人生に何を期待できるか」と考えている人は耐えられず、「人生は何をわれわれに期待しているか」と考えるようになった人、つまりコペルニクス的転回をした人は耐えられることを見出した。

　彼は、このような経験を踏まえて「意味への意志」を提起した。また、真の自己実現は、自己から人生を問うことからは生まれず（「快楽への意志」「力への意志」の実現をめざすことになり、やがて挫折を経験する）、人生から自己を問うことによって自己の個人的欲求を超えてそのときその人が置かれたことを果たすなかに生まれる（自己超越）と指摘する。

④ミルトン・エリクソン（ザイグ＆ムニオン，2003 より）

　彼は、17 歳のときに、ポリオに罹患し、全身麻痺となり、回復の見込みはなかった。彼は、その状況のなかで夕日を見ることを目標にし、母に頼んで鏡などを工夫してもらった。彼は、鮮烈な夕日を見、その後に深い眠りに入った。3 日後に目覚め、奇跡的に回復し始めた。また、彼は、手や指の動きを思い出すと手や指がほんのわずか動くことに気づいた。その小さな動きを観察し、拡大させることに集中し、それらの動きを身体の他の部位に広げていった。治療以外でも、足音の観察から、誰が近づいているか、その人がどんな気分なのかを判断できるようになった。1 年ほどで奇跡的に回復したが、その後もポリオ後症候群になった。

　ポリオの体験から、エリクソン独特の治療アプローチが生まれた。彼は、患者の行動や反応パターンを知ろうと努め、患者のわずかな動きや変化をよく観察した。患者のニーズとリソースに基づいて小さな変化を与えるよう治療を行い、患者一人ひとりに応じて課題をあつらえた。患者自身の長所や能力、興味、体験、関係性、感情、ものの見方、信念、症状、抵抗までもリソースとして利用し、治療に役立てた。また、患者は問題を完全に解決しなくてもよい、むしろ自分に合った意味ややり方を見つけてその人らしく発達すればよいと考えた。

●引用・参考文献

河合隼雄（1978）．ユングの生涯　第三文明社

ロジャーズ，C. R.　畠瀬直子（監訳）（1984）．人間尊重の心理学—わが人生と思想を語る　創元社

フランクル，V. E.　山田邦男・松田美佳（訳）（1993）．それでも人生にイエスと言う春秋社（Frankl, V. E.（1947）．...*Trotzdem Ja zum Leben sagen*. Franz Deuticke.）

ザイグ，J. K. & ムニオン，W. M.　中野善行・虫明　修（訳）（2003）．ミルトン・エリクソン—その生涯と治療技法—　金剛出版（Zeig, J. K. & Munion, W. M.（1999）．*MILTON H. Erickson*. SAGE Publications of London.）

第3章

「人間性」から見た心と個性

第1節 「人間性」とは

　人間性を心理学の視点から理論化し、実践している立場を人間性心理学（Humanistic Psychology）という。ここでは人間性心理学を代表するマズロー（Maslow, A. H.）とロジャーズ（Rogers, C. R.）を中心に論を進め、心理学における人間性全般については、本章第4節に譲る。

1．人間性心理学の背景

　1960年代から1970年代にかけて先進国を中心に人間性回復運動が高まってきた。この人間性回復運動の流れに影響を受けて、アメリカで主に臨床心理学分野で人間の潜在力や可能性を重視した人間性心理学が誕生した。人間性心理学を代表する人物は、マズローであり、それまで隆盛を迎えていた精神分析や行動主義を批判し、台頭してきた。彼は、精神分析を第1勢力、行動主義を第2勢力、そして自らの人間性心理学を第3勢力と位置づけた。

　マズローは、第1勢力の精神分析に対して無意識的欲求や衝動に自我が突き動かされるという心的現象の理解を決定論的、機械論的な捉え方であると批判し、無意識より意識層の理解を深めていくための心理学の研究が重要であると主張した。第2勢力の行動主義に対しても一連の刺激と反応の行動から人間を理解することは、人間の心を部分的、操作的システムとして見ており、自然科学と同じ方法である実験や観察を適用して人間の心を理解していると批判し、人間を部分の付け足しとして理解するのでなく、全体としての人間の理解の研究が重要であると主張した。

　人間性心理学の特徴をまとめると、以下のとおりになる。

①人間性を部分的、要素的に捉えるのではなく、全体的に理解する。

②人間性には、自己実現する潜在能力がある。

③人間の独自性、主体性を重んじる。

④健康的、積極的な人間性の成長に焦点をあてる。

2．マズローの欲求階層説

マズローは、人間は生まれながらに自己実現に向かって成長していく本性があるとの人間観に立っている。従来の心理学は、行動の要因として動機、性衝動、自己防衛など特定の欲求を受動的に満たす過程に重点を置きすぎると批判し、精神分析に対しても、人間の精神病理や異常な側面ばかりを研究対象にしているため、人間全体の理解にはならないと批判した。

マズローは、健康な人を対象に自発的成長や心身を回復しようとする能動的欲求を研究対象とした。そこで彼は、人間にはさまざまな基本的欲求があり、緊迫性により階層構造に分け、その相互性を明らかにしている。人間は、基本的欲求を適度に満足すれば次の欲求を満足させようとし、ますます成長し健康になっていくと考え、欲求階層説（hierarchy of needs）を提唱した。

図3-3-1の欲求階層説によれば、①生理的欲求とは、生きていくための基本的欲求である。②安全欲求とは、基本的欲求が満たされると安全や安定を求める欲求である。③社会的欲求とは、生理的欲求と安定的状況が整うと親や仲間からの所属感や愛情を欲求する。④尊厳欲求とは、親からの愛情や仲間からの友情が満たされると次に自分を認めてほしい、評価してほしいと欲求し、自尊感情を満たすようになる。マズローは、私たちの行動のもととなっている衝動、欲求、動機を階層的に分けて、下位の欲求を充足することで次の欲求が発生するという意味から①から④の階層を欠乏欲求と呼んだ。⑤自己実現欲求とは、愛情や友情に満たされ、社会的に認められ、経済的に安定し、欠乏欲求が満たされた人は、自分と他者、自然、宇宙等との一体体験を現実化しようとする。それはときに至高体験となることもある。マズローは、人間は人間としての機能的満足を求める本来的欲求をもっているとし、これを成長欲求と呼んだ。このような人間は、主体的に生き、自らの行為に責任をもち成長を求めているので、この過程を自己実現（self-actualization）とも呼んだ。

第3章 「人間性」から見た心と個性　127

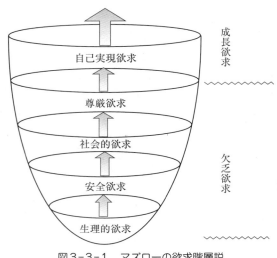

図3-3-1　マズローの欲求階層説

3．ロジャーズのパーソナリティ理論

　ロジャーズのパーソナリティ理論は、①経験（現象の場）、②自己実現傾向、③価値づけの過程を仮定している。

　人間はある経験をした場合、一部を意識化し、他の部分を意識まで至らないが、その経験を感覚様式を通して現実と知覚する。自己構造は、外界の事実がどうであれ、個人の現象の場のなかに外界が個人の価値づけされた知覚と結びつき、意識化される。人間の多くの動因、欲求は、満たされれば解消するが、人間が人間たる基本的動因は、何回も失敗を繰り返しながらもある目標に向かって努力する行動などから、人間は生来的に自己実現傾向があるとした。そして、自己実現のなかで自己の有機体を維持、強化するものとして知覚する経験を肯定的に価値づけ、そうでないものを否定的に価値づけする。

　図3-3-2は、ロジャーズが仮定したパーソナリティ理論を簡略化したものである。第Ⅰ領域は、経験と自己概念とが一致している現象の場である。第Ⅱ領域は、経験が象徴化される際、自己概念に脅威となる場合、脅威とならないように歪曲し、自分の価値づけに合うように知覚する現象の場である。第Ⅲ領域は、経験が自己概念と不一致であるため、意識化することを否認される現象の

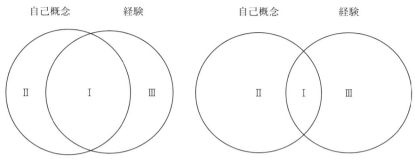

図3-3-2　全体的パーソナリティ

場である。

　「数学が得意な子ども」を例として、各領域を具体的に見てみよう。この子は、両親や教師から「数学がよくできるね」と何回もいわれる経験を通して、「自分は数学が得意だ」という自己概念を形成していく。数学の成績が100点であったなら、この経験は、この子の肯定的価値づけや自己概念とも一致するので、そのまま直接的に意識にのぼる。この経験は、第Ⅰ領域に入る。しかし、あるときの成績が60点であった場合、この子の価値づけに不一致の経験であり、自己概念とも不一致であるので、そのまま直接に意識にのぼらせると自己概念に脅威となる。そこで「試験問題が悪い。採点ミスがあったのでは」など歪曲して知覚する。この経験は、第Ⅱ領域である。また、あるときの成績が30点であったならば、この経験を直接的に知覚したら自己概念の崩壊にもなりかねないので意識にものぼることを許容されることはない。この経験は、第Ⅲ領域である。

　ロジャーズは、自己が有機的に機能するのためには、経験と自己概念の一致する第Ⅰ領域をいかに拡大していくかであると述べ、不適応状態の人に第Ⅰ領域を拡大する有効なアプローチとしてクライエント中心療法（client centered therapy）を創始した。

　その後、ロジャーズは、健康な人を対象に人間性の回復のためにエンカウンターグループ（encounter group）を開発し、実践している。

◇◆コラム◆◇

「感性」と「知性」

　花を見て、これは石楠花で牡丹ではないという判断は「知性情報処理」の結果であり、どちらも美しいという印象は「感性情報処理」によって生まれる。「感性」は、今のところ明確に統一された定義がないといった方がよいかもしれない。「感性」は感覚の鋭さを示す「感受性 sensitivity」の意味も含みながらそれだけではなく、感覚的印象に加えて、美醜や善悪など価値判断も含まれている。例えば真実を知ったとき、善なる行為を目にしたとき、美しい音楽や風景に接したとき、困難を解決したとき、私たちは感動を覚えるであろう。このような精神的価値にふれたときに感じるものが「感性」といえよう。微妙で複雑な感情である情操（sentiment）と関係が深い。しかし、喜怒哀楽などの「情動」やそのときの「気分」なども、その人の感性に基づくともいえるので単純ではない。「感性」は学習・経験によってその人特有の特性をもち、その出力である行動はその人らしい性質を帯びる。これが繰り返され習慣化しその人の「個性」を形成することになる。

　英語では "sensibility" が「感性」に最も近い表現といわれるが、Oxford Advanced Learner's Dictionary では "精妙で繊細なやりかたにより、さまざまな印象や刺激に対して評価を行ったり反応したりする能力（the ability to appreciate and respond in a delicate or subtle way to impressions and influences)" と説明している。入力だけでなく出力を含めた言葉であり、日本語の「感性」にかなり近い意味をもつと思われる。一方「知性 intellect」とは、日々の生活における問題解決のために動員される、私たちの認識や記憶、推理、判断などの知的働き全体に対してつけられた名称である。

　「知性」と「感性」は、一見対立的でもあり相補的でもあるが、その情報処理過程における障害によって、両者が明確な違いを示す事例も知られている。感性情報処理の障害の症例はバウアー（Bauer, 1982）によって報告された、39歳のとき交通外傷で両側側頭葉後下部に血腫の生じた男性の例では、美しい景色や女性を見ても以前とは異なり、場所や女性の外見など、知的面での説明や理解はできても、美醜や情動的印象が喚起されなくなったという。しかし、美しい音楽や会話など、聴覚情報には病前と変わらぬ反応を示したので、視覚性の感情低下と考えられる。彼の症状は視覚皮質と側頭葉内側部の大脳辺縁系とをつなぐ下縦束が事故によって両側的に切断されたためと解釈されたが、この例は、知性と感性の情報処理が直列的（どちらかがだめになれば他方もだめになる）ではなく、並列的（一方がだめになっても他方は生きる）に行われていることを証明するものでもある。

●参考文献

Bauer, R. M. (1982). Visual hypoemotionality as a symptom of visual-limbic disconnection in man. *Archives of Neurology*, **39**, 702-708.

第2節 「コミュニケーション」と個性

1．コミュニケーションとは何か

　コミュニケーションという用語は、「共有」や「共通」を意味する英語の"commonness" にあたるラテン語の *communis* に由来している。社会生活を営む人間の間で行われる知・情・意の側面を伝達し合う相互作用を総称する用語で、言語や非言語媒体を通して行われることは周知の事実である。しかし、コミュニケーションは、日常あまりにも当然の活動として受け入れられてしまっているので、親密な対面的やり取りからマス・メディアを媒介とした広告まで実に広範囲な領域までを扱っていることを忘れがちである。1対1、あるいは小集団で行われるコミュニケーションは、一瞬ごとの調整で行われる共同作業であるが、情報化が高度に進んでいる今日の社会では、多様なメディアを媒体としたマスコミュニケーションの理解なしには、人間のコミュニケーションを扱うことは不可能である。

　人間は生きている限り、コミュニケーションを必要とし、実際多種多様なコミュニケーションを行って生きている。しかし、人はなぜコミュニケーションしなければ生きていけないのだろうか。人間は、特定の文化圏に生まれ、そのなかで一人ひとり、限りある命をそれぞれのもつ独自の価値の世界や感情の世界で生きていかなければならない。高度に発達を遂げた文明社会のなかで、全知全能でない1人の人間が、自分自身の直接経験だけでは得られない多種多様な経験を、自らの世界に取り込むための方法がコミュニケーションである。言い換えると、人間は相互のコミュニケーションによって、自らの限られた経験のみでは得られない事柄も互いに伝え合い、教え合い、わかち合うことができるのである。そして相い補い合いながら、人は多面的かつ多様な視点をもつ統一体としての人間を形成していくことが可能となるのである。

　ここでは、コミュニケーションを「人間と人間との間で起こる知識、アイディア、考え、概念、感情の交換」と定義しておく。

第3章　「人間性」から見た心と個性　*131*

２．コミュニケーションの特質

　コミュニケーションは、交換される特定のメッセージとその送り手、受け手、受信・発信する際の伝達経路、付随して伝達されるノイズのような構成要素が全体として組織的に機能する相互行為の過程である。メッセージとは、意図された意味、あるいは信号とともに発信される意味である。コミュニケーションでメッセージが伝わるときの枠組みとしては、方向性（誰から誰に）、脈絡性（どんな状況に即して）、レベル性（何を：内容と関係性）、明晰性（適切な仕方の程度）の４つが挙げられる。

　コミュニケーションは意識レベルだけでなく、無意識レベルあるいは無意図的でも行われる。"しのぶれど色に出にけり我が恋は物や思うと人の問うまで"（平兼盛）の表現は、意図せずしてコミュニケーションが起こる「無意図性」の例である。また、コミュニケーションは、多くの場合認識をともなうものである。例えば、コミュニケーションの受け手が、送り手が意図したこと以外の事柄を認識するからである。隠れていたカーテンを払いのけ顔をこちらに見せながら「バー」という幼児の言葉は、「僕ここにいるよ」の「（イナイイナイ）バー」を超えて、幼児の知恵が育っていること、周囲の人に信頼を寄せていること、やり取り遊びが上手にできるようになったことなどが認識され得る。幼児自身はそういうことを伝える意図はもっていない。コミュニケーションにかかわる人間の関係性のなかで、知覚を通して、その表現を受け手が受信し、受信した以上の認識をともない理解される。さらに、一度送り出されたメッセージは修正や訂正をしても、それはもとのメッセージとは異なる新しいメッセージとなる「不可逆的」な特質ももつ。これは、コミュニケーションが刻々変化するものでその動きを静止することはできないことを意味している。

　日常的に交換される対人コミュニケーションは、関係者間の共同的・動的な過程を取り扱い、初対面の印象形成から、関係解消、あるいは維持・発展する過程を通して行われる。刻々と変化するコミュニケーションの動きを静止することは不可能である。コミュニケーションは「相互行為」であり、しかも「動的」な特質をもつ。

　対人コミュニケーションにおける表現は、その表現の受け手として期待されている相手にどのように受け取られるか、事前に送り手は配慮する。相手の地

位や年齢に応じて言葉づかいが変わる待遇表現がその例である。送り手が、受け手にメッセージが受け止められるかあらかじめ予想して、自らの表現を調節しない場合が流露か、それに近い自己中心的なものとなり、話し手の意図の実現に結びつかない失敗のコミュニケーションとなることも少なくない。したがって、受け手や状況等に適応しようと努めるのがコミュニケーションの「適応性」の特質である。

3. 言語的コミュニケーションと非言語的コミュニケーション

　コミュニケーションは、言語的（VC：verbal communication）と非言語的（NVC：nonverval communication）表現を通して行われる。表3-3-1は、2つのコミュニケーション形態の諸相をまとめたものである。

　言語によるメッセージの表現は、表現の抽象度が増すほど、物理的現実から遊離してくる。抽象の低い段階の名称とは、例えば犬であるならその犬固有の名前である「レオ」としておこう。次に犬の種類の「チワワ」が考えられる。そして種全体の名称「犬」「ペット」「哺乳類」「動物」「生物」などは抽象度が高くなっていく。抽象度が高くなるほど、小さな体の温もりがあり主人のご機嫌

表3-3-1　コミュニケーションの2つの形態

I	言語的コミュニケーション	言語	意味（語彙）論、統語（文法）論、語用論
II	非言語的コミュニケーション	①音声	音素、イントネーション、アクセント
		②身体的行動（視線・表情・身振りなど）	A：エンブレム：直接言語に翻訳できるしぐさ（OKサイン・人差し指を口にあて「静かに！」のサイン）
			B：イラストレーター：発話情報を補うもの（首ふり）
			C：表情：感情表出
			D：レギュレーター：相手とのやり取りを調整するもの（うなずき・姿勢）
			E：アダプター：情緒のコントロールのための自己接触行動（身体のどこかをいじる）
		③外観	服装、化粧、髪型、携帯物
		④空間的行動	近接学
		⑤時間的行動	遅刻・早退・長居

第3章　「人間性」から見た心と個性　　133

を取るためにぺろぺろなめる犬からは遊離してしまう。あまりに抽象度の高い話に終始すると、話はずれて理解される。したがって言語的表現では、抽象性の異なる階段を具体物から遊離しすぎないよう昇り降りするバランス感覚が大切である。

　次に非言語的コミュニケーションには、以下の5つの表現形態がある。

　①音声（準言語ともいう）は、言語に随伴して表出されるイントネーションやトーン、笑い声などを指す。緊張してかすれ声しか出ない場合、自信がなくてささやき声になったりどもりがちになること、さらには話しにくかったりすると言いよどんだり、逆に話が弾んだ場合は間の取り方が短くなるなどで表現される。②身体的行動とは、視線、手の振りやうなずきなどのジェスチャー（身振り）を指す。顔の表情は、感情を伝える重要な手段である。眉、目、口の3つの部位でさまざまな感情を表現する。③外観とは、見た目に訴えるもので、服装、化粧、持ち物などである。④空間的行動とは、人が空間においてどのように行動するかで、一般的に対人距離のことを指す。近接学によると45 cm以内は親密な空間、45 cm ～ 1.2 mまでを友だち空間、1.2 m ～ 2.7 mを社会的な空間、それ以上離れると公的空間で、非個人的な空間を意味する。⑤時間的行動とは、人が時間のなかでどのように行動するかということで、「行きたくない」「避けたい」「居たくない」気持ちは遅刻や早退となり、逆に「安心できる居場所」は長居などの行動で表現される。

　一般に言語は情報を伝え、非言語は感情を伝えていることが多い。つまり言語的と非言語的な表現は、重複することも多いが、それらが主に伝えている内容が異なるといえる。言語と非言語的表現が異なる場合、非言語的表現内で伝えるメッセージが異なる場合、身体の中心部よりも末端部の表現になるほど、人の感情表現が如実に表出されるといわれている。非言語によるコミュニケーションは、コミュニケーション全体のなかで占める割合は7 ～ 8割になるともいわれている。このことからもコミュニケーションに際しては、非言語的表現に注目して、相互の心情を汲みながら会話を進行していかなければ、かみ合った会話は成立しないことが示唆される。また、最近スマホやインターネットを介したコミュニケーションツールも普及している。その際LINEにおけるデザイナーやイラストレーターが書いた出来合いの絵柄、表情、キャラクターの

134　第3部　心の成り立ちと個性の形成を考える

ポーズのスタンプを投稿する仕組みなども、言語では言いつくせない心情表現を補う代替物として好まれ活用されている。また、会話の過程に存在する「間」や「沈黙」であっても豊かな意味が込められている。コミュニケーションは、言語や非言語の表現なくして成立しないということである。

4．コミュニケーションから見える「その人らしさ」

「あの人は、控え目だ」「横柄な物言いに腹が立つけど、根はいい人」「言いたいことは言うけど、人の話しが聞けない」「いつも改まっている」「用心深い」などは、コミュニケーションからその人らしさをうかがわせる言葉である。こうしたコミュニケーションから推測されるその人らしさ、いわゆる「個性」とはどのようなものであろうか。

コミュニケーションの表現は、その属する文化特有の要因に支配され決定される。この文化という場合、社会的次元の文化もあれば、他者と違った個人的次元の違いも文化と呼ぶ研究者もいる。コミュニケーションは言語活動によって行われるが、言語が異なれば言語形態が異なるだけでなく、思考様式も異なり、同じ事柄でも理解が異なってくる。そのよい例が、言語相対論と呼ばれるサピア・ウォーフ仮説 (sapir-whorf hypothesis) である。この理論は「異なる言語を話す人は、その言語の相違ゆえに、思考プロセス、連想、世界に対する解釈の仕方が異なったものとなる」ことを示唆している。また、単一言語使用者のみに焦点をあてるのでなく、バイリンガル（2言語併用）・マルチリンガル（多言語併用）者の思考、感情、態度がどちらの言語に依存しているのか、興味ある課題である。事実、2言語併用者は、使用している言語によって、考え方、感じ方、行動が変化すること、また話す言語に関連して性格が切り替わることや知覚認識が異なることが明らかになっている。

1つの言語を話す人の場合でも、時代精神や方言、社会経済などを通した地方文化が人間のコミュニケーションに影響を及ぼすことが考えられる。北出 (1993 pp. 41-45) は、日本のコミュニケーションは「遠慮と察し」がその特徴であると指摘している。発信者の考えや感情は、受け手側の条件、環境を考慮し、文化的規範に従って量的に縮小されて発信される。つまり控え目に話される。一方、受け手は、縮小されたメッセージを、察しの拡大システムで文化的

規範に従って適正なサイズに拡大し、解釈するのである。日本的コミュニケーションが十分機能するためにはメッセージの送り手と受け手の双方に高度な共感能力が必要とされる。若い世代の会話で登場した「空気が読めない」の頭文字に由来する「KY」ということばが流行するのも、周囲の状況にふさわしい言動ができない人が増えている証拠と思われる。また、場の空気[1] を読めないことは、行動の背後の脈絡を読めないことにも通じ、社会に共有する前提が広い日本型の「高テキスト文化」が失われてきていることを示唆している。また、個人レベルから捉えると、自我の発達と関連した「自己開示性」の程度によって、コミュニケーションに見られる「その人らしさ」のあり方が変わってくる。

5．わかり合うコミュニケーションを求めて

　コミュニケーションには、対人コミュニケーションの他に、対自己とのコミュニケーションがある。対自己とのコミュニケーションは、自分の対物・対他者コミュニケーションを振り返り、コミュニケーションを実りあるものにする機能をもつ。

　人間は、誕生直後から死に至るまで、人とかかわりたい・かかわっていたいという関係性の希求をもつ。それはコミュニケーション欲求と言い換えられ、人間である由縁である。しかし、急激に情報化・国際化する現代社会のなかにあって、人間と文化の面で拡大と多様化が加速されている。例えば、IT 社会のなかで「ゲーム依存」となり、昼夜逆転の生活が体力低下や睡眠障害を招き、健康を害する「ゲーム障害」と診断されるケースも多くなってきた。さらに、異文化間、世代間、同世代内コミュニケーションは困難さを増している。伝える言葉（言語・非言語を含む）に込められるものは、祈り、愛、静けさ、ときめき、悲しみ、怒り、悔しさなどである。伝える媒体が今、増えているのに、本当に伝えたいことを伝えきれていないもどかしさが常に残っていないだろうか。伝えたいことや伝えたい意欲が乏しくなってはいないだろうか。伝える手段として言葉がときには無力であると感じるとき、私たちは何によってそれを伝えるのだろうか。言語的コミュニケーションにともなって発せられる非言語メッセージであることもあるが、映像・造形・音楽が補完的な役割を担っていることもある。私たちはコミュニケートなくして生きていけない。伝えることにこだわ

り続けることがコミュニケーションを豊かにする一方で、伝えることに執着しなくなると、逆に伝わることがあることも知るだろう。言葉で言いつくせないことはあっても、あるいは、コミュニケーションしているその瞬間に伝わらなくても、時空を超えてわかり合うことがある。そのことを期待して、コミュニケーションの巧拙を論ずる前に自分の伝えたいことを表現し、また他人の表現を理解しようと希求する必要がある。そして、コミュニケーションギャップを認めながらわかり合う喜びを求めることに人間の存在価値があるのである。

第3節　「適応」のあり方と個性

1．適応とは何か

　人や動物は、生きていくために、自分自身が身を置く環境に馴染んでいかなければならないことはいうまでもない。特に人は、生活を通して人間関係を含む社会環境に適応していかなければならない。そのためには、社会のルールを受け入れ、人との関係を作り社会との調和を図っていくことも必要になってくる。また、人はそのようななかで、ときに欲求不満にさらされることもあるため、個人の感情が安定していることも適応には重要なものとして考えられる。このことから、心理学での適応（adjustment）とは、ある環境や一連の状況に対する行動の修正として考えることができる。この視点より適応を考えるとき、野生児研究は、私たちに重要な示唆を与えてくれる。

　1799 年、フランスのコーヌの森で発見された野生児は、アヴェロンの野生児と呼ばれパリで人間として適応するための教育を受けるが、最終的に人間としての生活を獲得するには至らなかった。また、生まれてまもなく地下牢に監禁され、水とパンのみで 17 年間を過ごしたカスパー・ハウザーへの教育的かかわりの記録も、人としての適応を考えるにあたっては重要な問題を提供している。

　インドのカルカッタでは、狼に育てられたアマラとカマラの姉妹が発見され、シング牧師によって書かれた養育日記からも環境と教育における適応のあり方が問われている。

　このように、人は自然環境や生理的な面での適合を図り、人間関係を含む社会環境に順応していくことを求められるのである。

第3章　「人間性」から見た心と個性　　*137*

ラザルス（Lazarus, R. S.）は、人と環境との関係から起こる要求とそこから生じる感情に対し個人が処理していく過程を、認知的評価と定義し、これに大きな影響を与えているものとして、コミットメント（その人にとって重要なもの、意味をもつもので、望ましい目的を達成しようとする選択の基礎）と信念を挙げている。

　また、コミュニティ心理学では、個人と環境の相互作用の関数として人の行動を捉え、社会的場面システムという文脈のなかで適応を考えている。

２．防衛機制

　人は適応が危うくなると、緊張を覚え不快感をもつことになる。それが持続されると人間として破局の状況に近づくことになる。この状況を回避し自分を守るために防衛機制（defense mechanism）が働き、適応するための試みがなされることになる。以下、防衛機制について述べることにする。

１）抑圧（repression）

　多くの防衛機制のなかで最も基本的なもので、他のものとともに作用することが多い。不安や苦痛の原因となる欲求や感情を、意識に上らせないようにする働きで、親や兄弟などに向けた憎しみなどが意識されないのは、抑圧が働いているからである。

２）否認（denial）

　自分の外的現実を拒絶して、不快な体験を認めないようにする働きをいう。子どもが、スーパーマンやいろいろなヒーローであるかのように空想したり、なりきることにより、自分が無力な存在であることから目を逸らしているような場合に用いられる。

３）置き換え（displacement）

　ある対象に向けられていた関心が、危険をもたらす可能性があるとき、受け入れやすい、関連する別の対象に移すことをいう。父親が怖いとき、その対象を馬に置き換えて馬を恐れる例などがそうである。

４）補償（compensation）

　身体的、性格的な劣等感による緊張を軽くするため、他のもので優越感を獲得しようとする行為をいう。身体的に劣等感をもっている人が、洋服や装飾品にお金をかけて、優越感を獲得しようとする試みなどをいう。

138　第３部　心の成り立ちと個性の形成を考える

5）知性化（intellectualization）

衝動性などをコントロールするために、情緒的な問題を抽象的に論じたり、過度な知的活動によって押さえ込んだりする。青年期において、性欲や攻撃性を隠すために哲学や宗教に没頭する行為などはこの例である。

6）合理化（rationalization）

行動や態度などにおいて、葛藤や罪悪感を正当化するために社会的に認められると思われる理由づけをすることをいう。有名なのがイソップ童話の狐の話である。ぶどうを食べられず、狐が「あのぶどうはすっぱいから」と捨て台詞を残して去っていく場面があてはまる。

7）退行（regression）

以前の未熟な行動に逆戻りしたり、未分化な思考や表現を取ったりすることを指す。弟や妹の誕生により、再び親からの愛情を獲得するため、指しゃぶりや夜尿などが起こることがある。

8）同一視（identification）

相手の行動や性格を取り入れ、全人格レベルで一体化し、それを内在化することを指す。子どもの発達において、親からの賞罰や禁止を親との一体化を通して内在化することで、社会や文化に適応していく力を身につけることになる。

9）反動形成（reaction formation）

受け入れがたい衝動や欲求が抑えられて、意識や行動では反対のことが強調される。子どもに愛情をもっていない親が、必要以上に物を買い与えたり過保護になったりするような場合をいう。

10）昇華（sublimation）

性的欲求や攻撃欲求など社会的に許されない欲求を、容認される行動に変えて満たすことをいう。昇華は置き換えを基本としている。少年時代けんかばかりしていた人がボクサーになって活躍することで攻撃欲求を満たすことなどがその例である。

3．個性をどう捉えるか

人は自然環境や社会環境に適応するため、防衛機制などを意識的・無意識的に活用しながら発達・成長を行う。その過程を通して「私」という個人的な

自己の存在を認識しアイデンティティ（自己同一性）形成を行っていくわけである。その結果、パーソナリティや態度等でその人独自のものができあがっていく。それが個性である。個性はこのように、自分という人間がこの世界ではただ1人しかいないし、独自の意味のある存在としてあることを認識することである。個性化を行うために重要な役割を担う自己を考えるとき、今から800年ほど昔、北宋の末頃、鼎州の梁山に住んでいた廓庵禅師によって作られた「十牛図」の10個の図とそれぞれのつながりが大きなヒントになると思われる。

　「十牛図」においては、「真の自己」が牛の姿で表され、牧人が真の自己を求めている自己という形で表されているといわれている。第一図が、尋牛で、見失われた真の自己である心牛を捜しにいく若者の想いが示されている。第二図は、見跡で、若者は牛の足跡を見つける。第三図は、見牛で、若者はついに牛を見つける。そして、第四図が、得牛で、とうとう牛をつかまえる。第五図が、牧牛で、牛を飼いならすことができ、若者と牛は次第に近く親しくなっていく。第六図の、騎牛帰家では、若者は牧人となり牛の背中に騎り、笛を吹きながら家路につく。第七図は、忘牛存人で、自己が真に自己であるところに帰着したがゆえに、牛は消えている。さらに、第八図は、人牛倶忘では、人も牛もいなくなり、一切のものを消し去った絶対無の境地が描かれる。第九図は、返本還源であり、絶対無からすべてのものの甦りを意味している。第十図が、入鄽垂手であり、何の変哲もない路上にて出会う2人の人が描かれており、「真の自己」が向かい合った2人として描かれている。ここで、老人が若者に名を尋ねたりする。すると、これが真の自己への問いかけになる。つまり、問われた若者は真の自己を捜し始めることになり第一図の尋牛につながっていくことになるのである。若者は再び「十牛図」の流れをたどることになる。これを繰り返しながら、人は自己を形成していくものと考えられるのである。限られた生を通して、「十牛図」に描かれたような真の自己を見つけるための旅を繰り返していくことが、その人なりの個性化として捉えられるのである。

第4節　未来に求められる「人間性」とは

　人類は、宗教、哲学、芸術等を通じて人間が、人間らしく存在し、生きてい

くことを追求しているが、現代社会においてはますます人間性を保ちながら生きていくことが難しくなってきている。ここでは心理学の視点から人間性をどのように捉えているか、そして心理学において、未来に求められる人間性はどのようなものなのかについて述べたい。

１．人間疎外と社会病理

人間疎外の主な要因としては、高度工業化社会、情報化社会、大衆化社会が挙げられる。18世紀から19世紀にかけてイギリスで起こった産業革命は、大衆に多くの物質的豊かさをもたらしたが、それと同時にそこで働く人々の労働は、機械や情報に操られるようになり、働く喜びは減少している。

高度工業化社会は、労働力を都市に集中させることとなり、一極集中の都市化は、便利な生活をもたらしたが、地域社会の崩壊や治安の悪化などを生じさせている。

また、生産性の向上や巨大組織の維持のため、人間を個人というより組織の道具として管理するようになっている。合理的で命令系が明瞭な官僚制は、無駄のない組織運営であるがそこで働く人の個性は埋没し、労働ストレスは増加している。

科学の進歩は、環境や社会に多大な影響を及ぼし、そのなかに生きる私たちの人間性にも影響を与えている。科学が、細分化し、著しい進歩を遂げているが、それが人間性の維持・発展にどのように影響を与えているのかを検証しないと、何のための科学の発展かがわからなくなる。

２．人間性心理学の周辺

人間性心理学の代表的な推進者としては、本章第１節で述べたマズローとロジャーズであるが、その他、実存哲学の考えを精神医学や心理学に応用した現存在分析、実存分析、実存心理学やゲシュタルト療法、交流分析、フォーカシングなどがある。

１）実存主義的人間性心理学

近代大量殺戮兵器の発明によって悲惨で冷酷な世界大戦を２度経験したヨー

ロッパでは、人々は無力感、絶望感に陥っていた。そのなかにあって、ニーチェ（Nietzsche, F. W.）、キルケゴール（Kierkegaard, S.）、ハイデッガー（Heidegger, M.）、サルトル（Sartre, J.-P.）等の哲学者が、人間の独自な存在や人間性の本質を問い始めた。彼らの哲学は、実存哲学と呼ばれているが、実存主義の考えを心理学や精神医学に適用したのが、ビンスワンガー（Binswanger, L.）やボス（Boss, M.）の現存在分析、フランクル（Frankl, V. E.）のロゴセラピー、メイ（May, R.）の実存心理学である。

　彼らは、人間の存在は唯一無二であり、個人の特質や個性を重視した。人間は、時間の流れのなかで現実に生きている存在であるとしたが、これはロジャーズが、クライエント中心療法やエンカウンターグループで「今、ここで私が感じていること」を重視したことに影響を与えている。

　ただ、マズローらは、人間には生まれながらに自己実現傾向をもっているとしたが、サルトル（1955）が「実存は、本質に先立つ」と述べているように、人間の本質は、生まれながらに与えられたものでなく、生き方を選択できる自由な実存であるとした。

２）臨床心理学的人間性心理学

　人間存在の主体性、個別性を回復するために、臨床心理学分野ではさまざまなアプローチが開発された。その代表としての心理療法は、ゲシュタルト療法がパールズ（Perls, F. S.）により、交流分析がバーン（Berne, E.）により、フォーカシングがジェンドリン（Gendlin, E. T.）によって創始された。彼らの共通点は、精神分析、クライエント中心療法、認知心理学、行動療法の考えを取り入れながらも人間を全体として捉える立場である。そのため問題や症状を取り除くだけでなく、人間の心理的機能が有機的に機能することをめざしている。

３．トランスパーソナル心理学

　トランスパーソナル心理学（transpersonal psycholgy）は、人間性心理学に続く第４の心理学といわれている。トランスパーソナル心理学の「トランス」とは「超える」ことであり、「パーソナル」とは「個人」であるので、直訳すると「超個人心理学」となる。近代西洋は、デカルト（Descartes, 2001）の「ワレ惟ウ、故ニワレ在リ」の言葉が示唆するように「個人主義」や「心身二元論」を基本的

思想として著しい発展を遂げてきたが、トランスパーソナル心理学は、近代的個人主義の閉塞感や心身二元論の考え方からの脱却をめざしている。人間性心理学が、自己実現や個人の実存を重視したが、トランスパーソナル心理学では、マズローの至高体験やフランクルの意味志向がめざす自己超越の概念をさらに発展させ、人間存在の目的は、自己を超えた何ものかにより精神統合することをめざして、その技法を開発した。

　トランスパーソナル心理学は、人間は、①意識の変性、②至高体験、③自己の超越性を体験することにより、個人主義（個人・自我・自己等）や心身二元論から他者・人類・自然・宇宙等と一体体験をすることができる。④人間は、それらの潜在能力があるので、適切な方法を適用することでその体験が可能である、という。

4．未来に求められる「人間性」とは

　心理学では、心そのものの人間性をどのように理解してきたのであろうか。

　心理学の歴史を概略すると実験心理学を確立したヴント（Wundt, W.）に代表されるように意識を要素に分解し、操作し、分析する「構成主義心理学」と心の機能を重視したジェームズ（James, W.）に代表される「機能主義心理学」の流れがある。構成主義心理学は、行動心理学、行動療法に影響を及ぼし、機能主義心理学は、ゲシュタルト心理学や人間性心理学に影響を与えた。現代の精神分析は、局所論（要素）とその相互の力動（目的）で捉えているので、中間的な立場である。

　このように心理学では、人間性を「要素的・部分的」に分けて捉え、自然科学的なアプローチを行う立場と人間性を目的論的に捉え「目的的機能・全体的機能」を重視した立場がある。前者は、心理学は科学であるから「観察的、因果律的」究明が必要であり、心に「目的論」を導入することは非科学的であると批判している。一方、後者は心を「機能的、全体的」に捉えることが重要であると主張し、心を要素的、機械論的に捉えることは人間の一部しか見ていないと批判している。

　現代の心理学の学派は、この両者のどちらかに分類できるし、認知心理学のように統合しようとする立場にも分類できる。心理学が、科学であるならば、

第3章　「人間性」から見た心と個性　*143*

自然科学的アプローチが必要である。現代科学において心の機能は、脳の働きによって生み出されているという事実に疑う余地はない。しかし、大脳皮質を構成する約140億の神経細胞とそれらを結合するシナプスの結びつきは、指数関数的に増大し、天文学的数となる。脳科学の進歩により、脳の部位のメカニズムは解明されているが、脳全体の機能である心を因果律的に理解するまでに至っていない。したがって、人間性の根本的メカニズムを自然科学的アプローチのみで理解することには限界がある。

　人間性を問う心理学では、対象を客体化し、現象を因果律的に理解し、普遍化する科学性を重視しながらも、個人の主観性と共時的関係性そして個別性を重視する新たな科学的アプローチが求められている。特に個人の内面と関係性を重視する臨床心理学では、河合（1992）が、心理学における科学性を重視しながらも、科学万能主義に警告を発し、ニューサイエンスの構築を提唱していることは、未来に求められる人間性のあり方を示唆していると思われる。

●注
　1）場の空気とは、コミュニケーションの場において、対人関係や社会集団の状況における情緒的関係、力関係、利害関係など、言語では明示されていない、あるいは忌避されている関係性のことである。

●引用・参考文献
新井　満（2007）．十牛図―自由訳―　四季社　pp. 8-86.

ビンスワンガー, L.　萩野恒一・宮本忠雄・木村　敏（訳）（1967）．現象学的人間学　みすず書房

ボス, M.　笠原　嘉・三好郁男（訳）（1962）．精神分析と現存在分析　みすず書房

デカルト, R.　谷川多佳子（訳）（2001）．方法序説　岩波書店　p. 45.

エリス, A.　國分康孝（監修）（1984）．神経症者とつきあうには：家庭・学校・職場における論理療法　川島書店

フォイエルバッハ, A. v.　中野善達・生和秀敏（訳）（1977）．野生児の記録3　カスパー・ハウザー―地下牢の17年―　福村出版　pp. 15-115.

フランクル, V. E.　山田邦男（監訳）（2004）．意味による癒し―ロゴセラピー入門―　春秋社

ジェンドリン, E. T.　村山正治・都留春夫・村瀬孝雄（訳）（1982）．フォーカシング　福村出版

橋本満弘・石井　敏（編著）（1993）．コミュニケーション論入門　桐原書店

畠瀬　稔（編）（1996）．人間性心理学とは何か　大日本図書

イタール　古武彌正（訳）（1975）．アヴェロンの野生児　福村出版　pp. 13-66.

河合隼雄（1992）．心理療法序説　岩波書店

河合隼雄（1994）．生きることと死ぬこと　岩波書店　pp. 90-97.

北出　亮（1993）．日本人の対人関係とコミュニケーション　橋本満弘・石井　敏　日本人のコミュニケーション　桐原書店　pp. 23-54.

マズロー, A. H.　小口忠彦（監訳）（1961）．人間性の心理学　産業能率短期大学出版部

マズロー, A. H.　上田吉一（訳）（1964）．完全なる人間論―魂のめざすもの―　誠信書房

西野美佐子（1995）．コミュニケーションと共感性　川上吉昭・佐藤俊昭（共編）わかりあう心とからだ　中央法規出版　pp. 39-80.

西野美佐子（2004）．コミュニケーションとことば　心理科学研究会（編）　心理科学への招待―人間発達における時間とコミュニケーション―　有斐閣　pp. 109-126.

西野美佐子（2008）．保育士と保護者の関係におけるコミュニケーション―信頼関係からよりよい連携へ―　後藤宗理（編）　保育現場のコミュニケーション　あいり出版　pp. 59-92.

パールズ, F. S.　倉戸ヨシヤ（監訳）（1990）．ゲシュタルト療法―その理論と実際―　ナカニシヤ出版

ロジャーズ, C. R.　村山正治（編訳）（1967）．ロジャーズ全集8　パーソナリティ理論　岩崎学術出版社　pp. 89-162.

ロジャーズ, C. R.　畠瀬直子（監訳）（1985）．人間尊重の心理学―わが人生と思想を語る―　創元社

サルトル, J.-P.　伊吹武彦（訳）（1955）．実存主義とは何か　人文書院　p. 17.

シング, J. A. L.　中野善達・清水知子（訳）（1977）．野生児の記録1　狼に育てられた子―カマラとアマラの養育日記―　福村出版　pp. 31-181.

上田吉一（1994）．自己実現の達成　大日本図書

第4部

ともに生きるための
心理学の役割

第1章

生活環境作りと心理学の役割

第1節　人　と　人

1.「日本人」感覚より人のつながりを見る

　私たちは社会によって生かされ、社会の矛盾を抱えながら生きている。そのため、人生における幸せも不幸も、人間としての光と影も、社会とともにあるといえる。社会について考えるとき、家庭、学校、職場、地域などが身近な社会集団として思い出されるが、家族や仲間集団において構成員それぞれが役割をまっとうすることでお互いに支えたり、支えられたりと、相互作用を通して社会的関係を築いていくことになる。ここでは、特に人と人のつながりについて考えてみることにする。

　日本人の祖先は、古来大和言葉（やまとことば）を使用していた。大和言葉は「倭詞」や「和詞」と表記されることもあり、「やまとことのは」ともいう。特徴として、複合語や派生語を中心に自然や、季節の変化を表す情趣や美を感じさせる語が多数あり、言葉や感性を通して人と人が、心の世界でつながろうとしたと考えられている。例えば「雨」を見てみると、雨の情趣や風情を表した言葉は「青時雨」や「小糠雨」など実に300にも上ることになる。いかに日本人が繊細な感覚をもとに人とのつながりを作っていたかがわかるというものである。日本人の心のなかには、人間関係の基礎として一体感を重要視する伝統があったし、それは近代の日本社会が個人主義的考え方を取り込んできたとしても、今でも生きていると考えることができる。東北福祉大学でボランティア活動に参加した学生の声などから、被災地での活動などを通して、被災者とボランティア学生の一体感をともなった人間関係の支え合いがルール遵守に役立っているし、そのなかで個人と個人の関係作りをしながら活動が行われてい

ることが伝わってくる。個人主義的人間関係と一体感的人間関係の両立が、現代を生き抜くための知恵として必要になっているのである。そんな日本人が作り上げてきたつながりの特徴について、たくさんのなかからいくつかを拾い出して考えてみることにする。

2．ルース・ベネディクトの『菊と刀』

　ベネディクト（Benedict, R.）は『菊と刀』で、外国人の視点を通して見た日本人の特徴に「恥の文化」を挙げている。『菊と刀』は第2次世界大戦の最中、日本に関する文献を調査し、日系移民との交流を通じて行われた研究の成果を1946年に出版したものである。時代背景を考えると、そのまま近代日本人の特徴として語ることには疑問が残るが、今でも日本人の関係の取り方に一石を投じていることには変わりがない。ベネディクトの日本人論の代表的なものとしては「精神主義」と「恥の文化」を挙げることができる。

1）精 神 主 義

　日本人の考え方として合理性よりも精神論に重きを置く考え方は、「なせばなる」「心頭滅却すれば火もまた涼し」などに代表されるように、精神性を強調することにより、合理性はわきに追いやられ、強くなれるという考え方である。野球漫画などでは、よく、うさぎ跳びの場面が定番のように出てきたりした。そして、「根性」「努力」が尊ばれてきた。苦痛に打ち勝つことにより強くなれるという思いなのであるが、科学的根拠があるわけではない。ただ、日本には古来から道を究めるという考え方があり、形を整えて心を入れていくことにより道を求めることができると考えられている。心の世界を身近に、人と接してきた日本人ならではの考えとも見ることができる。

2）恥 の 文 化

　日本人は、ことの良し悪しよりも、他人にどう見られるかを気にすると考えられている。確かに、食に関しての不祥事や、問題発言が非難の的になったとき、恥ずかしいことをしてしまったという謝罪が多いように思える。しかも、まずは身内や取り巻きに対して恥ずかしいことをして申し訳ないといっている。謝罪会見も罪を悔い改めるよりは、頭を下げて謝ったのだから許してほしいという哀願や依存の心理的動きが見て取れるのである。身内を大事にするがゆえ

第1章　生活環境作りと心理学の役割　　*149*

に、隠蔽をしたり甘い処理をしたりし、排他的になることも考えられることではある。

3．土居健郎「甘え」の構造

「甘え」の構造は、土居健郎が日本人の人間関係を、「甘え」というキーワードを通して眺め、日本人にとってこの「甘え」が人間交流を円滑に行うために必要不可欠なものであるという観点からまとめたものである。

1）義理と人情

義理は恩を契機として相互扶助の関係を成立させる。恩というのは人からの情け（人情）であるから、義理と人情は対立する関係ではなく甘えに深く根ざし、相互につながっていると考えられるのである。つまり、人情は人に甘え依存することを歓迎し、義理は甘えによって結ばれた人間関係を維持することを行っていると考えられるのである。

2）他人と遠慮

他者との関係を測る尺度として親子関係が使われていると土居は考え、親子関係に近いと関係は深まり、そうならなければ関係は薄くなる。その意味で他人とは全く無関係な人ということになる。遠慮という言葉も他者との心理的距離や関係を表すものとして使われる。親子の間には遠慮がなく、親子以外の人間関係において、親しみが深まれば遠慮が少なくなり、疎遠であるほど遠慮は増すことになる。

3）内 と 外

遠慮をもとに人間関係のあり方を分ける目安として内と外という言葉が使われるときがある。遠慮がない身内は文字どおり内であるが、遠慮のある義理の関係は外ということになる。また、義理の関係や知人を内の者とみなし、それ以外の遠慮を働かす必要のない無縁の他人の世界を外とみなすこともある。さらに生活空間の区別として内と外を使うこともある。そのため、いろいろな問題を抱えると内に対してすまないという思いにとらわれやすくなる。日本人は感覚として周囲と同一化し、いろいろなものを摂取しようとする。そのため、外が優れていると思うと、すぐに取り入り、取り込もうとして、外国の優れているものを取り込んで内にして、発展を遂げてきたのである。日本の社会構造

において、集団としてのあり方を見たとき、中根 (1967) の『タテ社会の人間関係』のなかにもこれらの視点が見て取れるのである。

4．河合隼雄「母性原理と父性原理」

　年金問題など生活がしづらくなったといわれるなか、多くの日本人は困ったといいつつも黙って耐えているというのが現状であろう。よく外国人から日本人は声を上げないといわれるがどうしてなのであろうか。

1）考え方の原理の違い

　日本人は、地縁や血縁など「縁」を大事にする国民性をもっていると考えられる。これは母性原理優位の考え方と見ることができる。母性原理とは「内包する」ことに特徴をもつ。すべてのものを区別なく包み込んでしまう。そのなかではすべてのものが絶対的な平等性をもつ。一方ヨーロッパなどは、人間の生き方として、「切断」しようとしても切断できない単位として「個人」を重視する。父性原理優位の考え方である。このように、父性原理とは、「切断する」ことに特徴がある。切断し区別することに意味があり、主体と客体、善と悪、心と体などすべてのものを分けるのである。このことを親子の関係で表現すると、母性は「わが子はすべてよい子」であり、父性は「よい子だけがわが子」ということになる。土居がいうように、母性原理社会では「内」か「外」が非常に重要になってくるのである。すなわち「内」に対しては絶対的な平等が保障されるし、「外」は「赤の他人」であり全く関係のないものになるのである。父性原理では、善悪の規範が重要なものになり、善あるものを受け入れ、悪を徹底的に排除することになる。アメリカが断固としてテロと戦うことを宣言し、それを実践に移したのはこの父性原理優位の考え方を取り込んでいるからと考えられる。

2）人間関係のあり方

　この父性原理と母性原理をもとに、日本人の関係のあり方を考えたとき、今まで作り上げてきた母性原理のよい点を守りつつ、弱かった父性原理をバランスよく取り入れていくことが望まれる。そのバランス感覚は一人ひとり違うことから、父性原理でいうところの「個人」ではなく、一人ひとりに見合った父性原理と母性原理の相補の関係における「個性」を見つけていくことが重要だ

◇◆コラム◆◇
映画『千と千尋の神隠し』の登場人物から見た人と人

『千と千尋の神隠し』で、主人公の千尋が、映画のはじめと終わりに見せる表情こそ、少女が大人の女性としての自分に出会う姿そのものと考えることができるのではないか。そのために、少女は自分の心の世界にある、いろいろなものと出会わなければならないようである。リンという自分のモデルを見つけ、思考と経験を通して個性的存在としての自分を見つけ出さなければならないのである。

釜爺は創造と破壊の象徴のように思われる。火を扱えるということは無意識の衝動性をコントロールできるだけの自我をもっているということであるが、ひとたび火の扱い方を間違えるとすべてを焼き尽くしてしまう可能性をもっているのである。湯婆婆と銭婆は双子の姉妹である。一見湯婆婆は悪、銭婆は善のように描かれているが、2人は相補の関係と考えられ、湯婆婆のなかには善（赤ん坊の坊との関係）があり、銭婆のなかには悪（ハクとの関係）があり、お互いがお互いを必要としていると考えられる。お互いに光と影の関係を保ちながら存在を確認しているのである。また、1人のなかでの相補性も生きていく上で重要になってくる。

美少年ハクは、千尋の男性性の象徴として考えることができる。思春期は異性を意識し気持ちのゆれとかかわらなければならない悩みの多い時期である。現実の恋愛感情を通しながら、実は自分自身の内面にある異性性とどのように統合を図るかが大きな課題といえる。ハクは千尋にとって、自我に目覚めたころから千尋と一緒に存在していたものと考えることができる。そのため、千尋は小さいときから知っていたことに気づくのである。

カオナシは、相手の心情を映し出す鏡の役割をしており、人間の原点を表していると思われる。私たちは成長を通していろいろな顔を手に入れてきたと考えられる。しかし、その一枚一枚を脱ぎ捨てるとカオナシになるのではないだろうか。

千尋は、人間の世界のすぐ脇の、人間には見えない世界で名を奪われ、本当の名前を探し出す冒険をしなければならない。本当の名とは、自我を意識し自己を見つけることと考えることができる。『ゲド戦記』などでも、主人公の戦いのテーマに自分探しが脈々と流れていることがわかる。本当の名前を見つけ出すことは、自分の存在に意味を与え自分を生きることと考えられる。人と人の出会いは、一見自分の外側の世界で行われているように思われるのであるが、実は自分の内面でもすさまじいくらいの動きと直面しており、自己成長への課題に取り組んでいるがゆえの悩みとも考えることができるのではないだろうか。

と考えられるのである。

戦前、父親は「世間様」に笑われないように、子どものしつけを行っていた。それは、父性原理に基づいたものではなく、あくまでも「世間体」というあい

まいな社会規範のもとで行われていたのである。つまり、それは明確に言語化された規範としてではなく、日々の生活の体験の積み重ねのなかで一人ひとりが取り込んでいくべきものとして存在していたのである。そのため、生きるために大事にされるものが、バランス感覚ということになるのである。「身内」と感じる人との関係を、いかにバランスよく保っていくかが、上手な生き方であり、善悪の明確な規範による判断によるものではないのである。

　私が私の存在を考えるとき、そこに永続的な存在を願うならば、「家」を抜きにしては考えられないことになる。家の永遠性のなかに、自分という存在が位置づけられることになるのである。家が永続性をもつためには、中心が必要になる。この中心の役割を果たしてきたのが、全体のバランスと雰囲気というあいまいなものと考えることができる。近代日本は、民主的家族形成への移行を行おうとしたが、結局のところ、父親の権力を後ろに追いやり、母性性を前面に押し出したにすぎなかった。そこにバランスの崩れを見ることもできるが、大切なことは、本当の意味で一人ひとりの父性原理と母性原理の統合が問われているということである。

第2節　人と家族

　多くの人は、大人になり結婚をし、家族を形成する。しかし、最近は、結婚をしないシングルライフ志向の男女が増えている。「愛しているから結婚する」といいながら、離婚も少なくない。家族は、新婚当初のまま常に愛に満ちたものなのだろうか。なぜ結婚するかと問われれば、安らぎや愛情が得られるからという答えが返ってくるだろう。しかし、家族は安らぎと愛を一生涯保障してくれるものだろうか。ここでは、家族の成り立ちと家族の発達過程をたどりながら、家族と愛をめぐる事象に光をあてて論じてみよう。

１．人と一緒に暮らすこと

1）家族の多様化

　結婚し家庭を築き、家族をもつことは、その始まりから矛盾に満ちたものである。誕生以後、分離・個体化を繰り返しながら自立をめざして成長発達して

きた男女が、また他者との一体化を求め一緒に暮らし始めることは、フロム（Fromm, E.）の言葉を借りると人間の強い欲求である「孤立を克服し、孤独の牢獄から抜け出したい欲求」からである。自立願望と他者との一体化は、そもそも矛盾を孕んだものなのである。

　少子高齢化が進行するわが国では、家族は安定し、幸せな家族生活を送っているのだろうか。戦前によく見られた多世代家族ではなく、夫婦とその子どもから構成される「戦後の近代家族」が、多くの人々が抱いている"家族"の基本形態であろう。この「戦後の近代家族」は、高度経済成長期に広く定着したといわれている。一般的に受け入れられているその特徴としては、家庭という私的領域が確立していること、夫は家の外での仕事、妻は家で家事労働という性別役割分業が認められていること、家族構成員相互の強い情緒的絆（愛情に基づく夫婦関係と親子関係）、これら3点を挙げている（山田, 1994）。しかし、高度経済成長が終わり低成長期に入ったころから、この「戦後の近代家族」が揺らぎ始めた。例えば、家族の離婚率が上昇し、子どもを産まず夫婦だけで生活をエンジョイするDINKSという家族形態を生み出し、またかつて見られなかった凶悪な家族内の暴力事件や虐待事件、また一人暮らしの老人の孤独死等がメディアを賑わすようになってきた。強い情緒的絆で結ばれていると信じられていた家族が「不安定なもの」として顕在化し始めたのである。女性の高学歴化や就業率の増加、医学の進歩、規範意識や価値観の変容など様々な要因が関与していると推測される。今、晩婚化や晩産化が少子化に拍車をかけているわが国では、家族内での役割関係の変化が現象化（例、夫婦共働き、主夫の出現など）している。"自己実現"とともに安らぎと愛情を"人と一緒に暮らすこと＝結婚"に求める志向が、家族形態に多様化をもたらし、離婚の増加（20年以上同居した夫婦の離婚率の増加）、一人親家庭の増加、生涯未婚率の上昇となっている。

2）親密性と生殖性の課題

　「適切な配偶者を選び、それに続く結婚の中で"親密さ"（相互理解・相互受容）を実現しえた者は、他の人々との対人関係が格段に広く、豊かに自由になるのを経験するだろう。少なくとも、"自閉的な"ふたりしずかというべきものではなく、"開かれた結婚"ならば、自然にそうなると思われる。ことに一人の異性を初めてよく知ることによって、異性全体への認識も深まり、人生全体への展

望が開けるといっても過言ではないであろう」(神谷, 1990 p. 133) これは、精神科医、神谷美恵子の言葉である。

親密性は、エリクソン (Erikson, E. H.) の成人期の課題である。配慮性と共感に基づく心的特性である親密性 (intimacy) は、カップルの健康度であり、成熟度ともいわれる。具体的な要件として、①独立への力 (自立しているか)、②配偶者を援助する能力 (他者を支えることができるか)、③配偶者の援助を受容する力 (他者の支えを受け入れることができるか)、④性的能力、⑤性感能力 (④⑤は身体的親密性で親密性の具体像である)、⑥愛する能力 (情緒的親密性) が挙げられる。後者の3つが親密性の根幹を形成する (佐藤, 1986)。次に生殖性であるが、その内容は「子どもを生み育てる」ことと同時に、仕事における創造的・生産的な成果を生み出すことを指す。そして、ここで大切なことは、社会に産み出したもの、つまり、子どもであれ仕事の成果物であれ、それらに対して責任をもって見守り育てることが求められる。

3) 家庭機能の変化

家族形態が多様化していくなかで家族機能が変容してきている。家族は、育児と介護と愛情という人間の一生にとって不可欠な機能を果たしてきた。このうち育児と介護については、地縁型のコミュニティが衰えていくなかで、あるいは女性の社会における就労が進むなかで、女性だけが担うことの困難さやその問題の深刻さから外部化が避けられなくなってきた。そして今日の親たちの育児力の衰退にともなって、外部委託されている保育・教育機関が子どもの命を守っているというかつては想像もしなかった見方もされ始めた。今後、単独世帯が家族形態のなかで最大の割合を占めるといわれているが、そうなれば、これまで以上に子どもを排除した社会の風潮が懸念される。

家族機能の外部化が進む一方で、近年、家族の重要性に重きを置く傾向が顕著になっている。家族機能の果たす役割を充実させつつ、家族機能を外部化せざるを得ない部分について社会的機能をどのように変えていくかが課題となる。家庭の機能は、子どもの社会化と大人の情緒的安定を図ることとされているが、家事の外部化など・女性の就労雇用の増加にともない、その機能は低下しているといわざるを得ない。子育てに対して夫婦の協力のあり方や、子育てに対して社会が優しく支援していくことが一層求められている。

2．愛と愛するということの違い

　結婚生活における成長は、結婚生活を送る2人の相互の努力にかかっている。フロムは、『愛するということ』（1991）の著書のなかで、家族のなかに見られる愛を説明している。彼の主張は、愛と"愛すること"の違いを明確にし、愛するという行為は、人とのかかわりの態度であること、相手を労わり、理解する、譲るなどの行為であり、興奮状態の一時的な情熱の愛とを区別する。羨望、嫉妬、野心、貧欲などは受動的な感情や情熱の愛で、それに対して愛は行動であり、人間的な力の実践であって、自由でなければ実践できないきわめて能動的な活動である。わかりやすいいい方で表現すれば、愛は何よりも与える、自分の中に息づいているもの、自分の歓び、興味、理解、知識、ユーモア、悲しみなどあらゆる表現を与えることである。いい換えると自分の命を与えることによって、他人の生命感を高めるのだと考え、期待はしないが、他人のなかに何かが生まれ、自分に跳ね返ってくるものであるとしている。愛の基本的要素として、以下の4つを挙げている。

　①配慮：愛するものの生命と成長に関心を示し、積極的にかかわること

　②責任：愛は義務よりも、自発的に愛する相手のニーズに応答する能力

　③尊敬：尊敬とは、恐れでも畏敬でもない、愛するものをあるがままに見、その特異な個性を知り、尊重すること

　④理解：人を愛するには、その人を理解することなしには不可能であり、理解も相手に対する関心や配慮によって動機づけられなければ空しいものとなる

　愛の要素を観念的に理解することではなく、それが具体的な行動によって表されて初めて意味があると考えている。これらの愛の一連の態度は、成熟した人間に見られるものである。彼は愛について次のように述べている。「愛とは、特定の人間に対する関係ではない。愛は一つの対象に対してではなく、世界全体に対して人がどうかかわるかを決定する態度、性格の方向性のことである。もし、一人の他人だけしか愛さず、他の同胞には無関心だとしたら、それは、愛ではなく、共生的愛着、あるいは自己中心主義が拡大されたものにすぎない。」（フロム, 1991 p. 76）

　母性愛を例に取り上げ説明すると、母性愛とは子どもの生命と必要性に対する無条件の肯定である。それには2つの側面がある。1つは、子どもの命と成

長を保護するために必要な気遣いであり、もう1つは、単なる保護の枠内にとどまらない、この世に生を受けたことはすばらしいといった感覚を子どもに与える態度である、と述べている。

3．家族の発達とライフコースの変化

　家族は、そのライフコースを通して一定の段階を経過して発達する。家族発達の各段階にはその段階固有の生活現象があり、すべての家族メンバーに適応と変化を求める新しい課題がある。家族はこの課題に取り組みながら、特定段階にとどまることなく再組織化することで安定した状態に達することが可能となる。新しい変化に適応できないときは、問題状況が出現するだろう。家族形態が多様化してきているなかで、それぞれの家族の発達とライフコースについて述べる必要があるところだが、ここでは岡堂（1991）の家族発達の順序に従い、高齢化社会の家族の発達として、自分の老いに向き合う直前の第6段階を追加し、課題のあらましを述べていくことにする。

第1段階（新婚期）：親密性と幻滅感

　2つの異なる家族から分離した男女が、新たな家族を形成する。個人としての自立性を脅かされることなく適切な距離を置いて2人の世界を構築することが求められる。夫婦はカップルとして、一体感を感じられるよう、親密性と伴侶性を築いていくこと、互いに自分たちなりの家風や生活スタイルを納得のいくよう調整していくことが必要となる。

第2段階（出産・育児期）：養育性と閉塞感

　家族に新しい家族を受け入れること、すなわち、親になることが課題である。子どもの誕生により大人同士の2者関係から3者関係、4者関係へと拡大変化し、子どもの養育のために生活習慣の形成やしつけなど細やかな配慮が求められる。

第3段階（学童期の子どもをもつ家族）：成員の個性化と擬似相互性

　子どもが小学校に入学すると、子どもは次第に子どもたちの世界で過ごすことが多くなる。親の方も、子どもの自立を支援しつつ子離れをしていかなければならない。

第4段階（子どもが10代の時期）：友愛感と切りはなし

　子どもが思春期になると、子どもの成長にともなって世代間の葛藤が生まれる。その葛藤を乗り越える危機の体験なしには、子どもの自立はあり得ない。親世代と子ども世代が適度な距離を保ち、境界が発生し明瞭になるが、これはむしろ望ましいものである。

第5段階（子どもが巣立つ時期）：再編成と束縛又は追放

　子どもは、精神的・社会的・経済的に自立していく。親は側面からサポートし、親離れしていく寂しさを乗り越えなければならない。これまで子育てに専心してきた親は、巣立った後の空の巣に取り残された親鳥のごとく、寂しさに耐えなければならない。空の巣症候群と呼ばれる。夫婦2人の関係を見直し再構築し始める。

第6段階（親の務めが終わる時期）：夫婦関係の再発見と落胆

　自分の老いに直面する前の時期である。結婚当初棚上げしてきた問題に再び直面することになる。家族のために献身してきた時間を自分の遣り残してきた趣味や仕事、社会的活動に打ち込み、喜びを見つけるなどすることが求められる。自立した子どもたちと大人同士の関係へと移行していく。

第7段階（加齢と配偶者の死）：相互扶助性と絶望感（落胆）

　高齢化社会にあって、自分の老いと向き合う時間も長くなってくる。やがて、友人や配偶者の死によって家族の終焉を迎えることになる。子どもの自立によって産まれた子どもの家族との付き合いは継続されるだろう。ゆるやかな拡大家族として、側面から子ども世代の家族の自立や子育てを支援する役割、血縁を離れ、次世代を育てていく広い意味での社会的祖父母世代の役割を果たしていくことが期待される。

　ここに上げた家族の発達は、夫婦と子どもがいる家族の発達課題の概略である。今日の家族形態は多様化していることに加えて、それぞれの家族は個性化が進んでおり、多様な家族発達をたどりうるものであることを考慮しておくことが必要である。

4．家族と個人のウェルビーイング

　ウェルビーイングとは、単に病気でないことではなく、個人の尊厳と自己実

現が保障されている状態のことである。わが国では、家族と個人は「一心同体」的な考えが強く、家族が個人に悪影響を及ぼすとか、家族間で利害がかみ合わないなどといったことは問題外のこととみなされがちであった。しかし離婚の増加によって、「家族は永遠に愛の巣ではあり得ない」ということが明らかにされた。さらに家族内で個人の人権を侵害する出来事、例えば、親子間、夫婦間で生じる児童虐待やドメスティック・バイオレンス、高齢者虐待などが問題とされるようになり、不問とされてきた家族内人間関係の危機に注目が集まっている。そして、家族内人権擁護として、配偶者からの暴力の防止及び被害者の保護等に関する法律（2001 年）、児童虐待の防止等に関する法律（2004 年）、高齢者虐待の防止、高齢者の養護者に対する支援等に関する法律（2006 年）、ひとり親家庭に対しては、子どもの貧困対策の推進に関する法律（2013 年）が施行されたのも、もはや家族は無条件で、安全と安心の場所ではないということと、個人の人権が家族よりも優先されるべきことを示している。人は、家族の発達にともない、親・子・兄弟・姉妹・祖父母などさまざまな関係役割が付与される。家族内人間関係の質が問われる時代になった今、それらを自ら選択し責任をもって「役割」を生きること、換言すると家族の関係性のなかでフロムの唱える"愛すること"を態度として表現することが求められている。今、エリクソンの成人期の発達課題である親密性と生殖性の課題を達成するために、「家族のための個人」から、「個人の生き方を支える家族」として家族の役割を見直していくことが必要となってきている。

第3節　人と社会・文化

近年、心理学のさまざまな分野において、文化的な視点を含めた検討の重要性が再認識されてきている。その背景には、ここ数十年の間に、社会・人格・認知・発達・臨床といった心理学の領域において、文化を西洋と東洋といったように巨視的に比較した結果、かなりの差異が見られることが明らかになってきたことがある（Fiske et al., 1998）。そこで本節では、文化が「心そのもの」を構成するという考えを理論的枠組みの中心に位置づけた文化心理学的アプローチに基づき、人と社会・文化の関連性について述べる。

1. 文化と心の相互構成的関係

　文化心理学 (cultural psychology) は、文化と心の相互関係を扱う学際的科学であり、今日多くの人々の関心を集め、活発な研究が行われている。図4-1-1は文化心理学者の北山による文化心理学の考え方をまとめたものである。彼は、心のプロセスそのものがさまざまな文化や民族によって異なる可能性を示し、心のプロセスの多くが日常的な現実に即して生きていくことを通じて形成されると指摘している (北山, 1998)。

　文化心理学の代表的な理論の1つにマーカスと北山 (Markus & Kitayama, 1991) が提唱した文化的自己観理論がある。この理論は、"自己"の違いから西洋文化と東洋文化の人々の心理傾向や行動の違いの説明を試みるものである。文化的自己観は「人間とはこういうものだ、人は〜するものだ」といった暗黙の文化的前提であり、大きく2つに区別される。その1つは、特に北米中流階級で優勢な"自己は他者や周囲の事柄とは区別され、切り離されている"という前提にたつ「相互独立的自己観 (independent self)」である。もう1つは、日本を含む東洋文化で優勢な"自己は他者や周囲の事柄と結びついている"という前提にたつ「相互協調的自己観 (interdependent self)」である。マーカスらはどちらの自己観が優勢であるかによって、人々の人生における課題や他者との関係性のあり方、自尊感情の基礎が異なることなどを多くの研究から見いだしている。

　例えば、欧米などの相互独立的自己観が優勢な文化では、人は自分自身のな

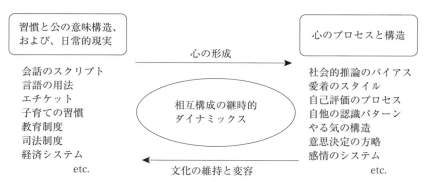

図4-1-1　文化心理学の考え方:「文化の慣習と意味構造」と「心のプロセスと構造」の相互構成的関係
出典) 北山 (1998 p. 7)。

かに誇るべき属性（才能、性格、能力など）を見出し、それを外に表現し、そうすることによって自己実現を図り、それらの属性の存在を自分自身で確証することが重要となるという（北山, 1994）。具体的には、ある個人が運動能力に長けていた場合、その両親や友人も同様であったとしても、その人の運動能力は周囲の人々の能力とは独立して存在していると捉えられる。そのため、自分自身のユニークな才能を個人としてどのように発揮し、自身の目標を達成するかが人生における重要な課題になるのである。一方、日本などの相互協調的な自己観が優勢な文化では、意味のある社会的関係に所属し、そのなかで相応の位置を占め、他と相互依存的・協調的な関係を維持することにより、自己の社会的存在を確認し、そうすることで自己実現を図ることが重要とされる（北山, 1994）。先の事例でいえば、ある個人の運動能力は、「家族や友人のおかげ」で高められたものであると捉えられることになり、その能力をチームワークのなかでいかに発揮し、求められた役割を全うし、集団目標を達成することが人生における重要な課題になるのである。

2．文化と社会的適応方略

　西洋文化圏で行われた研究で広く見いだされる心理傾向の1つに、自分についてよい感情をもちたいという自己高揚傾向がある（Greenwald, 1980; Taylor & Brown, 1988）。これまでの研究から、一般に、適応的な人の自己概念は肯定的な方向へ傾いていること、人が社会のなかで適応的に生きていくには自己高揚傾向をもつことが重要であるとみなされている（Brown, 1986）。しかしながら、比較文化的な研究では、日本をはじめとする東アジア文化では西洋文化圏で繰り返し報告されているような自己の見方におけるポジティブな歪みは見られず（Campbell et al., 1996）、むしろ、自分自身の失敗を能力に帰属するなど（北山ほか, 1995）、否定的な側面が相対的に強調される傾向があることが示されてきている（Heine et al., 2000）。

　このような社会的適応における文化差が生じる原因の1つとして、社会生活のなかで重視される側面が異なることが指摘されている。例えば、主観的健康（subjective well-being）の中心的要素であるよい感情（good feeling）が、日本では相互協調的であること、自己が他者と結びついていることと関連しているが、

アメリカでは、それが相互独立的であること、自己が他者と結びついていないことと関連している（Kitayama et al., 2000）。また、大石とダイナー（Oishi & Diener, 2001）も、自分の楽しみのためといった独立的な目標の追求は、ヨーロッパ系アメリカ人の主観的健康を促進するが、アジア系アメリカ人ではそのような効果が見られないことを見出している。そして、両親や友人を喜ばせるためといった協調的な目標の追求は、アジア系アメリカ人の主観的健康を促進するが、ヨーロッパ系アメリカ人においてはそのような効果が見られないことを見出している。

　さらに、社会的適応を促進するためのプロセスが異なる可能性も示されている。例えば、村本・山口（1997）は、日本人が自分自身の成功については自己卑下的な帰属を行うのに対して、自分が所属する集団の成功については集団奉仕的な帰属を行うことを見出し、日本では集団内の個人がメンバーとの間でお互いの自尊心をサポートし合うことによって集団の和を維持しようとしていること、また、自分が所属している集団を高揚することによって間接的に自分自身の自尊心を高めていると主張している。吉田ら（吉田・浦, 2003; 吉田ほか, 2004）も、日本文化における対人コミュニケーションのなかで頻繁に認められる「自分は〜ができない」といった自己卑下的な呈示が、周囲の人々から「それは事実ではない」、「そんなことはない」といった内容を否定する反応が返ってくることを前提としたコミュニケーションであり、日本ではそのようなコミュニケーションに従事することが個人の精神的健康と結びついていることを見出している。

3．文化と情報処理

　文化心理学が理論の中心として仮定している心と文化の相互構成という視点にたつと、社会の構造や人間観は、それぞれの社会に生きる人々がもつ信念体系だけではなく、さまざまな情報処理プロセスとも一致することが考えられる（Nisbett, 2003）。増田とニスベット（Masuda & Nisbett, 2001）は、アジア人が周囲の人々の関係性を重視する傾向をもつことから、アジア人が西洋人よりも人物や物体を取り巻いている状況により注意を向けやすく、判断を行う際に状況要因を考慮した認知傾向を示すことを、アニメーションを用いた実験から検討している。実験では、日本人とアメリカ人の参加者が、試行ごとに画面上を機敏

に動く魚や水中生物、水草、さんご礁などを見せられ、画面が消えた後にその内容を述べるように求められた。その結果、画面の中心に位置していた魚について報告する人数に文化差は認められないが、日本人はアメリカ人よりも約6倍も多く背景的な要素について報告した。また、見せられた刺激がすでに見た刺激と同一のものであるか否かを判断させる再認課題において、アメリカ人は背景のアニメーションが変化しても再認成績に差は生じないが、日本人は背景のアニメーションが変化しない場合の方が、変化した場合よりも再認成績がよいことが示された。このことから、日本人は事物の背景的・状況的要因に目を向けやすく、出来事の関係を捉えるのが得意であると同時に、人や物事を周囲の状況から切り離して捉えることが苦手であることがわかる。一方、西洋人は特定の物事を周囲の文脈から切り離して捉える傾向をもっているといえる。さらに、このようなアジア人の状況要因に対する注意傾向は、眼球運動のような生理指標を用いた研究においても見出されることが報告されている（増田ほか，2008）。

　このように、文化心理学的アプローチは、「文化によって、人は異なる心理傾向をもつ」という結論を導き出すのではなく、それぞれの文化に住んでいる人々がどのような心理傾向を、どのように育んでいるのかを明らかにすることによって、人と社会・文化のかかわりについて包括的な理論的枠組みを提供しているといえる。

第4節　人と環境

1．行動を規定するもの

1）地理的環境、行動的環境—「環境」の2つの意味—

　コフカ（Koffka, K.）は、ドイツの説話を引用しながら、環境を物理的・客観的環境である地理的環境（geographical environment）と、心理的・主観的環境である行動的環境（behavioral environment）との2つに分け、それぞれの役割について説明している。地理的環境は、私たちが日ごろ"環境"といっているさまざまな物理的環境であり、私たちの基本的生活様式や行動様式を規定するのに対して、行動的環境は認知された環境であって、その場そのときの行動を規定す

第1章　生活環境作りと心理学の役割　　*163*

る。したがって同じ環境に置かれてもそれをどう認知するかによって行動が異なるわけである。地理的環境を広く捉えれば、他者や社会・文化的環境も含められるべきものであるが、これらに対する行動は再び行動主体によって認知され、行動的環境として新たな行動の喚起につながる。

2）レヴィンの「生活空間」

人の行動が環境との相互作用によって規定されることを、レヴィン（Lewin, 1935）は「生活空間（life space, Ls）」という概念を導入することによって説明する。「生活空間」は人（P）と環境（E）との相互関係が生じる全体的事態であり、従属変数である人の行動（B）を規定する独立変数となる。これらの関係は、$B = f$（Ls）$= f$（$P \cdot E$）と表現される。この生活空間は、主体である人と対象である環境（人や事物）によって構成される場であるが、対象がその人を引きつけたり、あるいは反対に遠ざけたりする性質（ヴァレンス valence）をもつ場合には、ある種の力学的場としての性質をもつことになる。このことは P が欲求や感情、価値観など私たちの内的な諸要因を含むことを意味し、生活空間（Ls）は認知的世界ということになる。レヴィンにおいては、過去や未来といった時間も、今このときの生活空間において問題にされることになる。

2．人と空間

上記のコフカやレヴィンの学説は人の行動原理の基礎にかかわるものであって、人と環境のダイナミックな関係、特に環境認知の重要性について多くの示唆を与えてくれる。

1）パーソナル・スペース

個人と他者との関係において、相手にそれ以上近づかれると不快や脅威を感じる目には見えない境界をもつ空間を「パーソナル・スペース（personal space）」という。"縄張り（territory）" が、土地に結びつくのに対して、パーソナル・スペースは人とともに移動する。ホール（Hall, E. T.）によれば、2人の人を分ける距離を知る1つの方法は声の大きさであるという。トレーガー（Trager, G.）との共同で、距離の変化と話しかける声の変化との関係を調べたのが最初の試みであった。この研究の結果8つの距離を得たが、それをまとめて密接距離と個体距離、社会距離、公衆距離の4つとした。そして注意すべきこととして、「人々

164 第4部 ともに生きるための心理学の役割

がそのとき互いにどんな気持ちを抱き合っているかが、用いられる距離を決めるのに決定的要素である」(ホール, 1978) と述べている。ホールはこの研究結果の一般化には慎重な態度を示しているが、その研究結果はその後の知見も加えられながら、表4-1-1のようにまとめられている (鈴木, 1999)。

　小西 (2007) は、パーソナル・スペースに影響を及ぼす要因に関する研究をまとめて、発達、性差、パーソナリティ、精神病、環境、社会、文化を挙げている。一般的傾向として、人は発達とともにパーソナル・スペースは大きくなり、12歳ごろにはほぼ大人と同じになるが、40歳ごろから減少に転ずることや、女性よりも男性の方がパーソナル・スペースが大きいことが知られている。パーソナリティに関しては、外向性の人や親和欲求の強い人はパーソナル・スペースが小さく、不適応で攻撃的な人や精神病患者はスペースを大きく取る傾向がある。部屋の大きさとの関係では、小さな部屋の方が人との距離を大きく取る

表4-1-1　状況による対人距離の違い

密接距離	ごく親密な間柄における距離、他者と密着している状態	
	0~15cm	愛撫、慰め、保護などを表現する場合の距離、相手に直接触れる接触を意味する
	15~45cm	親しい間柄にある者どうしが、身体の触れ合いや低い声のささやきでコミュニケーションする距離。ただし、電車のなかなどでは、特に親しくなくても、他人がこの距離に侵入してくることがある
個体距離	対話や会話における距離、個人的な親しい間柄に見られる距離	
	45~75cm	相手を捕まえたり、抱いたりすることができる距離。この距離では、相手に目の動きで意思を伝えることもできる
	75~120cm	腕を伸ばせば相手に触れる距離。親しくない間柄でも、多少儀礼的な挨拶をするときに取る距離でもある
社会距離	会議、討議、ビジネスにおける距離	
	120~210cm	個人的ではない用件を話すときに使われる距離。この距離では、相手の細かい表情は読み取れない
	210~360cm	形式的な社交やビジネス活動における距離。お互いに異なる活動をしていても気にならない距離
公衆距離	演説、講演などにおける距離、相手に個人を意識させない	
	360~750cm	この距離では、相手の顔全体は見えるが、目の表情や肌の細かさなどはもはや見ることができない
	750cm 以上	顔の細かい表情や感情の動きは感じ取れなくなるので、声や身振りを誇張しなければ、十分に意思が伝えられない

出典) 鈴木 (1999)。

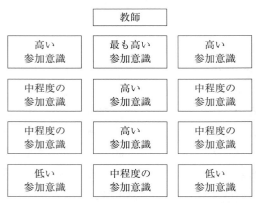

図4-1-2 座席の位置による学生の参加意識
出典）Bell et al. (2001).

傾向があるという。また一度パーソナル・スペースを侵害されると、その侵害者に対して接近を拒否し、援助行動も起こりにくくなる。また会話の際に用いる国語によっても民族間でパーソナル・スペースに違いがあるという。

　授業を受けるときの座席の選び方とその授業への参加意欲との間に何らかの関係があることは、私たちも経験的に気づいていることと思われる。これは洋の東西を問わない問題らしく、図4-1-2のような知見が得られている。つまり、熱心な学生ほど教室の中央で、しかも教卓に近いより前方の座席を選ぶ傾向にある（Bell et al., 2001）。

2）クラウディング

　パーソナル・スペースのように他者と自分との距離を自ら選べる場合と異なり、自分自身が群集のなかにいたり、エレベーターなどの狭い空間に見知らぬ人たちと一緒に置かれた場合、気まずさ、気づまり、いらだちなどの不快感は、現代ではさまざまな機会に経験することが多い。この心理状態をクラウディング（crowding）という。この不快感を引き起こす密集（density）は、物理的な込み合いの状態であって、それによって引き起こされる混雑感（crowding）とは区別される。岩田（2001）はクラウディングを規定する要因として、①個人的要因、②物理的要因、③社会的要因の3つを挙げている。そして、①ではパーソナル・スペースの広い者ほど、また縄張り志向性の強い者ほど、プライバシー志向性

の強いものほどクラウディングが生じやすいこと、②としては温度や湿度、騒音、空間や部屋の広さと構造、座席の位置、共同利用施設の有無、窓、過密を回避するための空間や仕切り、絵や TV の有無などが挙げられること、③としては、そのときの状況とその人の行動によってクラウディングは規定されると述べている。ではなぜ私たちは込み合いによって不快な混雑感を感じるのであろうか。この点に関して岩田は、バウムら（Baum, A. & Paulus, P. B.）の研究結果を参考に、込み合いは親密度の低い人たちの間に視線の交差や身体の接触、行動の束縛、自分をコントロールできないこと（個人的統制への脅威）などを生み、それがクラウディングを生じると述べている。人と空間は以上のように動的な関係にあるが、私たちにとって最も重要な住空間については、今、次のような問題が起こっている。

3．現代の住環境問題

　私たちの生活基盤となる住居には、安全・安定の確保、危険の回避などの基本的欲求の充足に加え、子どもを生み育て民族としての感性の伝承を行うという重要な役割がある。しかしながら、現代の住環境作りにはいろいろな困難な問題がある。特に都会では個人の意図がなかなか反映できない状況にある。その例の1つが超高層集合住宅の問題である。

1）超高層集合住宅

　超高層とは、新耐震設計法施行後は高さで 60 m 以上、階層で 20 階程度以上とされている。1つの建物のなかの住戸数の多さ、居住サービス、（都市型の場合）職場への近さ、多様な複合施設、眺望など、いろいろな面で利点をもち、また建設技術の進歩によって、コストの点でも高層集合住宅（6 階以上）より有利になった。しかしながら、超高層集合住宅はその縦長構造のなかに1つの街をぎっしり詰め込んでいるので、前に取り上げたクラウディングを含め、居住者の間にさまざまな心理的問題を生んでいる。山本（2001）はこれまでの研究を通覧して以下のようにまとめている。まず「密度」に関しては、一戸建てのような庭がなく、隣家同士が壁一枚隔てた高密度な空間における生活を強いられる。中層以上は上・下層からのサンドイッチ効果でストレスが多いという報告もある。床面積が小さいと、密集による心理的ストレスを高める。次に「高さ」

については、上下移動によるアクセスの難しさ、エレベーター台数の不足、エレベーターの閉塞性と移動時間・待ち時間の長さによる外出意欲の抑制、その結果としての近隣関係の阻害、地震・火災時の不安などが挙げられる。3つ目は「スケール」であり、所有者のはっきりしない空間における犯罪の誘発、共有空間の管理不足、居住者同士のコミュニケーションの希薄化などが指摘されている。

　他の研究もおおよそ類似の結果を示しているが、超高層集合住宅の高層階居住者自身からは、むしろ高い評価を得られている事実もある。それは高所得者、高年齢者に多く、眺望、日照、採光、通風など居住性のよさと、開放感、精神的優越感など心理的要因によるものと思われる。一般に高階層では、子どもの転落事故や行動の監視が十分にできないことによる不安のため、母子分離がうまくいかず、子どもの自立が遅れることがあるという。

2）超高層集合住宅の方向性

　超高層集合住宅のこれからについて、山本（2001）は、「都心型超高層集合住宅の場合、オフィスや商店などの非住宅機能との用途複合と都心居住志向層の居住ニーズへの適切な対応が課題」とし、また「郊外型（団地型）超高層集合住宅は、幼児・児童・主婦・老人を含む標準世帯が健康で快適に生活するために何をすべきかが課題」と考えている。加えて「住棟内共用空間およびコミュニティ施設の充実、自然を取り入れたオープンスペース計画など、生活の場としての住性能水準を高める計画設計が求められる」と述べている。確かにこれらの配慮は超高層集合住宅のいっそうの充実化を図るために、今後ますます力を注がなければならないことであろう。また、住民どうしのコミュニケーションを図るために IT の活用も積極的に考慮すべき方策である。居住者の生活に潤いを与えるための構造自体の改善としては、共有スペースへの配慮だけでなく、個々人の主たる生活の場である自宅のベランダをより広めの造りとし、そこへ自然を導入することや、フリースペースとしての縁側など、日本の伝統家屋の一部を設計のなかに組み入れることも考える価値があるように思われる。さらに超高層という建物自体の特性を生かし、壁面を太陽光発電パネルで覆って自然エネルギーを積極的に活用し、それを居住者あるいは地域に還元するなど、地球環境保全のための活用を考えることも必要な時代と思われる。

第5節　社会問題と環境問題への心理学の活用

　本章では、生活環境における心理学の役割というテーマに基づいて、個人と個人、家族、社会と文化、環境など、人間をとりまく状況を微視的視点から巨視的視点にいたるまで考察してきた。本節では、個人をとりまく社会問題として対人葛藤、個人をとりまく環境問題として環境汚染への取り組みをとりあげて論じる。これらの問題は、人を取り巻く状況という意味では、個人が抱えるミクロな問題とマクロな問題ということができるだろう。こうした、人々が抱える多様なレベルの問題の内容を分析し、解決策を探るための心理学の理論の1つは、社会的交換理論である。本節ではこの理論について説明し、対人葛藤と環境問題への活用を論じる。

1．社会的交換理論、相互依存理論、囚人のジレンマ、社会的ジレンマ

　長期休暇に旅行に出てお土産を選ぶとき、どういう人の顔が思い浮かぶだろうか。家族、友人、職場の人々の顔が思い浮かぶだろう。これらの人々はきっと、彼らが旅行に出たときもあなたにお土産を買ってきてくれたり、思い出話をしてくれたりするだろう。このように、人と人との間においては、金銭や物品、それだけではなく、愛情や情報といった不可視なものも多様な形で交換されている。他者とのさりげない会話、儀礼的行動、交渉、報酬の分配なども社会的交換の一形態である。このような、様々な交換のあり方に注目して対人関係の満足感や社会的な構造を理解しようとする理論的立場を社会的交換理論と呼ぶ。

　人間関係をより「交換」という観点から分析している研究者にシボーとケリー（Thibaut, J. W. & Kelley, H. H.）がいる。彼らは、二者間の相互作用は一方の個人ともう片方の選択が連続的に依存し合って展開していると考えた。例えば、Aがaという行動を行うと、Bはbという行動を選択する。bという行動に対して、Aはa_2という行動を選択し、Bはa_2に対応したb_2という行動を行う。さらに、ケリーたちは、相互作用における交換を通して得られる報酬（満足感や喜びなど）、コスト（負担や努力）、アウトカム（報酬とコストの差）といった観点から

第1章　生活環境作りと心理学の役割　*169*

人間関係を説明しようとした。報酬からコストを差し引いた差が正であればその相互作用はポジティブな成果を、その差が負であればネガティブな成果が相互作用を行っている両者にもたらされる。このように、相互作用を行う個人がどのような行動を選択するかによって相手の行動が変化し、相互作用の成果も変化することを説明したものが相互依存理論である（Kelley & Thibaut, 1978）。

　自分の選択が相手の選択に影響を及ぼし、自分と相手の相互作用の成果にも大きな影響を表す状況を端的に示しているのが囚人のジレンマと呼ばれる状況である。これは、個々にとって最善の選択が、「2 人にとって」の最適な選択にはならないというジレンマ状況である。表 4-1-2 を見ながら想像してみてほしい。あなたは囚人 A で、囚人 B と一緒に悪事を働き、御用となった。それぞれ個別に取り調べを受け、B との相互作用は一切できなくなった。取調べ中、あなたは刑事から次のような司法取引を持ちかけられた。あなたが黙秘し（B に協力）、B も黙秘（あなたに協力）するなら、2 人はそれぞれ 2 年の刑期となる。しかし、もしあなたが自白して B が黙秘した場合（あなたが B を裏切って出し抜いた場合）、あなたは釈放され、B の刑期は 30 年となる。そして、もし、あなたもB もお互いに自白する（お互いにお互いを裏切って出し抜こうとする）なら、2 人とも10 年の刑期とする。あなたならどうするだろう？　お互いに協力か裏切りかの選択肢を有し、相手とこちらの出方の組み合わせによって刑期が変化する。このように、日常生活において、自分にもたらされる利益が、自分の振る舞いや意思決定のみによって規定されることは案外少なく、自己の決定と他者の決定の両者が依存し合って、自分にもたらされる成果が決められることもある。

　このような、自己にとっての最適解と、二者にとっての最適解が相反してしまうようなジレンマは、より大きなレベルでも生じる。ごみの分別が不十分で

表4-1-2　囚人のジレンマの状況

		囚人 B の行動	
		自白（裏切り）	黙秘（協力）
囚人 A の行動	自白（裏切り）	A：懲役 10 年 B：懲役 10 年	A：釈放 B：懲役 30 年
	黙秘（協力）	A：懲役 30 年 B：釈放	A：懲役 2 年 B：懲役 2 年

170　　第 4 部　ともに生きるための心理学の役割

表4-1-3 社会的ジレンマの例

現象	当事者	「協力」	「裏切り」
軍拡競争	国	軍縮	軍拡
公共財	地域住民	貢献・負担	ただ乗り
漁獲量	漁師	規定量の漁獲	規定量超えの漁獲
価格破壊	企業	価格据え置き	値引き

ごみ置き場が回収不可のゴミ袋であふれかえる。自家用車による通勤が減少せ
ずに渋滞も緩和されない。これらの例に共通するのは、個人が自分自身にとっ
て楽で得な行動を取った結果、それが集積されて、社会全体にとっては望まし
くない、個人にとっては意図せざる結果が生じている点である。こうした状況
は社会的ジレンマと呼ばれる。ドウズ（Dawes, R. M.）は、社会的ジレンマを次の
ように定義している。①各個人は「協力」か「非協力」のどちらかを選択できる。
②各個人にとっては「協力」よりも「非協力」を選択したほうが望ましい結果
が得られる。③しかし、全員が「非協力」を選択すると、全員が「協力」を選
択するよりも、全員にとって望ましくない結果になる。私たちが抱える社会問
題は、実はこうした社会的ジレンマの結果もたらされていることもある（表4-1-
3）。

2．対人葛藤と囚人のジレンマ

この節における1つの課題は、私たちの身近な環境の1つといえる人間関係
をどのように改善するかを論じることである。人間関係において他者と対立
することを対人葛藤と呼ぶ。対人葛藤とは、「ある行為者の行動や目標が、他
の行為者や集団の行動や目標と両立しないような相互作用的状態」（Tedeschi,
Schulenker, & Bonoma, 1973）と定義され、自己の行動、感情、意図が妨害されて
いると認知する状態である（福島・大渕, 1997）。

このような状況において、どう振る舞うのが個人と関係の双方にとって最適
なのだろうか。囚人のジレンマを思い出してみてほしい。こちらがどう振る舞
うかと相手がどう振る舞うか、その組み合わせによってもたらされる結果が異
なっていた。対人葛藤の文脈でいえば、相手を責めたり自分の主張だけ押し通
そうとすることが競争的反応、相手の主張を認めて譲歩することが協調的反応

といえるだろう。さて、自分は、そして相手は、どちらを選択するだろうか。相手の出方がわからない状況で、どのように振る舞うのが得策なのだろうか。

　アクセルロッド（Axelrod, 1980a; 1980b）がコンピュータシミュレーションを使って、興味深い研究をしている。囚人のジレンマは囚人たちが自分の態度を選択するのは1回きりだが、彼は、選択を何度も繰り返す反復状況を設定した。つまり、囚人Aと囚人Bが1回目のお互いの選択を知った後、2回目はどうするか、3回目は……と選択を繰り返すような状況である。現実的にいえば、相互作用が長期間にわたる人間関係である。このような状況を設定して、彼は、心理学者や経済学者などの専門家に、一番強いと考えられる振る舞い方のセットをコンピュータプログラムとして作成してもらい、対戦させた。その中で最も強かったのは、「応報戦略」と呼ばれるものであった。この戦略の特徴には、①最初は必ず協調方略を選択し、自分からは相手を裏切らない上品さ、②ただし、相手が裏切ったら即座に次回で裏切りを選択する目には目をという潔さ、③しかし、こちらの裏切りに懲りて相手が次回協力した場合はまた協力反応を示す心の広さがある。このような応報戦略には、次のような利点がある。それは、こちらの行動パターンが相手に理解しやすいということである。この戦略は、自分が裏切れば裏切られる、自分が裏切らなければ裏切られることはない、と相手に理解させることが容易なので、相手は自然と自ら裏切り行為を行わなくなると考えられている。

3．環境問題の改善と社会的ジレンマ

　この節におけるもうひとつの課題は、地球規模で叫ばれている環境汚染や温暖化の解決に心理学がどのように貢献しているか、社会的ジレンマの観点から論じることである。

　囚人のジレンマを解決するには応報戦略が効果的であるが、社会的ジレンマにおいては有効ではない。なぜなら、相手の裏切りを罰する意味で行った裏切り行為は、報復対象以外のメンバーにとっては新たな非協力者が出現したようにしか見えず、メンバー間に不信感を高めてしまうからである。社会的ジレンマを解決するには、より視野を広くし、構造的な問題にも目を向ける必要がある。

172　第4部　ともに生きるための心理学の役割

環境問題が抱える構造的問題は、「自分ひとりくらい」と自分にとって得になる行動をする方が、環境問題に協力的な行動を取るよりも、好ましい結果が得られるという社会的な構造である。それゆえ、非協力者には罰を、協力者には報酬を与える仕組み（サンクショニング・システム）を構築して、社会構造を反転させる必要がある。そうすれば、「協力した方が得」と人々に思わせることができるので、環境問題に対する協力者が増えると考えられる。しかし、このシステムを維持するには、非協力者を見つけ出し、罰を科する役目を誰かが負わなくてはならないが、誰もこうしたコストは負いたがらない。朝、ごみ置き場まで出向いてごみを分別しない人に注意するのは誰でもいやだろう。サンクショニング・システムを維持するために、新たな社会的ジレンマ（2次的ジレンマ）が生じてしまう。

　社会的ジレンマは解決が非常に難しい問題のひとつであるが、山岸（1999）は、一般的信頼が社会的ジレンマを解決する鍵になると考えている。一般的信頼とは、誰か特定の他者に向けられた信頼ではなく、多くの人々も協力反応をとるはずだろうという他者一般に対する信頼感のことである。他者が非協力行動をとっているのに自分だけが協力行動をとると、「正直者が馬鹿を見る」という事態に陥ってしまう。このような事態を心配せずに、人々が信頼し合えると（個々人の一般的信頼感が高まると）協力反応は増加すると考えられる。ここで、ひとつの古典的研究を紹介したい。他者の協力の知覚値（信頼）と人々の協力行動の間には強い正の関連が示されたのだ（Tyszka & Grzelak, 1976）。あなたは、この結果をどう捉えるだろうか。やはり、信頼は協力行動を促すことを示したものであるが、もうひとつの解釈の余地がある。それは、他者がみんな協力行動をとるのであれば、自分ひとりくらいと考える人もいそうなものであるが、実はそうした人々は少数派で、信頼感を十分に高めることができれば、人々はそれを悪用したりせず、環境改善に向けた協力行動を行うようになることを示している。

　しかし、なかには、一般的信頼を懐疑的に捉える人もいることだろう（筆者を含めて）。そうした人々に対して、山岸（1998）は、「利他的な利己主義」といった利他と利己の新たな均衡のとり方を提案している。利他的な利己主義とは、端的にいうと、「情けは人のためならず」ということで、協力したり慈善を行うのは、他者のためというよりは、むしろ自分のためであるという考え方のことで

◇◆コラム◆◇
紛争解決に心理学は貢献できるのか

　紛争とは、国と国など集団と集団の間で生じる対立のことである。この100年において2度の世界大戦を含む多くの戦争、内戦、紛争が生じているが、多くは泥沼化し建設的に解決された例はきわめて少ない。私たちはその原因を各国の経済的・政治的思惑に帰属しがちであるが、紛争を引き起こし、それに参加し、解決に携わるのは一人ひとりの人間である。それゆえ人間がどのように知覚し、行動するのかを解明し、人間のメカニズムがどのように紛争激化に影響を及ぼしているのかを検討することは、紛争の仕組みや平和的解決策を探るために必要不可欠なのである。

　紛争が激化する仕組みに影響を及ぼす人間の心理的な要因の1つは認知的バイアスで、その一例に紛争エートスがある（Bal-Tal et al., 2011）。エートスとは「本質」という意味で、深刻な紛争に長期間巻き込まれている社会において、そのメンバーの間で形成され、保持されている紛争に関わる諸問題の理解の枠組みを指す。例えば、パレスチナ紛争において、ユダヤ人は、神に約束された地を取り戻すための戦いであると紛争目標を正当化し、迫害されてきたという民族的脅威を強調するような紛争エートスを有している。つまり、ユダヤ人にとって、パレスチナ紛争とは、迫害され続けた我々が神に約束された地を取り戻すための正当な戦いと同義である。彼らはこのようにパレスチナ紛争を認識しているので、この認識にそぐわない情報からは目を背け、評価を下げ、記憶にも残さない。結果として、正当な戦いであることが強調され続け、イスラエル人に対する攻撃的姿勢が強まり、紛争を激化させる傾向にある（Bal-Tal et al., 2009）。

　紛争の沈静化の動きが見られても、それを頓挫させてしまう理由の1つもまた、人間のバイアスである。対立相手が行ったというだけで、相手の正当な提案や譲歩を低く評価する、反発的低評価というバイアスがある。イスラエルとパレスチナ解放機構の間で結ばれた和平案を題材にした研究では（Maoz et al., 2002）、敵対相手から提案されたものだと告げる場合と、仲間集団から提案されたものだと告げる場合によって、和平案に対する評価が大きく異なることを示している。敵対集団によって提案されたものだと知ると、人々は、それがこちらに配慮されたものであったとしても正当な提案ではないと評価するのである。

　人間の心理は、紛争の激化や和平の困難に深く関わっている一方で、これを建設的に解決できるかどうかにも、深く関わっている。相手を赦すという心理的状態、すなわち、寛容を紛争当事者に導けるかどうかが建設的解決の糸口になると注目されており（McCullough et al., 2000）、紛争当事者に特徴的な要因に焦点をあて、寛容を促進する条件が明らかにされ始めている（Schnabel & Nadler, 2008）。紛争当事者の寛容を高める条件を探り、あるいは、葛藤を深刻化させるバイアスを取り除く条件を探り、それを満たす環境を整えるべく、社会に働きかけることが、紛争解決に心理学が貢献する1つの道といえる。

●引用・参考文献

バル・タル, D.　熊谷智博・大渕憲一（監訳）（2012）．紛争と平和構築の社会心理学―集団間の葛藤とその解決―北大路書房（Bar-Tal, D. (Ed.) (2011). *Intergroup conflicts and their resolution: Social psychological perspective*. New York: Psychology Press.）

Bal-Tal, D., Raviv, Amiram, Raviv, Alona, & Dgaani-Hirsh, A. (2009). The influence of the ethos of conflict on Israeli Jew's interpretation of Jewish-Palestinian encounters. *Journal of Conflict Resolution, 53*, 94-118.

Maoz, I., Ward, A., Katz, M., & Ross, L. (2002). Reactive devaluation of an Israeli and Palestinian peace proposal. *Journal of Conflict Resolution, 46*, 515-546.

McCullough, M. E., Pargament, K. I., & Thoresen, C. E. (2000). The Psychology of Forgiveness. In E. M. McCullough, K. I. Pargament, & C. E. Thoresen, (Eds.), *Forgiveness: Theory, Research, and Practice.* New York: The Guilford Press, pp. 1-16.

Shnabel, N. & Nadler, A. (2008). A needs-based model of reconciliation: Satisfying the differential emotional needs of victim and perpetrator as a key to promoting reconciliation. *Journal of Personality and Social Psychology, 94*, 116-132.

ある。環境問題という社会的問題の解決が求められるなか、それでも簡便さや利便性を追求する利己的な人に、コミュニティや環境のための協力行動をとることが、実は自分にとって大きな利益をもたらすことを強く認識させることができれば、利己主義者であったとしても環境改善行動を行うようになるであろう。

　本節では、人々をとりまくミクロな環境問題として対人葛藤を、マクロな問題として環境問題を取り上げ、社会的交換という観点から考察した。相互依存性が高い状況で個人と社会がともに適応するには、人々が極端な愛他主義や利己主義に陥ってしまうことなく、他者への信頼感を高めた上で自益もおろそかにしないという中庸さを保つことが必要であるといえるだろう。このように、心理学によって人々の心理的本質を描くことは、社会問題や環境問題の解決にとって、大きな役割を果たしているといえる。

第6節　災害とコミュニティ支援

　本節では、東北大学大学院教育学研究科家族臨床研究室内の東日本大震災PTG支援機構と東北福祉大学における筆者の取り組みを中心に、災害後のコ

ミュニティ[1] 支援について述べる。コミュニティ支援の対象は、避難所、電話相談、応急仮設住宅、在宅避難者、行政職員、職業的災害救助者、学校職員等がある（長谷川・若島, 2013；長谷川・若島, 2015）。本節で扱う内容は主に避難所、仮設住宅、在宅避難者、復興公営住宅のコミュニティ支援である。

1．コミュニティ支援の理念と指針

　大規模な災害における心理士（公認心理師、臨床心理士）の重要な姿勢は、被災された人々に心理士の知識と技術をあてはめない無知の姿勢（Anderson & Goolishian, 1992）である。心理士がもつ専門的な知識と技術は，大災害においては無力であることが多い。心理士は大災害を経験した一人の人間として矜持をもって支援を開始するが、現地には面接室はなく、安心して安全に対話できる空間はない。悲嘆する人々はいるが治療契約のあるクライアントはいない。この現実を目のあたりにした心理士は、現地の活動に迷い、自分の無力さを痛感することになる。しかし、心理士が自身の無力さを心の内に押しとどめて人々と対話すると、心理士は役立つことに躍起になり、アセスメントや心理面接に固執したり、人々の苦しみを援助すべき「問題」として過度に注目することになりかねない。不協和な事態を生き延びている一人ひとりの声に細やかな注意を向ける力が失われ、人々に心理士のストーリィを押しつけてしまい、人々を傷つけてしまう。

　災害後の心理支援では、支援チームが理念を共有する必要がある。この理念は、①当事者のこころの基本的ニーズ（自律的でありたい・有能感をもっていたい・より良い関係のなかにいたいという欲求）を尊重すること、②さまざまなシステム（避難所、他の支援チーム、ボランティア、被災者家族や地域など）の自己組織性（秩序を生成・維持する力）を信頼し、その力を活性化することである（長谷川・若島, 2013）。この2つの理念は異なる言葉であるが、個とシステムの自己組織性を阻害せずに促進する共通点がある。具体的な活動の指針は、被災された人々とのコミュニケーションの重視、ニーズの把握、支援プランの立案、被災された人々による支援プランの決定、支援プランの実行と修正である。

　理念を共有した支援チームは、現地の人々との折衝・交渉で迅速な判断ができる（長谷川・若島, 2013）。また、人々とのコミュニケーション—例えば、どの

会話をするか、人々が語る声にどのように追従するか—が変わってくる。

　次の３事例は、災害を経験した人々が災害の想像を絶する現実と生き延びた現実という２つの不協和な事態のなかで、精神的な打撃を受けて、不協和な事態をやりくりするように動機づけられることを心理士に教えてくれる。

　事例１：悲嘆しながらも毎日仏壇に手を合わせたり、花を愛でることで心理的な安寧を求めるなど敬服すべき行動を続けている。

　事例２：南三陸旭ヶ丘地区が川柳を読み合った「震災川柳」では、震災時の苦痛な体験を言葉にして和らげる取り組みが生まれた（南三陸「震災川柳」を出版する会, 2013）。

　事例３：仮設住宅には日差しを和らげる緑のカーテン、家庭菜園、各種のサークル、住民同士のつながり、高齢のマラソン・ランナー、折り紙の達人、映画評論家がいる（板倉・森・平泉・若島, 2013）。

　これらの事例は一つひとつが稀有な出来事であるが、災害後の新しい日常で見られる光景である。心理士が人々の創意や出来事に注意を向けて、人々と無知の姿勢で向き合うと、これまで語られることのなかった対話が生まれる。人々は自分自身を表現することができ、かすかでも有能な存在であると感じ、温かい関係ができる。人々と心理士の治癒的な対話は人々がもっているこころの基本的なニーズを促進するきっかけになる。

　このように、心理士は被災された方々に自らの方法を押しつける存在ではなく、人々に生きる知恵を教えてもらう存在（one down position）である。一人ひとりに敬意をもち、現地の取り組みに参加しながら観察し、丁寧にサポートする。"人生の専門家"である人々は心理士のこのような真摯な態度と行動によって知恵を授ける立場（one up positon）になることができる。このような自然で温かな交流は、治癒的な関係の基盤である。その後、人々は心理士の役割を知り、心理士にニーズを伝え、心理士は知識や技術を提供することになる。

２．ストレスの理解と対応

　被災された人々のストレッサーは３つに分けられる。災害で生じる喪失体験（過去の人生との連続性を失うこと、今までの日常の喪失、近親者の喪失など）に関するストレッサー、災害後の生活の変化や見通しがたたない生活のストレッサー、個

表4-1-4 スリーステップス・モデル（長谷川・若島，2013より抜粋）

ステップ1	当事者の現在抱えている症状や反応は，その状況を体験したことにおいて当然の反応である，という共感に基づいた一般化をする（ノーマライズ）。
ステップ2	PTSD様の反応は，多くの場合において時間の経過と共に少しずつ軽減していくものであるということを前提とし，問題が発生してから現在までの間で，その問題の程度に少しでも違いがないかを確認し，これまで主体的に行ってきた対処や行動を支持する（do more & コンプリメント）。
ステップ3	悲嘆反応やPTSD様の反応は，避けようとすればするほどコントロールできなくなる。よって，あえて積極的に問題に対して意識を向けさせていくなど，何か違ったことをする介入を提示する（リフレーミング&パラドックス介入）。

出典）長谷川・若島（2013）より抜粋。

別的（年齢、仕事、家族関係など）のストレッサーである。このストレッサーに長期にわたり曝露されると汎適応症候群（general adaptation syndrome : GAS）（詳細は本書 p.190）になりやすい。したがって、ストレッサーに晒されているハイリスク者を把握し、対応を重視する必要がある。高齢者と子ども、心身の障害を持つ人々、災害業務に従事する人々などはストレッサーに繰り返し晒されて脆弱になるため注意を要する。

　人間は自然な回復の力を備えている。被災者の精神的な回復の過程は、論者によって異なるものの、おおむね災害前の「警戒期」、災害直後の「衝撃期」、精神的に高揚して連帯感が強まる「蜜月期」、抑うつ気分や罪悪感、無気力、虚脱感、悲しみ、感情の麻痺が生じる「幻滅期」、「再建期」、「それ以降の時期」がある（若林, 2003）。人々の回復の過程をモデル化したものであるため、実際は被災された方々によって異なるし、行き戻りしながら変化していくものである。この自然の回復過程を促進する対応に、ブリーフセラピーに基づくスリーステップス・モデル（若島・野口・狐塚・吉田, 2012）がある（表4-1-4）。

3．初期・中期の支援

　発災から1週間程度の最初期、1週間から1ヵ月の初期、1ヵ月から3～6ヵ月の中期は、Do No Harm が原則である。支援を提供することで生じる2次被害のリスクを避け、自然の回復過程を促進することが大切である。世界保健機関（WHO, 2011）などが推奨しているサイコロジカル・ファーストエイド（Psychological First Aid : PFA）は，支援する立場にある人が倫理的にすべきこと・

178 第4部 ともに生きるための心理学の役割

すべきでないことが根拠とともに明確に示されているため必読である。

　具体的な内容は、応急仮設住宅では、簡易カウンセリングルームの設置と運営、個別支援のマップ作り、ニュースレターを用いた訪問支援、お茶っこ会や折り紙教室などのイベント開催、現地の生活支援員のコンサルテーションなどがある（板倉・森・平泉・若島, 2013）。アウトリーチ型の支援については小澤・中垣・小俣（2017）が詳しい。以下に訪問によるカウンセリングの事例を紹介する。

　事例4：脳梗塞を患った独居高齢者のAさんは、映画を年に100本、人生で
　　3000本は観てきた。自分の半生と重なる映画を解説し、若者（著者）に人
　　生の歩みを伝えてくれる。心理士は月に1回の訪問カウンセリングでライ
　　フレビューを意識し、Aさんは映画の解説を通して若者に人生訓を伝える
　　という生きがいを得て、精神的な安定を保つことができた（平泉, 2016）。

4．中期・長期の支援

　6ヵ月から1年にわたる中期、1年から10年にわたる長期の活動は、訪問型のカウンセリング、支援者のストレス対策、自死予防やアルコール依存対策など、現地のニーズに沿った活動になる。どのような活動であっても、活動の目的は心理学の専門家が参画するまちづくりであると捉えることがよいだろう。人々と心理士の長期にわたる交流は、カウンセリングの契約関係とは異なるものである。支援を受ける／提供するという明確な契約関係はなく、「受理」と「終結」が曖昧である。そのため支援グループのスタッフは、"細く長く交流を続けることはもはや支援ではないのではないか"と自問自答することになる。しかし、心理的な危機に迅速に対応する裏方がいる安心感、専門家を身近に感じてもらう効果など、心理士が裏方でまちづくりに参画する意義は小さくない。無理なく継続して活動するためにはセルフケアも大切である。

　事例5：つながりデザインセンター・あすと長町の設立と運営　あすと長町
　　には震災5年後に復興公営住宅が完成した。その後、支援に携わってきた
　　13団体、大学の4研究室は、3つの復興公営住宅の自治組織とともに、ま
　　ちづくりのNPO法人「つながりデザインセンター・あすと長町」を設立
　　した。自治組織の立ち上げ、利用が滞りがちな集会所の活用、食を通じた
　　交流「あすと食堂」の開催、支援団体の交流、他地域への復興支援のノウ

ハウ提供など多岐にわたる活動をしている。筆者はこの活動を後押しするために個別の訪問活動を終了し、NPO 全体の運営に参画している。

まちづくりの手法は、地元学（吉本, 2001）が参考になる。地元学は、画一的な観光モデル（大型リゾート開発など）が外発的に推進されて地域が疲弊・衰退した問題から生まれたまちづくりの一方法である。提唱者の吉本哲郎氏は「あるものさがし」と形容している。地域の人々（「土の人」）と地域の外の人々（「風の人」）がともに地域にある資源を探し、気づき、それを膨らませるこの哲学と方法は、心理支援の一大潮流である解決志向アプローチ（Solution Focused Approach）と共通している。もちろん地元学と災害後の心理支援は異なるものであるが、コミュニティを元気にする哲学と方法には共通性を見出すことができる。

5．コミュニティ支援のこれから―遠隔心理学―

筆者がいる宮城県では復興公営住宅が多く建設され、仮設住宅等に住んでいた住民は各地に住処を構えている。これまでのようにアウトリーチ型の支援を継続することは物理的にも人力的にも難しくなっている。このようななかで、遠隔心理学（telepsychology）という新しい心理学の分野が注目されている。遠隔心理学とは、通信技術を活用して離れた 2 地点で行われる心理支援に関する心理学である。この遠隔心理学の 1 つに、音声と映像を同時通信するビデオ会議技術を用いた心理療法（Videoconferencing Psychotherapy：VCP）がある。VCP とは、物理的に離れた 2 地点で音声と動画を同時通信するビデオ会議ツールを用いた心理療法であり、対面型の心理療法と治療成績が変わらないことが知られている（Backhaus et al., 2012）。VCP は利用者と支援者双方のアクセスを改善することができるため、一部の利用者によっては対面型の心理療法よりも満足度が高いこともある。筆者の研究チームは、VCP を用いたうつ病予防プログラムを検討している（Hiraizumi, 2019）。また、自治体職員の有志グループとともにビデオ会議ツールを活用して離れた 2 地点で対話するオンラインのコミュニティを作る試みもある。この取り組みは後続する災害に備えたノウハウの蓄積と防災伝承ができる可能性がある。このほかにも、心身に障害がある方に e‐ラーニングで在宅学習と在宅就労の機会を提供している仙台市の企業もある。著者の研究チームは、企業と共同で、e‐ラーニングによる心理支援のコンテンツ制作

に着手している。このシステムは広範囲に心理支援を提供する基盤になるかもしれない。心理学者はこれらの先進事例を検討し、役立つ知見をまとめることで、将来のコミュニティ支援の幅を広げることができるだろう。

●注
1）本節では、コミュニティ（community）とは、地域社会にとどまらず、学校や企業、病院、施設、あるいはまたその下位の単位である、クラス、職場、病棟なども含む。

●引用・参考文献
Anderson, H., & Goolishian, H.（1992）. The Client is the Expert: a Not-Knowing Approach to Therapy, MacNamee, S., & Gergen, K. J., *Therapy as Social Construction*. Sage Publication, pp. 25-39

Axelrod, R.（1980a）. Effective choice in the Prisoner's Dilemma. *Journal of Conflict Resolution*, **24**, 3-25.

Axelrod, R.（1980b）. More effective choice in the Prisoner's Dilemma. *Journal of Conflict Resolution*, **24**, 379-403.

Backhaus, A., Agha, Z., Maglione M. L., Repp, A., Ross, B., Zuest D., Rice-Thorp, N. M., Lohr, J., & Thorp, S. R.（2012）. Videoconferencing Psychotherapy: a Systematic review. *Psychological Services*, **9**（2）, 111-131.

Bell, P. A., Greene, T. C., Fisher, J. D., & Baum, A.（2001）. *Environmental Psychology*. USA: Harcourt College Publishers.

ベネディクト, R. 長谷川松治（訳）（2005）. 菊と刀—日本文化の型— 講談社学術文庫 pp. 142-308.

Brown, J. D.（1986）. Evaluation of self and others: Self-enhancement biases in social judgement. *Social Cognition*, **4**, 353-376.

Campbell, J. D., Trapnell, P. D., Heine, S. J., Katz, I. M., Lavallee, L. F., & Lehman, D. R.（1996）. Self-concept clarity: Measurement, personality correlates, and cultural boundaries. *Journal of Personality and Social Psychology*, **70**, 141-156.

Dawes, R. M.（1980）. Social dilemmas. *Annual Review of Psychology*, **31**, 169-193.

土居健郎（1980）. 甘えの構造 弘文堂 pp. 24-42.

エリクソン, E. H. 村瀬孝雄・近藤邦夫（訳）（1990）. ライフサイクル、その完結 みすず書房（Erikson, E. H.（1987）. *The life cycle computed*, New York: Norton）

Fiske, A. P., Kitayama, S., Markus, H. R., & Nisbett, R. E.（1998）. The cultural matrix of social psychology. Gilbert, D. T., Fiske, S. T., & Lindzey, G.（Eds.）*Handbook of Social Psychology*. 4th ed. New York: McGraw-Hill, pp. 915-981.

フロム, E. 鈴木 晶（訳）（1991）. 愛するということ 紀伊國屋書店（Fromm, E.（1956）. *The Art of Loving*. New York: Harper & Brothers.）

福島 治・大渕憲一（1997）. 紛争解決の方略 大渕憲一（編著） 紛争解決の社会心理学 ナカニシヤ出版 pp. 32-58.

Greenwald, A. G.（1980）. The totalitarian ego: Fabrication and revision of personal history. *American Psychologist*, **35**, 603-618.

ホール, E. T.　日高敏隆・佐藤信行（訳）(1978).　かくれた次元　みすず書房　pp. 160-181.
（Hall, E. T. (1966). *The hidden dimension.* New York: Doubleday & Company.）

長谷川啓三・若島孔文 (2013).　震災心理社会支援ガイドブック―東日本大震災における現地基幹大学を中心にした実践から学ぶ―　金子書房

長谷川啓三・若島孔文 (2015).　大震災からのこころの回復―リサーチ・シックスと PTG ―　新曜社

Heine, S. J., Takata, T., & Lehman, D. R. (2000).　Beyond self-presentation: Evidence for self-criticism among Japanese. *Personality and Social Psychology Bulletin*, **26**, 71-78.

平泉　拓 (2016).　軽度脳梗塞を患い人生への絶望感を抱える定年独居男性に対する解決志向型訪問カウンセリング　日本ブリーフセラピー協会第 7 回学術会議発表抄録集 , 20.

Hiraizumi, T. (2019).　Videoconferencing psychotherapy and community care. In Niiniö, H. Putkonen P., & Hagino, H. *The Art and ICT in Prevention of Dementia and Depression.* Laurea Publications.

板倉憲政・森　真理・平泉　拓・若島孔文 (2013).　仮設住宅への心理社会支援　長谷川啓三・若島孔文編　震災心理社会支援ガイドブック―東日本大震災における現地基幹大学を中心にした実践から学ぶ―　金子書房　pp. 32-49.

岩田　紀 (2001).　都市環境と人間　岩田　紀（編著）　快適環境の社会心理学　ナカニシヤ出版　pp. 29-48.

神谷恵美子 (1990).　こころの旅　日本評論社

河合隼雄 (1994).　流動する家族関係　岩波書店　pp. 4-138.

河合隼雄 (1980).　家族関係を考える　講談社現代新書　pp. 24-68.

河合隼雄 (1998).　日本人の心のゆくえ　岩波書店　pp. 109-123.

北山　忍 (1994).　文化的自己観と心理的プロセス　社会心理学研究, **10**, 153-167.

北山　忍 (1998).　自己と感情―文化心理学による問いかけ―　認知心理学モノグラフ 9　共立出版

北山　忍・高木浩人・松本寿弥 (1995).　成功と失敗の帰因―日本的自己の文化心理学―　心理学評論, **38**, 247-280.

Kitayama, S., Markus, H. R., & Kurokawa, M. (2000).　Culture, emotion, and well-being: Good feelings in Japan and the United States. *Cognition and Emotion*, **14**, 93-124.

ケリー, H. H.・ティボー, J. W.　黒川正流（監訳）(1995).　対人関係論　誠信書房（Kelley, H. H., & Thibaut, J. W. (1978). *Interpersonal Relations: A theory of interdependence.* New York: Wiley.）

小西啓史 (2007).　空間行動　佐古順彦・小西啓史（編）　環境心理学　朝倉書店

レヴィン, K.　相良守次・小川隆・相良守次（訳）(1959).　パーソナリティの力学説　岩波書店（Lewin, K. (1935). *A Dynamic Theory of Personality: Selected Papers.* New York: McGraw-Hill.）

Markus, H. R., & Kitayama, S. (1991).　Culture and the self: Implications for cognition, emotion, and motivation. *Psychological Review*, **98**, 224-253.

増田貴彦・明瀬美賀子・ラドフォード , マーク H. B.・ワン , ホワイタン (2008).　状況要因が眼球運動パターンに及ぼす影響―日本人と西洋人の周辺情報への敏感さの比較研究―　心理学研究, **79**, 35-43.

Masuda, T., & Nisbett, R. E. (2001).　Attending Holistically Versus Analytically: Comparing the Context Sensitivity of Japanese and Americans. *Journal of Personality and Social Psychology*, **81**, 922-934.

南三陸「震災川柳」を出版する会（2013）．震災川柳　JDS 出版

村本由紀子・山口　勧（1997）．もうひとつの self-serving bias—日本人の帰属における自己卑下・集団奉仕傾向の共存とその意味について—　実験社会心理学研究, **37**, 65-75.

中根千枝（1967）．タテ社会の人間関係　講談社現代新書　pp. 26-67.

ニスベット，R. E.　村本由紀子（訳）(2004)．木を見る西洋人　森を見る東洋人　ダイヤモンド社（Nisbett, R. E.（2003）．*The Geography of Thought How Asians and Westerners Think Differently... and Why.*）

Oishi, S., & Diener, E.（2001）．Goals, culture, and subjective well-being. *Personality and Social Psychology Bulletin*, **27**, 1674-1682.

岡堂哲雄（1991）．家族心理学講義　金子書房

小澤康司・中垣真通・小俣和義（2017）．緊急支援のアウトリーチ—現場で求められる心理的支援の理論と実践—　遠見書房

佐藤悦子（1986）．家族内コミュニケーション　勁草書房

鈴木浩明（1999）．快適さを測る—その心理・行動・生理的影響の評価—　p. 59.

Taylor, S. E., & Brown, J. D.（1988）．Illusion and well-being: A social psychological perspective on mental health. *Psychology Bulletin*, **103**, 193-210.

Tedeschi, J, T., Schlenker, B., & Bonoma, T. V.（1973）．*Conflict, Power, and Games*. Chicago: Aldine.

Tyszka, T., & Grzelak, J. Z.（1976）．Criteria of Choice in Non-Constant-Sum Games. *Journal of Conflict Resolution*, **20**, 357-376.

若林佳史（2003）．災害の心理学とその周辺—北海道南西沖地震の被災地へのコミュニティ・アプローチ—　多賀出版

若島孔文・野口修司・狐塚貴博・吉田克彦（2012）．ブリーフセラピーに基づくスリー・ステップス・モデルの提案　*Interactional Mind V*, 73-79.

WHO　国立精神・神経医学研究センター，ケア・宮城，プラン・ジャパン（訳）(2011)．心理的応急処置（サイコロジカル・ファーストエイド：PFA）フィールド・ガイド（http://saigai-kokoro.ncnp.go.jp/pdf/who_pfa_guide.pdf　2018 年 8 月 10 日）(World Health Organization, War Trauma Foundation and World Vision International（2011）．Psychological First Aid: Guide for field workers, Geneva; WHO.)

山田昌弘（1994）．近代家族のゆくえ—家族と愛情のパラドックス—　新曜社

山岸俊男（1998）．社会的ジレンマのしくみ—「自分1人ぐらい」の心理の招くもの—　サイエンス社

山岸俊男（1999）．安心社会から信頼社会へ—日本型システムの行方—　中央公論新社

山本和郎（2001）．超高層集合住宅　岩田　紀（編著）　快適環境の社会心理学　ナカニシヤ出版　pp. 90-116.

吉田綾乃・浦　光博（2003）．自己卑下呈示を通じた直接的・間接的な適応促進効果の検討　実験社会心理学研究, **42**, 120-130.

吉田綾乃・浦　光博・黒川正流（2004）．日本人の自己卑下呈示に関する研究—他者反応に注目して—　社会心理学研究, **20**, 144-151.

吉本哲郎（2000）．風に聞け　土に着け　風と土の地元学　地元学協会事務局

第2章

人の健康と心理学の役割

第1節　現代社会と心の健康

1.「健康作り」の時代

　「予防」（prevention）という概念を考えてみよう。予防とは、「健康を脅かす危険因子を取り除くまたは軽減すること」と定義することができよう。それは、問題が生じてから「対処的」に解決をめざすのではなく、問題が生じないようにする（第1次予防）、もしくは問題が生じても早期に対応することで重篤化を防ぐ（第2次予防）というものである（なお、リハビリテーションに代表されるような「一度健康を害した者への悪化防止と回復程度を最小限に留めること」を第3次予防という）。

　では、予防はなぜ、必要なのであろうか。このことについて、まず医学的・公衆衛生学を中心としたアプローチから考えてみよう。穴井ほか（2006）は、疾病志向として「個人や集団、社会の病理、ダメージに注目し、その理解と回復をめざす従来の医療や心理学の姿勢」を挙げている。これは、病気になる要素がなければ問題は生じない、という考え方であり、「疾病モデル」ともいうべきである。しかしながら、「問題が生じていない」ということのみで健康を考えるには不十分である。WHO（世界保健機関）憲章前文では、健康ということを「身体的、精神的及び社会的に完全なウェル・ビーイングの状態にあり、単に疾病又は病弱の存在しないことではない」（WHO HPより、訳は著者による）と定義し、「問題の不在」が「健康」を示すことにはならないということを明確に述べている。

　ここで、2002（平成14）年に公布された健康増進法を見てみよう。この法律は、「急速な高齢化の進展及び疾病構造の変化に伴い、国民の健康の増進の重要性が著しく増大していること」（第1条）を背景に制定されたものである。そして国民の責務として「健康な生活習慣の重要性に対する関心と理解を深め、生涯

にわたって、自らの健康状態を自覚するとともに、健康の増進に努めなければならない」（第2条）と定めている。ここでいう「健康の増進」とはいったいどのようなことであろうか。予防と健康増進（health promotion）は重なる面はあるものの、全く同一のものではない。予防はそもそも「ネガティブ状態に陥らない」ことを重視する概念であり、健康増進は「ポジティブな程度を増す」ことを重視した概念である。よって、この2つの概念のスタートラインはそもそも異なっているわけであり、またこの目標値の差異は、実践において取り組むべき事柄に違いを生むこととなるだろう。

２．現代社会とストレス

　先に「病気になる要素がなければ問題は生じない」と述べたが、これは裏をかえすと、「病気になっているのならば、それには必ず原因がある」ということとなる。この原因の求め方において、特に身体の疾病・障害・病気に関して、変化が見られる。従来、身体の問題は、病原体の感染や物理的環境などの危険因子が重視されてきた。しかし近年、心理社会的因子を身体的問題の原因として含めて検討することが重視されている。先のWHOの健康の定義には、身体・精神・社会という3領域が示されていた。この3領域ですべて良好であることが健康の条件として挙げられているわけだが、この3領域は独立したものであろうか。つまり、身体の問題は身体のみに還元するのが妥当か（精神、社会も同様）、ということである。この背景には、心と身体は別々の独立したものと考える心身の二元論から、心と体は密接に関連する（心身相関）と考える一元論に基づいている。

　この心理社会的因子への注目と関連して、「ストレス（stress）」という概念に触れよう。ストレスはそもそも工学でいう「歪み」を意味する言葉であるが、セリエ（Selye, H.）によって心身の問題に用いられた。セリエは、工学的な発想からストレスを「人体外部からの刺激によって引き起こされた症状」として考え、外界からの刺激（ストレッサー〔stresser〕）とストレイン（ストレス反応）を区別して捉えるストレスの「刺激−反応モデル」を提示した。この考えに従えば、先に述べた病原体、物理的環境も心理社会的因子も生態に影響を与えるストレッサーとしてくくることが可能となり、同時に、心身の疾患はそのようなスト

レッサーに導かれたストレス反応として包括的に捉えることが可能となる。

　現代を「ストレス社会」と表現する言説も多いが、このストレスに関する区分に従えば、「ストレッサーが多い社会」あるいは「ストレス反応を示す者が多い社会」ということになるだろう。前者のストレッサーに関していえば、そもそも「ストレッサーのない社会」がかつて存在したかということは疑問である（第2節参照）。

　清水（2008 p. 71）は次のように述べている。

　「かつての時代にもそれなりに多大なストレスがあったこと、そしてそのストレスは干ばつ、水害などの自然災害や戦争という悲惨な人災、世帯経済の脆弱さと不安定さからくる食い扶持減らしの娘の身売りや次三男の都市への漂流およびその日暮らしの生活困難など、多くが生存にかかわる生活ストレスの性質を強く有しているのに対し、現代のストレスは生存自体がほぼ安泰確保された上での自分や対人関係をめぐるきわめて個人的で精神的・心理的なストレスが中心となっていることである。すなわち、第一次的貧困を脱した後の文化的、心理的貧困、いうところの第二次貧困をめぐるストレスと言ってよく、実はそれが‘こころの時代’というフレーズの歴史的、社会的背景である」

　つまりこの言葉は、単なるストレッサーの有無、量的な問題ではなく、人間が不快に感じること（ストレッサーと認識するもの）に時代的な変化が見られており、特にこれまでの社会にはなかったストレッサーが現れてきている（と感じる）ことを意味しているものと思われる。一例として、2007年度厚生労働白書でも取り組むべき課題として強調されている「ワークライフバランス」に触れる。仕事と家庭のバランスのよい両立、これによって生まれる余暇の充実がこの取り組みの主眼であるが、このことを考える上で work-family conflict 概念が有用となろう。フラン（Frone et al., 1997）によれば、work-family conflict には、work to family conflict つまり「仕事が家庭生活に引き起こす葛藤」と family to work conflict「家庭生活が仕事に引き起こす葛藤」がある。「仕事が家庭に」ということは古くから理解されている事柄であろうが、「家庭が仕事に」という影響方向の重要性については近年着目されたものといえるのではないだろうか。育児休暇をめぐる休職・復職の問題、介護（休暇取得）問題などがこのトピックに該当しよう。

次に後者の「ストレス反応」の問題であるが、先に述べた生活習慣病の増加、あるいは自殺者の増加などから実感できよう。生活習慣病について、あらためて「生活習慣」がなぜ「病」へつながるのか、考えてみよう。生活習慣、つまり（発症まで）積み重ねられた行動習慣、「偏ったライフスタイル」は、そもそも「健康を害しようとした目的のもとに」行われてきたものでは決してないであろう。つまり、（たくさんの）ストレッサーに囲まれたなかで（無意識に）選択した行動の積み重ねである、ということである。例えば、日々の不快な出来事を継続的な飲酒・喫煙によって発散しようとするという他者から見ると不健康な生活習慣には、その個人にとって「ストレッサーに立ち向かうための行動」という側面があるともいえるのである（第2節参照）。

3. 健康をめざすことで得るもの、失うもの

　ここまで、健康という問題に対して、近年になって予防、増進という観点が重視されてきたことを述べてきた。しかし、健康への取り組みを「強制的」に行うこともまた新たな問題を生む可能性があることを最後に述べよう。近年の「健康と社会」に関する文献（例えば上杉〔2000〕、米山〔2000〕）からは、健康を社会が強調することによって逆に健康への不安が社会のなかで増大することが見出されている。「健康至上主義」とも呼ばれるこの風潮に対しては、身体の健康を改善・維持・増進するための活動に必要以上に取り組むことが、同時に心の負荷となるあるいは社会的なつながりを疎外することも危惧されるのである。例えば、体重減らしを目的とした食事制限が心理的な飢餓感・強い不満を生む、あるいは食事の場での社交の機会を減らし対人関係に悪影響をもたらすといったことにもつながるおそれがある。よって、健康を手に入れるための「理想的な行動」と「実行可能な行動」、そして「継続可能な行動」の兼ね合いということも、健康支援においては配慮されるべきといえるだろう。

◇◆コラム◆◇
ストレスとつきあう

　「課題あるし、ストレスだわあ」「バイトがストレス。店長がうるさいから」「人間関係ってストレスだよね」などなど、本書にもあるように「ストレス」は日常語として、重荷や束縛などの「不快」を指す言葉として用いられている。人間は古来、豊かさや安全や心地よさ、つまりは「快」をよしとし、欠乏や危険や不便、つまりは「不快」は当然ながら否として、それを改善し、可能な限りなくそうとしてきた。不快をなくすことを追求するのは、科学技術の進展に負うところが多く、おかげで時とともに便利で快適なことがどんどん増えてきた。

　そして、不快なことは科学技術の進展とともに、減少していきそうなものである。ほんの50年前と比較しても、とても便利になっている。遠くの誰かに会いたいと思えば、新幹線や飛行機を使って会いにいくことは不可能ではないし、ウェブを通じて顔を見たり話したりすることは容易である。レポートも、50年前は手書きでしたためられ、下書きと清書の手間がかかっていたのだが、今やキーボードを打つ程度の身体的な負荷で作成できるのである。「快」適になっていることは間違いない。けれど、不快は減ったといえるだろうか。

　便利になったはずなのに、人と会うことにしてもレポートの作成にしても、結局は自分の思うどおりにはならないことがある。快適になったはずなのに、そのそばから不快は生じ、不快なことを遠ざけておくわけにいかないのである。

　不便や不快はもとより、落胆したり、悲しんだり、傷ついたり、苦しかったり、気持ち悪かったり、辛かったり、といった気持ちは、いまや「ストレス」とされ、「ストレスを減らす」「ストレスをなくす」ことが当たり前のように志向されている。けれど、不快なものを否とし快を目指してきた人類の歴史を振り返れば、数万年の営みにおいて、不快なものを排除しきることはいまだ達成されておらず、科学技術の進展が極まった時代においても、一層不可能であるように思われる。このように、ストレスは解消したり、なくしたりすることはできず、むしろ、ストレスはあるものとして、それに対処するのが現実的な方策といえそうである。対処の方法として、なくす、のは思い浮かびやすいが、ここまで見てきたように実現不可能であることを考えると、ストレスを、なくならない、そこにあるものとしてしっかりと認め、どのようにつきあうのかという戦略を練るのが実際的であるようだ。幸い、現在では「ストレス・マネジメント」が普及し、認知行動療法の観点からさまざまな啓発が行われている。それに取り組まないまでも、ストレスに押しつぶされそうなときには、まずはストレスがあることを認めて、それを解消したり、なくしてしまったりしようとするのではなく、なんとかつきあっていくという姿勢を立て直すことが、意外と役に立つのかもしれない。少なくともなくせないものをなくそうとする無為な努力に囚われることから自由であることは、ある意味で「快」といえるだろう。

第2節　ストレスとその学説

　現代はストレス過多の社会であるといわれて久しい。ストレスという現象は
もはや私たちの生活のなかで当たり前のように語られている。ストレスは心理
学の領域からのみでなく、生物学や社会学などでも検討がなされている非常に
学際的なテーマといえる。心理学から「ストレス」という現象を考える場合、ど
のような切り口があるのだろうか。

１．ストレスという言葉

　前節でも述べたように、「ストレス」という言葉は苦悩や抑圧、困難という意
味から物体や人間に作用する力、という意味まで幅広い内容を含んでいる。ま
た物理学では圧力による金属弾性変化という意味でもある。したがって、心理
学的側面から「ストレス」という現象を考える際には「ストレスとは何か」と
いう難しい問いが常につきまとう。これに対する答えは研究者の数だけ存在す
るが、基礎的事項として、ある種の歪みを生じさせている対象・原因を「スト
レッサー」、ストレッサーによって歪みが生じている状態を「ストレス（状態・
反応）」として分けて考えておくことは、現象を捉える上で重要である。

２．心理学的に見たストレス

　現在、心理学におけるストレス研究では認知的評価の役割を重視したラザル
ス（Lazarus, R. S.）らの心理的ストレスモデル（Lazarus, 1966：後述）が主流となっ
ているが、ストレス研究史自体は19世紀後半まで遡ることができる。ストレス
の研究史をたどることで、ストレスという現象を考える際の中核的な概念を理
解することができる。

１）身体という小宇宙—ベルナールとキャノンの働き—

　19世紀後半に、フランスの生理学者ベルナール（Bernard, C.）は生体内の環
境は外界が変化しても概ね一定した状態を保っていることを見出し、これを
「内部環境」と名づけた。また20世紀前半にはアメリカの生理学者キャノン
（Cannon, W. B.）がベルナールの考え方をさらに進めて、生物体内では常に一定

の均衡状態が保たれていることを指摘しこの恒常現象を「ホメオスタシス」と名づけた (Cannon, 1939)。ホメオスタシスが維持されているということは生物体が環境に対して適応的行動を取れていることの証である。逆にホメオスタシスが崩れるということは外界からの圧力に打ちのめされていることにほかならない。ストレスという現象を考える際には、このホメオスタシスの維持と崩壊という 2 側面から考えていくことが重要である。

2）ストレス研究の父―ハンス・セリエ―

　20 世紀初頭、セリエはオーストリアの若き病理学者であった。彼は新しいホルモンの研究に日夜情熱を傾けていた。若くして 1 つの発見体験と、それが誤りであったことによる挫折経験を経た後、彼はストレス研究において大きな一歩となる発見を引き出した。それは、生体に何らかのストレッサーが加わったとき、その種別が何であれ次の 3 つの非特異的な反応、すなわち、①副腎皮質の肥大、②胸腺・リンパ組織の萎縮、③胃・十二指腸の潰瘍、という変化が認められる、というものであった。これらの反応はストレッサーに対して、今まさに生体が立ち向かっている状態を示しており、「全身適応症候群」と呼ばれ、またこの全身適応症候群のときに生体に働いているメカニズムを「ストレス」と呼んだ (セリエ, 1988)。全身適応症候群は大きく 3 つのフェーズに分けて考えられ、それぞれ「警告反応期」「抵抗期」「疲憊期」と呼ばれた。さらに警告反応期は「ショック相」「反ショック相」という 2 相に分けられた (図 4-2-1 参照)。生体にストレッサーが加わった際、当初はその圧力に生体の適応力は低下する (ショック相)。しかし直ぐさま生体は適応反応を示し (反ショック相)、この時期から全身適応症候群が起こるとされている。この後生体は生存のため抵抗力を通常よりも高めに維持しようとする (抵抗期)。しかしこの抵抗力の維持には過剰なエネルギーが必要となり、ストレッサーの曝露が長引きエネルギーが枯渇すると、もはや抵抗力を維持できず死に至ると考えられている (疲憊期)。

　セリエはストレスを「病気」ではなく「適応メカニズム」と考えた。ストレス研究におけるセリエの功績は多々あるが、適応という視点でストレスを捉え直したことで、例えば心理的ストレスモデルにおけるコーピング機能の重要性への指摘につながったように、以降のストレス研究にとって、いわば"パラダイム・シフト"的役割を果たしたことといえる。

190　第 4 部　ともに生きるための心理学の役割

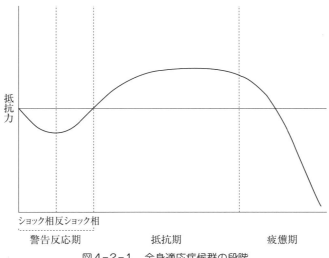

図4-2-1　全身適応症候群の段階

3）出来事からストレスを捉える

　先駆者の功績により、ストレス状態下の身体的変化に関しては多くのことがわかってきたが、それらストレス概念の社会的側面に対する援用はこれからの課題であった。そんななか、ホームズとレイ（Holmes & Rahe, 1967）は日常的に経験する出来事（ライフイベント：ストレッサー）に対して、それがどの程度人間にインパクト（ストレス経験）を与えるのかについて研究を行い、「社会的再適応評価尺度（ストレス階層表）」を作った。ホームズらはライフイベントごとにストレス度を示す「ライフイベント得点」を決定し、その得点が高いほどストレス経験が高くなり、疾病発症に関連することを示した。

　この研究は現象からストレスを捉えるという視点にたっており、またストレスの程度を数値で示すことができたり疾病との関連が理解しやすいため、世界的に大きな評価を得た。一方で、かなり希な出来事を扱っている点や、同じ出来事であっても個人にとってその意味が異なる点などを考慮していないとの指摘もある。これらの問題点は、以降のラザルスらによる「心理的ストレス理論」で大きく前進することとなる。

3．トランザクショナルモデル

　現在のストレス研究において、その中心にあるのが、ラザルスの提唱したストレス理論である。前項で紹介したホームズとレイ（Holmes & Rahe, 1967）の社会的再適応評価尺度では、ストレッサーを人生におけるさまざまな出来事（ライフイベント）として捉えるもので、ストレス反応は、それまでの生活が変化した新たな生活へと再適応するために必要な労力の大きさとみなされた。しかし「変化し再適応が必要となる」出来事が同じように生じたとしても、容易に再適応が可能な者と再適応が困難な者が存在することが明らかになるにつれ、単にそのような出来事があれば同じようにストレス反応が生じると仮定するのではなく、同じストレス状況での「個人差」に焦点があてられるようになった。

　ラザルスはストレスを「人間と環境との間の特定な関係であり、その関係とは、その人の資源に負担をかけたり、資源を超えたり、幸福を脅かしたりすると評価されるもの」（Lazarus & Folkman, 1984）と捉えている。この定義に基づきラザルスが提唱したモデルは、「環境と個人の相互作用」に焦点をあてたトランザクショナルモデル（transactional model）と呼ばれている。

　モデルの概略を図 4-2-2 に示す。このモデルの中心となるのが「認知的評価」（cognitive approval）と「コーピング」（coping：対処）からなる媒介過程である。認知的評価は 2 種に分かれ、まず第 1 次評価においては、遭遇した状況において「何が危うくなっているか（what is at stakes?）」が評定される。つまり、状況を脅威と捉えるかどうか（「ストレスフル」かどうか）、そして対処する必要があるのかどうかが評定されるのである。そして、第 1 次評価でその状況が自己にとってストレスフルと評価された場合に、第 2 次評価において、自己のもつ対処資源との兼ね合いから、何をすべきか（結果予期）、何をすることができるか（効力予期）が検討される。そして、これらのような評価過程とそれに導かれる対処が、ストレス状況における個人差を生み出すのである。

　次に対処では、「問題中心対処」（problem-focused coping）と「情動中心対処」（emotion-focused coping）という 2 つの対処方略の分類がなされている。前者はストレッサーそれ自体を処理する試みを指す対処方略、後者はストレッサーへの情動的反応を処理する試みとしての対処方略であり、いわば対処の機能的観点（変化がもたらされる場所の観点）からの分類に基づいている。

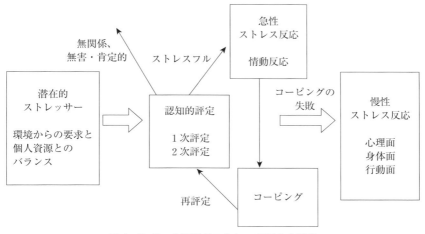

図4-2-2　心理学的ストレスモデルの概要
出典）小杉（2006 p. 24）より。

4．対処効果をめぐる問題

　対処を考える上で注意すべきことがある。それは、「対処行動と対処結果を混同してはいけない」ということである。この相互作用モデルでは、あくまで対処とは「ストレスの低減をめざすために行われる試み」という位置づけなのであり、ストレス反応の軽減という目的を果たしたものだけを対処行動として捉えるべきではないということである。逆にいうと、同じ対処行動でも直面した状況に応じて適応的にもなれば不適応的にもなり、対処効果は異なるのである。

　それでは、対処行動と対処効果の関係はどのようになるのであろうか。問題中心／情動中心という対処分類を用いた研究での対処効果に関する最初の知見は、「問題中心対処はその後の適応を導き、情動中心対処は不適応を導く」というものであった。特に情動中心対処が不適応状態を導くという結果を示した研究例として、Carver & Scheier（1994）が挙げられる。この研究では、大学の試験をストレスイベントとして捉え、試験前・試験後・成績発表後の3時点での対処と情動反応の関連を検討したが、試験前の時点において、情動中心対処に含まれる「精神的解放（mental disengagement）」がその後の脅威という情動を導くことを見出した。しかし、それとは反対に「情動中心対処が適応状態を導

く」という研究結果も示されてきた。Milgram（1993, 1994）では、イスラエルで起きた湾岸戦争中の住民の心理的変化を扱った一連の研究のなかで、問題中心対処よりも情動中心対処の方が不安の低減に対して効果があり適応的であったことを示した。

　このような対処効果に関する結果の不一致、特に情動中心対処の効果に関する結果の不一致に対して、カーバーとシャイアー（Carver & Scheier, 1994）は、「直面している状況の違い」を理由として挙げている。この「状況の違い」を表すものが、「状況の統制可能性」（controllability）である。先に述べたトランザクショナルモデルでは、対処が必要かどうかが第1次評価で決定され、対処の選択に関する判断が第2次評価で決定されると想定している。この対処の産出に直接かかわる第2次評価において重要となるのが、「状況の統制可能性」であり、直面した状況に統制可能性があると評価した場合に問題中心対処が選択され、統制可能性がないと評価された場合に情動中心対処が選択されるということが想定されている（Folkman & Lazarus, 1985）。

　この認知的評価と対処選択の関係から、対処効果の違いをもたらす要因として「状況の統制可能性の評価と選択された対処のマッチング」を取り上げる研究が見られるようになった。それらの研究では、このマッチングの問題を「適合のよさ」（goodness of fit）という用語を用いて記述している。つまり、「適合のよさ」とは、ある状況における対処行動の選択の適切さを指すことになる。ここから、状況に対して適切な対処が行われた場合に適応的な結果が導かれるという、「適合のよさ仮説」が提示されることとなった。

　そもそもこのトランザクショナルモデルでは、ストレスを「個人と環境との相互作用」から捉えることにその特徴がある。つまり、個人が選択する対処行動のみを取り上げてその適応への効果を検討することがこのモデルが意図するものとは異なることになるのであり、よって、対処効果を考える際にもストレス状況側の要因を合わせて考えなければならないのである。

　この適合のよさ仮説以外に、対処効果においては、「対処行動の組み合わせ」（1つの状況において対処行動は必ず1つだけ選択させるとは限らないため何と何を同時に行えばよいのか）、「対処行動のレパートリー」（さまざまな状況に応じるためには対処行動の種類が限定的では困難）、「対処選択の柔軟性」（ある対処行動がうまくいかなかった

194　第4部　ともに生きるための心理学の役割

場合に他の対処行動へと切り替える）ことが指摘されている。

　最後に、あらためて対処とは「ストレスに対して人間が克服のために行う行動」を指す。アルティマイヤー（Altimaier, E. M.）は、「人間がいかに日常生活へのストレッサーに対処するかを理解することは人間行動を理解する基礎であるかもしれない」（Altimaier, 1995 p. 304）と指摘している。人間がただ単にストレスにさらされるだけではなく、能動的・主体的にストレスを低減しストレスフルな環境や状況へと適応していく過程を研究する際の、キーとなる概念が「対処」なのである。

第3節　健康生成論

1. 健康に寄与する資源

　第2節3.に述べたラザルスのストレス相互作用モデルが重視するのは、状況に対する（ネガティブな）知覚とそれに続く対処努力である。第2節4.に述べたストレスイベント説に対して、万人にあまねくネガティブな状況というものの否定がそこにはあり、（潜在的）ストレッサーが存在する環境のなかで適応を試みる人間の主体的な姿を説明するモデルを提唱したといえよう。

　このラザルスのストレス理論で重要視されている概念に「資源（resource）」がある（第2節ラザルスによるストレスの定義、p. 192を参照）。資源は外的資源と内的資源に大別される。外的資源には、個人を取り巻く環境に存在する資源であり、ソーシャルサポート概念に代表されるような対人関係リソース、財産のような物的資源、医療機関や公的サービス・公的機関のような物理的資源がある。

　内的資源は個人内に存在するものであり、そのなかでも「ストレス抵抗性格」が近年注目されている。これらにはハーディネス（hardiness）（Kobasa, 1982）、楽観性（optimism）（Scheier & Carver, 1985; Seligman, 1990）など代表的なものであるが、本節では特に、アントノフスキー（Antonovsky, A.）が提唱した Sense of Coherence（以下、SOCと略）（Antonovsky, 1987）を紹介しよう。

2. 健康生成論の基本的発想

　アントノフスキーが提唱したSOCは、以下の3要素で構成される人格資源で

◇◆コラム◆◇
子育てのストレスとその対策

　2005年の史上最低の合計特殊出生率1.25を契機に、子育てに悩む親たちのため、子育て支援の必要性が叫ばれ、多様な子育て支援策（次世代育児支援対策推進法の男性の育児休業取得の推奨など）が実施されてきた。しかし、2017年の合計特殊出生率は1.43に回復したとはいえ、出生数103万人と過去最小、少子化は一向に改善される兆しが見えない。家族形態も多様化しているなか、子育ての悩みが背景にある児童虐待件数も増加の一途をたどっている。厚生労働省によると、相談内容で最も割合の高いのが「心理的虐待」52％、次いで身体的虐待26％、ネグレクトは21％であった。実の両親が虐待の加害者になる割合は86％を超えている。被虐待児は社会的に適応困難となりやすく、思春期・青年期には身体的・精神的疾患に罹患しやすく、社会的に見ても医療費の増大や大人になってからも経済的自立困難など大きな損失を被ることになる。児童虐待の増加は、子育てストレスの深刻さを示すものである。被虐待児も、その後の環境次第で少しずつ正しい方向に適応し、成長していくことができるので、被虐待児だけでなく子育てに苦しみを抱える親たちへの支援も急ぐ必要がある。

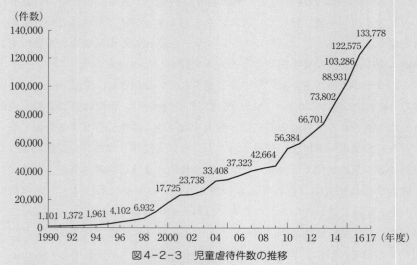

図4-2-3　児童虐待件数の推移

出典）厚生労働省発表：2017年度は速報値。

　子育てを子育て家族レベルの問題にとどめず、社会全体の子育て支援への要望へと拡大している。子どもたちの命を守り、子どもが健やかに成長していくよう社会全体で子育てしていく取り組みについて以下の3点に絞り述べる。

1）子ども時代の早期からの親準備教育

　これまでの親教育は、主として妊娠した後の母親・両親が中心であった。両親教室は、間近に出産育児を控えているので関心も高く、親教育の役割は十分果たしてきたと思われる。しかし、出産後の実際の育児では、その知識と現実の子育てのギャップに悩み、育児書や啓蒙書などの情報過多から子育て不安を一層募らせる結果を招いている場合も少なくない。

　現実の赤ちゃんの可愛らしさと同時に世話の難しさを経験的に理解しておくことが、そのギャップを埋める手立てと考える。親となる次の世代が子ども時代の早期から家庭や保育所・幼稚園などで幼い子どもと接触し、世話する経験を積む機会を増やす必要がある。

2）父親の子育ての参加の推奨

　学校基本調査（2017年度、文部科学省）によると、大学（短大・専門学校を含む）の進学率（浪人生も含む）は57.3%と過去最高となった。2017年版男女共同参画白書によると、2016年の女性（15～64歳）の就業率は66.0%となり、1968年の調査以来、過去最高を更新した。また、労働力調査（2017年度、総務省）の年齢階級別の女性の就業率を見ると、20代後半～30代前半の就業率の上昇が顕著となり、女性のM字型就労形態は、台形型に移行しつつある。それにともない、家庭における家事・育児を夫も妻もともに担うべきという意識は高まっている。男女共同参画社会においては、男女が互いに個人として尊重しながら、家庭と社会参加とを両立させていくことが必要不可欠となっている。男性も早い時期から子育ての知識や技術を培う機会をもつとともに、昨今の育児情報に関して関心をもち、母親の相談相手になれるよう積極的に父親準備教育に取り組むことが必要である。

3）子育てにやさしい社会の構築

　昨今テレワーク（ICTを活用し、時間や場所を有効に活用できる柔軟な働き方）の普及拡大や残業なしデーやイクメンプロジェクトの推進など、仕事と子育ての両立支援策も増えてきた。このように国や産業経済界は働く親たちの子育てを応援するために多様なニーズを踏まえた子育て環境整備に着手し始めている。

　子育ては、家庭における親の役割を尊重しつつも、社会全体で子育て支援の充実を図り、親の子育ての負担を軽減すること、そして家庭における親子の健全な関係性を育てるために、子育てストレスを解消し、子育てに喜びや楽しみを見出せるワークライフバランスの取れた環境づくりが喫緊の課題である。

　今後一層働き方の柔軟性と多様化を促進するとともに、「家庭における固定した性役割」「理想の親像」から親たちを解放し、地域における子育て支援を充実していくことが必要である。社会全体での子育ては子どもと向き合う地域社会の大人たちとの関係を多様かつ豊かなものとするなかで、子どもの健全発達を支え、子どもを優先する温かい社会風土を作っていくことに結びつくと思われる。

あり、「首尾一貫性」あるいは「コヒアランス感」と訳されている。

①把握可能感（comprehensibility）：自分が直面している刺激を自分にとって秩序だった一貫性のある構造化された明瞭な情報として知覚できる程度

②処理可能感（manageability）：直面している刺激に見合う資源を自分が自由に使える程度

③有意味感（meaningfulness）：人生を意味があると感じている程度

SOC について、アントノフスキー（2001）は「SOC は特定の対処スタイルではない」こと、そして「SOC が強い人がすることは、直面するストレッサーを扱うのに最も適切と思われる特定の対処戦略をえらぶことである」（アントノフスキー, 2001 pp. 161-162）と述べている。つまり、SOC は人が個々の状況に応じて適切な資源を用いて対処することを可能にするものであるといえる。

この SOC のもとにあるのが、サリュートジェネシス（salutogenesis）という考え方である。この用語はアントノフスキーの造語であり、英語の health にあたる saluto と origin にあたる genesis を組み合わせた言葉である。日本では「健康生成論」と訳されている。

ここで健康生成論の基本的発想を理解するために、第 1 節で述べた疾病モデルを振り返ろう。この考え方では、「原因を取り除くことによって」ネガティブな状態から脱することがまずもって重要視される。しかし、「ネガティブではなくなる」ことは「ポジティブな状態になる」ということと同一なのであろうか。サリュートジェネシスでは、そこにはとどまらず、「人の健康を維持・増進させる要因は何か」を重視する。個人のもつ「健康に寄与する資源」を活性化させる・増やすことによって、「よりポジティブな状態を導くことが可能になる、あるいは、ネガティブな要因に囲まれていてもポジティブな状態を維持することが可能になると考えるのである。サリュートジェネシスの考えから導かれる健康生成モデルを図 4-2-3 に示す。このモデルの中核が SOC と、健康の維持獲得に寄与する資源である「汎抵抗資源（generalized resistance resources）」である。

アントノフスキーによれば、サリュートジェネシスは「ストレッサーがたくさんあって当たり前の環境に積極的な適応をはかるという全体的な問題に焦点をあてる」（アントノフスキー, 2001 p. 12）ものである。この背景には、「ストレッサーをすべて排除することが可能か」という問いがある。逆にいえば、不可避

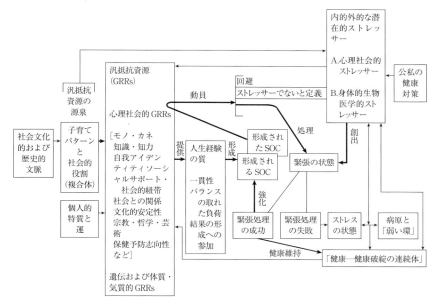

図4-2-3　健康生成モデル

注）1. アントノフスキーの原図を山崎が一部改変または簡略化。
　　2. アントノフスキーによれば、図中の太線で結ばれている概念間の関係が、健康生成モデルのコアである。
出典）アントノフスキー（2001）訳者前書きのp.5。

なストレッサーがあるのではないか、ということになるだろう。よって、個人がもつことが望ましい資源は、何かのストレッサーに特異的な資源も大切ではあるが、それよりもどのストレッサーにも使える非特異的資源、汎抵抗資源ということになろう。

　また、積極的な適応とあるが、「健康」という概念に対してもアントノフスキーは独自の発想をもつ。彼は「健康‐病気の連続体」（health-ease-dis-ease continuum）という視点を提唱した。この考えでは、健康と病気は１つの軸で捉えられることになり、明確に区分されることはない。健康と病気は１つの連続体の両端を示すものであり、個人はその軸上に位置づけられることになる。健康を１つの端・極として捉えることで「目標とすべきもの」であることは変わりないが、「すべてを兼ね備えているわけではないが、比較的健康な状態」というこ

とがこの考え方では可能となる。この状態は、健康か病気かの区分ではどちらに位置づけられるのだろうか。第1節で取り上げた第3次予防を考えてみよう。具体的にはリハビリテーションなどが該当するこの第3次予防の対象者は、一度健康を害した者である。この者は「治療が終了した」ことから「健康」と捉えられるだろうか。それとも、「治療は終了したが機能は十分に回復していない」という点から「病気」と捉えられるだろうか。あるいは、糖尿病のような「長期にわたってつき合うことが必要な病気」を考えてみよう。病気を抱えたままで生活する者にはそもそも「健康」ということは考えられないのだろうか。こういった問題を考えることによって、「連続体」で捉えるメリットがわかるだろう。

3．健康生成と予防の関係

　このことを考えると第1節で指摘した「予防」においても、「ネガティブな要因をすべて排除する」ことをめざした予防だけでは不十分といえよう。つまり、何かしらのトラブルを抱えた場合にでもポジティブな状態を維持するための「予防」が必要である。

　本節で紹介したサリュートジェネシスのような、ネガティブな要因を排除することが必ずしもポジティブな状態を生み出すわけではないという視点がこれまでになかったわけではない。例えば、産業心理学の分野では、ハーズバーグ（Herzberg, F.）が提唱した動機づけ−衛生理論がある。この理論では、ある環境のなかでその環境への満足感を生み出す要因と不満感を生み出す要因は、それぞれ異なるものであると考える。つまり、ある1つの要因の有無が直接的に満足−不満足に影響するわけではないと考えるのである。この、充たされることによって満足感を生み出す要因を動機づけ要因、充たされないことによって不満感を生み出す要因を衛生要因と呼ぶ。適応−不適応という連続体を考えた場合、衛生要因は不適応側の極の移動に影響する要因ということになり、衛生要因を満たすだけでは労働者の十分な適応状態を作り出す（適応の極へ移動させる）ことはできないのである。

　ここまで健康生成論の考え方を説明してきたが、これまで健康に関する科学の主流であった「リスク要因の探索」の重要性はもちろん失われるわけではない。しかし、それだけにとどまらず、「健康（の向上、増進）に直接関与している

要因」の探索を行うことも今後ますます重要になるということができるだろう。小田は「何がその人にとっていいのか（たとえ病気であっても）その人の中で健康な部分はどこかに目を向けて、それをサポートする」（小田, 1999）という「リソース志向の健康科学」が今後ストレスと健康の臨床の一指針となるべきものと述べている。WHOによる1986年のオタワ憲章においても、健康とは「毎日の生活を送る資源なのであって生きていくことの目的ではなく、身体的な能力であるばかりではなく、社会的ならびに個人的資源であることを強く意味する積極的な概念」としている。健康でいることそれ自体が自身の生活を支える資源となるということを忘れてはならないといえよう。

第4節　予防、危機介入、コンサルテーション、カウンセリング

1．予　　防

1）キャプランの考え方

　予防について、よく知られているのはキャプラン（Caplan, G.）によって1964年に提唱されたものであろう。予防活動を第1次予防（primary prevention）、第2次予防（secondary prevention）、第3次予防（tertiary preven-tion）と3つに分類している。第1次予防は、疾病が発生してくる新しいケースを予防し、発症率を減らそうとするものである。したがって、第1次予防の対象者は、その時点では全く問題のない人ではあるが、疾病の発生リスクのきわめて高い人ということになる。第2次予防とは、疾病を初期段階のうちに見つけ効果的な治療を施すことを目的とする。発症率を減少させることはできないが、疾病の悪化を防ぎ、存続期間を短くすることができる。第3次予防とは、ある種の疾病に関連して出現すると思われる障害とハンディキャップを予防することである。疾病が障害をもたらすのを防いだり、傷害がハンディキャップをもたらすのを防ぐことにある。

2）ブルーム－ヘラーの考え方

　ブルーム（Bloom, B.）によって提唱され、ヘラー（Heller, K.）らによって明確にされた類型は、全コミュニティ型（community-wide）予防、マイルストーン型（milestone-type）予防、ハイリスク型（high-risk）予防である。全コミュニティ型

第2章　人の健康と心理学の役割　　201

予防とは、あるコミュニティのすべての住人が予防的介入を受けることになる。予防的介入が行われるコミュニティは大きなものから小さなものまでさまざまであるが、いずれの場合も個々人は、現在の状況に関係なく、特定の疾病発生の個人的リスクに関係なく介入を受けなければならない。マイルストーン型予防は、現在人生の重要な時期にいる人に対して行われる。入学、転校、結婚や子どもの出産、定年退職、配偶者の死など、人間の発達段階における節目の時期は、特別なリスクを抱えており、将来の発達のために非常に重要であると考えられる。ハイリスク型予防は、何らかの疾病を起こしやすい、「ハイリスク」の状態にあると思われる人々の母集団に焦点をあてる。アルコール依存、薬物依存、虐待、小さいときの家族との死別経験、障害や慢性的な病気をもつ子どもや大人、自然災害や人的災害、事故や戦争などの生存者などが挙げられる。

2．危機介入

　危機的状態として、パニック状態、精神病的発作、抑うつ状態、アルコールや薬物依存、犯罪や非行などいろいろな場面を挙げることができる。そのなかで最も重大なものは自殺の問題であろう。危機介入とは、危機に直面し混乱している人、家族・関係者に、速やかで効果的対応を積極的に行い、危機を回避させるとともに、精神状態の健康を回復させる活動を意味する。危機介入を行うにあたっては危機状態の人に対して、その人の価値観・人生観・判断基準・性格・置かれている立場などを、その人の視点で見ることが重要である。また、危機の深刻さは、引き金となった出来事の外見的な重大さで判断するのではなく、その人の反応の大きさによって判断することになる。

　危機に陥ると、人は気が動転し、混乱し、判断力がなくなる。抑うつ状態のため、自分の内側にこもって、人を避ける人がいる。少しのことでも意思決定ができず、どうしたらよいかと依存的になる人がいる。このような、危機状況にある人への対応方法について述べる。

　①忍耐強く相手の話を聞くことが何より重要である。情報収集というよりは、「今、この瞬間」の、その人の感情状態を感じ取ることである。

　②次に、危険度の評価を行う。衝動的行動や自殺企図の可能性を探り、その度合いについて判断する。

◇◆コラム◆◇

グリーフケア（悲嘆ケア）

悲嘆（grief グリーフ）とは、喪失にともなうさまざまな心理的・身体的症状をともなう情緒的（感情的）反応をいう。人生にはさまざまな喪失がつきまとい、災害や事件・事故、あるいは自死など、予期せぬ形で家族やかけがえのない人と死別する喪失体験は、大きなグリーフとなる可能性がある。

【悲嘆のプロセス】

家族や大切な人の死により深い悲しみに陥り、その悲しみを乗り越えるために、死を受容する過程があるといわれている。これを、「悲嘆のプロセス（グリーフプロセス）」といい、ドイツの哲学者アルフォンス・デーケンは、12段階の「悲観プロセス」を提示した。

その12段階は、①精神的打撃と麻痺状態、②否認③パニック、④怒りと不当感、⑤敵意とうらみ、⑥罪責感、⑦空想形成、⑧孤独感と抑うつ、⑨精神的混乱と無関心、⑩あきらめ・受容、⑪新しい希望、⑫立ち直り、で構成されている。

非嘆のプロセスは必ずしも順番通りにたどるとは限らず、段階が飛んだり、前の段階に戻ったり、何回もこのプロセスを繰り返すこともある。また、それぞれの段階に要する時間や個人差も大きい。

悲嘆はつらく悲しく、できれば避けたい体験であるが、悲嘆は大切な人との深いつながりが確かにあったという証でもある。周囲に語ることを躊躇し、一人で抱え込むことも多くあるが、悲嘆を排除するのではなく、家族や知人、医療や教育など関係する人々が悲嘆を受容し、ケアを行うことが大切である。

【グリーフケア】

大切な人を喪失した人に対し、喪失から回復するための過程を促進し、喪失によるさまざまな問題を軽減するための援助を行っていくことを「グリーフケア」という。

近年グリーフケアへの関心が高まってきており、医療現場ではホスピスや緩和医療の拡大とともに、グリーフケアの専門外来を有する病院も見られるようになってきている。また、医療のみならず、福祉や介護の現場、災害や事件・事故の現場、教育の現場、葬儀の現場など、さまざまな現場において、グリーフケアが必要とされてきている。

グリーフケアは一部の分野においてのみ取り扱われるのではなく、医療、心理、教育などさまざまな分野からのアプローチが可能であり、各分野の人々が相互理解し、協力し合ってケアを実践していくことが大切である。有効なケアを提供するためには、グリーフケアに関する専門的な知識や技術をもった人材を育成するための教育の普及が望まれる。

●引用・参考文献

坂口幸弘（2010）．悲嘆学入門─死別の悲しみを学ぶ─　昭和堂

③気持ちの落ち着きを取り戻し、感情コントロールが効くようになったら、何が起こったかを話してもらう。起こった出来事と今の自分の感情との関連を考えるため、客観的に出来事を見直し、追体験を行う。

④現実的な見方ができるように援助する。

⑤経験した感情を明らかにし、感情的混乱を引き起こした原因について現実的に捉えられるようにする。

⑥自分から出される対応を支持し、自己決定したという意識をもたせる。

忍耐強く話を聴いても、落ち着かず自殺の危険度が高いと判断される場合は、次のような手順を取ることが考えられる。

①危険度を評価する。

②頼れる人がいるかどうかの確認をする。

③危機的状況ではどのような行動を取りやすいのか明らかにする。

④一生懸命話を聴き、時には状況を読んで単刀直入に自殺について尋ねることも必要である。

⑤「死」を具体的に、客観的に、対象化して考えさせる。

⑥それでもパニック状態から抜け出せずにいる場合は、時間をかけて話を聴く。

⑦危機場面を変化へのきっかけとして活用できるようにして聴く。

3．コンサルテーション

コンサルテーションは、2人の専門家の間で行われる相互作用の過程であり、一方をコンサルタント、もう一方をコンサルティと呼ぶ。コンサルタントはコンサルティに対し、コンサルティが抱えているクライエントの精神衛生に関係する特定の問題をコンサルティの仕事のなかで、より効果的に解決できるように援助する関係をいう。

以下、コンサルテーションの特性を挙げる。

①お互いの自由意志に基づいた関係である。

②コンサルタントとコンサルティは利害関係のないつながりである。

③コンサルテーション関係は時間制限がある。コンサルタントはコンサルティが依存的になることを防ぎ、一定の距離をもって援助する。

④コンサルテーション関係は、課題中心で成り立ち、コンサルティの情緒的

問題には触れない。

4．カウンセリング

　カウンセリングの定義づけは、どのような過程に焦点づけをするか、目標をどこに置くか、どのような技法を使うかによって変わってくるが、共通点に注目して定義づけをすると次のようになる。

　カウンセリングとは、心理学的な専門的援助過程であり、大部分が言語を通して行われる過程である。その過程において、カウンセリングの専門家であるカウンセラーと何らかの問題を解決すべく、援助を求めているクライエントとが、相互作用を行うなかで、クライエントが自己理解を深め、よい意思決定という形で行動が取れるようになるのを援助するものである。

1）カウンセリングの効用

　カウンセリングによる直接的効果としては、症状の消失、職場や家庭の人間関係の改善、自信の獲得、生き方の変化、こだわりの減少、積極的な自己洞察などが挙げられる。また、間接的効果としては、不平不満の解消、適性・能力の把握などが挙げられる。

2）カウンセリング理論の視点

　カウンセリング理論により、カウンセラーは援助過程の複雑さについての客観的解釈を行ったり、枠組みの構築を推し進めたり、自分の経験の整理をしたり、かかわりの見通しをつけたりすることができる。

　カウンセリング理論には5つに視点がある。

　①人間観：人間とは何か、人間をどう捉えるか。

　②パーソナリティ論：パーソナリティとは何なのか、それはどのように作られるのか。

　③病理論：問題行動はどうして起こるのか、その発生のメカニズムは何なのか。

　④目標：「治る」とはどういうことなのか。健常とはどういう状態を指すのか。援助の目的は何か。どういう技法を使うのか。

　⑤カウンセリング関係：目標達成のためのカウンセラーとクライエントの人間関係はどうなっているのか。それぞれの役割はどうか。

　以上がカウンセリング理論における視点のポイントである。

第2章　人の健康と心理学の役割　　205

第5節　ポジティブ心理学

　まずは図4-2-3を見てほしい。これは、ポジティブ心理学が扱うテーマについてまとめたものである。さて、この図を見た上で、ポジティブ心理学とはどのような心理学だということができるだろうか？

　ポジティブ心理学は、心理学のなかでも非常に新しい領域である。この端緒は、1998年のマーティン・セリグマン（Seligman, M. E. P.）によるアメリカ心理

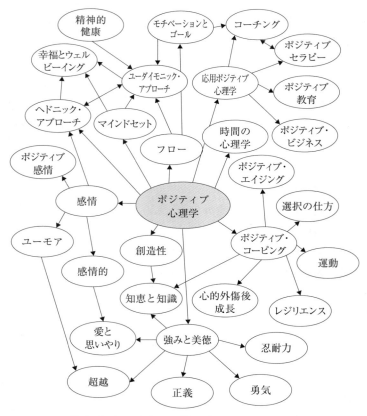

図4-2-3　ポジティブ心理学のマインドマップ
出典）ボニウェル（2015 p. 25）より。

学会での講演だといわれている。それ以来、早くも 2002 年にはハンドブックが刊行されるなど、現時点で最も注目されている心理学の分野といっても過言ではないだろう。

このセリグマンは 1960 年代に「学習性無力感」という概念を提唱している。いかにして人が無力感を学習するのか、あるいは、無力感というものを学習させることが可能であるということを指摘した一連の研究は、学術的にも臨床的にも非常に価値が高いものであるが、1960 年代のこの研究およびこの概念が象徴しているのは、これまでの心理学が着目していたのが「人のネガティブな部分」であり、「いかにしてネガティブな状態を改善するために心理学が寄与できるか」が重要な（研究上、臨床上の）価値づけとなっていた、ということである。

しかし「ネガティブ状態が改善される＝ネガティブでなくなる」ことは、「ポジティブな状態になる」ことと同じことなのであろうか？　つまり、極端な言い方をすれば、これまでの心理学が人間のネガティブな問題・側面だけに焦点をあてて、その理解と解決に研究を集中させていたといえる。そしてその反面、人間の「ポジティブさの探求、よりポジティブさを高めていくこと」は軽視されてきたといえるわけである。これが「ポジティブ心理学」が誕生しすぐに注文を浴びることとなった背景になっており、この点について、ボニウェル（2015）はポジティブ心理学を「マイナス 8 をマイナス 2 に引き上げるのではなく、プラス 2 をプラス 8 に向上させるための心理学」（pp. 22-23）と簡潔に説明している。このまとめからもわかるように、ポジティブ心理学は、これまでの心理学でいえば健康心理学と重なり合う面が多く、健康心理学を中心に、臨床心理学、社会心理学の領域で研究が行われてきている。

ここで、明確に否定しておきたいことがある。それは、ポジティブ心理学は、「ポジティブシンキング（前向き思考、前向きに物事を考えること）」の効用だけを声高に主張する心理学ではない、ということである。前向きになれることや楽観的に物事を捉えられることがウェルビーイングに大きく関連することはこれまでの研究で明らかになってきているが、「現実の問題や危険性を軽視・無視してでも、とにかく自分にとって都合よく物事を捉えればよりよい状態でいられる」ということにはならない。つまり、ポジティブであることを目指すということは、決してネガティブであることを否定するものではなく、ネガティブであ

第 2 章　人の健康と心理学の役割　　207

ること、ネガティブな感情が成功へとつながることも当然あるはずである。例えば、失敗を経験して悔しさを感じることがその次の活動へのモチベーションとして働くこともあるだろう。また、嫉妬・不満などは本当に感じてはいけないもの、何にも役立たないから少しでも早く捨て去るべきものなのだろうか？

この点に関して「悲観主義」に関する研究を見てみよう。悲観的に物事を考えることは、健康にとって（あるいは生きていくことに対して）「悪いこと」なのだろうか。ノレム（2002）は、「防衛的悲観主義（Defensive Pessimism）」というタイプの悲観主義者の「良いところ、強み」について、楽観主義者と対比させながら説明している。この防衛的悲観主義とは、「不安を抱えた人が重要な目標を追求するときに用いる方略であり、目の前の状況に対して非現実的なまでに低い期待しか持たないものの、想像できるすべての可能性のある結果を考え心の中でよく検討することに相当の労力をかける」ことをいう（Norem & Chang, 2002）。つまり、「不安を否定するのではなく逆に利用して目標達成につなげる心理作戦」（ノレム, 2002）のことをいう。

近年、日本でもこの概念を用いた研究が進められており、学業成績との関連を検討した研究（外山, 2012）や数的課題と言語的課題の成績との関連を検討した研究（本多, 2013, 2014）では、防衛的悲観主義者が楽観主義者と同等あるいはそれ以上の成績を残すことが示されている。また清水ほか（2016）では、対人防衛的悲観主義の傾向が高いほど複数の初対面の相手と会話する際には高い不安を感じるものの、会話場面では「相手の反応に合わせる」「相手の意見を尊重する」といった行動意図を強めて会話相手からの肯定的な評価を得ようとすることが示されている。

では、いったい防衛的悲観主義とはどのような心理作戦、認知的方略なのだろうか。外山（2015）では、防衛的悲観主義の特徴である「熟考」に焦点をあてて測定尺度を開発している。結果、開発された尺度は「失敗に対する予期・熟考」（例、その状況で失敗したらどうしようとくよくよ考える）、「過去のパフォーマンスの認知」（例、過去の同じような状況では、だいたい私はちゃんとうまくやってきた）、「成功に対する熟考」（例、その状況で自分がうまくやってのけている様子を何度も思い浮かべる）、「計画に対する熟考」（例、その状況にのぞむ前に、十分時間をかけて対応策を練る）という4つの因子で構成され、これら4因子のすべてを満たす者を防衛的

悲観主義者と特定している。

　これらの研究からわかるように、これからのことに対して悲観的になり不安をもつことは誰にとってもありうることであろうが、そこで不安に飲み込まれて行動や思考を止めてしまうのか、それとも「悪いことになりそう」なことは認めつつも、そこからまずは考え始めることができるかどうかが、「悲観的に物事を考えることは悪いことなのか」に対する答えを分けるのである。

　最後に、あらためて図4-2-3を見てほしい。図の上部には見慣れない（耳慣れない）カタカタ用語が多いかもしれない。では、図の下部はどうであろうか？　心理学のテーマを紹介するものではなく、小学校や中学校等での「道徳」の内容を説明するものに見えるかもしれない。その意味、まさに人間のポジティブな側面を表す言葉が並んでいるわけであるが、例えば「『強み・美徳』とは何であろうか？」「どのようにすれば『強み・美徳』や『思いやり』を高めることができるのだろうか？」「どのようにすれば『強み・美徳』や『思いやり』を高めることができたと評価する（測定する）ことができるだろうか？」という疑問も生まれてくるのではないだろうか。これらの疑問は心理学だけがもつものではないわけだが、心理学という科学のアプローチを用いてこれら疑問に挑んでいくのがポジティブ心理学だといえるだろう。そして、健康心理学や福祉心理学といった、よりよい健康や幸福の獲得を支援することを目的に含む心理学とポジティブ心理学が大きくかかわっていて重なり合ってくることが理解できただろうか？　この節の初めにポジティブ心理学を「非常に新しい領域」と説明したが、人のポジティブな側面への着目が心理学の「新しい流れ」となってきているともいえる。そしてそれが「当たり前のこと」になったとき、ポジティブ心理学は「流れ」ではなく「心理学の主要な柱」と位置づけられることになるのだろう。

●引用・参考文献

アクタル, M. 大野 裕（監訳）（2015）. うつを克服するためのポジティブサイコロジー練習帳 創元社 pp. 30-41.

Altmaier, E. M. (1995). Linking stress experiences with coping resources and responses: Comment on Catanzaro, Horaney, and Creasey (1995), Long and Schutz (1995), Heppner et al. (1995), and Bowman and Stern (1995). *Journal of Counseling Psychology,* **42** (3), 304-306.

穴井千鶴・園田直子・津田 彰（2006）. 健康生成論とポジティブ心理学 島井哲志（編） ポジティブ心理学—21世紀の心理学の可能性— ナカニシヤ出版

アントノフスキー, A. 山崎喜比古・吉井清子（監訳）（2001）. 健康の謎を解く—ストレス対処と健康保持のメカニズム— 有信堂（Antonovsky, A. (1987). *Unraveling the Mystery of Health: How People Manage Stress and Stay Well.* San Francisco: Jossey-Bass.）

ボニウェル, I. 成瀬まゆみ（監訳）（2015）. ポジティブ心理学が1冊でわかる本 国書刊行会 pp. 22-31.

Cannon, W. B. (1939). *The Wisdom of the Body.* 2nd ed. New York: W. W. Norton & Company.

Carver, C. S., & Scheier, M. F. (1994). Situational coping and coping dispositions in a stressful transaction. *Journal of Personality and Social Psychology,* **66** (1), 184-195.

Folkman, S., & Lazarus, R. S. (1980). An analysis of coping in a middle-aged community sample. *Journal of Health and Social Behavior,* **21**, 219-239.

Folkman, S., & Lazarus, R. S. (1985). If it changes it must be a process: A study of emotion and coping during three stages of a college examination. *Journal of Personality and Social Psychology,* **48** (1), 150-170.

Folkman, S., & Lazarus, R. S. (1988). *Ways of Coping Questionnaire: Research edition.* Palo Alto, CA: Consulting Psychologists Press.

Frone, M. R., Yardly, J. K., & Markel, K. S. (1997). Developing and Testing an Integrative Model of the Work-Family Interface. *Journal of Vocational Behavior,* **50**, 145-167.

ハーズバーグ, F. 北野利信（訳）（1968）. 仕事と人間性—動機づけ-衛生理論の新展開— 東洋経済新報社

Holmes, T. H., & Rahe, R. H. (1967). The social readjustment rating scale. *Journal of Psychosomatic Research,* **11**, 213-218.

本多麻子（2013）. 認知的方略が課題成績とストレス反応に及ぼす影響—方略的楽観主義、防衛的悲観主義、真の悲観主義— 白鷗大学論集, **28** (1), 277-296.

本多麻子（2014）. 認知的方略が課題成績と精神生理学的反応に及ぼす影響—方略的楽観主義と防衛的悲観主義— 白鷗大学教育学部論集, **8** (2), 367-387.

堀毛一也（2010）. ポジティブ心理学の展開 堀毛一也（編） 現代のエスプリ512号（ポジティブ心理学の展開） 至文堂 pp. 5-27.

カシュダン, T. & ビスワス＝ディーナー, R. 高橋由紀子（訳）（2015）. ネガティブな感情が成功を呼ぶ 草思社 pp. 6-15.

Kobasa, S. C. (1982). *The Hardy Personality: Toward a Social Psychology of Stress and Health.* Hillsdale, N.J.: Erlbaum.

小杉正太郎（編）（2006）. 朝倉心理学講座19 ストレスと健康の心理学 朝倉書店

Lazarus, R. S. (1966). *Psychological Stress and the Coping Process*. New York: McGraw-Hill.

ラザルス, R. S. & フォルクマン, S.　本明　寛・春木　豊・織田正美（監訳）(1991)．スト
　　レスの心理学―認知的評価と対処の研究―　実務教育出版（Lazarus, R. S., & Folkman,
　　S.（1984）. *Stress, Appraisal, and Coping*. New York: Springer.）

ラザルス, R. S. (1997)．ストレス、コーピング、病気　フリードマン, H. S.（編著）　手嶋
　　秀毅・宮田正和（監訳）　性格と病気　創元社

三木　博 (1995)．ユング個性化思想の構造　福村出版　pp. 35-52.

Milgram, N. A. (1993). Stress and coping in Israel during the Persian Gulf War. *Journal of Social Issues,* **49**（4）, 103-123.

Milgram, N. A. (1994). Israel and the Gulf War: The major events and selected studies. *Anxiety, Stress & Coping: an International Journal,* **7**（3）, 205-215.

水島恵一 (1985)．カウンセリング　大日本図書　pp. 5-19.

中西信男・渡辺三枝子（編）(1994)．最新カウンセリング入門―理論・技法とその実際―
　　ナカニシヤ出版　pp. 7-22.

ノレム, J. K.　末宗みどり（訳）(2002)．ネガティブだからうまくいく　ダイヤモンド社
　　（原題：*The positive power of negative thinking.*）

Norem, J. K., & Chang, E. C. (2002). The positive psychology of negative thinking. *Journal of Clinical Psychology,* **58**（9）, 993-1001.

小田博志 (1999)．健康生成（サリュートジェネシス）とストレス　河野友信・山岡昌之
　　（編）　現代のエスプリ別冊　現代のストレス・シリーズⅡ　ストレスの臨床　至文堂
　　pp. 39-49.

岡田康伸・河合俊雄・桑原知子（編）(2007)．心理臨床における個と集団　創元社　pp.
　　16-96.

オーフォード, J.　山本和郎（訳）(1997)．コミュニティ心理学―理論と実践―　ミネル
　　ヴァ書房　pp. 3-49.

ピーターソン, C.　宇野カオリ（訳）(2010)．実践入門ポジティブサイコロジー　春秋社
　　pp. 3-29.

Scheier, M., & Carver, C. (1985). Optimism, coping, and health: Assessment and implications of generalized outcome expectancies. *Health Psychology,* **4**（3）, 219-247.

セリグマン, M. E. P.　山村宜子（訳）(1994)．オプティミストはなぜ成功するか　講談社
　　文庫（Seligman, M. E. P. (1990). *Learned Optimism*. A Division of Random House, Inc.）

セリエ, H.　杉　靖三郎・田多井吉之助・藤井尚治・竹宮　隆（訳）(1988)．現代社会とス
　　トレス（原著改訂版）　法政大学出版局

清水陽香・中島健一郎・森永康子 (2016)．対人的文脈における防衛的悲観主義の役割―初
　　対面の複数の他者への行動意図に着目して―　パーソナリティ研究, **24**（3）, 202-214.

清水新二 (2008)．現代ストレス社会を考える―自分探し時代の精神科医療―榎本　稔・安
　　田美弥子（編）　現代のエスプリ 487 号　外来精神医療シリーズⅡ　現代のこころの病
　　至文堂

Suls, J., David, J. P., & Harvey, J. H. (1996). Personality and coping: Three generations of Research. *Journal of Personality,* **64**（4）, 711-735.

外山美樹 (2012)．学業達成に影響を及ぼす認知的方略―防衛的悲観主義と方略的楽観主
　　義―　筑波大学心理学研究, **44**, 23-32.

◇◆コラム◆◇

介護のストレスとその対応

　現代は少子化・高齢化社会であり、今後の社会的課題として高齢者福祉の重要性が叫ばれて久しい。日本の合計特殊出生率はいまだ低い値を維持しており、人口維持に必要と考えられる2.08%を下回り続けている。また65歳以上の人口割合は右肩上がりで上昇しており、若年の人口割合が減り家族形態も変化するなかで、社会全体として高齢者をどのように支えていくか、大きな課題に私たちは直面している。ここではその一端をストレスと心理学的支援という視点から考察してみたい。

　まず介護を担う専門家としてその役割が大きく期待されている介護福祉士やホームヘルパー、看護師等は、複雑で高度かつハイリスクな業務を担っており常に高ストレス負荷状況下で業務を行っている。彼らはその過負荷ゆえに早期離職の増加という問題に直面しており、また対人援助サービスに従事する者に多く見られるバーンアウト（燃え尽き症候群）という問題も多く見られている。これらは個々人の特性やストレス耐性もさることながら、勤務体制や職場環境等の要因が複雑に絡み合って生じる。さらに昨今では業務上のハラスメントにも注目が集まっているところである。

　専門職と同様、家族もまた介護の担い手として重要な役割を持っている。しかし家族で高齢者を支える構造は、近年特にその基盤が揺らいでいる。日本における核家族の割合は半数を超え続け、居住地も都市への集中度が高くなっている。遠方に住む両親を気にしつつも、仕事や子育てなどの理由から地元に戻れない・戻らないという判断をする家庭も多い。居住地が離れることで近隣の親族と共同して介護を担うことも難しくなっている。また夫婦が共働きの家庭では、親の介護が実際に必要になった際に夫婦のいずれかに職を辞めざるを得ない状況が生じる場合も多い。加えて昨今では親と同居する未婚の子どもが増えてきているという現実もある。

　これらの状況から生じる家族の介護問題としてまず考えられることは、介護における性別役割の偏りであろう。現在でも家庭における介護の担い手は女性が圧倒的に多い。また「親の介護は女性が（妻が・嫁が）行うべき」という考えが根深く残っているのも事実である。雇用機会の男女平等や女性の社会進出の意義が認識されてきた一方で、未だに介護は女性の仕事という認識が残っていることは、社会構造の歪みの1つと考えられる。また核家族の増加と相まって、高齢者が高齢者を介護する「老老介護」の問題が浮き彫りになっている。高齢に伴う肉体的、経済的な疲弊と隣り合わせのなかでの介護は、被介護者のみならず介護者自身にも強い負担を強いることになる。さらに昨今では中年期から壮年期の独身の子どもが高齢の親を介護するという、いわゆる「シングル介護」も喫緊の課題といえる。介護と自己実現という課題の間で板ばさみになる当事者の苦悩は相当なものであろう。認知症に伴う生活上の困難も介護者を苦しめる要因となる。もの忘れ

や徘徊、現実検討能力の低下、被害妄想や日常生活能力の低下は、被介護者の理解を妨げ、介護をより厄介なものへと変えていく。このような強い心身の負担は、高齢者虐待という新たな問題を引き起こす1つの要因ともなる。

　このような介護ストレスを少しでも軽減するためには、介護者自身の心身の健康、経済的な支え、社会援助の三要素が不可欠だといわれているが、では心理学はそれら介護ストレスに対して何を提供できるのだろうか。ここでは心理職以外の専門家にとって有益となるであろう心理学的視点として、以下の2点を取り上げてみたい。

　1つは家族をシステムとして観ることである。私たちはさまざまな機能を内包した「社会」というマクロ・システムのなかで生活をしている。そして「家族」はこのマクロ・システムを形成する1つのミクロ・システムであり、時代的変遷や複雑な機能の相互関係を内包している。家族構成員は「家族」である以前に「1人の人間」であり、同時に「家族」という枠組みに好むと好まざるとにかかわらず組み込まれている。そしてこの二重性は家族構成員間の行動に静かに影響を与える。在宅介護を支援する際はこの家族システムのなかに潜む問題点を押さえることから始める必要がある。世代間のギャップと世代内の壁、共働き家庭における介護役割の偏り、介護と性差、家族構成員の家庭内における役割の特定、家庭内に存在する不適切な循環、活用できる（人的・物質的）資源等を探ることは、決して多いとはいえない家族内のリソースを活用しながら介護を少しでも楽なものへ方向づけるために必要な情報となる。

　もう1つは死に対する心理的ケアである。介護は時に人生の最後を看取る行為となる。相手との関係がどのようなものであれ、死に際しては深く複雑な感情を抱く。このような喪失体験において私たちはいくつかの心身兆候を示す場合がある。空腹感・圧迫感・脱力感・感覚過敏などの身体感覚の変化、悲しみ・不安・不信感・感覚マヒ・放心などの感情反応、混乱・幻想的・死者の存在を感じるなどの認識に関する問題、睡眠障害・社会的引きこもり・過活動などの行動上の問題がそれである。また喪失は単純に「受容」への道のりを真っ直ぐ歩んでいくわけではない。時に喪失を否認したり、喪失直後の混乱が蘇ることもある。このような反応に対して、支援者はその意味を十分に理解し、当事者が明日に向かって歩き出せるための支援を当事者のペースに合わせて提供していく必要がある。

　介護に関する書籍や情報は多様にあるが、その多くは「理想的な介護」「道徳的な介護」に関する技術や心構えの情報を提供している。しかしながらすべての対象者がそのような介護をできるわけではない。理想的なかかわりを雛形として持ちつつ、同時に目の前の実状に合わせて「この構造のなかで何ができるか」を考えていくことが大切になる。

第2章　人の健康と心理学の役割　213

外山美樹（2015）．認知的方略尺度の作成及び信頼性・妥当性の検討　教育心理学研究, **63**(1), 1-12.

上杉正幸（2000）．健康不安の社会学—健康社会のパラドクス—　世界思想社

渡部純夫（2007）．子ども臨床—教育相談・生徒指導・特別支援教育—　筑波大学　pp. 44-53.

山本和郎（1986）．コミュニティ心理学—地域臨床の理論と実践—　東京大学出版会　pp. 57-137.

米山公啓（2000）．「健康」という病　集英社新書

第3章

心理臨床の現場から

第1節　現代における心の問題の諸相

　日常生活において精神障害の病名や原因を見聞するが、意外と正確さを欠いていることが多い。心の問題は、1つの原因と病名がつけられるほど単純なものではない。私たちは自分の性格傾向と身体的、心理的環境そして社会・文化的環境など多くの要因が絡み合いつつ、その時々の心理的出来事との関連で生きている。心の問題は、その人の性格傾向や発達上の心理的環境とストレスやショックの強弱、持続期間等を考慮に入れなければならないが、心の問題の要因は、個人の数ほどあるといってよい。

　心の問題が生じる要因が多次元であることに比べて、そこから出てくる心の問題は、不思議なことに人類共通なことが多い。ここではアメリカ精神医学会（APA=American Psychiatric Association）の「精神障害の診断と分類の基準」（Diagnostic and Statistical Manual of Mental Disorders, 2013）のDSM-5を中心に心の問題を考えたい。

1．神経発達症群 (Neurodevelopmental Disorders)

　児童青年期には、①知的能力障害群（Intellectual Disabilities）、②コミュニケーション症群（Communication Disorders）、自閉スペクトラム症（Autism Spectrum Disorders）、注意欠如・多動症（Attention-Deficit/Hyperactivity）、限局性学習症（Specific Learning Disorder）等の兆候が出現するので、早期発見と早期治療および環境調整が求められる。

２．統合失調スペクトラム障害（Schizophrenia Spectrum Disorders）

　陽性症状としては、妄想、幻覚、逸脱した会話等があり、陰性症状としては、感情の平坦化、思考の貧困、意欲の低下等が見られる。

３．双極性障害（Bipolar Disorder）

　うつ状態と躁状態が単一または相互に反復して出現し、その気分の強弱により、Ⅰ型、Ⅱ型に分類する。

４．抑うつ障害群（Depressive Disorder）

　抑うつ気分が強く、日常活動に対する興味や喜びが減退する。易疲労性や気力の減退、思考力や集中力の減退がある。

５．不安障害（Anxiety Disorders）

１）分離不安症（Separation Anxiety Disorder）

　愛着対象者を失う、危害が及ぶ等を持続的に過剰に心配し、学校や社会生活に支障をきたした状態であり、身体症状をともなうこともある。

２）限局性恐怖症（Specific Phobia）

　動物（例：虫、犬）、自然環境（例：高所）、状況（閉所）に過剰に恐怖感をもつ。また、見知らぬ人が対象の場合は、社交不安症（Social Anxiety Disorder）という。

３）パニック障害（Panic Disorder）

　突然強い恐怖感や不安感に襲われ、動悸、発汗、息苦しさ等の身体的症状により、今にも死ぬのではないかとパニック発作（Panic Attack）を起こす。

６．強迫性障害（Obsessive-Compulsive Disorder）

　思い出したくない観念が自分の意志に反して出現し、不安や苦痛を引き起こす強迫観念と不合理と思いながらも同じ行為を繰り返す強迫行為がある。

７．心的外傷およびストレス因関連障害群（Trauma- and Stressor-Related Disorders）

１）反応性アタッチメント障害（Reactive Attachment Disorder）

　乳幼児と養育者との間で形成される甘え（愛着）が、虐待、育児放棄等でうま

く形成されないことで起こる子どもの反応や行動である。

２）外傷後ストレス障害（Posttraumatic Stress Disorder）

生命を脅かされる体験やそれを目撃したらショックから反復的想起、感覚・感情の麻痺、覚醒亢進等の症状が３ヵ月以上続き、家族や対人関係を回避し、孤立感が強くなり、円滑な社会的、職業的生活が困難となるなど２次的障害も生じる。１ヵ月以内ならこれらは正常な反応であり、それは急性ストレス障害（Acute Stress Disorder）と呼ぶ。

８．解離症群（Dissociative Disorders）

１）解離性同一性障害（Dissociative Identity Disorder）

２つまたはそれ以上の同一性を保った人格が存在している状態である。この人格は、反復的にその人の行動を統制する。

２）解離性健忘（Dissociative Amnesia）

強い外傷性ストレスの想起を回避する結果、他の生活領域の記憶も健忘し、日常生活に支障をきたす状態である。また、突然、家族や職場から消え放浪し、自分に関する記憶が喪失し、同一性も混乱していることを解離性とん走（Dissociative Fugue）という。

３）離人感（Depersonalization Disorder）

自分の心が身体から遊離して、あたかも自分が傍観者であるかのような状態が持続的、反復的に出てくる。ただ、現実検討力は正常に維持されている。

９．身体症状症（Somatic Symptom）

１）身体症状症（Somatic Symptom Disorder）

医学的保証があるにもかかわらず、自分が重篤な病気に罹っているとの観念にとらわれ、社会的、職業的生活が円滑にできない場合は、病気不安症（Illness Anxiety Disorder）という。疼痛が主症状のものもある。

２）変換症（Conversion Disorder）

運動性の症状としては、歩行などの協調運動や立っていることなどの平衡運動の麻痺や部分的脱力、失声などである。感覚性の症状としては、復視、盲、聾、触覚や痛覚の消失などがある。

◇◆コラム◆◇
学校への緊急支援

　人はショックな出来事を体験すると、頭痛、不眠などの身体的な反応や、恐怖、イライラ、神経過敏などの情緒的反応を示すことがある。行動の面では、ハイテンションになる、落ち着きがなくなる、甘えるなどの変化が現れることがある。これらの多くは急性ストレス反応（ASR）と呼ばれ、1ヵ月以内に自然回復する可能性が高い一過性のものである。一方、その後もフラッシュバックや悪夢などの侵入症状、出来事に関するものを避けるなどの回避症状、過度の警戒心・怒りなどの覚醒度と反応性の著しい変化、自分を責めたり他者を信用できないなどの否定的な認知や感情が続いたりするものを心的外傷後ストレス障害（PTSD）といい、ASRとは区別されている。

　わが国では、阪神淡路大震災や地下鉄サリン事件など大きな災害や事件を契機にPTSDという言葉が一般の人にも使われるようになり、ショックな出来事が人に与えるストレスや心の傷についての認識が広まった。現在では、PTSDは大きな事件や災害時などに限らず、通常の事故、犯罪、虐待など個別的な体験によって生じることが知られてきている。東日本大震災後の支援者支援においては、救援者や遺体の捜索にかかわった人々のなかにもPTSDの症状が現れていることが報告されている。

　そのような流れのなかで、近年、学校の児童生徒を巻き込むような出来事（例えば、交通事故や事件、児童生徒の死や自殺など）が起きた際に、スクールカウンセラーが児童生徒の心のケアを求められ、緊急支援として携わることが多くなった。心のケアとはすなわちPTSDの予防を意味し、具体的な方法としては集団へのスクリーニングテストやストレスマネージメント教育、個別カウンセリングなどが挙げられる。しかし、筆者の経験からいえるのは、緊急支援の「第一」の目的は、学校や学校を取り巻くコミュニティーの混乱・動揺を最小限に抑えることである。マスコミの報道など影響力のある要因も視野に入れて2次的な傷を防ぐことがPTSDの予防につながるからである。具体的には、教職員に緊急支援の目的をはっきりと伝えること、このようなときに起こりうる個人や集団の心の動き、かかわり方、注意点についてアドバイスをすること、そして、集会などで児童生徒や保護者を安心させること、などが挙げられるであろう。また、支援に入るカウンセラーの留意点として、逆転移に動かされて支援が一人歩きしないよう、状況を客観視しつつ学校のニーズをていねいに汲み取ることが大切である。

●参考文献

高橋三郎・大野　裕（監訳）（2014）．DSM-5 精神疾患の診断・統計マニュアル　医学書院（American Psychiatric Association（2013）．*Diagnostic and Statistical Manual of Mental Disorders, DSM-5.* American Psychiatric Press.）

10. 摂食障害（Eating Disorders）

1）神経性無食欲症（Anorexia Nervosa）

正常体重の最低限以下でも体重の増加することに強い恐怖感をもっている。自分の体重や体形を感じる感じ方の障害により、食べることに強い拒否感をもっている。

2）神経性過食症（Bulimia Nervosa）

食べることの制御ができない状態である。結果として体重が増加するため、不適切な代償行動（嘔吐、下剤・浣腸等の使用など）が見られる。

11. 性別違和（Gender Dysphoria）

身体的性別と心理的性とのズレが継続的にあり、社会生活が円滑にできない状態である。

12. 物質関連障害および嗜癖性障害群（Substance-Related And Addictive Disorders）

アルコール、薬物、麻薬類の物質から誘発されるさまざまな症状や行動と嗜癖の強さにより分類される。非物質関連障害群として、ギャンブル障害があるが、インターネットゲーム障害も調査研究中である。

13. パーソナリティ障害（Personality Disorders）

生育上、心理的不安定が長期に続いている環境下の生育歴をもっていることが多く、著しく偏った内的体験や行動様式が見られる。自己、他者そして出来事への認知の仕方の歪み、情動反応の強さと不安定さの感情性、対人関係の独自な機能、衝動性の制御の悪さなどが特徴である。反社会性人格障害、境界性人格障害、演劇性人格障害、自己愛性人格障害など 12 の分類がある。

第2節　アセスメント（心理査定）

1. アセスメントとは

皆さんが「おなかが痛くて」病院を受診した状況を思い浮かべてみてください。病院では、医師から「おなかの痛さ」という症状について、いつから痛い

のか、どのあたりがどんな風に痛いのか、何かそのあたりで生活の変化はなかったのかなどと聞かれた後に、触診され、続いて血液検査を受けることになった。その結果、今はやりのおなかにくる「風邪」と医師に診断され、十分な休養を取ることを告げられ、薬が処方された。このとき、「風邪」という医師の「診断」が心理面接におけるアセスメント（心理査定）に相当する。また、おなかの痛さという「症状」は、「主訴」にあたり、「診断」の判断材料の1つの血液検査は、「心理検査」に相当する。

　コーチン（Korchin, S. J.）によると「臨床的アセスメントというのは有効な諸決定を下す際に必要な、患者についての理解を臨床家が獲得していく過程を示すものである」（コーチン, 1980 p. 166）と定義している。また、馬場は、「その人が今どういう状態であり、問題の性質はどういうものであるかをしること」（馬場, 1999 p. 46）として、その観点を挙げている（表4-3-1）。精神科医の土居は、「見立て」（土居, 1977 pp. 54-75）という表現を用いている。

2. アセスメントのための情報の集め方

　アセスメントを行うための情報を得るためには次の3つの方法がある。①行

表4-3-1　アセスメント（心理査定）の観点

アセスメントで臨床心理士がどのようなことがらを見るか、かみくだいて表にまとめると次のような項目になります。これらを勘案して、方針を立てて行きます。

Ⅰ　来談者の現在の状況はどうか
　　問題の背後にどんな心理的・環境的要因があるか
　　現在の生活のようすはどうか
　　自分の心理的問題を自覚し理解できるかどうか

Ⅱ　来談者のパーソナリティのあり方
　　心の発達やアイデンティティ、自分をコントロールする力や方法、知的能力、作業達成の能力、心のなかの葛藤、その他のあり方

Ⅲ　対人関係のあり方
　　対人関係を維持する機能、家庭関係や環境の実態とそこにあるかもしれない問題

Ⅳ　可能な支援の方法と、本人の意欲

出典）馬場（1999）。

動や外見を見ることで情報を得る観察法、②会話を通して情報を得る面接法、
③種々の心理検査を通して行う心理検査法である。

　また、クライエントの年齢が、4歳から12歳までの児童期である場合には、
面接室ではなく、プレイ室を使用してプレイを通して、アセスメントを行う。
（遊戯療法〔プレイセラピー〕については第3節「さまざまな心理療法とその活用」を参照）
なお、以下は、大人のクライエントが面接に訪れた場合を想定し、それぞれの
方法で注目する情報について説明する。

1）観察法で行うこと

　クライエントが面接のために訪れたときの受付・待ち合室での様子に始まり、
面接室に入るとき、出るときの様子、面接室のなかでの座る位置、クライエン
トの服装、体型、印象、クライエントの態度、表情、話し方などを観察する。

2）面接法で行うこと

（1）クライエントとの面接

　まずはクライエントの語る面接に訪れた理由、つまり困っていること（主訴）
を中心に聞く。困っていることはいつから始まり、何をきっかけに始まったか。
クライエントは、それをどう捉え、何が原因と思っているか。困っていること
に対してクライエントは今までどうしてきたのか。他の相談機関は訪れたか。
家族、友人等周りの人は主訴をどう見ているか。クライエントは面接に対して、
どれぐらい積極的であるか、面接を受けてどうなりたいと考えているか、など
を面接を通じて聞き取る。

　生育歴として、小さいときから今までにどんな風に育ってきたか。一番小さ
いときの記憶、友人などの人間関係、家族との関係、恋愛、学校生活、職業選
択、職場での人間関係、楽しめることは何か、興味のあることはどんなことか。
現在はどんな風に生活しているか。健康上心配なことはあるか。自分の性格を
どう捉えるか。よく見る夢は何か、あるいは最近夢を見た場合にはその内容を
聞く。「夢は無意識への王道である」（フロイト, 1968）と位置づけたように、夢に
ついての聞き取りは、その人の無意識を知る手がかりになる。

（2）家族との面接（もし家族が一緒につきそって来室した場合に行うもの）

　クライエントの問題をどう見ているか。クライエントはどんな子どもで、育
てている間に何か心配したことがあったか、気がかりなことはあったのか。学

校ではどんな評価を受けてきたか。兄弟、家族内ではどんな様子かを聞きながら、面接者は、家族はどのぐらいこのクライエントをサポートできるのかのアセスメントをしていく必要がある。

3) 心理検査法で行うこと

心理検査を通して、クライエントの病態水準や知的能力、性格傾向、対象関係、物事の捉え方、不安の程度、不安の対処の仕方、健康な自我の力などをみるために行う。

(1) 心理検査の種類

心理検査法には、知能検査・発達検査・人格検査、がある。

知能検査には、代表的なものとして、ビネー式知能検査法とウェクスラー式知能検査法がある。発達検査としては、新版K式発達検査2001、津守式乳幼児精神発達質問紙などがある。また、人格検査には、質問紙法、作業検査法、投映（影）法、評定法がある。質問紙法としては、MMPI（ミネソタ多面式人格目録）、エゴグラム、矢田部-ギルフォード性格検査などがある。作業検査法としては、内田-クレペリン精神作業検査があり、投影法としては、ロールシャッハ・テストとTAT（主題統覚検査）などがある。投影法と質問紙法の両方の特徴をもつものとしては、SCT（文章完成法）やP-Fスタディ（絵画欲求不満テスト）がある。投影法であり作業をともなうものには、バウム・テストやHTP（家・樹木・人物描画法）風景構成法などの描画法がある。個々の検査、および、どのように心理検査を使い分けるかについては氏原（2006）や赤塚（1996 pp. 63-77）を参照してもらいたい。

(2) テスト・バッテリー

小川（1991 p. 249）によれば、「心理臨床の現場にあっては、個人の全体的理解のために、またその理解を豊かで確かなものとするために、何種類かの検査が組み合わせて用いられる。」これをテスト・バッテリーという。組み合わせ方としては、知能検査と人格検査という場合もあれば、人格検査のうち、宇田川（1998 p. 86）がいうように、「『意識の層』をみる質問紙

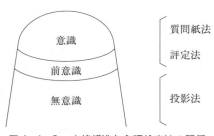

図4-1-3 人格構造と心理検査法の関係
出典）宇田川（1998）。

法と『無意識の層』をみる投影法とを組み合わせる」（図4-3-1）という場合もある。

　アセスメントでの情報収集には、以上の３つの方法があるが、まずは観察法と面接法を行い、その後なお必要があれば心理検査を行う。

３．集めた情報をどうするか

　例えば、「会社に行こうと思うけど行けない」という主訴で来室した30代の男性のＢさんを想定しよう。Ｂさんは小さい頃から文武両道で挫折したこともなく、家族と確執もなく、対人関係にも問題はなかった。一流大学を卒業し、一流会社に就職し、出世コースを順調にすすんできた。性格的にはこつこつ仕事をするタイプで、責任感が強く、仕事は完璧にしないと気が済まない。どんなに大変でも人に仕事を頼めず、仮に頼んでもすべて自分でやり直してしまうという具合で今まで仕事をしてきた。Ｂさんは、完璧さを追求するあまり、残業することもしばしばあった。またその完璧さは、Ｂさん自身も少し行き過ぎと感じるほどであった。それでも、今まではその仕事ぶりが上司に高く評価されていた。ところが、人事異動で直属の上司が「細かい数字なんておおよそでいいから速く結果を出してほしい」というＢさんの苦手とするスピードを要求するタイプに替わった。また、今までは優秀であるとＢさんは自認していたが、その上司からは、仕事が遅い、仕事ができないと怒鳴られた。Ｂさんは、上司の要求に応えようとするものの、今まで以上に細かい数字が気になり、仕事を勤務時間内に仕上げることができず、そのことでもまた上司に怒鳴られた。その結果、昼休みも返上して働き、食欲も減退して、睡眠不良が続き、ついには会社に行けなくなってしまった。しかし、休んではいても会社のことが気がかりで眠れない状態が続いていた。そして、会社に行けばあの上司に会い、また怒鳴られると思うと怖くて会社に行けない状態であったとしよう。

　クライエントであるＢさんとの面接を通じて以上のような情報が集められた際に、面接者はＢさんに対して例えば以下のような理解を伝えることが考えうる。「完璧さを求めることは、大切ではありますが、ご自分でも気がつかれているように完璧さをもとめる基準が、あなたは人よりも高すぎるように思われます。なぜそこまでしなくてはいられないのでしょう。それは、どこか自分に自信がないことの表れかもしれませんね。人に頼んでよい場面でも頼めない背

景には、人に依存することに対する怖さがあるのかもしれませんね。あなたは、今までは順風満帆で挫折を経験されたことがなかったようですし、人間関係でもこれまで特段に問題はなかったとおっしゃいます。しかし、上司に怯えるあまり睡眠不良に陥ったり、出社できなくなったりされることから考えても、人との関係について、やはりどこか不安があり、ただこれまでは、幸いにも表面化しないでいただけのことかもしれません。面接では、そのあたりを話し合い、今の状態を改善することを支援することはできると思います。また、睡眠不良については一度、医師を受診して、睡眠導入剤などの薬の処方を受けることが有効な場合があります。」

このように、アセスメント（面接者によるクライエントの状況の評価）を通しての面接者の理解をクライエントであるＢさんに伝えると、Ｂさんは、自分の問題が自分の心のどんなことに関連しているのかというヒントを得る。あるいは、その面接者のもとに通って面接を続けていくべきか、別の所がよいのか、あるいはまた医師のもとにいくべきか否かをＢさんが判断する際の基準が与えられる。

他方で面接者の方では、アセスメントによって、主訴の背景にあるＢさんのどのような不安や葛藤を、面接で扱っていけばよいかの方針を立てうる。また、アセスメントを通じて、Ｂさんのこれまでの人間関係のあり方を知り、面接場面を観察することで、今後面接でＢさんと面接者の間で起こってくる感情や面接者との関係を予測しうる。例えば、先のＢさんについては、自分だけこつこつやれるような仕事のやり方では力を発揮できるが、人と共同して何かをやることが困難であることや、自信のなさに起因する過度の完璧主義の傾向などが面接からうかがえる。したがって今後もＢさんとの面接を継続する場合には、Ｂさんが面接者の存在を無視して、自分だけで話を進めてしまったり、困っている状態であるのにその話をしようとせず、うまくいっている自分ばかりを強調してしまったりするなど、面接者と面接を共同して行うことにＢさんがとまどうことが予想される。その場合には、そのとまどい自体を面接で扱い、Ｂさんの行動や態度の背景にある、人に依存することへの不安や葛藤を、実感をともなって、話し合えばよい。このように、事前のアセスメントに基づく予想は、面接で話し合うべきポイントに焦点をあてる準備のためにも有用たりうる。

さらに、以降の面接のためにはアセスメントにおいて、クライエントである

224　第４部　ともに生きるための心理学の役割

Bさんの心の健康面、つまり果たしてBさんが自らの問題を自身のこととしてきちんと対処しうるか否かという点についても評価することも重要である。というのも、面接の過程では、Bさんは自ら見たくない、また人に見せたくないような心の奥底の自分の内面について直視せざるを得ない。面接が継続しうるためには、Bさんが自分の内面を見つめうる心の強さが必要である。その心の強さは、Bさんの心の病的な側面に侵されていない健康度によって推し量るほかはない。ただし、心の強さは面接を通してのみでは判断が困難なことも多く、その場合には、心理検査が有効である。クライエントの心の強さを知ることは、週に1回か、2回か、2週間に1回かという面接の頻度や、支持的面接か、表出的面接かという面接者のかかわり方などを含めた面接のスタイルを面接者が決める際にも有用である。

　面接が長期にわたる場合、アセスメントも節目、節目で繰り返し行われる。継続的な面接がクライエントに適切な援助を提供しているのかを判断するためにも、クライエントの継続的アセスメントが求められる。また面接の終了後も、果たして自分のやり方でよかったか、クライエントの役に立ったか等についてのアセスメントが求められる。医師が「おなかが痛い」という症状に隠された重病を看過し、「診断」を誤れば一大事であるのと同様、心理面接でのアセスメントも誤ればかえって好ましくない方向にクライエントを導き、クライエントと面接者双方の労力と時間の損失をきたすだけでは済まないことにもなりかねない。

　心理面接におけるアセスメントの概略は以上である。しかし面接者が、クライエントに関する多くの情報に基づき、実際に面接に役に立つアセスメントを実施しうるためには、発達理論、人格理論、心理検査の読み方などのさまざまな知識に加えて、多くのクライエントとのアセスメント経験を積むことが必須である。

第3節　さまざまな心理療法とその活用

1．心理療法とは

　心理療法にはさまざまなものが存在する。ここでは、その代表的なものだけを簡単に紹介する。個々の心理療法の手法や理論に関しては、それぞれの創始

者の書いたものやその後の発展にともない幾多の参考書・解説書が出版されているので、この章の参考文献リストに従い、それらを読み進めるのが望ましい。

　古代の人たちは、悪魔や悪霊に取りつかれて精神病になると信じていたため、それを取り除くのは、祈禱師、聖職者などの役割であった。その後18世紀には、身体的な原因がないのに失明や麻痺といった症状をともなうヒステリーに対して、催眠法が用いられた。催眠法から出発して、患者との体験から「自由連想法」を用い、症状は無意識の解明により治癒すると考えたのが、精神分析の創始者であるフロイト（Freud, S.）である。他方、アイゼンク（Eysenck, H. J.）によって名づけられた行動療法では、無意識の存在を重視せず、人間の不適応行動はすべて学習されたものとして、学習理論に基づいて心理療法行う。また、クライエントの問題解決、自己決定能力に信頼を置き、相談にくる人を「患者」という言葉を使わずに「来談者（クライエント）」と呼び、クライエント中心療法を創始したのは、ロジャーズ（Rogers, C. R.）である。精神分析、行動療法、クライエント中心療法の3つが代表的な心理療法であり、以下でその概要を説明するが、ほかにもその後、さまざまな療法が発展してきている。

2．心理療法の対象による分類

　心理療法はまた、その対象が個人の場合と集団の場合に分類できる。前者は、クライエントあるいは患者が心理療法家と1対1で行う。また、特に、幼児期から児童期までの子どもに対しては、遊具が置かれたプレイ室を使用して行う「遊戯療法（プレイセラピー）」がある。後者には、「集団療法」「エンカウンターグループ」「家族療法」などが含まれ、複数のクライエントあるいは患者に対して同時に行う。

3．3つの代表的な心理療法

1）精 神 分 析

　フロイトが創始した人間の心を探究する方法を使って患者を治療するのが精神分析療法である。精神分析療法には、週に4、5回、寝椅子を使って背面法で行う「古典的な精神分析療法」と、週に1、2回、対面法で行う「精神分析的精神療法」がある。いずれにおいても患者には「自由連想法」[1]を行ってもらい、面

226　　第4部　ともに生きるための心理学の役割

接者はその患者の連想をもとに、「転移」[2] や「逆転移」[3] に留意し、「抵抗」[4] を見据えつつ、「解釈」[5] を行い、患者の抱えている症状の背景にある、無意識に抑圧された不安にアプローチし、症状の改善だけでなく、その人の人格の変化をめざす心理療法である。

２）行 動 療 法

問題の行動がどういうときに頻繁に起こるのかに関する行動分析を行い、プログラムを立てて、その行動を軽減するか、適応行動の獲得ができるように介入する心理療法である。「系統的脱感作法」[6]「トークンエコノミー」[7]「シェーピング法」[8] などがある。また、行動理論と認知理論（誤った認知が外界の認知を歪める）が合わさって成立したのが「認知行動療法」である。

３）クライエント中心療法

人間には自分自身が成長し、よくなろうとする力が本来内在しているという考えをもとに、その力を発揮できるように面接者がかかわる心理療法である。それは、パルマー（Palmer, S.）によると、「カウンセラーは、何かを『する』とか何かを目指すのではなく、ある方法で『存在する』ことが必要となる」（パルマー, 2000 p. 6）である。そして、ロジャーズは、「建設的なパーソナリティ変化が起こるためには、次のような条件が存在し、それがかなりの期間継続することが必要である」（ロジャーズ, 1966 pp. 119-120）として、必要にして十分な6条件を挙げている。そのうちの、3つの条件はカウンセラーの条件である。つまりそれは、「自己一致」「無条件の肯定的関心」「共感」である。

パルマー（2000）は、「自己一致」とは、カウンセラーが面接のなかで、自分の思考、感情、知覚の変化を常に意識し、それに対して自分を偽ることをしてはならないことであり、「共感」とは、カウンセラーがクライエントの内的世界に深く耳を傾け、クライエントが感じたり、心の内側にもっている世界を、カウンセラーも自分のこととして感じ、その上でカウンセラーは自分も失わないでいることであり、「無条件の肯定的関心」とは、カウンセラーはクライエントが自分の好みや行動と異なっていても、そのままの姿・感情を、肯定的に捉え関心をもつことであると説明している。また、「自分自身を知れば知るほど、人生は豊かになる」として、クライエント中心療法の考え方を発展させ、健康な人を対象に行うグループ療法として「エンカウンター・グループ」を考案した。

◇◆コラム◆◇
抜毛症に対する認知行動療法

【認知行動療法とは】

　行動療法では、問題は不適切な行動によって引き起こされるので、解決のためには行動を修正しようと考える。一方、認知療法では、行動はできごとに対する解釈（認知）で選択されるので、問題とは不適切な認知によって生じ、解決のためには認知の根底にある不合理な思い込み（スキーマ）の修正が必要だと考える。この両者は、刺激に対する反応の結果として問題を捉え、認知と行動に介入するという共通点から、ニワトリとタマゴのような議論を経て認知行動療法として統合され、発展を遂げてきた。そのため、行動に焦点をあてる系統的脱感作、エクスポージャー法、継時近接法や、認知に焦点をあてる認知再構成法、自己教示訓練法、思考妨害法など多様な技法をもち、事例に応じて介入方法が選択され、技法の組み合わせでバリエーションを自在に広げることができる。

【抜毛症の事例】

インテーク　事例の概要

　Ａさんは大学１年の女子学生である。抜毛癖で相談に訪れた。そのきっかけは小学３年時、級友に「良い子ぶっていてすぐに仕切る」と仲間はずしをされ、孤独な休み時間に髪を抜き出したことにあった。当時のＡさんは学級委員で、「面倒見の良いやさしい子」という先生や親の評価を誇りに思っていたため、その期待を裏切らないように、反感をかいそうな否定語や自己主張を自ら禁じ、必死で級友に迎合したそうである。抜毛は、仲間との関係が修復するにつれておさまった。中学では、学級委員として集団からはみだす女子のサポートを期待された。その女子は、派手でいいたい放題だったが不思議に息が合い、担任や級友の厚い信頼を得て抜毛とは無縁の生活が続いていた。

　ところが大学入学後、Ａさんはともに行動するグループに価値観のズレを感じ、その孤立感から抜毛が再発した。大学では、仲間から浮かないように必死で皆に合わせる反面、ひたすら追従する自分のみじめさに苛立ち、自室で一人になると抜毛に没頭してしまうというのである。Ａさんは、抜毛時のかすかな音と痛みに快感を抱く自分の異常さと、髪をめくると点在するおぞましいハゲに不安と焦燥がおさまらないと語った。

アセスメントと介入

　筆者は、抜毛行動の背景にＡさんの孤独を察知した。Ａさんは、仲間との関係がきしむと衝突を避けて自己主張を抑え、抜毛行動に没頭した。それは、仲間はずしにあったＡさんが、級友の信頼を取り戻そうと必死に考えた小学３年時の作戦だった。学級委員であることに誇りを抱いていたＡさんは、「面倒見の良いやさしい子」と評価されなければいけないと思いこんでいたからである。抜毛行動は、認知の歪みによって選択される主張抑制の代替行動として引き起こされ、抜

毛時の快感で強化される上、没頭するほど現実逃避がかなうので、抜毛のおぞましさや不安が高まるほど激化し、悪循環を招いていたのであった。

そこで筆者は、なぜ中学時代にその女子と息が合ったのだと思うか問いかけた。Aさんは、筆者との話し合いのなかで、いいたい放題いってくれる級友が自分の代弁者の役割を務めており、そのはみだしのおかげでジキルとハイドのように「面倒見の良いやさしい子」を晴れやかに演じていたことを理解した。

Co「ではあらためて、この問題の本質は何だと思う？」
Cl「（沈黙）良い子でいようとしていいたいことをいわない自分……」
Co「だとしたら、抜毛は、自己主張を封印して良い子を演じる異常さに警鐘を鳴らす健全性の象徴ではないの？」

しばらく沈黙した後、Aさんは泣き出した。「私は、異常ではなかった」と何度も繰り返しつぶやき、そんな自分を脱却したいと申し出た。筆者はAさんに、大学のゼミのなかに状況を理解してくれそうな人が見あたらないか質問した。すると、一人だけ思いあたるという。その人に状況を伝え、課題の協力者になってもらえないか援助要請を指示すると、やってみますときっぱりした返事がもどってきた。

課　題
①協力者である友だちから、1日3回を目標に「イヤ」「ダメ」など否定的に返答するような質問をしてもらう
②これに対し「イヤ」「ダメ」などの否定語を返す
③できた場合は、友だちに「えらいえらい」と必ずほめてもらう
④「イエーイ」と調子にのり、友だちとハイタッチして盛り上がる

介入結果　第2回面接（翌週）
面接の翌日、別のグループで行動している友だちにおそるおそる援助要請したところ、即座に快諾が得られたそうである。その友だちも、実は本音で語り合える仲間を求めていたのだと、Aさんの打ち明け話に感謝してくれたとのことであった。課題は、毎朝友だちが電車のなかで考えて来てくれ、顔を合わせるなり「トイレをがまんしたい？」などの質問ですぐに盛り上がり、課題後のおしゃべりにもあまりにも楽しいということであった。否定や自己主張は、もはやAさんのタブーではなくなっていた。抜毛行動は、面接以来一度も発現しておらず、たった1週間しか経っていないのに、先週の自分はもはや遠い過去に感じると仲間を得たよろこびが語られ、面接は終結になった。

面接で行ったのは、抜毛行動を「異常」から「健全性の象徴」と解釈を転換させる認知再構成と、主張行動および援助要請行動の形成であった。また、ソーシャルサポートと発声や身体運動反応を用いて不安の拮抗制止を行った。その結果、認知・行動操作が奏功し、1回の面接で問題が解決した。

4．そのほかの心理療法について

1）箱庭療法

イギリスのローエンフェルト（Lowenfeld, M.）が考案したものを、ユング（Jung, C. G.）の教えを受けたスイスのカルフ（Kalff, D.）が治療法として発展させた。日本では、河合隼雄が1965年に導入し、発展させた（河合, 1969）。やり方は、内法57cm × 72cm × 7cm の、内側を青く塗った木製の箱に、1、2cm の砂が入ったものと、種々のミニチュア玩具（人形、動物、植物、建物、怪獣、石、乗り物や標識などの交通機関、イス、テーブルなどの家具など人の世界や生活にあるもの）を使用する。対象は子どもから大人までであり、面接者が「この砂と玩具を使って何でもいいから作ってみて下さい」（河合, 1969 p. 6）といって始めてもらう。クライエントは箱という枠やそこにいる面接者に守られながら自由に内的な世界にあるものを意識化し、表現する。面接者は出来上がった作品を無理に解釈せず一緒に味わうことが大切である。

2）内観療法

森田療法とともに、日本で生まれた心理療法である。内観療法を創始したのは吉本伊信である。浄土真宗で行われた「身調べ」をその基礎としている。「内観療法には一定条件のもとで1週間を基本として行われる『集中内観』と、日常生活の中で継続的に短期間ずつ行う『日常内観』がある。」（三木・真栄城・竹元, 2007 p. 6）「集中内観」とは内観研修所にこもり、1週間、外から遮断した生活のなかで、静かな個室で行う。自分にとって重要な人物（母親、父親、配偶者など）に対して①してもらったこと②して返したこと③迷惑をかけたことの3つのテーマについて朝から晩まで集中して見つめ具体的事実に即して調べる。指導者はこの間、1時間から2時間ごとに、内観を行っている人の個室を訪れる。その際に内観者は、内観の内容を3分から5分にまとめて報告する。これを1日8回行う。内観療法は、身近な人々との過去を再体験し、自分のルーツを知ることで適応を図ろうとする心理療法であるが、精神的に健康な人が自己啓発としても利用可能である。

3）森田療法

精神科医であった森田正馬が、創始した心理療法である。森田の考えた「森田神経質」において、神経質傾向をもつ者が、何らかの誘因（ヒポコンドリー体験）

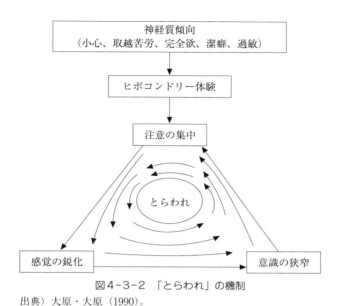

図4-3-2 「とらわれ」の機制
出典）大原・大原（1990）。

によって注意を自分の身体の不調や心理的変化に向けることによって感覚が鋭敏化し、不調感が増大するとともに、注意はいよいよその方に固着して、「とらわれ機制」が働き、神経症に発展する（図4-3-2参照）。森田療法は、現在は外来で行われることが多いが、伝統的には入院によって行われる。期間は、3ヵ月ぐらいである。入院後、1ヵ月は家族、社会から遮断される。入院治療は第1期（絶対臥褥期）、第2期（軽作業期）、第3期（重作業期）、第4期（退院準備期）の4期に分けられる。森田療法は、不安を「あるがまま」に受け入れて、よくなりたいという「生への欲望」を引き出し、「生への欲望」に従って行動することを体得させていく心理療法である。

4）遊戯療法

幼児（3、4歳）から児童期（11、12歳）を対象として行う。子どもは言葉を使って十分に自分の気持ちを表現することができないために言葉に代わる手段として遊びを使って子どもとかかわる心理療法である。ロジャーズの考えをベースに遊戯療法を行ったアクスライン（Axline, V. M.）は、「8つの原理」（アクスライン, 1988 pp. 95-96）を提唱した。その「8つの原理」とは以下のようである。

①治療者はできるだけ早くよいラポート（親和感）ができるような、子どもとのあたたかい親密な関係を発展させなければなりません。②治療者は子どもをそのまま正確に受けいれます。③治療者は、子どもに自分の気持ちを完全に表現することが自由だと感じられるように、その関係におおらかな気持ちをつくり出します。④治療者は子どもの表現している気持ちを油断なく認知し、子どもが自分の行動の洞察を得るようなやり方でその気持ちを反射してやります。⑤治療者は、子どもにそのようにする機会があたえられれば、自分で自分の問題を解決しうるその能力に深い尊敬の念をもっています。選択したり、変化させたりする責任は子どもにあるのです。⑥治療者はいかなる方法でも、子どもの行ないや会話を指導しようとしません。子どもが先導するのです。治療者はそれに従います。⑦治療者は治療はやめようとしません。治療は緩慢な過程であって、治療者はそれをそのようなものとして認めています。⑧治療者は、治療が現実の世界に根をおろし、子どもにその関係における自分の責任を気づかせるのに必要なだけの制限を設けます。

　子どもの精神分析は、1920年代にフロイトの娘のアンナ・フロイト（Freud, A.）とクライン（Klein, M.）によって始められた。精神分析のおける遊戯療法とは、「子どもを自由に遊ばせながら、治療者は、遊びの中の言葉や行為、遊びのストーリーを通して表現される転移的な関係と、象徴的な内容に対して解釈を行い、子どもの無意識における不安、葛藤の洞察と援助と、自我の成長への援助を行う」（伊藤・吉田, 1997 p. 128）である。例えば、子どもが人形遊びをしている場合には、治療者は、その子がその人形を母親、父親、治療者など誰にその子どもは見立てて遊んでいるのか（転移的な関係）、その後その子が遊んでいた人形を急に箱にしまってしまう場合には「なぜ隠すのか」、「一緒に遊ばないのはなぜか」（象徴的な内容）など、その行動をその子の無意識の不安や葛藤と結びつけて理解し、それを言葉でその子に伝えること（解釈）によって、その子の抱えている問題を解決し、心の成長を促進させるのである。なお、精神分析的遊戯療法の具体的な事例については、木部（2006）、森（2005）、伊藤・吉田（1997）を参照してほしい。

　心理療法を学ぶには、理論を十分に勉強することが重要だが、その手法をさらにクライエントのために役立てるには、自らが体験を積むことが重要である。

第4節　教育現場における心理臨床：教育と心理のコラボレーション（1）

　わが国の教諭は、学習指導と生徒指導と一人二役の役割を担っている。1950年後半より教諭の生徒指導の能力を向上させるため、都道府県の教育委員会を中心にカウンセリング研修会が開催されている。そして1990（平成2）年度より生徒指導の科目に「教育相談」が定められた。その結果、先生方の生徒指導力はそれなりに向上したと思われるが、教育現場では、不登校、いじめ、自殺など深刻な問題が起こり、教諭の生徒指導だけでこれらの問題を解決することが困難な状況になっている。そこでここでは、心理学が教育にどのようにかかわっているかを述べたい。

1．教育と教育心理学

　心理学が教育に影響を与えている主な領域としては、発達心理学、認知・思考心理学そして学習心理学があり、そこから導き出された理論と方法を児童・生徒の教育に応用しているのが教育心理学である。教育心理学は、教育に役立つ心理学の理論・方法とそこから生まれた知識や技術を提供している。ある教科内容や友人関係のルールを教える場合、子どもの発達段階とそれに基づいた認知・思考的特性そして学習の基本的機能などを習得していれば、教諭は教育現場で児童・生徒に応用ができる。教育心理学が、教職の履修科目で必修になっているのはそのためである。

　教育心理学は、心理学の応用心理学の1つの分野に属するが、その方法論は、実証的、合理的、客観的な自然科学的アプローチであるので、その結果は一般化され、大多数の健康的な児童・生徒へ応用ができ、教育的効果がある。

2．教育と臨床心理学

　日々の教育現場では、「学校にいきたいけど、結果的にいけない」「朝、お腹が痛かったのに、昼頃治ってしまう」「いじめは悪いとわかっているが、いじめてしまう」等の問題が多発している。客観的、科学的教育を受け、合理的に教材を教えることを職務とする教諭にとっては、これら児童・生徒の不合理で個

第3章　心理臨床の現場から　*233*

別的な訴えにどう対応したらよいのか戸惑うことが多い。

　臨床心理学は、教育心理学と重複する領域は多々あるが、独自な領域としては、一般化した視点から児童・生徒を理解することより子ども一人ひとりの個性や個別性を重視する。子どもの個別性の理解と成長を促進する方法としては、心理検査等からの心理アセスメントとそれに基づく児童・生徒の個人の内的世界を大切にし、理解していくカウンセリングである。また学校は集団の場でもあるので、臨床心理学は、集団力動（group dynamics）を取り扱うグループカウンセリングの理論と方法論をもっているので、仲間集団やクラス集団に応用することができる。

　教育現場では、児童・生徒、保護者そして教諭等から臨床心理学のアプローチが必要であるとの認識から、1995（平成7）年度より学校現場にスクールカウンセラーを配属し始めた。

3．教育現場でのスクールカウンセラーの役割

　教育現場におけるスクールカウンセラーの役割は、①児童・生徒へのカウンセリング、②教職員との役割分担と連携、それに基づく教職員に対する助言・援助、③家庭、地域社会、関係機関との効果的な連携と保護者等に対する助言・援助、といえる。

1）児童・生徒へのスクールカウンセリング

　カウンセリングは、一般的に問題や症状をもった人が受けるというイメージが強い。ところがスクールカウンセリングは、主に学校内の児童・生徒、保護者そして教職員であり、対象が限定されており、教育現場で行われるカウンセリングであることを考慮して活動していく必要がある。

　学校に在籍している多くの子どもたちは、健康的である。しかし、健康的な子どもといえども日々の学校生活でいろいろと困ったことや悩むことが生じる。人間は、これらの課題や難問を解決していくことで成長し、発達課題を乗り越えていく。スクールカウンセリングは、教育の場で行うカウンセリングであるので、このような健康的な子どもの心の成長を援助することも大切な活動である。

　一方、もう1つの活動としては、学校での適応が困難な児童・生徒へのカウン

234　第4部　ともに生きるための心理学の役割

セリングである。子どもの障害としては、学習障害、広汎性発達障害、コミュニケーション障害、チック障害、排泄障害、分離不安障害、緘黙、不登校などの適応障害（抑うつや不安をともなう）、いじめや問題行動をともなう行為の障害など枚挙にいとまがない。

（1）いじめとスクールカウンセリング

いじめは年々陰湿化しているため、その対応は難しくなっている。カウンセリングのなかでいじめられていることを訴えられたら、カウンセラーはどのように対応したらよいのであろうか。いじめられた心の傷を癒すことも大切であるが、カウセリングを通じて、いじめている人と対等な人間関係を作れるまで子どもを育むことはより重要である。いじめの状況により先生方と連携を取る必要があるが、教諭がいじめている子どもを指導するだけでいじめが終わらないのが現代のいじめである。教諭が、いじめを注意、指導することにより「なぜ先生にいいつけたのか」といじめがより拡大し、いじめを訴えなくなる場合もある。そのことをスクールカウンセラーは見立てをしながら、先生方と連携を取っていく必要がある。

（2）発達障害とスクールカウンセリング

現代の教育現場では、広汎性発達障害、コミュニケーション障害のADHD（注意欠如・多動症）等の子どもが普通学級に在籍する傾向にある。多くの先生方は、このような子どもたちをどのように理解し、どのように指導したらよいか戸惑っていることが多い。発達障害の場合、スクールカウンセラーは、精神医学的知識と個々の臨床像をまとめる能力を求められる。そして、それに基づき個々の子どもの障害の特徴について、どのような点に指導の可能性があるのか、留意点は何なのか等を教諭や保護者と情報交換をしていく必要がある。

（3）不登校とスクールカウンセリング

全国の小・中学生の不登校数は、10万人前半を推移している。あまりの人数の多さに妙な慣れや諦め感さえ漂っている。不登校の対応として「登校刺激をしない」ことが金科玉条のように普及しているが、教諭や保護者は、このように対応すれば子どもが再登校するであろうと理解していることが多い。「登校刺激をしない」ことは、子どもを昼夜逆転の生活や家庭内暴力等まで追いつめない効果があるかもしれない。しかし、この対応だけでは、子どもが再登校

第3章 心理臨床の現場から　　235

するのに必要な友人関係の対処能力をつけるまでには至らない。教諭や保護者にとって、気になる不登校のことに触れずに子どもとの人間関係を形成していくことは、難しいことであり、苦しいことでもある。しかし、このような人間関係を経験することが登校への第一歩となるので、その気持ちを支えつつより深い人間関係を形成できるように援助していくことがスクールカウンセラーにとって大事な活動となる。

2）教職員・保護者へのコンサルテーション機能

　教職員がスクールカウンセラーに期待していることは、児童・生徒の指導に役立つ連携である。同様に保護者も養育に役立つ連携を求めている。スクールカウンセラーは、心理アセスメントとカウンセリングの視点を指導や養育に役立ててもらうコンサルテーション(consultation)機能が重要となる。そのためにスクールカウンセラーは、専門用語を使わず教諭や保護者がそれぞれの立場から理解し、活用できるようなコンサルテーション能力を身につけなければならない。

　例えば、「父親のアルコール依存症で夫婦ケンカが絶えず、情緒不安定となり成績も下がってきた」と訴えた子どもがいたとしよう。教諭にとって父親の問題や夫婦関係のことを知っても指導の参考にはならない。それよりも「情緒不安定になっており、成績のことも気にしている。頭から指導するのではなく支えるようなかかわりをしてください」といわれた方が指導の参考になる。また、保護者に対しては、「子どもの前で夫婦ケンカをすると子どもはこのような気持ちになること」を伝えた方が、養育の参考になる。

　このようにスクールカウンセラーのコンサルテーション能力は、心理アセスメントとカウンセリングを基盤として成り立つ機能であるといえる。

4．養護教諭のカウンセリング機能

1）歴史的変遷

　心の専門家が初めて学校に導入されたのは、文部省（現文部科学省）によるスクールカウンセラーの活用事業が始まった1995（平成7）年のことである。昭和50年代から「登校拒否」や「校内暴力」が社会現象となり、その対応からカウンセリング機能を確立してきた養護教諭にとって、スクールカウンセラーの登場は職業アイデンティティを揺るがす大きな出来事となった。養護教諭はス

236　　第4部　ともに生きるための心理学の役割

クールカウンセラーとは異なる機能を意識せざるを得なくなり（鈴木, 2006）、スクールカウンセラーの「カウンセリング」と弁別する目的で「健康相談活動」という言葉を使用するようになった（杉村, 2004）。1997（平成9）年には、「健康相談活動」の定義として、「養護教諭の職務の特質や保健室の機能を生かして行う心身の両面への対応」であることが明文化されたが、「養護教諭の特質を生かした相談活動」の具現化が課題となった。その後、「健康相談活動」は「健康相談（養護教諭に限らず行われるもの）」へと吸収されるが、歴史的変遷のなかで、養護教諭は自分たちのカウンセリング機能の独自性を追求し続けてきたのである。

２）健康相談とカウンセリングの異同とコラボレーション

養護教諭の健康相談の事例から臨床心理学的要素を抽出し、カテゴリー化を行った研究によれば（内藤, 2010）、健康相談と心理臨床のカウンセリングは、「見立て」においても「支援」においてもプロセスの構造は同じであることが示唆された。しかし内容に目を向けると、健康相談の見立てには、心因性かどうかを判断する除外診断や、疾病・障害を予測する判断が多く含まれており、支援としては、個人へのアプローチよりも環境への働きかけが多く、SST（社会生活技能訓練）、行動療法的支援、情報の提供、助言などの教育的カウンセリングが多く行われていることが、健康相談の特徴として明らかになった。また、この研究では、健康相談の事例から、心理臨床で重要視するカウンセラーの「今ここで」の感情体験やクライエントとの関係性についての記述を抽出することができず、心理臨床との決定的な違いが浮き彫りになった。森田（2010）が「まずは養護教諭の職務の特質とスクールカウンセラーの得意領域の違いを相互に認識することが、連携・協働の始まりである」と述べているように、養護教諭もスクールカウンセラーも、それぞれの特質を理解することが必要であろう。その上で、養護教諭はスクールカウンセラーの得意とする「個人への深いアプローチ」や「関係性の視点からの助言」を活用し、スクールカウンセラーは養護教諭の「疾病・障害の見立て」「広く細やかな環境調整」「日常的に行われる教育的なカウンセリング」の力を借り、協働することによって子どもたちへの幅広い支援が可能になるといえるであろう。

３）養護教諭の健康相談の独自性とは

ところで、養護教諭の健康相談の見立てには、症状が心因性かどうかを判断

◇◆コラム◆◇

不登校の子が「さなぎ」の殻を破るとき：小学校での事例から

　河合隼雄は、不登校の子は「さなぎ」の状態であり、その殻のなかでは「常人の想像を絶した変化が生じている」と述べている。私は、小学校の教員として働いていたとき、このような子どもの姿に触れることができた。2年間の不登校の時期を過ごし、彼は、「勉強したい」といって学校に来たのである。

　彼は、4年生の途中から学校を休み始めた。何が直接の原因かはわからないまま、不登校の状態になっていった。私は、その翌年、その学校に転勤し、彼のいる学級を担任することになった。私は、毎朝の健康観察で、彼の名前を呼び続けた。彼は、学級の一員であり、私にとっても、学級の子どもたちにとっても、彼の存在を確かめる大切な時間だと考え、1年間呼び続けた。

　母親は、毎朝、電話で欠席の連絡を入れてくれた。母親の気持ちに思いを寄せ、どんなに悩んでいることかと思った。養護教諭の先生は、「先生方、彼とお母さんを助けてください」と声をかけてくれた。それをきっかけに、校長、教頭、教務、養護教諭、担任を中核にしてチームをつくった。

　彼を支えるには、母親を支えることが重要という認識のもと、母親との面談を繰り返した。ぽつり、ぽつりと思いを伝えてくれるようになり、母親から相談に訪れることが増えていった。時に折れそうになり、時に元気を取り戻して、母親は家に帰っていく。彼の成長を支えている太い枝は、母親である。彼と直接会えない今、学校として支えられるのは、母親である。母親の話を聞き、その努力を心から認め、支える言葉をかけた。

　SSW（スクールソーシャルワーカー）、SC（スクールカウンセラー）、不登校支援員、NPO法人ともケース会議や情報交換を定期的に行いながら、彼の気持ちが外へ向いていくのを待った。しかし、5年生のとき、私たちは彼に会うことはできなかった。

　私は、6年生の担任ではなくなったが、6年生の教科の一部を担当しながら、彼と母親の支援を続けることになった。

　6年生の秋の修学旅行前、彼は「行きたいけど、行けない」と口にした。修学旅行に参加できるようになるために、彼の希望で児童精神科へ通院することになった。医師から、「絶対に登校刺激は与えないように」と助言があった。

　私たちは、修学旅行は、彼が新しい世界へ足を踏み出す一歩と感じていた。いつ、どのような活動からでも参加でき、また参加を取りやめたり休んだりできるようにする配慮、彼が級友や活動に求めていることに対する配慮ができるよう学校の体制を整えた上で、医師に面談の機会を設けていただいた。

　これまでの経緯や彼への思いを伝えると、医師は涙を流しながら「それならいいですよ。修学旅行に誘ってやってください」と許可を出してくれた。

　当日、早朝の集合にもかかわらず、彼は友達のなかに入っていた。2年ぶりの登校である。学級の子どもたちも、余計なことは何もいわず、彼を受け入れてく

れた。子どもたちの力、やさしさに、心が動かされた。

　2日間を級友と過ごし、その後、また、1ヵ月ほど学校を休んだ。そして、ある日、「学校で勉強したい」と話していると、母親から連絡が入った。

　翌日から、彼は相談室に登校することになった。相談室が教室である。1日の予定は、彼と相談して決め、学習をした。初めての授業は、理科の実験。一つ実験をするごとに、「わ～！　すごい！」と声を上げていた。実験の予想も、結果のまとめも、一つひとつ行っていった。彼のからだが、「学びたい」という思いに満ち溢れているのがわかった。

　次第に、教頭先生や教務の先生、元担任の先生や協力学級の先生と、いろいろな先生と学ぶ機会を増やしていった。彼は、どの先生との学習も嬉しそうに取り組み、正にスポンジのように学んだことを吸収していった。

　さらに、級友と給食を食べたり、休み時間を過ごしたりしているうちに、教室の授業に参加することも多くなっていった。

　学芸会でのことである。大勢の前でせりふを話すのは自信がないというので、放送席からマイクを使ってせりふを話した。そして、最後の合唱のとき、養護教諭が「歌える？」と言葉で背中を押すと、ステージのひな壇に上がり、見事に合唱に参加した。母親はもちろん、継続して関わってきた養護教諭も、大粒の涙を流していた。

　卒業式には、袴を着て、堂々と卒業証書を手にし、巣立っていった。朝、相談室に来て、養護教諭と私の3人で顔合わせをした。そして、卒業式後、相談室には寄らず、友達と学校の門から巣立って行った。私たちは、それがある意味、うれしかった。彼は、自立という階段を一歩登り、羽ばたいていったのだから。

　河合がいうように、不登校の時期は、「さなぎ」の状態であり、飛躍への準備をしているということを、実際の姿で、彼に教えてもらったのだ。

　彼が蝶になるためには、母親をはじめとした家族が、枝（支持体）になる必要があった。それは、容易なことではない。その枝を、学校やSSW、SC、NPO法人などが願いを一つにして、それぞれの強みを発揮しながら支えた。

　河合は、次のようにも指摘している。「『さなぎ』なのだから勝手に出てくるだろう、と放ってしまうと駄目である。いらいらしてつっつきまわしても、これまた駄目である。『干渉はしないが、放っておくのではない』という難しい状態に、周囲の者がなるといいのだが……ともかく暖かく待つのである。」何と、示唆に富んだ言葉であろう。

　「暖かく待つ」ためには、私たちが、願いを共有し、子どもの成長と可能性を信じた眼差しを形成することが必要である。そのようなとき、私たちは、真の意味で「チーム」になり、枝をさわやかにくすぐる風になれるのではないだろうか。

●引用・参考文献
河合隼雄（1992）．子どもと学校　岩波書店

する除外診断が多く含まれていると述べた。それは、健康相談には心理臨床とは重複しない手当て（救急処置）のプロセスがあるからである。青年期になると「先生、ちょっと聴いて！」と養護教諭に相談機能を求めて来ることができるが、自分の心に起きている問題を言語化できない発達段階の子どもの場合は、問題が身体的な症状として表れることがあるため、養護教諭は手当てを通して健康相談に入ることになる。つまり、養護教諭は、子どもの体と心の両方に目を向け、「処置ニーズ」と「情緒ニーズ」に応える機能が求められる。その機能に「気軽さ」を感じて保健室に来室する利用者が多いことは、大学生へのアンケート調査からも理解することができる。養護教諭の健康相談の独自性をよく知っているのは、利用する子どもたちなのかもしれない。

4）体と心のつながり

養護教諭の健康相談に役立つ理論として、心身相関の理論が挙げられる。心身相関の研究は、生理学、学習理論、精神分析などの分野で行われてきた。生理学的理論は、情動やストレスが心身に及ぼす影響を生理学的な見地から見ようとするものであり、過剰な情動やストレスがホメオスターシスを崩すために自律神経系と内分泌系に影響を与えるとしたキャノン（Cannon, W. B.）の学説や、ストレスに適応しようとする働きが過剰になると身体疾患を起こすというセリエ（Selye, H.）のストレス学説が知られている。学習理論では、古典的条件づけやオペラント条件づけの理論をもとに、心身症の症状形成は誤った学習により形成・強化された条件反応であると考えた。精神分析においては、フロイトが身体症状形成の原因を「ヒステリー転換」と「不安等価症」によって説明し、アレキサンダー（Alexander, F.）の情動要因説、シフネオス（Sifneos, P. E.）のアレキシシミア（失感情症）研究へと発展していった。

このなかでも、養護教諭の健康相談に役立つ理論として杉浦（2008）によって紹介されたのが、アレキサンダーの理論である。アレキサンダーは、心身症の疾患について、精神分析的考察を行い、身体的疾患の情動性要因について論じた。攻撃性の阻止によって交感神経が、依存欲求の阻止によって副交感神経が緊張し、それによって症状が現れる器官も選択される（器官選択）というものである。例えば、下痢をして腹痛を訴える子どもに心因性が疑われる場合、副交感神経の緊張により大腸の興奮が起こっており、その情動要因として依存欲求

が満たされていない状況を仮定することができるのである。

第5節　福祉現場における心理臨床：福祉と心理のコラボレーション（1）

1．福祉心理学の位置づけ

　現代社会は複雑化の一途をたどり、日常生活でさまざまな問題や悩みを抱えて生きる人たちにとっては、生活しにくい世の中になっている。本来社会とは一人ひとりの幸せ追求の場であり、生活の質を高めるための方法や技術を提供してくれる存在でもあるはずのものが、そのようにはなっていない。現代社会における数々の問題や課題を、生まれてから死を迎えるまでのライフサイクルに照らして考え、一人ひとりにとっての人生の意味と突き合わせながら、社会制度や福祉サービスを適切に活用して行くことが求められる。このような観点から、福祉の領域ではすべての人がその対象であり、一人ひとりのニーズに応えていくことが求められている。適切なアセスメントが行われ、援助のポイントが絞り込まれることで、効果的な援助が可能になっていく。その結果、心理面に着目した福祉の実践を深く検討していく、福祉心理学が重きを置かれることとなったのである。

2．子ども、家庭をとりまく問題と課題

　子どもの養育に関しての問題や親子関係での問題、非行等の問題に対し、専門にかかわるのが児童相談所である。相談は多岐にわたっており、しつけ等に関する育成相談、養育困難な児や被虐待児への養育相談、障害を抱えた子への障害児相談、思春期の非行・犯罪相談などがある。しかし、近年はもっぱら虐待問題に追われているのが実情である。子どもが健やかで、愛情深く成長できるよう、社会資源としての施設等（乳児院・児童養護施設・児童自立支援施設・母子生活支援施設・障害児入所支援施設・児童発達支援センターなど）を活用しながら、心理的援助が合わせて求められている。

　少子化や都市化の構造的変化のなかで、子育て家庭が孤立を余儀なくされることが生じている。解決策として特効薬はないものの、地域ネットワークの充実や子育て支援、里親制度の活用などが求められている。そのなかでも、虐待

の問題は、子どもの命にかかわることであり急務を要する問題である。

3. 障害児（者）をとりまく問題と課題

　障害児の対応として、昔から早期発見・早期療育が叫ばれてきた。子どもの成長・発達の観点からは重要なことではあるのだが、注意が必要なこととして親の心理状態へのサポートが挙げられる。というのも、子どもの障害を告げられた親は、ショックを受け混乱し、子育ての希望や気力を失いかねないからである。このため、親への丁寧な心理的支援が求められるのである。子どもの障害の重さや、親の養育能力などを総合的に考えた上で、家庭におけるケアが望ましいのか、それとも施設でのアプローチが必要なのかの判断をしなくてはならないのである。医療を受けながら施設での養育が考えられるものとしては、医療の必要な自閉スペクトクトラム症や肢体不自由児、重度心身障害児などが対象となる。

　一方、障害者として定義されるものは、身体障害・知的障害・精神障害・その他の心身の機能障害である。このような人たちに対し、日常生活や社会生活を通して、さまざまな面でサポートが必要になる。障害福祉サービスの提供やグループホームなどの受け皿を活用した地域生活支援が求められている。

4. 児童虐待の基礎的理解

　児童虐待とは「親または親に代わる養育者によって、子どもに加えられた行為で、子どもの心身を傷つけ、成長や発達を損なうことである」と定義されている。その特徴は、故意に行われるものであり、長期間に渡って繰り返されるものであり、しつけの範疇を超えるものである。このような虐待が子どもに行われることにより、子どもは発育不全や知的・認知面への影響を受けたり、情緒的に不安定になったり、時には脳の障害が起こり神経学的発達に問題が起こることもある。虐待の種類としては大きく4つに分類できる。身体的虐待・ネグレクト・性的虐待・心理的虐待である。対応の基本としては、トラウマ反応を減らすために、自我機能を高め、自己イメージを肯定的にし、自立的活動を促進していく必要がある。また、親へのサポートも重要になるのはいうまでもない。

242　第4部　ともに生きるための心理学の役割

5．高齢者を取り巻く問題と課題

1）高齢者の心理

　高齢者が「振り込め詐欺」の犠牲になる事件が連日のようにマスコミを賑わしている。

　このような事件に対処するためには、高齢者に対処方法を教えるだけでは効果を挙げることはできないようである。事件の背景にある高齢者の心理をよく理解した上で効果的な対応をとることが必要である。だましの手順をよく見ていくと、実にたくみに高齢者の心理をついているからである。まず、病気への恐怖（知的能力の低下への不安や認知症など）をあおり、健康状態をさりげなく聞いたりして気遣いを示すことで警戒心を解かせ、不安感情や恐怖感情の刺激を入れることにより混乱を引き起こし、お願いという言葉で高齢者の有用感をくすぐるのである。また、このことは誰にも内緒だよという秘密の共有を通して寂しさを一時的に忘れさせたりもする。

　高齢者の幸せ感を保証し、QOL（生活や人生の質）を向上させるためには、高齢者の心理を理解した上で、福祉と心理のコラボレーションが必要不可欠になってくるのである。

2）生きがいについて

　まず、高齢者の生きがいについて取り上げてみよう。高齢者の生きがいというと、多くの場合、趣味や娯楽、家族との団欒、旅行、交際、孫などが挙げられる。生きがいというのは、まさしく「生きる意味」や「価値」を与えるものということになる。これらのものもそのような力をもっていることは誰もが認めることだろう。しかし、これらの生きがいは時間の経過とともに、ある「もろさ」を内在していることを私たちに気づかせてくれる。家族がいつも安定しているとは限らないし、孫は大きくなれば見向きもしなくなるかもしれない。このように、生きがいとは「もろさ」を含んだものと考えられるのである。では、もろくない生きがいはないのであろうか。生きがいがもろくも崩れれば、高齢者にとってそれは死を意味することになる。そうならないために、心理学が福祉に貢献できることはないのであろうか。高齢者の行動を心理面からよく観察してみると、強固な生きがいを見出すためのヒントを見つけることができる。

　高齢者と話をすると、昔の思い出話が繰り返し語られる。ある高齢者は、戦

争体験の話を繰り返し語り、別な高齢者は仕事で成功を収めた自慢を、繰り返すことになる。聞く方にすれば、もう聞きたくないかもしれないが、この繰り返し同じ話をすることの心理的意味を考えたとき、高齢者は話をしている時代やエピソードのなかで、生き生きと生きがいをもって輝いているのである。本人にしかわからない心のなかにある出来事であるがゆえに、他者が壊すことのできない、常に自分とあり続け、生きている限り消えることのないものといえるのである。このように、思い出が強固な生きがいの一つとして考えられるのである。

2004年の新潟県中越地震のとき、2時間という一時帰宅が許された山古志村の多くの人たちがもち帰ったものにアルバムがあったのは、このことと関係していると思われるのである。

3）福祉と心理のコラボレーション

現在、福祉と心理のコラボレーションを考えたとき、2つのアプローチ方法が考えられる。一つは、心理の専門家が、福祉の場で心理学の知識とスキルを用いて対処していく方法と、もう一つは、福祉の専門家が福祉の場で利用者に対し、心理的側面に配慮しながら実践活動を行う方法である。例えば、児童虐待の問題では、児童相談所の心理判定員や児童養護施設の心理士の役割が大きくなる。そこで行われるのは、心理の専門家が、福祉実践の場に、心理学の知識とスキルをもち込んで対処する方法である。

老人ホームなどでは社会福祉士や介護士などが、高齢者の心に寄り添えるかかわりを求めて心理学的視点からの見立ての勉強会などをこまめに開いている。これなどは、福祉の専門家が福祉の場で利用者に対し、心理的側面に配慮しながら実践活動を行う方法といえるだろう。心理の専門家も福祉の専門家も、よって立つ学問的視点が違うわけである。それぞれのベースにある考え方を尊重し合い、もう一歩踏み込んだ形で、利用者を中心に据えたアプローチ方法を考えるとき、新しい発想法と視点が見えてくるものと考えられる。そのときに、一人ひとりにとっての幸せとは何なのか、生きる意味と質をどう考えればよいのかという、人間学的哲学が必要になってくるものと考えられるのである。

◇◆コラム◆◇
求められる「心のケア」と心理職

　「心のケア」は、災害や事件のたびにその重要性が謳われ、人口に膾炙しているようだ。「心」が大切であることも、それを「ケア」する必要性があることも、現代の私たちには当然のことであり、「心のケア」は、今やまごうことなく必要不可欠のことといえるだろう。とはいえ、身体やその部位を「ケア」することや人の世話（ケア）をするのとは異なる、実体のない「心」を「ケア」するとはそもそもどのようなことなのだろうか。

　ところで、「ケア care」は、「気にかけること、心配、気配り、世話」を意味するが、日本語の文脈では、「気にかけること」という目に見えない作業というよりも、もっぱら具体的で目に見える「世話」のニュアンスが強い。勢い、「心のケア」も目に見える活動として思い描かれ、話を聴く、相談に乗るなどの具体的な行為として捉えられがちではないだろうか。

　具体的な世話としてのケアも、それが本当にケアであるのは、ある種の「気にかけること」といった目に見えないかかわりに支えられている。例を挙げて考えてみるならば、幼いときに転んで出血し、痛みと驚きで泣きじゃくっているときに、けがの手当という物理的な作業を通じて、自分と自分の痛みや驚きに手当をする人からの関心が向けられていることに、一抹の安堵を覚えたのではなかっただろうか。それは痛みや驚きそのものへの働きかけではないが、手当を通じて引き続く苦痛をなだめることになっていたのだろう。手当の最中には傷そのものが治ることはない。しかし、そこで安堵するのは、人が自分の痛みに気づき、自分を気にかけてくれていると体験されているからではないだろうか。

　このように傷の「ケア」であっても、具体的な世話という側面だけではなく、「気にかけること」という目に見えない作業を通じて、心への働きかけが行われているという面を持っていることがわかる。

　ともすると、傾聴などといった行為で「心のケア」は行われていると想像する向きがあるかもしれない。しかし、いくら耳を傾けて理解しようとしても、災害や事件などの当事者の苦痛を真に理解するなど、実のところ、到底できないことである。理解しているつもりでも安易な同情にすぎない場合もあるだろう。また、圧倒されるような、到底理解されようもないことを、他人に「わかる」つもりになられたら、当事者はさらに傷つくことにもなるだろう。傾聴を通じて、共感し、受容することで心のケアをしている、役に立てているという思いは、しばしばケアする側の自己満足となって、相手には逆に大きな影を投げかける危険がある。「心のケア」は、傾聴などの行為そのものではなく、かかわりにおいて醸し出される雰囲気や惹起される感覚といった、とてもかすかなものとして、相手を「気にかけること」として成り立つのかもしれない。このことは、ともすると何かを性急にせずにはいられないときにこそ、忘れずにいたいことである。

第6節　医療現場における心理臨床：医療と心理のコラボレーション

1．どこでどんなことをしているのか

　一般に医療の場というと、病院や診療所などの医療機関を思い浮かべるが、保健所や精神保健福祉センターなどの地域の保健領域も含めて「医療保健領域」という。この領域では、多くの臨床心理士が働いており、2019年4月以降は公認心理師も働き始めることになる。臨床心理士のおよそ4割がこの領域で仕事をしていると考えられ、臨床心理士の最も多くが働く場といえる。

　さらに、2016年に日本臨床心理士会医療保健領域委員会が実施した「2016年度医療保健領域に関わる会員を対象としたウェブ調査（2015年度状況）」（藤城ほか, 2017）（回答数1126人）によると、彼らの主な勤務場所は、精神科病院、一般病院、一般診療所、保健機関、医療機関併設の心理相談などとなっている。本節では、病院に代表される医療領域を中心に医療現場における心理臨床について述べていく。

　医療現場で臨床心理士がかかわる診療科を前述の医療保健領域委員会の資料で見てみよう。かかわりのある診療科は図4-3-3のとおりで、精神科や心療内科のみならず広範囲の科で仕事をしていることがわかる。また、実際の仕事は外来と病棟での心理面接や心理検査、集団アプローチ、デイケアなどが主なものである。これらのことから、彼らは精神的な症状に限らずさまざまな疾病を抱えた患者さんたちの面接や検査を行っていることがわかる。さらに、個別の対応だけではなく、集団を対象にした対応や力動の理解も求められている。

　また、どのような職種の人と組んで仕事をしているのだろうか。前述の資料によると、職場内では、多い順に医師、看護師・保健師・助産師、精神保健福祉士、作業療法士、医事課職員、社会福祉士、薬剤師、管理栄養士・栄養士、理学療法士、言語療法士、歯科衛生士、歯科医師など、多くの職種の人たちと連携していることがわかる。

　また、職場外や地域で連携した関係機関には、他の医療機関や福祉施設、行政、学校、企業、警察、司法、私設心理相談機関、NPOやボランティア団体など、さまざまな機関が挙がっている。このように、彼らは職場の内外で、さま

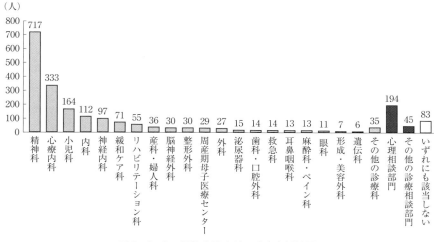

図4-3-3　勤務先診療科・診療支援部門

出典）藤城ほか（2017）。

ざまな職種や機関の人たちと連携をとって日常の業務を行っていることがわかる。

2．コラボレーションの実際

　医療現場と一口にいっても、精神科病院、一般病院、クリニックなどで、また、公立か私立かによっても、その雰囲気も異なり、臨床心理士や公認心理師（以下、心理職）に期待される仕事やコラボレーションの仕方は微妙に違う。したがって一言で説明することは難しいが、「各科とのコラボレーション」と「各職種とのコラボレーション」の2点について例を示す。

1）各科とのコラボレーションの例

　各科での心理職の仕事は、大きく心理アセスメントと心理療法に分けられるが、いずれも主治医の依頼により実施される。

（1）精神科

　心理アセスメントとしての検査では、知能検査と人格検査が多く依頼されるが、患者さんの負担を最小限にした適切なテスト・バッテリーを組むのは心理職の役目である。さらに、今後の治療や患者さんの望む成長に役立つように結

果をフィードバックすることも大切な仕事である。また、心理療法では患者さんが主治医に対して抱くイメージによって、一緒にやっている心理職の役割も違ってくることがある。主治医の性別にかかわらず、患者さんは主治医には父親的なイメージを抱くことが多いと考えられる。こういう場合、心理職は患者さんから母親的な役割を暗に期待される。つまり、主治医と患者さんのつなぎや通訳的な役を望まれる。このような患者さん側の無意識と、主治医と心理職の関係性などが心理療法の場面にも反映されることを心にとどめ、治療的にかかわっていく必要がある。

(2) 小　児　科

ここでは、発達検査や遊戯療法の依頼が多い。また、慢性の病気を抱える子どもの親や兄弟のサポート、虐待を疑われるケースの親のカウンセリングなどの家族のサポートも重要な仕事である。

(3) 脳神経外科

交通事故などによる頭部外傷や脳梗塞などの後の、高次脳機能障害の程度のアセスメントを求められることが多いため、神経心理学的な知識が必要である。また、頭部の手術の前後に検査を行うことがあるので、患者さんの体力、気力など検査実施による負担を考える必要がある。また、記憶が低下した、忘れやすくなったなどの自覚症状がある人は喪失感が大きく、検査を実施する上でも配慮が必要である。そのために限られた時間のなかでも、事務的な検査にならず、時に、検査そのものがカウンセリング的な役割をもつことが望ましい。

(4) 内　　　科

身体症状の背景に心因を疑われるケースが紹介されることが多いが、身体的なことを聞かれることにはあまり抵抗はなくても、心理的なことは抵抗がある人が多い。そのため、検査としてはまず CMI 健康調査表（Cornell Medical Index）などから行うこともある。その後、必要であれば、少しずつ心理的な面についてお話をうかがっていくことになる。しかし、身体症状がその人にとっては防衛機制となっていることも忘れてはいけないだろう。また、生活習慣病などで生活習慣の改善が困難なケースのカウンセリングも多い。

(5) ペインクリニック科

「痛み」の原因を特定することができず、心因を疑われて精神科紹介となる

ことがある。しかし、患者さんの抵抗感が強く、「まずは心理検査で見てみましょう」と紹介されることもある。「痛み」という身体的な症状が前面に出ていて、本人は心理的な問題に目を向けることが難しいため、検査結果を通して、心理的な問題についてもわかりやすく説明することが必要である。しかし一方で、すでに述べたように身体化が防衛として働いていることも考慮し、本人が何とか頑張って状況に対処していることを理解する必要がある。

(6) 歯　　　科

歯科心身症といわれる病気が最近は多くなっている。心理的な要因が比重を占めるのである。また、口臭を主訴にしたケースでもあまりに頑固な訴えの場合、妄想性障害などの精神疾患を発症していることがある。歯科から精神科に紹介されることは他の科からの紹介以上に心理的側面に目を向けることへの抵抗があることが多いので、その点の受け止め方が大切である。

(7) その他の科

産科・婦人科では、思春期の摂食障害、若年の出産、マタニティブルーなど、外科では手術後の喪失体験のケア、ターミナルケア、整形外科での「痛み」の訴えをめぐってのカウンセリングやリハビリの経過を支えるカウンセリングなど、さまざまな科でコラボレーションが実践されている。また、町田ほか(2001)はいわゆる総合病院で身体疾患にともなう心理的問題の軽減や多職種間のコミュニケーションの促進を担う臨床心理士をリエゾン心理士と名づけ、コンサルテーション・リエゾン活動を新しい心理の活動と述べている。

2）各職種とのコラボレーションの例―チーム医療とアウトリーチ―

現場の心理職は、例えば、病棟やデイケア、緩和ケア、リハビリテーションなどのいろいろな医療チームの一員として仕事をしている。医療現場では医師や看護師などのメディカルスタッフのみではなく、精神保健福祉士、作業療法士、栄養士、薬剤師、放射線技師、臨床検査技師、介護士などのコ・メディカルや事務職など実に多種職種のスタッフがチームで働いている。さらに、院内学級がある病院では教員との連携が日常的なこととなる。また、デイケアや患者さんを地域で支える ACT（包括型地域生活支援プログラム）(西尾, 2004) を実践しているところでは、チーム医療は自明のことである。

患者さんに貢献する治療を提供できるのは、このチームがうまく機能してい

◇◆コラム◆◇
コンサルテーション・リエゾン精神医学と心理職の役割

1）コンサルテーション・リエゾン精神医学
　一般的には、コンサルテーションとは「相談・助言」を意味し、リエゾンとはフランス語で「連携・連絡」を意味する。コンサルテーション・リエゾン精神医学では、身体疾患の診療にあたっている診療科と連携し、患者の精神・心理的サポートや合併する精神科疾患の治療を行う。患者とその家族の不安や気持ちのつらさなどを緩和し、安心して治療に臨むことにより、身体疾患の治療効果を最大限に引き出すことが大きな目的である。

2）精神科リエゾンチーム
　精神科リエゾンチームとは、コンサルテーション・リエゾン活動を行う多職種協働チームである。精神医療と身体医療の連携を図り、それぞれの専門性をつなぎ、精神医療と身体医療が途切れることのない全人的なサポートを目標としている（図4-3-4）。
　2012（平成24）年度の診療報酬改定で加算が新設され、精神科リエゾンチーム設立の機運が高まった。診療報酬加算の要件として、チームメンバーに「臨床心理技術者」が明記され、2018（平成30）年度からは「公認心理師」に改定されている。このころから精神科リエゾンチームで働く心理職も徐々に増えている。

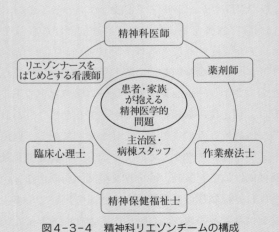

図4-3-4　精神科リエゾンチームの構成

3）コンサルテーション・リエゾン精神医学における心理職の役割

心理職の主な役割として、心理アセスメントと心理療法、心理教育が挙げられる。これらを通じて、精神科的診断の補助、心理的援助、家族への支援を行う。また、患者・家族と医療者間のコミュニケーション支援、医師をはじめとした診療スタッフへの助言なども行う。

さらに、患者・家族のみならず、医療を提供するスタッフをも含めた全体の俯瞰を行うことも役割の一つである。個々のスタッフが患者や家族に対してどのような思いで診療にあたっているか、ネガティブな感情が診療に影響していないかについても配慮し、必要なフィードバックを行う。必要に応じて、スタッフのメンタルヘルス対応を行い、バーンアウト防止も目指している。身体疾患の治療にあたるチームの健康的なチームバランスを保つことも心理職の役割の一つである。

そのためにも、他の職種や診療科が担っている役割を理解すること、その仕事や誇りを尊重すること、他職種に役立つことを心がけるといった、それぞれの立場の専門性を尊重し、互いを補完する姿勢や態度が重要となる。

4）課　　　題

これまでに多くの人が学んできたであろう臨床心理学の治療モデルでは、多くは身体的に健康であるクライエントが想定されてきた。しかし、体の病気を持つ患者を対象とした場合、体力や症状などへの配慮が重要となる。

治療の枠を見ても、空間的には、面接室という密室における「治療者」と「クライエント」にとどまらない。別室への移動が困難な患者も多く、時には ICU のベッドサイドで会うこともある。時間で決められている必須の処置などで、面接が中断される場面もしばしばある。また、重症者の場合、面接時間も 50 分では大きな負担となる。

このように、心理の実践場面としては厳しいことが多い領域である。今後、どのように工夫して、一人でも多くの患者に提供していくかを考えることも、課題の一つである。

●引用文献

赤穂理絵（2014）．精神科リエゾンチーム―多職種協働チーム医療を考える―　臨床精神医学，**43**（6），905-911.

るときである。チームがうまく機能するには各職種は自分の領域の情報を的確にわかりやすく他職種に伝える必要がある。同時に他の職種の視点を理解しようとする態度が不可欠である。さまざまな意見がまとまらず、お互いの考えを了解することが困難に思えるときは「患者の健康、福祉、利益を守る」という大きい目標（チームの共通の足場）に立ち返り、再度話し合うことで方向性を見失わないで済む。そして、情報の共有は倫理の共有が前提となっていることを忘れてはならない。

　また、保健所や精神保健福祉センターなどの心理は地域のなかで活動しており、これまで述べた医療的な仕事に加えて、アウトリーチによる心理臨床を実践している。アウトリーチによる緊急支援はこれからの心理に求められる領域であろう（小澤ほか, 2016）。

　医療の現場はテンポが速い。そのなかで、心という内的世界に寄り添い、見つめていくプロセスはじっくりゆっくりと進む。どのようなコラボレーションにおいても、内的世界を守ることが臨床心理士や公認心理師の基本的な役割の1つであろう。

第7節　司法現場における心理臨床

1．司法・犯罪心理学とは何か

　司法・犯罪心理学は応用心理学の一領域である。基本的には人間の反社会的行為である犯罪や非行を研究対象とし、それらの原因を主に心理・社会的レベルに探り、再犯を抑制するための処遇法を検討する。さらには発生を予防したり、発生した犯罪や非行を効率的に捉える方法を提供し、被害者支援をも視野に入れるなど、近接した学問領域の知見を援用して統合的に考察し、制度や方法の発展や改善に寄与する学問領域である。なお、犯罪と非行は刑事司法が司る事柄であるが、民法第4編（親族）等を根拠とした民事司法において、家庭内紛争の理解と融和を目指す家庭裁判所における審理を指して「家事事件」と呼ぶ。公認心理師資格化において「司法・犯罪心理学」と明示されたのは、家事事件における心理的支援活動が期待されることからにほかならない（詳細はコラム「家事事件における心理的支援」を参照されたい）。

252　第4部　ともに生きるための心理学の役割

２．犯罪と非行

１）犯罪について

犯罪とは、構成要件に該当し、違法で有責な行為であるという定義が刑法学では一般的である。世の中には、他人の身心や財物に重大な損害を与える反社会的行為もあれば、不快感や不安を与える迷惑行為や不審な行為など、社会秩序や平穏な状態を損なう人間の行動もあるが、それらすべてが犯罪として扱われるわけではない。本邦の刑事法は、あらかじめ定められた法規に違反した行為のみを犯罪として扱い、処罰の対象とする「罪刑法定主義」という基本原理に則っている。

２）非行の定義と処遇

20歳未満の未成年者が犯罪を行った場合、刑法等とともに少年法が適用される。少年法においては、法規に違反した14歳以上の少年を「犯罪少年」、14歳未満であれば「触法少年」とされ、未だ法規に違反していないが、その虞（おそれ）がある少年について「ぐ犯少年」と規定されている。おおむね14歳以上20歳未満の未成年者が、何らかの罪を犯す危険性（ぐ犯性）が推定できれば、犯罪少年と同様に立件され、家庭裁判所において観護措置（後述）を執行することも可能となる。このように、本邦では珍しい予防拘禁（未だ罪を犯していない者の身柄を拘束すること）が適用されることが少年法の大きな特徴である。また、非行少年に対しては成人の犯罪者のように刑罰が一次的に適用されることはない。刑事裁判に相当する少年審判において、保護観察所による保護観察（社会内処遇）や少年院（施設内処遇）などの保護処分が決定されたり、後述の社会調査の際、家庭裁判所調査官が行う教育的措置によって改善が認められれば、審判を行わずに審理を終了する審判不開始や、裁判官が訓戒を行うのみで保護処分に付さない不処分などの終結手続きを執ることもある。少年法第1条に「この法律は、少年の健全な育成を期し、非行のある少年に対して性格の矯正及び環境の調整に関する保護処分を行う（後略）」とされているが、この制定目的や法的な扱いの違いからも、未成年者の反社会的行為について「犯罪」ではなく「非行」と呼び習わす事情も理解できよう。

◇◆コラム◆◇
家事事件における心理的支援

　家庭裁判所では、「少年事件」の一方、「家事事件」という括りで離婚調停や子どもの親権をめぐる争い、児童虐待や遺産分割調停など、家族や親族間の紛争等解決のための調停や審判を総称する。モデル事例に基づいて、家事事件における心理的支援を紹介したい。

　「夫との離婚を決めて別居したという 30 歳代の女性が相談に訪れた。話し合いがうまく進まないことから苛立って子どもをきつく叱ってしまったり、様々な生活不安が頭をよぎって寝つけないなど、精神的な不安定感や抑うつを主訴としている。夫の住む地区を管轄する家庭裁判所に離婚調停の申立手続を執ろうかと検討しているが、夫は離婚に応じないと言い、子どもを連れて勝手に出た、と妻を批判する。まずは子どもに会わせろ、どうしても離婚したいならば子どもの親権を俺がもらう、と主張している。女性は、生活費に窮して先の見通しも立たないことから夫の元に戻ることも頭をよぎるが、これまで暴言や暴行など DV（ドメスティック・バイオレンス／家庭内暴力）を改めなかった夫だけに離婚しか考えられない、と言う。」相談担当者が臨床心理士であれば、主訴とそれにまつわる事情を尋ね、不安感を和らげるような対応をまず心がけるだろう。そして互いの生活態度や言動が変化すれば夫婦関係を修復できる見通しが立ち、それが望まれれば個人療法や家族療法の適用も有効だろうが、いずれかが離婚を強く決意し、関係修復を求めなければ、効果は望めない。この事例の場合、妻が求めるのは、夫と離婚し、養育費の支払いを受けながら、2 人の子どもの親権者となって母子で平穏に暮らすことであると思われる。心理的苦痛の手当てのみでは現実的な問題解決には至らないことから、心理療法ではまかないきれないと考えられる。

　この妻には、離婚調停の申立手続きとともに、婚姻費用分担調停と面会交流調停の申立てを勧め、家庭裁判所における現実的な対応を説明し、心理的な安定を支援したい。次の説明を補足する。

　申立てを受けた家庭裁判所では、調停期日を定めて双方に通知するが、庁舎内で顔を合わせないように待合室を別にするなど配慮する。最初は個別に主張を聞き、それに至った心情を捉えることから始まり、中立的な立場にある調停委員が互いの要求を調整していく。さらに必要と判断されれば、家庭裁判所調査官が個別に面接を行い、話し合いの動機づけや心情の安定を支援しながら事情を詳しく聴くこともある。最終的には「調停調書」という確定判決と同等の法的拘束力を持つ文書が裁判官によって作成されるが、調停の当初から進行状況を裁判官が見守るため、公正さが担保される。親権の帰属については、DVD などの教材を用いて啓蒙的な働きかけをし、庁舎内で面会交流を試行しながら、子どもにとって望ましい解決を双方に検討してもらい、必要に応じて子どもの生活状況や気持ちを調査もする場合もあることから、不安を抱かずに家庭裁判所の利用を検討されたい。

3．非行を理解する

1）司法臨床について

　犯罪者や非行少年においては、自分の行動が反社会的であったり周囲に迷惑を掛けていることの自覚が乏しく、それを正当化することさえある。周囲が改善を働きかけても同じ行為を繰り返したり、生活態度を修正しないことも多い。このような犯罪者や非行少年の理解や処遇においては、受容的態度で傾聴し、共感的に理解して寄り添い、改善の方法をともに考え、見守るという臨床的態度のみでは効果は望めず、処遇からの離脱や再非行の可能性を高めることもある。村尾（2012）は、非行少年においては「苦悩の現れ方が外へと向かう。悩みを抱えるよりも、悩みを行動でまぎらわせようとする」特徴があるため、自分の内面に目を向けたり、苦しい現実を受け入れることを回避するのだと説明する。

　そこで、裁判官に象徴される司法的権威を背景にして少年と保護者に心理的拘束感を与え、時に身柄拘束を執行しうる強固な枠組みを設定しながら、面接においては共感的に理解しつつ生活態度や性格傾向の変容を目指して具体的な働きかけを行い、家族関係などを調整する心理臨床的な関わりが求められる。廣井（2007）は、このような司法的機能と福祉的機能を交差させて問題解決を行う、家庭裁判所における高次の臨床的活動を「司法臨床」と名づけている。

2）社会調査と心身の鑑別

　家庭裁判所調査官の社会調査においては、社会的場面での適応状況やたたずまいなどを踏まえ、少年の犯罪傾向の原因や程度についての診断とその改善の可能性を探り、適切な処遇方法について意見することが求められる。言い換えれば、非行少年の心理的側面を行動科学の知識と技法によって解明することが求められており、少年審判に供する非行についてのなぜ（Why）を解き明かすものであるといえる。その基本は少年と保護者に対する面接調査であるが、合わせて少年の在籍校や卒業校、雇用先から情報を収集したり、少年鑑別所や保護観察所など関係機関とも情報を交換する。この過程で必要な心理検査や継続面接による心理的調整、教育的措置、関係者へのコンサルテーションを含めたケースワークを行う（半澤，2016）。

　少年鑑別所において鑑別業務を担当する法務技官は、近年、法務省式ケースアセスメントツール（MJCA）を活用している。これは、非行にかかわる動的因

子（教育等によって変化し得る領域）について、①保護者との関係性、②社会適応力、③自己統制力、④逸脱親和性を捉え、静的因子（教育等によって変化しない領域）においては、①生育環境、②学校適応、③問題行動歴、④非行・保護歴、⑤本件態様など計54項目の尺度を設定し、評定するものである（西岡, 2013）。また従来から、査定面接を基本にして法務省式人格目録（MJPI）や法務省式態度検査（MJAT）などの質問紙や集団式知能検査のほか、個別にTAT検査やロールシャッハ・テストなどを実施して理解を深める場合もある。一方、少年鑑別所に所属する法務教官は、運動や貼り絵などの作業、課題作文の作成あるいは来所する家族との面会などさまざまな場面での行動を観察する。いわば、法務技官が非行の成り立ちや改善の手がかりを少年の内面に探り、法務教官が少年の立ち居振る舞いからその特性を見出すべくかかわる。必要に応じて医務課技官（精神科医）の所見も踏まえ、少年鑑別所長を交えた会議で処遇判定を行い、鑑別結果通知書が作成されて家庭裁判所に提出される。

　なお、今日の精神医学においてはエンゲル（Engel, G. L.）によるBPS（バイオ・サイコ・ソーシャル）モデルに負うところが大きいが（渡辺ほか, 2014）、非行少年の理解においても、バイオ（遺伝や身体的特徴、疾病など）、サイコ（性格や知能など個人内の資質）、ソーシャル（家庭環境や交友関係、学校社会での適応状況など）の各レベルの要因と要因相互の兼ね合いに留意して解釈する視点が意識されている。社会調査は主に心理的要因（サイコ）と社会的要因（ソーシャル）を担い、心身の鑑別においては、主に生物的要因（バイオ）と心理的要因に重点が置かれているが、相互の強みを活かして役割分担し、情報交換をして立体的な少年理解となることが期待される。

3）非行少年の性格傾向とその理解

　単独で周到に準備し、計画的に犯行に及ぶ非行少年は少数である。後先を考えず衝動的に行動したり、さしたる犯行動機もなく他に追従したり、短絡的な行動に及ぶ非行少年が多いことは実務家たちが共通してもつ認識である。これらの特徴は、いわゆる自己統制力を含む管理的認知機能が不十分であったり、劣等感と呼ばれる自尊感情の低さが背景にあることが多い。少年たちは、卑小な自己像を覆い隠すように強がって見せたり、逆に嫌われまいとして周囲に同調する。現実認識の乏しさもあって統制力が弱まり、場にそぐわない自己顕示

256　第4部　ともに生きるための心理学の役割

的な行動や傍若無人な振る舞いをすることもある。

このような傾向が、非行場面ばかりではなく、学校適応の悪さや就労が続かない要因ともなる。意欲的に就職しても、上司や先輩のささいな言動で自信をなくして投げやりになったり、気まぐれに遊びに出かけて欠勤しては信用をなくす。夜更かしをした翌日は起床できずに無断欠勤をするなど継続性のない勤務態度を取り、きまりが悪くて離職する例も少なくない。さらに、そのような忍耐強く取り組めない自分の不甲斐なさを忘れるように何らかの嗜癖におぼれることもある。

衝動的に粗暴な行為に及ぶ場合、面識のない対面者の目線がたまたま自分に向けられたことで、「ガン（眼）をつけられた」と捉えて攻撃感情が高まり、挑発的な言動をとることが喧嘩のきっかけになることがある。中性刺激である他者の目線などに攻撃感情が含まれていると意味づける被害的な認知傾向を敵意認知バイアス、怒りなどの陰性感情を高めやすい傾向を負の情動性と呼ぶ（大渕，2006）。

非行は社会的行動であり、その形成には社会的要因がかかわるため、非行少年が自分を取り巻く対象をどのように認知してどう向き合うか、などの行動の準備となる態度（attitude）を把握することは重要である。先述の法務省式態度検査（MJAT）は、対象となる少年の自己評価のほか、社会規範（法律や警察等）・家庭・友人・不良（不良者等）・暴力発散（暴力による解決や発散等）・安逸（刹那的な生活等）という非行少年に特徴的な7つの領域について、肯定的か否定的かを捉える尺度で構成されている。また、犯罪社会学においてはマッツァ（Matza, D.）が、合法的な生活（価値体系）と非合法な行為（非行文化）を行き来する少年の便法として、次の5類型からなる「中和の技術」を身につけると分類している。①責任の否定（他罰的な責任転嫁：親のせいで、学校のせいで自分が悪くなった。相手が先に手を出した、ガンを飛ばした等）、②加害の否定（行為の否認や過小評価：恐喝ではなく金を借りただけ等）、③被害の否定（被害者という立場を変えようとする：報復的な動機で暴行しても、あいつが悪いから俺が懲らしめたとの認識を持つ等）、④非難者への非難（指導する権威者に反抗する：その資格があるのか等）、⑤高度な忠誠心（先輩の顔を立てて、仲間のためにやった等）（瀬川，1998）。本邦では、釈明や言い逃れ、屁理屈と呼ばれる非行少年特有の認知の歪みや表現様式であるが、これらの背後には、

合理化（rationalization）や否認（denial）などの防衛機制がはたらいていると考えられる。

4．非行少年を処遇する

1）反省と被害者意識

　一般に、児童や青少年が周囲に迷惑をかける行動をすると、大人は叱り、反省を求める。しかし、非行少年の場合、その場をやり過ごすように「悪いことをしたと思います」「反省しています」とあっさり口にしたり、黙り込むなどの態度をとることが多い。あるいは、自分の代わりに被害者への償いをさせたり、周囲から「育て方が悪い」などと非難されたことで「親に迷惑をかけたと思います」と、家族の心理的負担感を想像する限りでしか反省を表明できず、被害者の痛みや社会に与えた衝撃まで思い至らないことが少なくない。

　謝罪は、「責任の受容、更生の誓い、悔悛の表明などの要素」（大渕，2017）を体現したときに初めて周囲が受け入れるものである。自らの行為が他人に物心の被害を与えた因果関係を受け入れ、被害感情を自分のなかに取り込んで共感して傷み入り、重苦しい気分を抱えながら謝罪の言葉を述べて頭を下げ、許しを請う。そして、こんな過ちを犯す自分は嫌だ、もう二度と人を苦しめることはしないという自発的な意識に至るという心理的過程を経ることが必要で、その言動とふさぎ込んだ様子を見た周囲が「反省している」と評価し、宥恕するものである。ところが行為者が軽々しく反省の言葉を口にするとき、この過程の重みや請け負うべき責任を回避し、被害者や周囲の厳しい眼差しや、謝罪を期待される重苦しさから解放されたい欲求があると考えられる。

　またこの「反省する」という心情は、被害者や周囲より劣位のポジションに身を置くことにもなる。劣等感を抱いている非行少年が心理的な劣位に自らを置くと、普段は目を向けまいとしている内にある劣等感を刺激する。かねてより非行少年の処遇においては、被害者意識の扱いが肝要になることが指摘されているが、村尾（2012）は「非行を繰り返す少年たちの胸の内には、親に虐待された、裏切られた、教師に不当に扱われた等の被害者意識が深く鬱積しているのである」と断じ、「被害者意識とは自分を被害者の立場に置こうとする心性」であると説明する。このような心性が根底にあるため、非行少年の多くは

258　　第４部　ともに生きるための心理学の役割

行為を正当化したり、合理化する釈明が先立って反省に至らない、反省することを回避するのである。

2）指導のポイント

藤岡（2001）は、非行少年には更生意欲や承認を求める欲求がありながら、それを否定し回避する傾向や葛藤があることを指摘し、「葛藤しないために、あるいは葛藤に悩むことに耐えきれずに、手っ取り早く行動化してきたのである。その行動化を抑え込むことが第一歩である」としている。さらに生島（1999）は、非行少年を含めた青少年に対する支援として、「悩みを抱えさせるまでに成長を図る働きかけ」を提言している。自分の思い通りに行かない現実について「カッタルイ、ムカツク」と拒否ないし回避するのではなく、「不安や不愉快を味わい真に《落ち込む》経験をさせること… (中略) …ともに悲しみ、落ち込みから立ち上がってくるのを支える」ことが支援であるとする。

非行少年に対しては、周囲が偏見を強め、距離を置いたりすることが多いことから、少年なりには「まじめにやろう。(周囲の人々と) うまくやってゆこう」と思うことがあっても、そううまくは行かない、立ち回れない生きづらさを抱えていることが多い。そういう少年なりの辛さや努力を、偏りのないまなざしで肯定的に見守るのが第一歩である。

どんな人間でも、自分を理解してくれて温かい言葉を掛けてくれる人には基本的に敵意を向けない。しかし、対人的な不信感や劣等感が強い人間はなかなか心を開こうとせず、時に不信の目や怒りを向ける。不信感に凝り固まり、相手を睨めるような厳しい眼差しを受け止めながら、なおも肯定的な関心を向け続け、問い掛ける。そして、生きづらさを抱え続け、反社会的行為に至った本人なりの事情を聴いて行くことである。

そして、少年たちがそれぞれに生まれ落ちた、幸せではない生育環境のなかで形づくられた「可愛そうな子」という自己像と満たされなかった愛されたい欲求、周囲にそう見せまいとしてきた身構えを理解しながら、背伸びをしたり、やせ我慢をしてきた（藤掛, 2002）道すじを生育史にたどり、根気強く向き合って受け入れ、励まし、行動の不合理と不利益性を教えて行くことが大切であろう。

3）関係機関の連携

前述の家庭裁判所調査官や法務技官のほか、少年院で処遇に当たる法務教官や社会内処遇を担当する保護観察官、あるいは非行少年を検挙する警察官や検察官、非行化予防に携わる少年警察補導員も含め、非行臨床に携わる者は、国家公務員や地方公務員といった身分を有する者が多く、明確に規定された法律や規則のもとで臨床活動をしていることに特徴がある（村松，1998）。もちろん、学校の生徒指導担当教諭やスクールカウンセラー、スクールソーシャルワーカーという青少年の問題行動一般に対処する専門家のほか、保護観察対象者を指導する保護司やBBSなど民間の篤志家やボランティアの存在も欠かせないが、そこで大切なことは「（非行）処遇者は、自分の前後に処遇に関わる者を常に念頭に置く。野球の投手にたとえれば、"完投型" ではなく、"中継ぎ型" の臨床技術が求められている」（生島，1998）ことである。この点、精神疾患に対処する精神科や心療内科、私設心理臨床家など、治療の端緒から終結までを同一の担当者や機関が担うことができるのとは事情が異なる。

非行に至る前の青少年に対する生徒指導や街頭補導は、青少年の生活の場に直接介入していく能動的な作用である。素行不良な青少年の姿そのものを見て対処することになるが、少年鑑別所や少年院は、日常生活からかけ離れた非日常の場であり、非行少年としての生の姿は見えにくい。しかし社会から隔離させ、行動化を制限することで、自らの問題性に向き合わせる力をもつ。一方、日常場面での指導は、問題からの回避や釈明、開き直りを許容しうるが、担当者との相互性を持った情緒交流が、健全な生活に引き戻す自発的な更生努力を促すといえる。青少年にかかわる専門職それぞれが、自己と他の職域や職能を見極めて尊重しながら連携すること（半澤，2007）が、健全育成や非行少年の更生支援における効果的なリエゾンを形づくるといえよう。

第8節　産業現場における心理臨床：産業と心理のコラボレーション

企業における過労自殺の問題が立て続けに起こり、政府は残業時間の上限を月60時間、繁忙期100時間にするという改革案を出してきた。今まで青天井の状態だったものに、ようやく規制がかけられることになったのである。現代は

ストレス社会である。職場でのストレス状況を把握し、問題にいち早く対応できるようにするため、厚労省は「労働安全衛生法」の改正を行い、2015年12月1日から従業員50名以上の全事業所に対してストレスチェックの実施が義務づけられた。目的の大きな狙いは、労働者が自分のストレス状況を知り、ストレスに的確に対処できるようにすることである。ストレスとのつき合い方について、産業医などから助言を受けたり、会社側に仕事の量やストレスを減らしてもらうための取り組みを講じてもらい、「うつ」などのメンタルに関わる心身の不調を、予防するための取り組みである。労働の場においては、労働者個人の対応ではどうにもならないさまざまな問題が生じる。近年、作業環境や職場の人間関係などでのメンタルヘルスに関する問題が、企業にとって大きなリスクになってきている。今職場のメンタルヘルスケアが求められているのである。

1．労働安全衛生法

　労働者の健康管理を行うにあたり、事業者に対してさまざまな法的規制がかけられている。代表的な法律としては、「労働契約法」「労働基準法」「労働者災害補償保険法」「労働安全衛生法」である。労働者と雇用者が「労働契約法」のもと契約関係を結び、労働に着手することになる。職場でのけがや病気などが発生した場合を考えた補償として、「労働基準法」に基づく災害補償制度と、「労働者災害補償保険法」に基づく労災保険制度の2つの制度がもうけられている。メンタルヘルスの不調が労働災害の場合も同じように取り扱われることになる。

　「労働安全衛生法」は、1972年に「労働基準法」から分離される形で制定されたものである。労働者にとっての快適な職場環境の実現と労働条件の改善を通じて、職場における労働者の安全と健康の確保をうたっている。そのため以下のようなことが法令で定められている。労働者の健康状態を把握するために「健康診断とその事後措置」を行わなければならない。また、個々の労働者に対して健康測定の結果に基づく心身両面からの健康指導として、運動指導・保健指導・栄養指導・心理相談を実施することになっている。このように職場での安全衛生の向上をめざし、継続的かつ計画的に快適な職場環境の確保に努めなければならないのである。その流れで、心の健康の保持増進のため2015年から

は従業員 50 名以上の全事業所に対してストレスチェックの実施が義務づけられることになったのである。

2．職場でのメンタルヘルス対策

職場内において、労働者のメンタルヘルス対策の重要なポイントを担うのは 2 つである。1 つ目は労働者が「自分の健康は自分で守る」というセルフケアの考え方を理解し実践することにある。2 つ目が職場での管理監督者が行うラインによるケアの推進である。

1）セルフケア

毎日の仕事や生活をとおしてセルフケアを行う場合、「いつもとは何か違う自分」に気づくことが重要になる。自分の体や心で何が起こっているのだろうかと不安を覚え、その原因を考えてみるだろう。何らかの理由がわかれば対応が可能になる。しかし、何日も理由が見つからない場合は、身近な誰かに話してみることで、自分では気づけていなかった心の動きや、問題の背景にあるものに目を向けることができる。そのためには、日頃から安心して話せる、信頼できる人を身近に作っておく必要がある。それでも、どうにもならないときには公認心理師や臨床心理士、産業カウンセラーなどの専門家に話を聴いてもらう、心理的相談が必要になるわけである。

2）ラインによるケア

職場における管理監督者が、常日頃から部下の様子に気を配り、いち早く部下の変化に気づくことはメンタルヘルスを行う観点から重要な意味をもつことになる。今までまじめに勤務していたのに、遅刻や早退、欠勤が増えたり、職場の人間関係が希薄になったり、不自然な言動が目立ち始めたりしたら、行動の変化の背後に精神的病理性があるかを確認する必要が出てくる。こんなときは、管理監督者が産業医や専門家に相談して、状況の把握に努めなければいけなくなってくる。一般的な管理監督者の対応としては、部下への声かけや細かな点での行動観察、産業医のもとに行くよう指示することなどが挙げられるが、まずは部下の話をしっかり聴けるかどうかである。

3）メンタルヘルス相談のあり方と教育

メンタルヘルスの相談を行うにあたって、一定の研修を受ければ担当が可能

と思われるものとしては、来談者の話を傾聴し支持するだけで改善が見込まれるような問題に限られてくる。多くの来談者は、背景に深い心理的問題を抱えていたり、精神的病理を抱えていたりするため、相応の専門的教育と実務経験が必要になってくる。そうした素養と資質のもとカウンセリングや心理療法などの相談業務が行われないと、相談を引き受ける人間のメンタルヘルスに悪影響を与えると同時に、相談による効果も期待できないことになる。また、統合失調症やうつ病などの精神疾患をともなう場合は、精神医学や心身医学的対応が必要になるため、精神科医などとの適切な連携が求められることになる。

　また、来談者からの依頼により行われるメンタルヘルス相談とは違って、日頃から産業保健スタッフが、対象者に直接かかわっていくメンタルヘルス教育がある。メンタルヘルス教育の対象者としては、毎日の労働をこなしている労働者、管理監督者、事業者、労働組合の幹部が挙げられる。このような人たちに、役割ごとセルフケアやラインによるケアなどの課題を推し進めていくことがメンタルヘルス教育の主要なものになる。

　職場でのメンタルヘルスの基本的取り組みと、それを裏づける法律との関係について見てきた。次に、産業と心理学の結びつきについて学問的視点から眺めてみることにする。

3．産業・組織心理学 (Industrial/Organizational Psychology) とは

　20世紀初頭に産業界に心理学の理論や方法がもち込まれ、産業・組織心理学という学問分野が出来上がり発展を遂げてきている。そもそも産業・組織心理学とは、「組織的な産業活動で生じる『人間行動の効率性追求』と『人間性尊重』に関わる問題について、その『心理的構造』とそれに影響する『組織的要因』の関係を明らかにし、改善策を提言するもの」である。「人間行動の効率性追求」とは、仕事においての無駄やミスを減らすため、労働者の適性を測定したり、働く環境を整備することである。また、「人間性尊重」とは、仕事のやりがいや社会人としてのアイデンティティを育て、活き活きとした人生を送れるようにすることである。そのため、多種多様な問題に対し、個人の性格、意識、意欲の大きさ、行動パターンなどの「心理的構造」と、職場環境としての仕事の特性、人間関係、伝統などの「組織的要因」の関係を、心理学的理論や技法

を活用して解明していくことになる。

1）リーダーシップ

職場やチーム、部署における人間関係などが、組織に対して色々な影響を与えることになる。集団がスムーズに機能し、一人ひとりがモチベーションを堅持しながら、チームワークを高めていくためには、リーダーシップの取れる有能な人物が必要である。リーダーシップの取り方は、リーダーの考え方や行動から大きく2つに分けることができる。一つは組織の課題や問題を洗い出し、掲げた目標を達成することに力を注ぎ奔走する「課題志向的行動」を得意とするリーダーである。二つ目が、構成メンバーの思いや人間関係のあり方に配慮しながら、チームとしてのよりよい関係を維持することを一番重要と考え行動する「人間関係志向行動」型のリーダーである。この2つの要素の両立をめざしながら、社会の変化に適応し創造性を構築していくリーダーシップが求められているのである。

2）モチベーション

仕事への意欲を高め、目標達成のための動機づけを行うことは、モチベーションを維持していくために重要なことである。人間のモチベーションについて考えるとき、人はできれば楽をしたいと思うがゆえに、時として命令や罰等を使って、厳しく管理する必要が出てくる。一方、人は自己実現のために積極的に働こうとし、自尊感情を高め成長しようとする欲求をっているとする、マズローの欲求階層理論の考え方がある。個人や状況に応じた応用性のある考えのもと、モチベーションを上げていく必要がある。動機づけの考え方としては、報酬などの外部からのものとして「外発的動機づけ」があり、仕事への関心の強さや満足感に支えられる「内発的動機づけ」があり、両者のバランスが取れることにより働くことの意味が生じてくることになる。

3）人事評価

人事が関係する内容としては、まず適材適所の点から「採用」「配置」「昇進」がある。さらに能力向上からは「教育」「訓練」が挙げられる。そして、「報酬管理、給与や賞与の配分」「安全衛生」などが挙げられる。人事評価にあたっては、誰が評価するのか、評価の基準、昇進や昇格と給与との関係、公平性や透明性の担保などが課題となる。

264　第4部　ともに生きるための心理学の役割

4）レジリエンス・ワークエンゲージメント

働く人の労働意欲に関して、ストレスを感じても立ち直りが速かったり、心の復元がしなやかだったりする力をレジリエンスと呼ぶ。感情のコントロール力をもち自尊感情を維持することができる楽観性をもてることは、メンタルヘルスに大きくからむことになる。また、仕事に対する熱意、没頭、活力が充実している状態をワークエンゲージメントという。仕事を楽しく感じ、積極的に取り組む姿勢が求められているのである。

4．産業分野での支援

1）産業分野における理論や知識の習得

産業界の構造的変化や社会との接点がどうなっているのかについて理解しておく必要がある。グローバリゼーション（globalization）が浸透している現状を踏まえ、地球規模で物事を考えなければならないのである。また、労働関連法規や産業保健の施策にも関心を示し理解していく必要がある。労働者に対しては、心理支援に関する理論の習得が求められる。支援の場とその内容では、EAP（Employee Assistant Program）などの知識も必要になる。

2）支援の方法

求められるのは、何といっても「アセスメント」「相談対応」「組織へのアプローチ」であろう。個人と組織の両方の状況を的確にアセスメントした上で、段階的な問題の予防に努める必要がある。発症予防である1次予防から職場復帰支援等の3次予防までアプローチができなければならない。さらには、疾病や心理的問題に関してのアプローチも求められることになる。その際、関係機関との連携や他職種との協力も必要とされる場合が出てくる。産業界における今日的問題として、「発達障害者や精神障害者の就労支援」「ハラスメントの問題への対応」「育児や介護の両立」「職場復帰支援」「多様な人材の活用」「自殺予防」「キャリア支援」など、数々の問題や課題が山積しており、丁寧に一つひとつ根気よく解決の道筋を見つけていかなければならないのである。

◇◆コラム◆◇
キャリアカウンセリングの誕生

　カウンセリングの起点は、産業革命後のアメリカで1905年にパーソンズ（Parsons, F.）が開設した職業相談室に遡る。奇しくもフロイトやパブロフ（Pavlov, I.）と同時期の発信で、いずれも心理学の重要な潮流をなした。パーソンズは、都市部に集まった労働者が機械的に求人に割り当てられては退職者が続出する悪循環に対策しようと、「丸い釘は丸い穴に」という適材適所理念での職業指導を行い、能力や適性など個人の特性と職業選択を結びつける個別援助をカウンセリングと命名した。この職業選択理論（Parsons, 1909）は、産業臨床だけでなく教育臨床にも活用され、その専門職としてスクールカウンセラーが誕生するなど青少年の育成と産業の発達に広く貢献した。

　職業選択理論に生涯発達心理学の観点を導入し、キャリアカウンセリングを誕生させたのはスーパー（Super, 1976）であった。スーパーは、人が生涯のなかで出会ういくつかの役割（ライフロール）の連続をキャリアと命名した。ハヴィガースト（Havighurst, R. J.）らにならい、年齢ごとに段階を分け、各段階で担うライフロールに対する充実感からその人生の達成が捉えられた。人が生涯を通して担う役割は、子ども、学生、職業人、家庭人、親、市民など多様で、それは虹のように重なり合い（ライフ・キャリア・レインボー、図4-3-5）、キャリアは個人と役割と環境との相互影響によって発達するというものである。

　キャリアカウンセリングでは、仕事上のトラブルから繰り返されるテーマや内在する傾向を抽出し、個人の志向や適正に照らしながら職業および役割を見直すことで自己実現の促進を援助するのである。この理論を土台にしたキャリアカウンセリングは、産業構造や雇用形態の変化に応じて理論開発が重ねられ、日本においても国家資格化の実現などますます期待が高まっている。

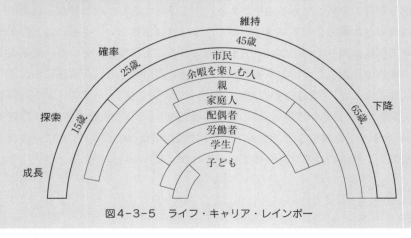

図4-3-5　ライフ・キャリア・レインボー

第9節　組織における心理臨床：組織とのコラボレーション（自衛隊の場合）

　防衛省・自衛隊において臨床心理士が常勤の防衛技官として雇用され始めたのが航空自衛隊においては 2007（平成19）年度であり、その後各基地1名を基準とした臨床心理士の配置が進められている。陸上自衛隊および海上自衛隊においてもそれに前後して配置が整備されている。

　本節では、筆者が 2010（平成22）年10月に入隊し東日本大震災を経て基地復旧復興に携わってきた体験のなかから、自衛隊の現場において臨床活動を行うにあたり必要な視点およびかかわりを紹介する。

1．防衛省・自衛隊の任務および隊員の責務

　自衛隊員は任務の特殊性により、身分は特別職国家公務員とされ、自衛隊法のもとに身をおいている。

　その任務は、自衛隊法において「我が国の平和と独立を守り、国の安全を保つため、我が国を防衛することを主たる任務とし、必要に応じ、公共の秩序の維持に当たるものとする」（第1章第3条）と明記されている。実際は、災害派遣や、国際平和協力事業等が国民にとって馴染みがあり自衛隊の任務をイメージしやすいと思われるが、領空侵犯への措置や、防衛出動等さまざまな任務が規定されている。いずれも、自他の生命に直結する事態に遭遇する可能性が高い任務である。自衛隊法には、「事に臨んでは危険を顧みず、身をもつて責務の完遂に努め、もつて国民の負託にこたえることを期するものとする」との一文があり、自衛隊員が担う責務を表している。ある隊員が「自衛隊は最後の砦なんだよ」と教えてくれたが、この言葉がその任務の特殊性をうまくいいあてているように思う。どのような有事であっても、最後に国民の生命および国土を守るために命をかけて任務に赴く者が自衛官である。そういった覚悟を心のどこかに留め置き日常の訓練に汗を流している者たちである。

　また、自衛隊員には基地内を主とする指定された場所に居住する義務や上官の命令に服従する義務等が課せられており、加えて政治的行為の制限等各種制限も定められている。

臨床心理士は、自衛官ではなく事務官等という区分に入るが、自衛隊員であることに変わりはなく隊員としての責務を果たさなければならない。

　このような現場において臨床活動を展開していくには、組織の役割やそれを遂行するための各種規則および文化・風土を理解するとともに、私たちが雇用された意義に思いを馳せながら自衛隊員の一員として勤務することが前提として大切になる。

２．メンタルヘルス活動

　基本的には、日常生起する個別相談への対応（カウンセリングおよびコンサルテーション）を主とし、メンタルヘルス教育（セルフケアおよびラインケア）等を行うが、加えて阪神淡路大震災や東日本大震災をはじめとする災害派遣時や国際平和協力事業（PKO 活動）派遣時を見据えた、惨事ストレスへの教育および対応を行っている。さらに、組織全体を見据えてメンタルヘルスに関連する中長期的計画を立案し推進していくことも求められる。これらは、企業等他の産業領域で行われている活動と基本軸は同じである。しかし、労働基準法、労働安全衛生法の適用が除外されていること、幹部自衛官と曹士自衛官の区別と役割、各部隊の隊長が担う役割、准曹士先任制度、昇任試験の規則等自衛隊ならではの特色があり、個別対応時や教育実施時にはその特性を加味した配慮および創意工夫が求められる。

　2016 年度から、各隊員個々のメンタルヘルスの健全性をより強化していくためにレジリエンス教育が航空自衛隊において導入されている。これは、米陸軍や米空軍で実施しているものであり、思考の柔軟性やマインドフルネス、栄養学等を取り入れた幅広い内容で、通常のセルフケア教育に深みを増したものである。

１）個別面接

　日々出会う相談者の悩みは通常の医療領域や産業領域で出会う場合と同様のものから、自衛隊独自のものまで幅が広い。その経過もカウンセリングのみで終結する場合や、休職を経て復職に繋がる隊員と多岐に渡る。いずれも、相談者に対する関係職員も、上司、家族、主治医、自衛隊内医師等様々な立場にある関係者が多数おり、また配慮すべき規則もある。関係職員の存在や規則等を

意識しながら状況を見立ててかかわりを展開していく必要がある。

また、不幸にして自死が発生することもある。その際には、関係隊員への対応のみならず組織に対する対応が事案発生直後から求められる。ショックな出来事から気持ちを切り替え日々の任務に邁進できるよう、個別にそして部隊に対してかかわりを取ることが必要となる。

２）教　　育

各隊員に対しては、メンタルヘルス施策の概要（始まりや意義、自殺予防に関する取り組み等）や、心の病に関する知識、セルフケアに関するポイント、職場の管理者等にはラインケアのポイント（対応の仕方、判例、安全配慮義務等）について、年度計画のなかで実施していく。そのなかで、身体のメンテナンスと同様にこころをメンテナンスすることへの意識をもつ隊員は年々増加している印象を受ける。

また、レリジエンス教育に関しては、近年開始されたばかりであり自衛隊独自の発展が期待される分野である。これは、日頃からその個人のもつ強みを意識することをベースに、思考に柔軟性をもたせ、前向きな思考を抱けるような傾向を強め、冷静な判断が可能となるような内容であり、日常生活で生じるストレスへの対処のみならず、心に傷を負うような出来事を経験したときにあっても、心身ともに回復していく力を強化することを期待する教育である。このような内容に関心がもたれることは任務の特殊性から必然的なものであり、今後この分野での臨床心理士の活躍が期待される。

３）惨事ストレスへの対応

惨事ストレス（Critical Incident Stress）は、「自然災害（地震・津波・台風・噴火など）や火災、交通機関（鉄道、船、飛行機など）の事故、テロや戦争などの惨事に際して心身に生じるストレス反応である」（廣川, 2010）と定義される。自衛隊においては、阪神淡路大震災や東日本大震災等に代表される災害派遣や国際平和協力事業（PKO活動）派遣時に惨事ストレスの影響を受ける可能性が高い。防衛省・自衛隊において、さまざまな方法で惨事ストレスケアが行われているが、派遣前の予防教育、派遣後のディブリーフィング等工夫が必要であり、その深化が求められる。対応の概要については山本ほか（2013）、藤原（2013）に紹介されている。また、遺体関連業務に従事する者への対策に関しては重村（2012,

2013) が参考になる。

筆者が経験した東日本大震災においては、災害派遣活動を行う隊員自らが甚大な被災を受けた被災者でありながらも任務に赴かざるを得ない状況にあった。その際、現場の臨床心理士に求められることは、個別対応を柱に、職場に出向き組織全体の様子およびニーズをつかみながら、長期に渡る任務を隊員が乗り切れるように、組織そのものにかかわっていく視点である。組織そのものが隊員同士を癒し支え合い活性化していけるような状況に至るよう、後方からサポートしていく視点を忘れないことである（結城, 2010, 2016）。

また、任務の性質上、訓練および実任務のさなか突然命を落とす場合に遭遇することもある。惨事ストレスにさらされやすい特性が自衛隊にはあるという意識を忘れずに、日々の活動を組み立てていくことが必要である。

ある自衛官が何気ない雑談のなかで「僕たちの仕事は時として命の交換をする場合があるんだよ」と教えてくれた。生き死にについてあまりにもさらりといってのけたその姿にとても驚いたことを思い出す。防衛省・自衛隊に勤務するようになり、私たちが体験しているなにげない日常生活は、自衛官の存在という表には現れにくい大きな支えによって成立しているという事実に気づかされる。

本節では防衛省・自衛隊における臨床活動について紹介した。今後の社会情勢の変化に応じ自衛隊の任務も変化せざるを得ない可能性もあり、ケアのあり方も広がりを見せていくであろう。国防を任務とする自衛隊員のこころの支えの一つにいかになり得るか、課題はつきない。

●注
1）「自由連想法」とは、精神分析および精神分析的心理療法の基本的な方法。患者はすべての思考、感情、願望、感覚、イメージ、記憶などを、それらが自然に起こってくるままに、率直に言葉で表現するように要求される。
2）「転移」とは、面接場面で、患者が子ども時代に重要な意味をもっていた人物との関係で体験された感情や観念や行動が、治療者に置き換えられること。転移には、愛情、親しみ、などの「陽性転移」、憎しみ、怒りなどの「陰性転移」がある。また、転移は、ほとんど意識されないので、患者は転移性の態度や感情の由来をわかっていない。
3）「逆転移」とは、治療者が患者に向ける感情が、治療者自身の幼児期の人間関係に由来し、幼児期の感情を患者に置き換えているような状況。したがって逆転移においては、治療者自身の無意識が患者に反映している。

4）「抵抗」とは、患者は神経症的な問題を明らかにするために専門的な援助を受けているのにもかかわらず、変化という目的の達成を妨げるのに役立つさまざまな方法で治療の進展を阻むことを指す。面接では、面接時間に遅刻をする、面接を休む、面接の最中に沈黙し続ける等の行動で現れてくる。

5）「解釈」とは、患者の精神的生活についての治療者が理解したことを言葉で表現する過程をいう。解釈は、患者についての新しい理解を明確に示すことである。

6）「系統的脱感作法」とは、恐怖や恐怖症の治療法として用いられる技法。クライエントはまずリラクゼーション法を習得する。その後、不安をもたらす場面の階層表を作る。最後に、不安階層表にしたがって、最も不安の弱い場面から徐々に不安の強い場面に進み、リラクゼーション法を実施しながら、そのつどその不安場面をイメージする。最終目標はそれぞれの不安場面をイメージしたときに、不安反応がリラクゼーション反応に置換することである。

7）「トークンエコノミー法」とは、目標行動が起こるたびにシールや擬似コインなどのトークンで強化し、トークンが一定量貯められたときにほかの物と交換できる強化のルール体系。貯めるべきトークンの量と交換物は、あらかじめ取り決めておく必要がある。交換物には、飲食物、品物、野球やテレビを見る活動などが含まれる。

8）「シェーピング法」とは、目標行動の形成を徐々に導いていく方法。目標行動をスモールステップに分け、実行可能なステップから次第に複雑なステップへと進むという手順を用いる。

●引用・参考文献

赤塚大樹ほか（1996）．心理臨床アセスメント入門　培風館

アレキサンダー, F.　末松弘行（監訳）（1989）．心身医学の誕生　中央洋書出版部（Alexander, F.（1950）. *Psychosomatic Medicine: Its Principles and Applications.*）

安藤　冶（2003）．福祉心理学のこころみ—トランスパーソナル・アプローチからの展望—ミネルヴァ書房　pp. 2-13.

アクスライン, V. M.　小林治夫（訳）（1988）．遊戯療法　岩崎学術出版社

馬場禮子（1999）．臨床心理士への道　朝日新聞社

米国精神医学会（APA）（編）　日本精神神経学会（監訳）（2014）．DSM-5精神疾患の診断・統計マニュアル　医学書院

防衛実務小六法　平成28年度版　内外出版

団藤重光（1990）．刑法綱要総論　創文社

土居健郎（1977）．方法としての面接—臨床家のために—　医学書院

エレンベルガー, H. F.　木村敏・中井久夫（監訳）（1980）．無意識の発見（上・下）—力動精神医学発達史—　弘文堂

フロイト, S.　懸田克躬ほか（訳）（1971）．フロイト著作集1　精神分析入門（正・続）　人文書院

フロイト, S.　高橋義孝（訳）（1968）．フロイト著作集2　夢判断　人文書院

藤掛　明（2002）．非行カウンセリング入門—背伸びと行動化を扱う心理臨床—　金剛出版

藤原俊通（2013）．組織で活かすカウンセリング—「つながり」で支える心理援助の技術—金剛出版

船越茂子（1992）．心身症の心理療法　氏原　寛ほか（共編）　心理臨床大事典　培風館，pp. 254-256.

藤岡淳子（2001）．非行少年の加害と被害―非行心理臨床の現場から―　誠信書房

藤岡淳子（2007）．犯罪・非行の心理学　有斐閣ブックス

藤城有美子・北吉直子・花村温子（2017）．2016 年度「医療保険領域に関わる会員を対象としたウェブ調査」（2015 年度状況）結果の概要　一般社団法人日本臨床心理士会雑誌，**82**，第 25 巻第 2 号，45-51.

半澤利一（2007）．学校と非行臨床―青少年との対話―　犯罪心理学研究，**45**（日本犯罪心理学会第 45 回大会発表論文集），201-208.

半澤利一（2016）．家庭裁判所調査官　村松　励・大渕憲一ほか（編著）　犯罪心理学事典　丸善出版　pp. 702-703.

廣井亮一（2007）．司法臨床の方法　金剛出版

廣川　進（2010）．危機への心理支援学―91 のキーワードでわかる緊急事態における心理社会的アプローチ―　p. 50.

保健体育審議会答申（1997）．

伊藤研一・吉田弘道（編）（1997）．遊戯療法―2 つのアプローチ―　サイエンス社

金井篤子（編）（2016）．産業心理学実践　個（人）と職場・組織を支援する　ナカニシヤ出版

河合隼雄（編）（1969）．箱庭療法入門　誠信書房

木部則雄（2006）．こどもの精神分析―クライン派・対象関係論からのアプローチ―　岩崎学術出版社

小林重雄（監修）　園山繁樹・内田一成（編著）（2002）．講座臨床心理学 4　福祉臨床心理学　コレール社　pp. 12-33.

河野荘子・岡本英夫（2013）．コンパクト犯罪心理学―初歩から卒論・修論作成のヒントまで―　北大路書房

コーチン，S. J.　村瀬孝雄（監訳）（1980）．現代臨床心理学　弘文堂（Korchin, S. J.（1976）. *Modern Clinical Psychology*. New York: Basic Books.）

町田いずみ・保坂　隆・中嶋義文　保坂　隆（監修）（2001）．リエゾン心理学―臨床心理士の新しい役割―　星和書店

松井　豊（編）（2005）．惨事ストレスへのケア　ブレーン社

マッツァ，D.　非行理論研究会（訳）（1986）．漂流する少年―現代の少年非行論―　成文堂

三木善彦・真栄城輝明・竹元隆洋（編著）（2007）．内観療法　ミネルヴァ書房

宮原和子・宮原英種（2001）．福祉心理学を愉しむ　ナカニシヤ出版　pp. 48-53.

森さち子（2005）．症例でたどる子どもの心理療法―情緒的通いあいを求めて―　金剛出版

森田光子（2010）．養護教諭の健康相談ハンドブック　東山書房　pp. 104-106.

村尾泰弘（2012）．非行臨床の理論と実践―被害者意識のパラドックス―　金子書房

長尾恭子ほか（2015）．戦闘と作戦における Behavioral Health（2）　防衛衛生，**62**（9・10）技術シリーズ 217

長尾恭子ほか（2015）．戦闘と作戦における Behavioral Health（3）　防衛衛生，**63**（3・4）技術シリーズ 219

内藤裕子（2010）．養護教諭の「健康相談活動」の事例に含まれる臨床心理学的要素　東北

福祉大学研究紀要, 34, 167-178.

西尾雅明 (2004). ACT 入門―精神障害者のための包括型地域生活支援プログラム―　金剛出版

西岡潔子 (2013). 法務省式ケースアセスメントツール (MJCA) の開発について　刑政, 124 (10), 58-69.

大原健士郎・大原浩一 (編) (1990). 森田療法　世界保健通信社

小川俊樹 (1991). 心理臨床における心理アセスメント　安香宏ほか (編) 臨床心理学大系第 5 巻　人格の理解 1　金子書房

岡田　明 (1995). 福祉心理学入門　学芸図書　pp. 7-11.

大渕憲一 (2006). 犯罪心理学―犯罪の原因をどこに求めるのか―　培風館

大渕憲一 (2017). 謝罪の研究―釈明の心理とはたらき―　東北大学出版会

小澤康司・中垣真通・小俣和義 (編著) (2017). 緊急支援のアウトリーチ―現場で求められる心理的支援の理論と実践―　遠見書房

パルマー, S.　島　悟 (監訳) (2000). ガイドブック心理療法　日本評論社

ロジャーズ, C. R.　伊東　博 (訳) (1966). パーソナリティ変化の必要にして十分な条件　伊東　博 (編訳) ロジャーズ全集第 4 巻　サイコセラピィの過程　岩崎学術出版社 (Rogers, C. R. (1957). The Necessary and Sufficient Conditions of Therapeutic Personality Change. *Journal of Consulting Psychology*, 21, 95-103.)

ロジャーズ, C. R.　畠瀬　稔・畠瀬直子 (訳) (1973). エンカウンター・グループ―人間の信頼の原点を求めて―　ダイヤモンド社

作田英成 (2014). レジリエンスを鍛える:打たれ強くなる　防衛衛生, 61 (11・12) 技術シリーズ 215

佐藤泰正・山根律子 (編著) (1998). 福祉心理学　学芸図書　pp. 98-111.

瀬川　晃 (1998). 犯罪学　成文堂

重村　淳 (2012). 東日本大震災における救援者・支援者の意義　トラウマティック・ストレス, 10 (1), 3-8.

重村　淳 (2013). 遺体関連業務がメンタルヘルスに及ぼす影響　産業精神保健, 21 (1), 14-17.

生島　浩・村松　励 (編著) (1998). 非行臨床の実践　金剛出版

生島　浩 (1999). 悩みを抱えられない少年たち　日本評論社

杉村直美 (2004). 養護教諭という職―学校内におけるその位置と専門性の検討―　名古屋大学大学院教育発達科学研究科紀要, 51 (1), 75-86.

杉浦守邦 (2008). ヘルス・カウンセリングと私―草創の頃―　日本健康相談活動学会, 3 (1), 100-111.

鈴木裕子 (2006). 養護教諭固有の「健康相談活動」を実践理論として確立させるために　特集:健康相談活動への期待　その充実と発展に果たす学会の役割　日本健康相談活動学会誌, 1 (1), 11-12.

田宮　裕・廣瀬健二 (編) (2001). 注釈少年法 (改訂版)　有斐閣

谷口奈青理 (2001). 身体症状の心理学的な意味について―プロセス指向心理学を手がかりに―　大谷学報, 80 (3), 1-15.

寺村堅志 (2001). 犯罪者・非行少年のアセスメント　藤岡淳子 (編) 非行少年の加害と被害―非行心理臨床の現場から―　誠信書房

宇田川一夫（1998）. 心理臨床の方法 神田久男（編） 心理臨床の基礎と実践 樹村房

氏原 寛ほか（編）（2006）. 心理査定実践ハンドブック 創元社

渡辺俊之・小森康永（共著）（2014）. バイオサイコソーシャルアプローチ—生物・審理・社会的医療とは何か？— 金剛出版

山口 厚（2015）. 刑法 第3版 有斐閣

山本泰輔ほか（2013）. 自衛隊における惨事ストレス対策 東日本大震災における災害派遣の経験から トラウマティック・ストレス, 11（2）, 25-32.

山下吏良ほか（2013）. 海上自衛隊における管理監督者を対象としたメンタルヘルス教育実施の報告 再偉業精神保健, 21（1）, 31-36.

結城 愛（2013）. 被災者／支援者としての自衛隊員 宮城県臨床心理士会 東日本大震災支援活動記録集 pp. 30-31.

結城 愛（2016）. 東日本大震災発生から現在までの活動経過よりみえる基地臨床心理士の役割 第62回防衛衛生学会サテライトミーティング「大規模震災時における臨床心理士の役割について」発表原稿

第 5 部

「人生」を生きていく
ということ

第1章

生 涯 発 達

第1節 「生涯にわたる発達」という視点

1．発達心理学から生涯発達心理学へ

　発達心理学を「生涯にわたる心理学」として概念化しようという明らかな試みは、1960年代および70年代に始まったとされている。そして、「生涯発達心理学」がカリキュラム上に登場し始めたのは、ここ30年くらいのことである。

　筆者は、1960年代前半に心理学を学び始めたのであるが、当時のカリキュラムには、「発達心理学」の名称さえ存在せず、「児童心理学」と「青年心理学」がそれに該当した。その後「乳幼児心理学」が児童心理学から分離し、また、これらの各論と並んで、発達について総論的に論じる科目として「発達心理学」が登場してくるのであるが、この時代に「発達」という言葉は、心身の分野における「上昇的変化」と捉えられており、したがって、「大人になるまでの過程」と解釈されていた。言い換えれば、大人になった後の「成人期」は、比較的安定していて顕著な変化は見られず、その後の「老年期」はもっぱら「衰退(老化)」の時期であるというステレオタイプ的な信念があったために、発達心理学の研究の対象として取り上げられることはまれであったし、いずれも教科書に登場することもなかったのである。

　高齢化社会の到来により、高齢者福祉のためにも老人の研究の必要性が高まり、老化(下降的変化)にいかに適応していくかという視点からも研究が進められることになった。その結果、シャイエ(Schaie, K. W.)の「結晶性知能(crystallized intelligence)」の研究に代表されるように、老年期にも上昇的変化もあることがわかってきた。また、発達は積み重ねであるという視点から、老年期への適応を果たすためには、その前の段階である成人期後期（中年期）の研究も行われる

ようになり、その結果、成人期も従来考えられていたような「高原期」ではなく、中年期も「花の中年」どころか「中年期の危機」と呼ばれるような変化が存在することが明らかになった。

このような経過により、「変化」をキーワードとして、成人期と高齢期（老年期）も発達心理学のなかに組み込まれるようになり、全生涯を対象とする「生涯発達心理学（life-span developmental psychology）」が誕生したのである。

２．ハヴィガーストとエリクソンー生涯発達的視点の先駆者一

生涯発達という表現は使わなかったものの、生涯を通しての発達という考え方は、1950 年代にすでに存在していた。それは、ハヴィガースト（Havighurst, R. J.）とエリクソン（Erikson, E. H.）である。ハヴィガースト（1953）は、生涯を６つの段階に分け、それぞれの段階において「学習すべき内容を示すもの」を「発達課題」として示している。この６つの段階には、「4. 壮年初期」「5. 中年期」「6. 老年期」が含まれており、明らかに生涯を通した発達という視点をもっていたことがわかる。エリクソン（1950）は、心理・社会的発達理論を展開し、それぞれの段階で遭遇する自我の課題と危機を示している。彼もまた、生涯を８つの段階に分け、そのなかには成人前期以降の３段階が含まれているのである（表 5-1-1 参照）。

さらにレヴィンソン（Levinson, D. J.）は、1970 年代に、成人（前）期と中年期には４つの発達期（安定期）と４つの過渡期があることを示している（図 5-1-1 参照）。彼の考え方も、成人期への理解を深めるものとして注目される。

３．生涯発達心理学という視点

生涯発達心理学という考え方は、単に発達研究の範囲を成人期と老年期を含むように拡大したのではなく、新しい理論的な方向づけを与えようとするものである。これまでの発達理論は、概ね、発達は生物的な成熟の過程によって導かれるとする考え方を仮定していた。生涯発達心理学では、このような生物学的な方向づけを、よりオープンで自由な、可塑性をもった心理学的発達の概念へと転換しようという試みがなされている。

主な考え方を挙げれば、以下のようになる。

第 1 章　生涯発達　*277*

表5-1-1　エリクソンの心理・社会的危機

段階	危機（葛藤）
乳児期	信頼　対　不信
児童初期	自律性　対　恥・疑惑
遊戯期	自発性　対　罪悪感
学童期	勤勉性　対　劣等感
思春期	同一性　対　役割の混乱
成人前期	親密性　対　孤立
成人期	生殖性　対　停滞
老年期	統合　対　絶望

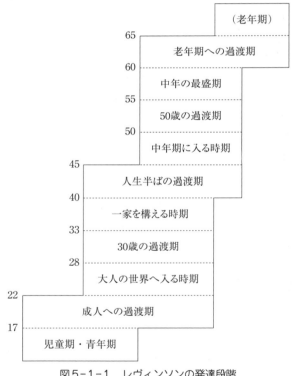

図5-1-1　レヴィンソンの発達段階

①発達は、生涯にわたる過程である。ある年齢段階が、その後の発達を全体として規定することはない。

②発達は、多方向性をもっている。すべての年齢において行動における獲得と喪失が起きる。例えば、成長著しい初期の幼児期においても、条件づけのレディネス（readiness）の低下や音声的なレパートリーのせばまりが見られるし、喪失期とされる老年期においても、複数の領域における専門的知識の増加および知恵の増加が見られるのである。

③生涯発達という考え方は、新しい発達に対する個々人の生涯にわたる可塑性を仮定している。遺伝的な要因、初期学習、あるいは、いろいろな人生経験が、重要なライフイベントと並んで、個々人の行動に強力にまた恒常的に影響する可能性があることは確かであるが、それにもかかわらず、全生涯にわたって、発達的な限界と同時に発達的な機会が存在すると考える。

④生涯発達心理学はまた、発達を文脈的な概念として捉えている。そこでは、人間の発達は、複雑で、ダイナミックな過程であり、生物学的な要因および内部の心理における要因、メカニズムや傾向が、社会的、文化的、歴史的および固有のイベント[1]や経験と相互にかかわり合い、統合されて生起すると考えられている。バルテス（Baltes, A.）によれば、これらの発達に系統的に影響を与えるものとして、3つの要因モデルが提唱される。

　ⓐ年齢規定的な影響：生物学的（例えば成熟）および年齢に依存した社会的な影響（例えば就学年齢）が、発達における個人間の類似性を導く。

　ⓑ歴史規定的な影響：歴史的‐文化的なイベントあるいは変化（戦争、経済危機、工業化など）が、ある年齢コーホート[2]の発達に同じような影響を与え、そして、あるコーホートの成員により大きな類似性を生じ、同時に、異なるコーホート間のより大きな差異性を生じる。

　ⓒ非標準的な影響：例えば病気、生別や死別、経済状態の大きな変化などのイベントは、一般共通的で予測的な影響をともなうわけではない。このようなイベントは、それゆえ、同じコーホートあるいは同じ社会経済的文脈の個人間の個人差を増大させる傾向をもつ。

4．発達を理解する視点

　発達を考えるときに、キーワードとなるのは、「変化」と「積み重ね」である。生涯発達とは、人間は、生まれてから死ぬまで変化し続ける存在であるということを意味している。そして、それは、絶えず変化する可能性をもつと言い換えてもいいかもしれない。若者にせよ高齢者にせよ、そのような変化への確信を抱いて生活することが人生のあり方にとって大きな意味をもつことになるだろう。そのことは同時に、人生は変化の積み重ねであることを意味している。つまり、現在の変化が将来に影響するのである。そこに広い意味での教育やその時々の社会のあり方の重要性が指摘されるわけであるが、もう１つのキーワードとして「可塑性」を挙げておきたい。つまり、積み重ねを固定的に考え、現在のあり方が将来に悪影響を与えると考えるのではなく、そのような場合にも、可塑性を発揮して修正が可能であると考えることが、発達をダイナミックに考える上で重要であると思われるのである。

第２節　遺伝と環境

1．氏か育ちかの論争

　発達心理学は、人間のさまざまな機能が、どのように発生し生涯にわたって発達・変化していくのかを研究してきた。そのなかの論点の１つに、遺伝と環境のどちらの要因が、どのようにして人間の発達の方向性を決定づけるのに、より重要な役割を果たすのか、いわゆる「氏か育ちかの論争」がある。発達（development）という用語は、その語源からも先天的な特徴が成長の過程で現れてくるものだとする考え方がある。しかし、ロック（Locke, J.）は、新生児の心は「タブラ・ラサ」（ラテン語で白板の意味）であるとし、この白板に何が描かれるかは、新生児が何を体験するのかの内容によってもたらされるものであり、生まれながらに備わっているものではないと反論した。人間の発達に及ぼす遺伝もしくは環境の影響を見る研究は、人々の関心を呼び、家系研究法や双生児法により試みられてきた。これまでの遺伝・環境をめぐる論争を概観しておこう。

1）環境優位説

　人間の発達は、遺伝的特質にかかわらず、生後の学習によって規定されるこ

とを提唱したのが、行動主義者のスキナー（Skinner, B. F.）やワトソン（Watson, J. B.）である。ワトソンの行動主義の基本的態度は、行動の客観的観察を協調する客観主義、S-R連合重視の姿勢、行動の源を末梢的な筋肉運動に還元して考える末梢主義、生得性を軽視し環境の影響を重視する環境主義の立場である。ワトソンの功績は、生後9ヵ月の男児を対象にシロネズミを用いて恐怖の条件づけ実験を行い、行動のみならず感情も条件づけの手続きによって学習されることを証明したことである。彼らは、あらゆる行動は、刺激と反応の連合から形成されると考えたのである。

2）成熟優位説

一方、ゲゼルとトンプソン（Gesell & Thompson, 1929）による双生児統制研究（The method of co-twin control）は、成熟と訓練との関係を解明する目的で実施された（表5-1-2参照）。対象児は、母親が死亡したため、生後5週目から乳児院での生活を余儀なくされた一卵性双生児である。2人の訓練開始時の階段登りはほぼ同レベルであった。T児に対して階段登りの訓練が、生後46週から6週間続けられた。T児の訓練期間中、C児は訓練を受けていないし、たまたま伝染病にかかり施設内の病室に隔離されていた。T児の訓練が終わった1週間後から、C児の階段登りの訓練が開始され2週間続いた。T児は、最初大人からの援助を必要としたが、訓練4週目には自力で階段を登り、生後52週目には26秒で登りきっている。C児は、生後53週目には先行訓練もないのに援助なしに45秒で登り、訓練後の55週目には10秒で登りきっている。T児はC児よりも7週間早く、3倍長い期間、訓練を受けていたにもかかわらず、2人は56週にはほとんど差がなかった。この結果から、発達における成熟要因の優位性を主

表5-1-2　ゲゼルとトンプソンによる双生児の階段登りの結果

生後週	46	47	48	49	50	51	52	53	54	55	56	70	79
T児訓練群			40秒				26秒	17秒			11秒	6秒	7秒
	訓練6週間（10分／日）												
C児統制群								45秒		10秒	14秒	10秒	8秒
	ホーム内の病室に隔離						訓練（20分／日）						

注）T児は1日20分、階段登り10分と積み木操作10分に等分されていた。したがって、T児の階段登りの訓練は10分であった。C児の訓練は、1日20分階段登りだけであった。

張した。成熟を待たない訓練は、効果がないとするレディネス重視の教育へと発展していった。

3）輻輳説

遺伝か環境の一方だけの要因から心理的諸特質が形成されると考える孤立要因説は、人間の複雑な諸形質を説明するにはあまりに非現実的である。この遺伝か環境かの二者択一的な対立を統合しようとしたのが、輻輳説（Konvergenztheorie）である。これは、性格や知性の発達は生得的なものの単なる発現でもなければ、環境的条件の受容でもなく、遺伝と環境の両者の相互作用によるものであると説く。環境閾値説（Jensen, A. R.）もその１つである。しかし、問題は、両者の要因がきっぱりと二分されるものなのかという点である。実際にはある遺伝的素質をもつものは、環境のなかから特定の要因だけを選択的に受け入れやすい傾向をもつ。また、遺伝と環境の両要因は、ある特徴の発現に関して同じ方向に働き、加算的効果以上の相乗的な効果を生むことも少なくない。

4）相互作用説

人間の発達は、遺伝と環境の両方が重要な役割を担っており、静止的かつ加算的なモデルで説明できるものではない。社会性と情緒の発達などの人格発達においても、遺伝と環境の影響を同程度に受けているし、精神病の発病も、遺伝的決定因と環境的決定因の双方をあわせもつことが知られるようになった。今日では、生物学的差と学習環境の相違とが一貫して連動して相互作用した結果、個人の行動発達の違いを生み出すと見られている。

ピアジェ（Piaget, J.）の理論は、発生的認識論と呼ばれる。子どもの自然に成熟する能力と、周囲の環境に働きかける能力を認め、生物的発達と外界との相互作用の両方に焦点をあてた。彼は子どもを積極的に環境に働きかける能動的存在とみなした。子どもの外界に対する働きかけの結果、シェマ（Schema）[3] を構築する。シェマとは、環境にかかわっていくプロセスを通して起こる構造的変化であり、子どもが環境に対処する際の活動系を示す。新奇なものを「同化」により取り込み、既存のシェマがうまく「同化」しない場合には、「調節」により均衡化を図りシェマの修正を行い外界に対する理論を進展させていく。子どもの能力は、成熟するとともに、質的に異なる発達段階に従って変化する非連

続的な知識構造へと転換を繰り返すことにより、より精緻なまとまりのある構造が達成されていく。彼は認知発達を、感覚運動的段階、前操作的段階、具体的操作的段階、そして形式的操作段階の4つの段階に分けた。ピアジェの発達段階は、成熟に基づいて現われる普遍的な発達段階ではなく、文化的実践や学校における経験がその習熟を促進することが明らかにされている。

2．人間発達における愛着の重要性

　愛着を最初に提出したのは、第1次大戦後の施設に収容された孤児たちの死亡率が高いことについてWHOから調査依頼を受けたボウルビー（Bowlby, J. M.）である。かつて愛着は一人の特定人物に対して形成されると思われていたが、今では愛着は最初から複数の人に対して形成されることが多いこと、愛着形成にとって重要なのは、乳児への感受性や応答性、情緒的かかわりを含む相互作用の特性であることが明らかになっている。愛着は、食物の充足・不快からの解放といった一次的生理的欲求の充足を媒介に成立する二次的動因ではなく、子どもと養育者双方の喜びをともなう情緒的コミュニケーションのなかでこそ形成されていくものと考えられる。生後早期に形成される愛着は、のちに安全基地としてその後の人格発達に大きな影響を与えるものである。

1）母性的養育の剥奪事例

　藤永ほか（1987）の報告によると、両親から孤立した小屋に放置され、幼い姉たちによってわずかに世話されて育つという甚大な母性的剥奪を受けた姉弟は、救出時すでに6歳と5歳であったにもかかわらず、身長わずか80㎝、体重8kg、排泄コントロール不能、いざり歩きをし、言葉もほとんどもっていなかった。約1歳かせいぜい1歳半の発達水準に見える発達遅滞の状態であった。その後施設に収容されるや驚くべきキャッチアップ現象が生じ、施設の養育者との愛着の形成にともなって順調な発達を遂げ、発見から18年後にはほぼ平均的な体位となり、高校を卒業し社会人になっていると報告されている。注目したいのは、厳しい環境下で一時発達そのものを抑制し、その代償として発達の潜在的な能力はそのまま維持しているかに見えた彼らの秘めた発達の潜在的能力を引き出したのは担当養育者との愛着の形成であった点である。

2）不適切な養育は子どもの脳に "傷" を残す

愛着の絆が形成されない不適切な養育における児童虐待は、心だけでなく脳にも深い傷痕を残すことを、友田（2017）は米ハーバード大学との共同研究で明らかにした。アメリカに住む18〜25歳の約1500人を集め、そのなかから幼少期に虐待を受けた経験のある人とない人を対象に、知能検査と磁気共鳴断層撮影（MRI）検査を実施した。虐待によって脳が傷つくこと、虐待のタイプによって傷つく部位が異なることがわかった。例えば幼少期に、①激しい体罰を受けると、感情や理性をつかさどる「前頭前野」が萎縮、②暴言を受けると、会話や言語をつかさどる「聴覚野」の一部が拡大し増加、③性的虐待を受けると、年齢によって異なるが「視覚野」の容積が委縮し減少、④頻繁に両親のDVを目撃すると、視覚野の一部である舌状回の容積が減少する、という4パターンである。虐待が脳に影響を与えるメカニズムについて、友田は「過酷な体験に適応するよう、それぞれを司る脳の部位が過敏に変化している悲しい適応なのだ」と説明している。虐待を受けた子どもは、親になったとき、わが子に虐待を行う傾向があるなど世代間連鎖も指摘している。しかし、虐待を受けて傷ついた脳でも、きちんとケアをすれば回復するとも述べている。社会的子育てのための学校・家庭・警察・地域を巻き込んだ育児支援ネットワークの構築が喫緊の課題である。

3．発達を支える社会・文化的環境

1）人間を取り巻く生態学的環境

子どもを取り巻く環境は、大きく変貌を遂げ、子どもの心身の発達に大きな影響を与えている。人間の発達をさまざまな環境との活動文脈の関係性のなかで捉えようとし、ブロンフェンブレンナー（Bronfenbrenner, U.）は生態学的環境の考え方を提唱した。彼によると、人間の取り巻く環境は、ミクロ・エクソ・メゾ・マクロ[4]まで大きく4つの環境があり、それらの環境は、直接的−間接的な違いや、人間の発達段階によってその影響の比重は変化するにしても、その時々の子どもの"主導的活動"[5]と関連して、相互に密接な影響を与えつつ、人間の発達に作用しているという。

2）子どもを取り巻く環境の変化

社会環境の変化は、加速度的に変貌を遂げつつある社会文化的現状を総括す

るものである。そのなかで私たち人間は成長・発達を遂げていることを忘れてはならない。代表的な5つの変化と関連事象を取り上げる。

　第1に、産業構造の変化と「都市化」「車社会化」である。子どもの運動能力・体力の低下、人間関係の希薄化、遊びの室内化、自然とのふれあい減少などが挙げられる。第2に、「少子化」と「育児不安の増大」である。家庭教育は、今ではその役割である社会化機能を十分に果たせなくなっている。第3に「学校化」である。早期からの保育・教育の開始と、地域における非制度的教育の場の減少は、インフォーマルに習得される人間的価値・信条・習慣等の習得困難をもたらしている。第4に「情報化」である。今や新しいメディア空間のなかで育つ子どもたちの時間的・空間的感覚を急速に変貌させた。第5が、社会の「夜型化」である。生活リズムに影響を与え、睡眠不足が日中の慢性時差ぼけ状態をもたらしている。

　人間的環境には、直接にかかわる物や人との関係だけでなく、それらの背後の社会的・文化的・歴史的な関係も存在し、子どもたちはそれらの影響を受けつつ発達していく。

第3節　子どもの社会と発達の課題

1．乳児期

　ポルトマン（Portman, 1944）は、人間の子どもが非常に未熟な状態で生まれてくるという考えから生理的早産説を唱えたが、その後の研究で、人間の子どもは積極的に環境にかかわろうとする有能な存在だということが明らかになっている。例えば授乳時には「母親からの働きかけを求めて飲むことを一時的に休止する」し、感情を伝えるためにさまざまな表情を見せたりするのである。乳児のこのような要求に対して養育者が応答的に反応することで、養育者と子どもは相互的に発達し、それが基本的な信頼関係の確立という、この時期にとってもその後の発達のステージにとっても重要な発達課題の達成をもたらすと考えられる。

第1章　生涯発達　　285

2. 幼　児　期

　誕生直後から周囲の環境に強い興味をもち、知的発達とともに身体能力も身につけた幼児は、2歳くらいになるとさまざまな行動を自分の意志で決めたり、独力でやってみたくなる。例えばペットボトルからコップにジュースを移すという場面で、子どもは自分でやりたがるかもしれない。失敗を予測した養育者が「やめなさい」といっても子どもが「ジブンデヤル」と強情に主張することにより、養育者の視点から見ると一見「反抗」しているように見えることもある。実際に失敗した場合は、養育者は「だからやめなさいって言ったでしょ」と叱るかもしれない。このようなやり取りが日常の多くの場面で見られる時期であり、しばしばこの時期の育児ストレスをもたらすことになる。

　しかし、これは子どもが自分の能力と課題の難しさから「デキルカモシレナイ」と考えるために起こる現象といえる。この時期の子どもは確固とした自我をもち、その現れとして自己主張も強くなるのは当然である。それが成功すればさらにいろいろなことをやってみるし、失敗すればかんしゃくを起こしながらさまざまな作業に挑戦しているのである。そのなかで、自分なりの目標をもって環境にかかわりながら達成感を味わい、さらに自己についての認識を高めていくことになる。

　同時に、食事や排泄、衣服の着脱などの基本的な生活能力を身につけることで、ある程度の生活の自立が可能となってくる。時には養育者から離れて自分が所属する集団や社会に参加し、そのルールや習慣を身につけていくことにもなろう。

　3歳以降、子どもの社会化はさらに進んでいく。子どもは信頼できる養育者を同一視の対象とし、モデルにしながら自然に行動様式や価値観を身につけていくことになる。さらに性別に応じた価値観を獲得し、男の子は男らしく、女の子は女らしい言動や遊びが顕著になってくる。

3. 児　童　期

　ほぼ小学生にあたるこの時期、子どもは学校という集団のなかに適応し、仲間とルールを守りながら協調して活動することが求められる。感情を抑えて行動したり、ほかの子に対する援助行動も要求されることもある。そのような経

験をしながら子どもはますます社会性を身につけていくことになる。家庭外の集団での経験を通して集団のなかで活動する自信をもった子どもは、自分の行動や価値観を実践するかのように、親に対する最初の独立戦争ともいえる第2反抗期へと進んでいく。

同時に学校は学習の場でもある。子どもにとって重大な関心事であるから、学習面で一度劣等感をもってしまった子どもは、ますます学習意欲をなくしてさらなる学業不振やその他の問題行動につながるという悪循環が起こる危険性もある。

さて、かつてはどこの町にもいわゆるギャングエイジと表現される子ども集団が見られたものである。学校のクラスとは違った、地縁的な同性の集団であり、目的なく集まってはみんなで工夫しながらあれこれと遊んでいた。この集団はさまざまな年齢の子どもが含まれる縦割り集団であることが多かった。このなかで子どもたちは親からは離れた集団で独自のルールや秘密を共有しながら社会性を身につけていた。同じ年齢の子どもとの関係はもちろん、小さい子には配慮しながら、規律から逸脱した子どもに対しては集団の力で解決していたものである。現在は生活環境の変化とともにギャングエイジはあまり見られなくなっている。モンスターペアレンツが話題になり、学校においても学業成績が重視され、さらには遊びにでかけるときにも携帯電話をもたされている現代において、子どもたちは豊かな経験をさせてくれる子どもだけの集団をどのように形成することができるのであろうか。

4．発達課題

発達課題とは、人間の生涯発達のそれぞれの段階で達成するべきだと考えられている課題である。その時期の課題を達成することができなければ、次の発達段階での課題達成に何らかの影響を及ぼすと考えられる。

ハヴィガースト（Havighurst, 1953）は、生涯発達を乳幼児・児童期初期から高齢期までの6段階に分け、それぞれの段階における課題を提唱した。その内容は発達の初期では食事、睡眠、排便や歩行といった生物学的な課題と、家族との信頼関係、性役割の獲得や言語習得という人間としての基本的な課題の両者が含まれるが、その後、特に青年期以降では社会が個人に期待する社会的能力

が中心となっている。

　一方、エリクソン（Erikson, 1950）は、個人と社会との関係を軸とした発達課題を提唱している。人間は発達するとともに自分が生活する社会に適応し、同時に社会からの期待や要請の質も変わっていくため、人間は生涯にわたってその時期の発達課題の達成をめざしながら社会に適応するための発達を続けるのである。しかし、発達課題の達成は必ずしも簡単なものではなく、失敗した場合にはそれぞれの時期に特有の心理的な危機に陥ると考えられている。例えば乳児期の発達課題は親との間に基本的信頼関係を築くことであるが、この課題を達成できずに不信感を獲得してしまった場合には、その後の時期においても友人や恋人などとの間に信頼関係を築くことが難しくなるということである。具体的には現在社会問題になっている子どもの虐待のような場合が考えられるが、のちに発達課題をやり直すことができると信じて心理的支援を考えることが、実学としての心理学の役割であろう。

第４節　人格の発達

１．生涯を通して発達する人格

　人格が発達するというのはどういうことだろうか。行動が落ち着いていき、安定していくのであろうか。「あの人はこのごろ丸くなった」とか「若いころと比べ角が取れて付き合いやすくなった」などということがよくある。年を重ねていくとそうなるのであろうか。あるいは「三つ子の魂百まで」といわれるように、その人の基本的なものは年をとっても、一生変わらないのであろうか。変わりにくい性格と変わりやすい性格があるともいわれる。気質、気性はその人がもって生まれたもので変化しにくく、成長にともない役割を遂行する過程で作られた性格は変わりやすいといわれる。本節では人格が発達していくプロセスを発達課題との関係を中心に見ていく。

　生涯発達心理学の知見からは、人格が発達するということは、一生続くことであり、そのつど成長を繰り返すことがわかっている。つまり、人はその生涯を通して成長発達を遂げるのである。それぞれの発達段階を生きていくとき、成長にとって避けることができないいろいろなストレスや危機を乗り越えてい

く過程において人格は発達していくものである。一方で、発達において通常出会うと想定された出来事ではなく、むしろ思ってもみなかった出来事に出くわしたときに、その人らしさが発揮され、人格が成長していくこともある。

２. 児童期まで

　生後間もない新生児は生理的存在といわれるが、生得的な気質や個性をもっていて、それがいわゆる育てやすさ・育てにくさを感じさせることもある。それらを基盤にして、その子その子の生育環境や家族関係などのなかで人格が形作られていく。

　フロイト (Freud, S.) の精神分析理論では、人格の発達を心理的性的エネルギーの発揮の仕方からいくつかに分けて説明している。それによると、人間ははじめは本能に従って生きていく存在であり、自我の成長にともない理性に従って現実的に生きていく存在になることが人格の発達ということになる。フロイトによれば、生きていくための精神的エネルギーはイドと呼ばれる人格の本能的な源にあり、それは衝動的な行動の源になる。そして、スーパーエゴ（超自我）の下す道徳的で理想的な判断とイドが望む生きるための本能的エネルギーを満たすこととの調整を行っているのがエゴ（自我）である。

　フロイトはこの自我が発達し理性的になることを人格の発達とし、赤ちゃんのときからいくつかの過程を通じて、青年期の間には完成するとした。すなわち、乳児期の哺乳を通じて人格の基礎となる安心感や信頼感などが形成され、幼児期には排泄のコントロールに象徴される自分のコントロールを学び、さらには同性の親に対するライバル意識を抱いた後にはモデルとして、男の子らしさや女の子らしさを身につけていくことになる。そして、児童期は第２次性徴の発現まで性的な衝動が前面に現れず、心理的には安定して学習や遊びに夢中になることができ、人間関係も広げていくことができる。そして、身体的にも認知的にも成人のレベルに成長する青年期を通して人格がほぼ完成する。しかし、その後の生涯発達心理学の研究では、後述するように、エリクソンやレヴィンソンなどが成人期以降の人格の発達の可能性について述べている。

　また、心理的に安定しているとされた児童期に関しては、河合 (2007) が指摘しているように、児童期において特に9、10歳のいわゆるギャングエイジにあ

第１章　生涯発達　*289*

たる時期は「前思春期」といわれ、「子どもの人格」が崩壊し、「大人の人格」が誕生する時期である。この時期は子ども時代を通じて絶対的と思えた価値観がゆらぎ、自我の成長にともなってこれまでと違う見方に触れることになる。新しい価値観に遭遇することは心理的には危機的な状況である。「天動説から地動説」に変わるようなものという。この時期にどう学校生活や友人との関係に支えられ、どのように過ごしていくかで、続く思春期をどう迎え、さらに思春期をいかに乗り越えていくかに結びついていく。この時期は、それまで、基本的信頼感が築かれ、絶対と思っていたつまり批判的見方をすることがなかった家族との絆が少しゆるんで、他の絆が育っていく時期といえる。基本的信頼感をベースに、新しい人間関係が育ち、子どもは「自分はいったい何なんだろう」と考えることが多くなる。それが、エリクソンのいう青年期の自己同一性の芽生えである。

　エリクソンはフロイトの精神分析理論に心理−社会的視点を入れ、成人期以降の人格の発達についても明らかにした。すなわち、子どもから老人までの全生涯を通した人格の発達のそれぞれの時期に、人格の発達につながる課題があり、その課題を遂げていくことが、人生を豊かに生きることにつながる。

3．青年期では

　青年期の始まりはちょうど思春期に重なる。エリクソンによれば、「自我同一性の確立と役割の混乱」という課題に出会うことになる。「自分は誰か」と考える時期に、周りの期待に従い過ぎることなく、かつ「自分は自分」という考えが根無し草のように浮いてしまわず、バランスよく自我同一性を形成することが望まれる。親からの精神的離乳つまり自立という難しい課題を前にし、いわれるがままにはなりたくないけれど、頼りにもしたいという自立と依存の葛藤に、イライラして反抗的にもなる時期である。しかし、この過程で「自分は何者か」がより明確になっていき、人格が発達していくとされる。

4．成人期の始まり

　成人期は「若い大人」の時期から、一般に更年期に重なる中年期を経過し、老年期までの長い時期である。人格は生まれたときから発達していくものである

が、特に自我同一性が確立した後の人格の発達について、ユング（Jung, C. G.）は真の「個性化」といっている。

エリクソンによれば、成人期の前期には、本当の意味で他者と親しくなる「親密性と孤立」の課題に取り組むことになる。自己主張ばかりでなく、時には自分の考えを取り下げ相手を尊重することも必要となる。このやりとりは実際は面倒なことでもあり、葛藤的にもなるであろう。「やっぱり一人の方が気楽」と考えることもあるだろう。しかし、この葛藤を乗り越えるなかで自分と他者の双方を受け入れることができ、初めて、温かい交流ができる人格が形成されていく。

5．中年期では

レヴィンソンはさらに成人期をいくつかの段階に分け、中年期への過渡期の意味を詳細に表した。彼はアメリカの男性40人の詳細な面接を通じて中年期の研究を行い、中年期で4つの対立、すなわちそれまでの発達で内在していた対立するアンビバレントな葛藤があるという。それらの葛藤を体験し、生活構造を再構築していくその過程で、人はさらに人格を発達させていく。4つの対立とは、「若さと老い」、「創造と破壊」、「男らしさと女らしさ」、「愛着と分離」という象徴的な言葉で表されるが、自分の内界を分断しているこの2つの対立を自覚し、バランスを取っていくことになる。

このように、中年期の同一性をめぐる葛藤には「自分はこれでいいのか、今までの『路線』でこの先もやっていけるのか」という問いかけが含まれる。かつて青年期に向き合った「自分とは何なのか」という葛藤が再燃したかのようなこの時期は、「第2の思春期」とか「思秋期」などといわれる。しかし、ここでのアイデンティティの問い直しは青年期のように抽象的ではない。現実の生活体験を重ねてきている分、具体的で現実的である。かつて青年期の自分がとりあえず決めたことや成人期を通じて守り続けてきたものに疑問を呈し、これからの人生を再スタートさせるにあたり、修正を加えることになる。家にたとえるなら、改築で済む人もいれば建て直しする人もいるであろう。この内的な作業はレヴィンソンによれば、階級や生育史などにかかわらず、普遍的なものであるという。

第1章　生涯発達　*291*

レヴィンソンは１つの発達段階の終わりが近づくと、そのこと自体が刺激となり次の発達段階のスタートを刺激するという。限界と行き詰まり感とそこから脱却するために生活構造を再構築することが人格の発達につながっていく。

　また、エリクソンによればこの時期に「生殖性と停滞」の課題に取り組むことになる。それは、自分のことにだけ没頭し過ぎることなく、次の世代の人や物を育てることにエネルギーを注ぐことである。子どもを育てることや後進の指導、後の世代によい環境を遺す努力など、脈々と続く生命の鎖に関心を向けられるかどうかである。

6．そして老年期へ

　これまで見てきたように人生のなかで何度も「自分とは」という問いかけをして、人は老年期を迎える。どの発達段階にも喪失と獲得があるが、老年期の喪失は普遍的であるとされる。つまり、誰もが、身近な親しい人の死を体験することが増え、記憶力の衰えや病気を抱えることで健康な自分の喪失を実感していく。エリクソンはここでの課題を「統合と絶望」といっている。この時期に「いろいろあったけれどまあまあの人生だったかな」とあるまとまりをもって人生を振り返られるか、その反対にさまざまな後悔などのために取り返しのつかない絶望感に苛まれるかで人格の発達は違ってくる。

　下仲（2000）らの100歳老人の研究によれば、高齢になるとより内向性が高まることや男性は女性性が高まり、女性は男性性が高まることなどがわかっている。前述したレヴィンソンのいう対立の１つである「男らしさと女らしさ」が統合されていくことを示している。

　一般に中年期までの人格特徴が老年期でも安定していることが多いが、加齢にともなう変化や、認知症などの疾病にともなう変化もある。老年期になると一般に「頑固になる」とか「ひがみっぽくなる」などということがあるが、下仲は認知機能の低下や慎重になることで自分のやり方を変更しにくくなることなどが背景にあると述べている。

　以上、発達の過程で出会う出来事に向き合うことで発達課題が遂行され、人格は発達し、一方で思いもよらない出来事に遭遇することで、人格は急な対応、すなわちストレスへの対処や現実への適応を余儀なくされる。その乗り越え方

も、それまでの人格発達のレベルにより異なるだろうし、それによってまた人格の発達が促されることにもなる。

●注
1）（ライフ）イベント：人々の日常生活のなかで経験する出来事を総称する用語であるが、特に、個人のライフコース（加齢過程）において転換点となるような出来事を指す。また、就学などほとんどの人が経験する一般的・普遍的な出来事と、被災や早過ぎる親との死別などの非日常的（非一般的）な出来事とを区別することもある。
2）コーホート（cohort）：同じ年代に生まれ、共有できる特定の時代の体験をもつ同世代集団を呼ぶ。
3）シェマ（Schema）：ピアジェの発生的認識論の説明はシェマという用語を用いることが多い。シェマ＝スキーマ＝認知構造という意味で、シェマとは人が環境に対処する際の活動型を示す。シェマも、反射から始まり次第に前概念的シェマ、具体的概念シェマ、抽象的概念シェマへと発達していく。一方、有意味語の記銘研究を行ったバートレットが提唱したスキーマは、知識の構造を意味し、いくつかの物事に共通して現れる型についての情報を示す。スキーマにはある対象物が通常もっている性質の集合を記述するために使われるフレームと、人が何かをするときに起こる一連の出来事を記述するスクリプト（ステレオタイプ）などがある。認知心理学の発展とともに再吟味されるようになり1980年代の研究に大きな影響を与えている用語である。
4）ミクロ・エクソ・メゾ・マクロ：人が生涯かかわる環境システムで、マイクロ・システムとは、直接行動が展開される場面のこと、メゾ・システムとは、各行動場面間の相互関係システムあるいはネットワークのこと、エクソ・システムとは、自分の現在の能力、技能や知識など個人的制約あるいは社会的制約によって直接参入できない場面のこと、マクロ・システムとは、社会制度やイデオロギーなど、各環境システムの枠組みをなすもののことである。
5）主導的活動：環境へのかかわり方のなかで、発達効果として中心となって重要な役割を果たす活動のこと。

●引用・参考文献
バルテス, P. B.　鈴木　忠（訳）（1993）．生涯発達心理学を構成する理論的諸問題—成長と衰退のダイナミクスについて—　東　洋・柏木惠子・高橋惠子（編訳）　生涯発達の心理学　第1巻　新曜社　pp. 123-204.
Demetriou, A., Doise, W., & Lieshout, C. F. M. van（Eds.）（1988）．*Life-span Developmental Psychology*. New York: John Weley & Sons.
Erikson, E. H.（1950）．*Childhood and Society*. New York: W. W. Norton.（エリクソン, E. H. 仁科弥生（訳）（1970）．幼児期と社会　みすず書房）
エリクソン, E. H.　岩瀬庸理（訳）（1969）．主体性（アイデンティティ）—青年と危機—北望社
エリクソン, E. H.　小此木啓吾（訳編）（1973）．自我同一性—アイデンティティとライフサイクル—　誠信書房

エリクソン, E. H. & エリクソン, J. M.　朝長正徳・朝長梨枝子（訳）（2007）．老年期—生き生きしたかかわりあい—　みすず書房

藤永　保・斎賀久敬・春日　喬・内田伸子（1987）．人間発達と初期環境—初期環境の貧困に基づく発達遅滞児の長期追跡研究—　有斐閣

Gesell, A., & Thompson, H. (1929). Learning and growth in identical infant turns: An experimental study by the method of co-twin control. *Genetic Psychology Monographs, 6* (1), 5-124.

ハヴィガースト, R. J.　荘司雅子（訳）（1958）．人間の発達課題と教育　牧書店（Havighurst, R. J. (1953). *Human Development and Education.* Longmans, Green.）

河合隼雄（2007）．子どもの宇宙　岩波新書

レビンソン, D. J.　南　博（訳）（1992）．ライフサイクルの心理学　上・下　講談社学術文庫（Levinson, D. J. (1978). *The Seasons of a Man's Life.* New York: Alfred A. Knopf.）

前原武子（編）（2008）．発達支援のための生涯発達心理学　ナカニシヤ出版

無藤　隆・やまだようこ（責任編集）（1995）．生涯発達心理学とは何か—理論と方法—　講座生涯発達心理学 1　金子書房

二宮克美・大野木裕明・宮澤秀次（編）（2006）．ガイドライン生涯発達心理学　ナカニシヤ出版

小此木啓吾（1989）．フロイトの性格論　本明　寛（編）　性格心理学新講座 1　性格の理論　金子書房

ポルトマン, A.　高木正孝（訳）（1961）．人間はどこまで動物か—新しい人間像のために—　岩波新書（Portman, A. (1944). *Biologische Fragmente zu einer Lehre vom Menschen.*）

下仲順子（2000）．老人の心理がわかる本—年老いた親と上手につき合うためのヒント—　河出書房新社

田島信元（編）　海保博之（監修）（2008）．朝倉心理学講座 11　文化心理学　朝倉書店

竹中星郎（1996）．老年精神科の臨床—老いの心への理解とかかわり—　岩崎学術出版社

友田明美（2017）．子どもの脳を傷つける親たち　NHK 出版新書 523

第2章

障害をもって生きるということ

第1節　障害の意味と定義

1．障害の意味─WHO の見解から─

　WHO（世界保健機関）は、1979年の「世界障害者年」の翌年1980年に、「国際障害分類」（ICIDH）を発表し、そのなかで、障害を考える際の3つの側面を、impairment（心身レベルの障害）、disability（活動レベルの障害）、handicap（社会生活レベルの障害）として示した。impairment とは、病気・けがが顕在化した機能障害（あるいは機能・形態障害）を意味し、disability とは、その結果実際の生活のなかで活動能力が制限されること、さらに、handicap とは、活動の制限のために通常の社会的役割が果たせなくなっている状態を意味するとされている。

　この WHO の考え方において、「（社会的）不利」（handicap）が、障害を考える要素として明示されたことが画期的であった。簡単にいえば、障害というものを、個人の特性として捉える見方に対して、社会的広がりをもつものとしての捉え方が示されたからである。このことは、2001年に改訂された ICF において、より明確化された。

　国際障害分類は、2001年の WHO 総会で改正され、「国際生活機能分類」（International Classification of Function：ICF）となった。この分類は、「生物・心理・社会モデル」と呼ばれており、障害を個人の問題と捉えてきた「医学モデル」と、障害は社会の問題とする「社会モデル」の統合されたものと考えることができる。基本となる考え方では、能力を「心身機能・構造（body function, body structure）」、「活動（activity）」、「参加（participation）」の3つの次元と、背景因子（contextual factor）（個人因子と環境因子）で捉え、それぞれ心身機能・構造の否定的側面としての「機能障害」、活動の否定的側面としての「活動制限」、参加の

295

否定的側面としての「参加制約」としている。

　1980年の分類は、医学的・生物学的な次元で論じられており、障害者を生活者として捉えていないという批判にこたえた形の改訂であると説明されており、障害の概念を否定的に捉えるものではなく、人間の活動に共通の肯定的な概念で統一した上で、その活動に支障をきたす状態を障害として概念づけたものである。このことにより、障害の有無にかかわらず、1人の人間として抱える問題として「障害」が捉えられ、また、障害を考えるときに一方向的にではなく、双方向的に捉えることが強調され、生活者としての障害者を取り巻く背景的要因（環境因子）の重要性が指摘されるようになったのである。

　ここで、「心身機能」とは「身体系の生理的または心理的機能」、「身体構造」とは「器官・肢体とその構成部分などの解剖学的部分」と定義され、したがって、「機能障害」は著しい変異や喪失などによる心身機能または身体構造上の問題を意味している。「活動」は、個人による課題または行為の遂行とされ、「活動制限」は、個人における活動の遂行の困難を指している。さらに、「参加」は、生活状況への個人の関与と定義され、「参加制約」は、生活状況への参加の仕方または程度において、個人がもつ問題であるとされている。この参加（制約）に対して、健康状態、心身機能・構造、活動および背景因子が関係してくるのである。

　「背景因子」は、個人因子と環境因子に区分され、個人因子には、年齢、人種、性別（ジェンダー）、教育歴、経験、個性と性格類型、健康状態、コーピングスタイルなどが含まれている。環境因子は、人々が生活し、人生を送る物的・社会的・態度的環境とされ、以下の3つの水準で整理されている。①「個人」：家庭、職場、学校などの身近で個人的な環境、②「サービス」：公共団体や地域の公式・非公式なサービス、③「制度」：ある文化において支配的な考え方やシステム：法律・規則・公式のルールあるいは非公式のルール・態度・イデオロギーなど。

　このWHOの考え方は、第3の次元として示されている「参加」を中心に「障害」というものを捉え、その制約に対して、第1の次元、第2の次元および背景因子がどのように関連するかという構造になっていると解釈できる。特に、背景因子として環境因子が明示され、個人を取り巻く社会のあり方が「障

害」（の重さ）に決定的な影響を及ぼすと指摘されている点が重要であると考えられる。

２．「行動の障害」と「発達の障害」の二重の意味―心身障害児の理解という観点から―

　障害をもつ子どもへの働きかけという点から、「障害」の意味を考えてみよう。上記の WHO の考え方にも示されているように、障害ということの第１の意味は、活動制限にしても参加制約にしても、「〜ができない」「〜をすることが困難である」ということを示している。例えば、言語障害という場合は、言葉の理解・表出に困難があり、そのためコミュニケーション活動がうまくできないということであり、視覚障害という場合は、視覚を使った行動に困難さをもっているということである。さらに、情緒障害は、情緒の表出あるいはコントロールに困難さがあるために、行動全般において混乱を来している状態と説明することができる。このような状態を、まとめて「行動の障害」と呼ぶことにする。この「行動の障害」は、障害をもつ大人でも子どもでも、共通のことである。

　ところで、大人と子どもの違いは何であるかといえば、（生涯発達という捉え方を前提としても）大人は、発達がある段階まで到達した存在であり、子どもは、めざましい発達の途上にあると捉えることができる。

　発達をもたらすものは何であるかということについては別項に譲るが、基本的な考え方として、発達をもたらすものの１つは「（大）脳機能の発達」であることは自明である。脳の働きは、脳に刺激を与えること（脳を使うこと）によってもたらされるものであり、簡単にいえば、「行動すること」が大脳機能の発達をもたらすのである。

　このように考えてくると、何らかの行動に困難さがある場合、そのことが、大脳機能の発達に悪影響を与える危険性があるということになる。大人の場合は、大人になってから中途障害をもつことになったとしても、大脳が構造的にも機能的にもある程度まででき上がった状態であるから、その影響は小さいと考えてよいが、子どもの場合は、行動の障害をもつということは、そのこと自体が、発達全体に影響するというおそれが出てくることになるわけである。こ

第２章　障害をもって生きるということ　　*297*

のことを「発達の障害」と呼ぶことにする。

つまり、心身障害児という場合は、行動の障害と発達の障害という二重の意味をもつことになり、しかも、行動の障害から発達の障害が生じるという構図なので、これは、2つの意味ではなく、「二重の意味」として捉えられるのである。WHOの定義との関連で考えれば、行動の障害の方は、3つの次元および背景因子を前提として出てくるといえるだろうが、発達の障害は、3つの次元の障害の結果として出現するものであるから、背景因子、特に環境因子の影響が大きいと解釈されるのである。

このように考えてくると、「行動の障害」への取り組みは、医学を中心とした専門機関が担うものであり、「発達の障害」への取り組みは、家庭や学校など、子どもを取り巻く環境において、その子どもへの働きかけがどのように準備され、与えられるかということが中心になるといえるのではないかと思われる。

3．障害の意味を考える

障害ということの定義を考えるときに、忘れてはならないのが、上田（1983）の「体験としての障害」という考え方である。つまり、障害者自身が自分の障害をどのように受け止めているかという主観の次元から障害というものを捉えようとしているのである。WHOの定義に示されているように、子どもであれ、大人であれ、障害をもつ人を「主体的な生活者」として捉える場合、この考え方は、重要な意味をもつと考えられる。上田のいう「体験」には、個人が主体的に経験したことだけでなく、周りからどのような援助を受けたか、あるいはどのように扱われたかという受け身的な経験も含まれることから、ますます環境因子のもつ意味の大きさがクローズアップされることになる。その社会において、障害というものが、歴史的に、制度的に、あるいは文化として、どのように捉えられているのかという視点を忘れてはならないだろう。

第2節　発達障害児とその親の援助：教育と心理のコラボレーション（2）

発達障害という言葉は、近年、医療領域のみならず福祉や教育領域など多くの領域で聞かれるようになった。特に教育領域では従来の特殊教育の枠組みで

298　第5部　「人生」を生きていくということ

は対応が困難であった「全般的な知的面の問題は軽微であるが、一方で発達障害としての特性を同時にもっている」児童生徒に対する支援のシステム作りが急務になっている。職種のいかんによらず、教育現場にかかわる領域での活動を志す諸氏にとって、発達や発達障害に関する知識や技能の習得は、もはや必須事項といえる。

1．「特殊教育」から「特別支援教育」へ

これまでの特殊教育は、障害の種類や程度に対応して教育の場を整備し、そこできめ細かな教育を行うという視点で展開されてきた。特殊教育は障害の状態等に応じた弾力的な教育的対応を提供し、障害のある児童の教育の機会確保のために重要な役割を果たしてきたといえる。一方で、旧来の「特殊教育」の法制下では、その対象が盲者・聾者・知的障害者、等7つの障害種に限定され、盲・聾・養護学校、または通常学校の特殊学級という「場」で行われる教育として規定されていた（文部科学省, 2003）。

ところが、2002年に文部科学省が実施した「通常の学級に在籍する特別な教育的支援を必要とする児童生徒に関する全国実態調査」によると、「発達障害」により学習や生活場面で特別な支援・配慮を必要とする児童生徒が、通常学級に約6％の割合で在籍している可能性が示唆された。このような現状を受け、「場」に限定されない「特別支援教育」という考え方が成立してきた。「特別支援教育」とは、障害のある児童の自立や社会参加に向けた主体的な取り組みを支援するという視点に立ち、児童一人ひとりの教育的ニーズを把握し、そのもてる力を高め、生活や学習上の困難を改善または克服するため、適切な指導および必要な支援を行うものである。

2．学齢期における発達支援

すでに見てきたように、私たちは生まれてから現在に至るまで、そして死を迎えるまで、「発達」というプロセスの上を歩んでいく。ある程度の誤差はあるが、平均的な生物学的特性と心理・社会的環境とが整えば、ある年齢に前後して言葉や運動などの心理的・身体的機能が発現する。この予期される機能発現が発達初期から通常とは異なる形で発現し、それによって社会的な適応が難し

くなる現象を発達障害と呼ぶ。そして、具体的な障害区分としては、「知的発達障害」「ASD（自閉スペクトラム症）」「ADHD（注意欠如・多動症）」「SLD（限局性学習症）」などが挙げられている。

　ここで各障害に関する基礎的事項を簡単に整理しておきたい。「知的発達障害」とは知能検査等で推測される全般的な知的機能に関して、同年齢集団と比べある程度明確な遅れが認められる一群を指す。知的機能の全般的な遅れの程度はさまざまであるが、遅れが軽微である場合は社会環境の調整や周囲のサポートを受けながら、ある程度自律した社会生活を送ることが可能である。「ASD」とは自閉症を中核的障害とする障害グループを示す総称であり、古典的な自閉性障害とアスペルガー障害などを含む。ASDの基本的症状としては、「対人的相互反応の質的障害」「コミュニケーションの質的障害」「行動・興味・活動の限定された反復的・常同的スタイル」という3側面があり、程度の差こそあれこれら3側面を根源とした障害がさまざまに出現し、社会適応上の問題を生じさせる。ASDの約7割程度は知的な遅れをともなうが、一方で平均かそれ以上の知的な処理能力をもつ、いわゆる「高機能」と呼ばれる一群も存在する。「ADHD」は、環境からの情報を取捨選択し適切に取り込む力である注意機能と、事柄を順序立ててまとまりのある行動を形成する力である行動抑制機能が円滑に働きにくい障害のことである。不注意が優勢な群、多動・衝動性が優勢な群、その2つが混在する群がある。「SLD」とは全般的な知的機能には遅れがないものの、「読む」「書く」「計算する」など一部の知的機能に著しい困難を示す障害のことである。

　発達障害はその背後に生物学的基盤、すなわち脳の神経レベルでの問題をもつ先天的疾患である。現在のところ、その生物学的基盤の異常がどのようなものなのか完全には解明されていないが、かつていわれていたように不適切な養育、例えば母親の愛情不足といった要因によって生じるものではないことが多くの研究によって指摘されている（DeMyer et al., 1972; Ornitz & Ritvo, 1976）。また、発達障害は一生涯を通してその特徴をもち続けると考えられているが、より早期の適切な養育・支援を行うことで、その後の本人の社会適応が大きく異なってくることも知られている。学齢期は子どもが学校という小さな、しかしこれまでの生活環境よりも複雑な社会に出る初めての時期であり、乳幼児期と同様、発達支援にとって非常に重要な時期といえる。以下、学齢期の発達支援に関し

て理解しておくべきいくつかの重要な考え方を整理したい。

1）学齢期の難しさ

　現在の発達支援では「早期発見・早期養育」が基本である。わが国には世界的にも高水準の乳幼児検診システムが整備されており、これは発達支援にも多大な貢献をしている。しかしこの検診システムでも状態を掴めずに学齢期を迎える児童も実際には多数いる。学齢期における教育は、発達早期に検診システムでフォローされ学齢期を迎えた児童と、学齢期になって初めて発達に関する問題事が顕在化した児童との、2つのパターンに対応していかなくてはならない。早期に発達障害の特性がわかっていた場合、保護者の障害受容やかかわり方の基本方略が比較的わかっている場合も多い。そのため、教員や教育領域に携わる専門家は、「その児童にとっての専門家」である保護者を、「よきパートナー」もしくは「2人の専門家」として一緒にかかわっていくことが有効である。一方、学齢期に入って初めて問題事が顕在化した場合、その受容やかかわり方の方略探しは難しくなる場合が多い。したがって、その児童にかかわる者すべてが同じ視点で支援ができるような環境作り、関係作りが、具体的な支援に先立って重要となる。

2）一次障害と二次障害について

　例えば自閉症を例に考えてみたい。自閉症をもつ児童は他者との円滑なやり取りを形成しにくい。これは自閉症という障害が本来もっている問題事であり、これを一次障害と呼ぶ。一次障害に対する支援は発達的かかわりの第1の目的であり、本人が自己の気持ちや状態を周囲に伝えられ、他者となるべくトラブルなくかかわり、日々の生活を少しでも楽に送れるように、例えばコミュニケーションの方法を身につけるトレーニングや、生活環境の調整、周囲の者への理解促進が支援者側の仕事となる。ところが、他者と円滑にコミュニケーションを取れないことで、周囲から否定的な印象を抱かれやすい。また実際に他者と同じようなペースでこなすことのできない行動もあることから、「自分は何をやってもできない」といった自己に対する否定的な感情、また他者からのいじめ等による不快な体験の累積も経験しやすい。これは環境因により副次的に生じる問題事であり、二次障害と呼ばれている。学齢期は心身ともに成長する時期であり、それは発達障害をもつ児童であっても同じである。大きな成

長の可能性があるこの時期に、いかにして二次障害を予防するかは発達支援の大きな課題となっている。そのためにも、より早期の適切な一次障害への対応・支援が必要となる。

3）医療領域からの支援

　医師の行う「診断」行為の本質的な目的は状態を特定し、それ以降のかかわりについての指針を提供することにある。「診断名」は単なるレッテル貼りが目的なのではなく、診断名があることによって、それ以降、診断を受けた本人が出会うさまざまなかかわり手が、概ね共通の一貫したかかわり方をしやすくするためのものである。と同時に、診断はあくまで大きな指針であって「診断を受けていないから関われない」わけではない。診断名という情報に接する可能性のある者、特に専門的技術や知識を提供するかかわり手は、この「診断行為の意義」を十分理解していることが求められる。

　また、医療領域ならではのかかわりとして、一次障害の軽減や二次障害の医学的な対応としての投薬治療が行われる場合もある。しかしながら投薬による対応は対症療法であり、発達障害の根本的な問題事を取り除くわけではないことにも注意したい。

4）教育領域からの支援

　文部科学省の研究からもわかるように、現在の学校教育における今後の課題の１つが、通常学級に在籍する、知能（認知機能：後述）には全体として顕著な遅れが認められない発達障害をもつ児童への支援である。学校では教科学習や社会生活の基本を学ぶが、発達障害をもつ児童はこれらのいくつかを上手に理解しにくい。一方で部分的に優れた能力、例えば記憶力やユニークな発想などももっている場合がある。この「能力間のアンバランスさ」に対して、その特性を理解し、特性に合った指導方法や教具の工夫、個別的な配慮が必要になる。これを円滑に行うためには他領域との連携、特に心理学的な知見の応用が有効になる場合も多い。

5）心理領域からの支援

　心理学的支援としては、本人の特性把握、教員との連携、保護者へのサポート等多岐にわたる。以下にいくつかを取り上げてかかわりを考えてみたい。

　認知能力とは自己の内外にある刺激を捉え、処理をし、出力するという、脳

が提供している一連の機能を指しており、感覚・知覚、注意、記憶、言語処理、数的処理、推論、空間理解、等々広い領域を含む、人間行動の根幹をなす要素の1つである。そして発達障害はこの認知能力の発達的障害であり、彼らの示す行動の基本部分を理解するには、その特性を理解することが必要となる。ある行動がなぜ起こるのか、その行動を誘発している環境は何か、どうしたらもっと楽に行動することができるのか、等を考える際には、単に「気持ちを理解する」といったレベルのかかわりでは実際のところ大した効果は得られない。むしろ行動の裏側にある仕組みをつぶさに理解する過程から、彼らの心理的な部分も見えてくるものである。

　発達障害への心理学的支援では学習心理学や認知心理学など、一見すると具体的な対応と少々離れたような、心理学の基礎領域に関する理解・知識が大変参考になる。学習心理学からは、「人間という動物がどのように一連の行動を形成するのか」という、「行動形成のシステム」に関する大切な視点を得られる。これを学習理論と呼ぶが、これは現在「応用行動分析」という形で発達障害への支援領域で重要な視点を提供している。

　認知機能の特性を知る1つの手段として、「知能検査」が有効になる場合もある。知能検査は認知機能、つまり脳の高次機能を推論するために用いられる心理査定のツールである。これは個人の知能を単に数値化しランクづけするためだけの道具ではなく、どのような力が発揮しやすく、どのような力が扱いにくいのか、という「機能のバランス」について大変重要な情報を提供してくれる。学齢期に用いられるものとしては WISC-IV や K-ABC2、ビネーV 等が挙げられるが、これらのツールはその使用と解釈に熟知することで、学習支援や生活の質の向上に寄与することができる。

　かかわり手に対する支援としては、教員や保護者（家族）に対する心理的援助が考えられるが、とりわけ家族に対する支援は非常に重要である。家族はその児童に最も近いサポーターである一方で、長い間発達障害と向き合ってきた、向き合わざるを得なかった人々でもある。家族の苦労は並大抵のものではない。かかわり手はこの部分に細心の注意を払い、「専門家の眼」をもちつつ「家族の想い」に沿うかかわりを模索していく必要がある。

第2章　障害をもって生きるということ　　*303*

以上、学齢期の発達支援に関して簡単に概観した。繰り返しになるが、発達支援では「発達障害という問題事」に対してかかわる以前に、目の前にいる、発達障害という特性をもった1人の人間に対してどのようにかかわっていくか、かかわられるか、という視点を常に忘れないでほしい。

第3節　心身の障害と家族への援助：福祉と心理のコラボレーション（2）

1．障害児（者）と家族とその援助

　まず、家族・家庭というものを考えてみよう。家族とは、「親族的・血縁的絆を基礎にして心理的・情愛的絆によって成立する人々の小集団」と定義され、その基本的生活の場が家庭である。家庭には、物理的絆の場であるという側面だけでなく、心理的絆の場として、家族成員相互の情愛的な相互作用を通じて、個々の基本的なニーズが充足される場としての機能があるとされている。そして家庭においては、扶養的機能、情愛的機能、教育的機能、経済的機能など、いろいろな機能が営まれている。この家庭を、子どもの視点から見ると、第1には、情緒の安定の場（「安全基地」）としての機能、第2に、教育の場（特に「社会化」）としての機能をもつことになる。

　ところで、最近は、さまざまな臨床場面において、家族を1つのシステムとして捉える考え方が一般的になってきている。これは、家族を相互に影響し合うダイナミックな関係として捉え、特に社会福祉的な援助活動において、家族を全体として（family as a whole）対象とするという考え方である。子どもが小さいとき、その養育の中心は母親であり、さまざまな問題や悩みも母親を中心に考えられることが多いが、支援を効果あるものにするためには、家族の一員としての母親の位置づけを基本に、家族全体を対象にすることが重要である。

　家庭支援において、どのような課題が存在しているであろうか。次のようなことが指摘されている。①子どもの問題の複雑化、多様化、長期化への支援：障害の種類、程度、内容などは、単一ではなく多様であり、複雑化、長期化している子どもの障害に応じた家庭支援が必要である。②家族問題の複雑化、多様化、長期化への支援：社会情勢の変化や地域社会の変貌などにより、家庭環境や家族の養育機能などが変化してきている。それは少子高齢化、家族の縮小

化、核家族化、共働化などの進行により、障害のある子どもを取り巻く環境にも影響を与えている。同時に、親の心理にも影響を与えている。家族を多面的に見た援助が必要である。③障害（問題）の背景（原因）を踏まえた全人的理解による支援：障害（問題）の病理的背景や心理・環境的要因などを明確にして、その子どもを部分的に見るのではなく、全人的な理解をした援助を行う必要がある。さらに、「親の感情が安定できる援助者との関係の構築」として、親の話に「じっくり耳を傾ける」（積極的傾聴）、親の気持ちを受け止め理解する（受容と共感的理解）、親と援助者とが一緒になって養育方針を立て、実行し、評価する（養育の同時性）、援助者が関係機関との連携による養育体制を整備する（チーム性と合議制）、子どもの発達支援と障害の軽減の二方向による養育観を基本とする（養育の基本的視点）を内容として挙げている。

２．家族への援助（1）―早期発見、早期療育をめぐって―

　一般の疾患と同じく、心身の障害に関しても、できるだけ早く発見し、適切な働きかけ（療育）を行うことが大切である。ここでは、家族へのサポートとしての早期発見、早期療育について考えてみよう。

　障害のなかには、「脳性まひ」や「ダウン症」などのように、出生して早期に診断が可能なものもあるが、自閉症や言語発達遅滞のように、一定の時期がこないと判断しにくいものも存在する。また、「ADHD」や「SLD」など、早期の診断が難しいというものもある。したがって、早期発見といっても障害によって事情は異なるが、まず家族（親）が、子どもの（発達上の）異常に気づき、医者や専門機関に相談するという経過をたどることが多い。また、３歳６ヵ月までに何度か実施される「健康診断」で発見されることもある。それぞれの健診においては「発達相談」も実施されており、早期発見の態勢はほぼ整っているといってもよいと思われる。

　次は、「早期療育」ということになる。まず、その「場」について考えてみよう。心身に障害をもつ幼児の療育の場として、保育所、幼稚園、児童館、知的障害児や肢体不自由児の通園施設、心身障害児小規模通園事業（母子通園）などがあり、他には保健センター等でも健診の事後指導を行っている。就学後は、当然のことながら、小学校や中学校あるいは特別支援学校が、その役割を担う

第２章　障害をもって生きるということ　　305

ことになる。これらの場では、障害のある子どもに直接働きかけを行い、その発達の促進や障害の軽減を図るとともに、障害児をもつ家庭（主に親）の相談にのったり、指導を行ったりしている。就学までの一般的な流れとしては、［障害の発見］⇒［小規模通園事業］または［通園施設］⇔［幼稚園・保育所］⇒［就学］ということになるが、障害の種類や程度、あるいは、地域の状況によって異なることはいうまでもない。

　現状においては、いくつか課題がある。最大の問題は、地域格差が存在するということである。発見までは、全国規模でかなり均等に行われているが、通園事業や通園施設、および「障害児保育」を行う幼稚園や保育所の存在は都市部に偏っているのが現状である。さらに、子どもを理解し、適切な働きかけを実現するためには、療育の場としてのあり方やそこで働く職員に対して適切なスーパービジョンが必要になってくるが、その態勢が貧弱であるということが、第2の課題として挙げられる。臨床心理士や臨床発達心理士等を活用できるような仕組みを作ることが急務であるし、同時に、障害児保育についての高度な専門性をもった職員の養成も必要であろう。

3．家族への援助（2）―障害の受容ということをめぐって―

　障害をもつ子どもへの援助の場として第1に考えられなければならないのは、「家庭」であり、援助の担い手が「家族」（親）であることはいうまでもない。ここでは、「障害の受容」という視点から、そのような家族への援助を考えてみよう。クラウス（Klaus, M. H.）とケネル（Kennell, J. H.）は、先天奇形をもった子どもが誕生した場合、「両親は明確な情動的反応の段階を経験する」とした上で、「特定の段階で、それぞれの問題を処理するために両親が必要とした時間の長さは様々であるが、各段階の発生順序は、大多数の両親が子どもに対して示した自然な経過を反映したものである」として、以下の5段階を設定している。

　　［ショック］⇒［否認］⇒［悲しみ・怒り・および不安］⇒［適応］⇒［再起］

　この経過のなかで、［否認］は現実を見ないようにする現実否認によって耐えがたい打撃から逃れようとすることであり、それに続いて、抑うつ的な気分に支配されるようになり、障害のある子どもの養育だけでなく、親自身の人生そのものに生きる意欲や自信を失うことさえもあるという。このような情動的混

乱が徐々に薄れていって、現状に慣れ、子どもの養育への自信がもてるようになる。そして、最終段階の［再起］というのは、「子どもに問題が起こったのは、私のせいではない」と確信することであり、障害のある子どもの養育という困難な現実に対して立ち向かっていく決意をすることになる。この段階が「障害の受容」である。

障害の受容とは、もちろん「あきらめ」とは異なり、事実を事実としてきちんと受け止め、積極的に新しく生きていく意識を確立することを意味している。そのためには、価値観の転換が必要であるとして、ライト（Wright, 1960）は、「価値範囲の拡大」「障害が与える影響の制限」「身体の外観を従属的なものとすること」「比較価値から資産価値への転換」の４つの視点から述べている。

最初の診断の段階において、その診断を否定してくれる医者や専門機関を求めて渡り歩いたり、積極的に療育の場を求めることをせずに家に引きこもったりする親が少なくない。そこには、障害ということに対する社会の無理解（差別や偏見も含む）や、障害のある子どもを産んだことに対して自分に責任があるとする（母）親の心境などが反映していると考えられる。つまり、「障害の受容」までの道程には多くの困難が伴うことから、家族への援助ということを考えたときに、このことが最大のテーマであるともいえるのである。特に心理学の課題として考えると、揺れ動く家族（特に親）をいかに心理的に支えていくかがポイントになろう。

●引用・参考文献

DeMyer, M. K., Pontius, W., Norton, J. A., Barton, S., Allen, J., & Steele, R. (1972). Parental practices and innate activity in normal, autistic, and brain-damaged infants. *Journal of Autism and Childhood Schizophrenia, 2* (1), 49-66.

藤崎眞知代・本郷一夫・金子利子・無藤　隆（編著）（2002）．育児・保育現場での発達とその支援　シリーズ臨床発達心理学5　ミネルヴァ書房

亀口憲治（1997）．現代家族への臨床的接近　ミネルヴァ書房

亀口憲治（2000）．家族臨床心理学　東京大学出版会

クラウス, M. H. & ケネル, J. H.　竹内　徹ほか（訳）（1985）．親と子のきずな　医学書院

久保紘章（2001）．自閉症の子どもをもつ親が専門家に求めているもの　自閉症と発達障害研究の進歩, 5, 323-325.

文部科学省（2002）．通常の学級に在籍する特別な教育的支援を必要とする児童生徒に関する全国実態調査

文部科学省　調査研究協力者会議（2003）．今後の特別支援教育の在り方について（最終報告）

長崎　勤・古澤頼雄・藤田継道（編著）（2002）．臨床発達心理学概論—発達支援の理論と実際—　シリーズ臨床発達心理学 1　ミネルヴァ書房

中司利一（1988）．障害者心理—その理解と研究法—　ミネルヴァ書房

Ornitz, E. M. & Ritvo, E. R. (1976). The syndrome of autism:a critical review. *American Journal of Psychiatry,* 133 (6), 609-621.

田中千穂子（1996）．障害を持つ子とその母のための心理臨床—とくにダウン症候群の母子臨床から—　こころの科学, 66, 39-42.

田中農夫男・木村　進（編著）（2009）．ライフサイクルからよむ障害者の心理と支援　福村出版

東京発達相談研究会・浜谷直人（編著）（2002）．保育を支援する発達臨床コンサルテーション　ミネルヴァ書房

上田　敏（1983）．リハビリテーションを考える—障害者の全人間的復権—　青木書店

WHO（2001）．*International Classification of Functioning, disability and health (ICF).* World Health Organization.

Wright, B. A. (1960). *Physical Disability: A Psychological Approach.* New York: Harper and Row Publishers.

第3章

思春期を生きる

第1節　思春期の心身の特徴

　本節の記述を進める上でまず問題になるのは、「思春期（puberty）とはいったい人生におけるどの時期であるか」ということだろう。乳児期、幼児期、児童期、青年期、成人期、老年期という一般的な発達期の区分では、「幼児、青年、成人」という「期」を除いた場合において一般的な呼称が成立するのに対して、思春期ではそうはいかない。思春期という用語・呼称自体はあまねく知られているものであろうが、それでは念頭において読み進めるべき「人間の姿」としてはどのような「人」であろうか。この問題はつまり、「思春期はいつ始まりいつ終わるのか」という問いと同じである。

　この不明瞭さは、思春期が「移行期」にあたることから生じている。児童期以前を「子ども」、青年期を「子どもと大人の中間（子どもから大人への移行期）」、成人期以降を「大人」とおおまかに捉えた場合、思春期は児童期と青年期とに重なる時期、「子どもから大人への変化が始まる時期」と捉えられるのである。それでは思春期において迎える「子どもから大人への変化」を、「身体的変化」と「心理的変化」に分けて述べよう。

1．身体の変化

　まず身体的変化について、これはさらに「量的側面」と「質的側面」に分けて考えることができる。この思春期の時期、思春期スパートと呼ばれる第二発育急速期を迎える（なお、第一発育急速期は生後1年間である）。量的側面においては、「発達加速現象」が指摘されている。これには、「異なる世代間における発達速度の差異」に着目した「年間加速現象」と「同一世代間の発達速度の差異」

に着目した「発達勾配現象」の2種類がある。前者は、身長体重などが世代を追うごとに増加すること、性成熟が低年齢化していくことが含まれる。後者は、同一世代のなかで都市部と郡部などの地域差に着目した場合、都市部の方が郡部に比べて身長体重などが大きく、性成熟が進んでいることを指す。

次に質的側面として性的成熟が挙げられる。性ホルモン等の分泌が活発化することから、男子ならば声変わり、射精、女子ならば乳房の変化、初潮など男女間の身体的相違が明確になり始める。これを第2次性徴 (secondary sex characteristics) という。男女別にそれぞれの性別の特徴が明確になるという点で「身体面での質的変化」の始まりといえる。

2. 心の変化

このような体の変化は体だけの問題ではない。男女それぞれの性に合わせて変化していく体の急激な変化をどのように当人が受け入れるか (性の認知)、ということが心理的な問題と結びつく。この質的変化を受け入れない場合、心理的に不安定になることもある。例えば、女性らしい丸みを帯びた身体になることが受け入れられず (女性としての成熟を拒否し)、ダイエットなどの痩身行動に走ることは、月経リズムが確立する初期の段階での月経停止を招くなど、逆に身体的成熟を妨げてしまう結果となる。

そして、身体的発達と心理的発達の進展を比較すると、身体的成熟が進むなかで、心理的発達は後追いする形となる。この身体面と心理面でのアンバランスさが問題を生むことがある。特に女児に関して「性の商品化」という問題が指摘されている。これはそもそも、女性という性に付随するものを商品・サービスとして扱う傾向のことをいう。櫻庭ほか (2001) は、この時期よりもやや後の女子高校生を対象とした調査において「援助交際」(なお、この研究において援助交際は「金品と引き換えに、一連の性的行動〔喫茶につきあったり、デートをしたり、性行為をすること〕を行なうこと」と定義されている) の背景要因の1つとして「金銭至上主義」(金銭を最優先に考える傾向、項目例:お金があれば世のなかのほとんどのことは困らないと思う) を見出している。これは「自分の身体」が金銭授受の対象となる意識が明確にあることを背景にしていると思われる。このような「性の商品化」は、マス・メディア等による「大人が女性・女児を商品として」という形

ではなく、「女児が自分自身を」という形で行われることが問題となっている。

先に述べた性の認知について、生物学的性（sex）と社会学的性（gender）に分けて考えてみよう。ジェンダーはセックスと異なり、「男らしい行動、女らしい行動」など社会から期待される男女の容姿と役割という「性役割」上の性差のことを意味する。ジェンダーとしての性差は、子ども自身ではなく周囲の環境が子どもに提供するものから形成される。例えばランドセルの色、望ましいとされる髪型などである。これは外面的特徴として、性の違いを表すことになる。思春期における身体的成熟にともなう身体的変化は、同じく外面的特徴の差異を明確にするものであるが、これは自分の意図とはかかわりないところで生じる「自分自身の変化」でもある。つまり、セックスとしての性差が明確になってくるのである。これが性的対象としての異性への興味のきっかけになるだけではなく、変化しつつある自分への興味のきっかけにもなる。

３．自己概念

このように自他の身体的変化の認知は、「自己概念」の形成にも大きく影響する。自己概念は外的自己（他人の目に映る自己、例：身体的特徴、所有物、所属）と内的自己（自分にしかわからない自己、例：興味関心、理想、信条）に分類することが可能だが、この時期には内的自己への気づきそして探索が行われるようになる。つまり、自己を捉える視点が以前よりも自分の内側に向かい始めるのである。このことは「自分を見る」という働きの結果として「見られる自分」または自己像が出現することを意味している。この背景には、知的能力の発達にともない、具体物に基づかない抽象的な思考が可能になることがある。それによって、他者を対象化するだけではなく、自己の対象化も可能となってくる。

もちろん、この時期に至る前、幼児期・児童期からの「保護者・教師とのかかわり」や「同年代の他者」とのかかわりにおいて、自分とは違う「他者」の存在にいやおうなく気づかされている。他者に独自の意図がある、他者には自分にはできないことができる、といった「他の気づき」を行ってきた時期を経て、この時期には他者とは違う「自分自身」ということに向き合わざるを得なくなる、ということである。また、同時に、「他者の目に映る自己」の姿を想像することも可能となっていく。このような、さまざまにでき上がる「自己」が、

青年期の終わりに向けてアイデンティティ（identity）の確立という「自己の統合」を行うための基盤となっていく。

　そして、他者はこの時期の者にとって「差異」を感じさせる存在にとどまらない。同年代の友人関係において、共通の嗜好をもつことは、自と他の「同一化」を図る試みでもある。他の誰とも違う自分に気づくという体験は必ずしも肯定的に捉えられるばかりではない。違うということが否定的に捉えられることもあるのである。その上で、差異を気づかされる対象である同年代友人と「共通な部分」をもつことが、心的安定をもたらす機能を果たすと考えられ得る。「自分とは異なり、自分と同じである」という二面性をもつ他者の存在がこの時期の心理的安定に大きく影響するのである。

第2節　思春期の心の成長と危機

1．エリクソンによる発達課題と危機

　エリクソン（Erikson, E. H.）は、青年期の発達課題を「同一性対同一性の拡散（混乱）」の心理・社会的危機として捉えている（第5部第1章第1節参照）。ただし、危機の程度を規定する諸要因として、「不安・葛藤・挫折をもたらしやすい内面的・状況的な負の要因群」と「これらを克服する方向に作用する正の要因群」があり、正の要因がまさっていれば平穏な青年期となり、負の要因が強ければ危機的様相が発現する（伊藤, 2006）。

1）同一性の確立
　思春期には、「自分は何者か」「自分は何になろうとしているのか」という同一性の問題に向き合うようになる。心理社会的な猶予期間（モラトリアム）の間に、社会的役割実験を試み、自我拡大感や自我縮小感を経験しながら、自分を模索し、さまざまな経験のなかから自分というものを取り込んで統合し、独自な人間としての自己イメージを確立する。

2）同一性の拡散
　ところが、「自分で自分がわからなくなる」という同一性拡散（混乱）の状態に陥ってしまう場合がある。同一性拡散の臨床像の特徴として、①時間的展望の拡散（生活全体の緩慢化、切迫感、死んでしまいたい願望、無気力など）、②自意識の

過剰（他人の目への気づかい、他人の評価の気にしすぎなど）、③否定的同一性の選択（家族や社会の期待に反する役割の選択など）、④勤勉さの拡散（労働麻痺）（勉強への意欲喪失、課題への集中困難、一面的な活動への没頭など）、⑤親密性の拡散（両性的拡散）（相手に呑みこまれる不安から対人的かかわりの拒否や社会的孤立、性の受容困難など）が挙げられる（田端, 2004）。

3）同一性地位

マーシア（Marcia, 1966）は、同一性の状態を、危機（crisis）と傾倒（commitment）という観点から、①同一性達成（すでに危機を経験し、何らかの役割や価値観に積極的に関与している）、②モラトリアム（危機の最中にあり、役割や価値観を模索中で、積極的に関与しようとしている）、③早期完了（大きな危機を経験せず、親の価値観や期待をそのまま受け入れて、積極的に関与している）、④同一性拡散（積極的に関与しようという動きが全くない）の４つの地位に分けて捉えた（田端, 2004）。なお、同一性地位は変わり得るものであり、同一性達成や早期完了でもその後に危機に直面することがある。

２．自己意識の高揚と危機

思春期には、注意が自己に向かい、自分のことばかり考えてしまう。注意が自分に焦点づけられると、現実自己のみじめさや現実自己と理想自己との不一致などが意識され、自己評価が低下しがちであり（辻, 1994）、自己嫌悪や不安な状態になりやすい。

三田（2004）は、思春期の行動について、①自己意識状態からの逃避（非行グループ、スリリングな体験、過剰なスポーツやアルバイト、インターネットへののめり込みにより注意をそらす）、②自己意識へのとらわれ（注意をそらせなくなった対人恐怖や拒食症）、③自己愛的同一化（理想化された対象への同一化による自己像の回復）として捉えている。

３．危機理論から見た思春期危機

森（1989）は、臨床経験をもとに危機理論を提唱し、青年期危機（不安、不安定、自信のなさ、目標のなさ）について以下のように捉えている。

青年期の課題は「一人前の大人になること」であり、表5-3-1に示される４つ

◇◆コラム◆◇
ユングの思春期危機

　ユングは思春期に不登校を経験し、学校も1年遅れた（河合, 1978）。その間の心理と回復について以下に要約する。

　ユングは、12歳のときに、学校の帰り道に石で頭を打った。その瞬間、彼の心のなかには「もうお前は学校に行かなくてもよい」という考えがひらめいた。
　それ以来、学校の帰り道や宿題のときには、意識を失ったように倒れてしまう発作が起きるようになった。医者が診てもわからず、半年以上も学校を休むことになった。
　彼は、学校を休んでいる間夢想に耽り、好きな森へ行き、戦闘や襲撃され焼き払われている古城のすさまじい光景を絵に描いた。また、漫画（たえず動きまわり変化する仮面が歯を見せてにこっと笑いながら現われて来、そのなかにその後すぐに死んだ人の親しみ深い顔がある）を描いた。
　ある日、父が友人に「私はなけなしのものを全部なくしてしまった」と語るのを盗み聞きする。彼は、父が彼の病気によって思いがけない金を費やしていたことを知って仰天した。
　そのとき以来、彼は父親の書斎に入って勉強し始め、発作に対しても必死になって戦った。2、3週間後には発作に襲われることもなくなり、学校に戻った。
　あるとき、彼は、登校の途中、ふいに一瞬、濃い霧のなかから出てきたばかりとでもいう印象を受けた（後に、このときのことを「今や、私は私自身なのだ！」と回想）。

　河合は、このユングの体験について次のように述べている。「どんな人であっても、思春期には何らかの障害にぶち当たる。……障害の程度はむしろあまり問題ではなく、ただ、その人がそれを如何に克服していったかが大切となる」「思春期というのは大変な時代である。それは蝶になるために必要な蛹の時期に比することができる。蛹の内面では途方もない大転換が生じ、蝶という成虫へと変身するのである」「彼の両親の庇護と、彼自身の自覚によって、打ち克つことができたのである」。

●引用・参考文献
ユング, C. G. & ヤッフェ, A.（編）　河合隼雄・藤縄　昭・出井淑子（訳）（1972・1973）.
　ユング自伝1・2　みすず書房
河合隼雄（1978）.　ユングの生涯　第三文明社

表5-3-1　一人前の大人になること

性役割の確立	性的変化に気づき、性役割に不安、劣等感または過剰意識をもつことなく、素直に受け入れ、異性に対しても適切な意識と行動が取れ、大人の性役割をめざす。
親離れ	親への依存を捨て、親から精神的に分離する。この間、分離と依存の葛藤、同性の親との競争、親の命令・束縛の拒否、反抗、親に秘密をもつなどのことが見られるが、やがて子どもを脱し、親を乗り越えて大人と対等を感じることで、親への愛と信頼を回復し、大人への対抗心も消える。
仲間入り	家庭外に自分の居場所をもつと同時に、自分と同じ立場の仲間、あこがれの先輩、理想の大人と新しい依存関係をもち、皆から受け入れられていると感じ、大人の仲間入りをしていく。
生き方の方向づけ	熱中できる対象や生き甲斐あるもの、自分の価値観に合った目標を模索し、いろいろなことに挑戦し、目標拡散や挫折を乗り越えつつ、理想を修正し、現実的で自分に合った生き方を見出していく。

出典）森（1989　p. 127）。

　の副課題に分けられ、個性化の方向に進行する。一人前の大人になるには、子どもの適応（依存、服従など）から大人の適応（自立、支配など）への切り替えをし、考え方、価値観、自己概念なども大人のものに再構成する必要がある。その際、青年期前期（思春期）では、「子どもか大人か」と「大人についての未知・未経験」から大人になることへの不安を感じる。この不安に対して、ふつうの「中間群」では冒険、限界挑戦、自分を試す行動を行い、「大人先取り群」ではバンダリズム（公共物などの破壊行為）、性行為、非行により子どもから脱皮しようとし、「成熟拒否群」では思春期やせ症、親への暴力、不登校、自己臭恐怖、対人恐怖、視線恐怖、赤面恐怖、自殺などを示す（次節の「心の問題」参照）。いろいろの実験を試み、経験を積み、「もう子どもではない、もう大人だ」という自信を内積するとともに不安は減ってきて、危機を脱する。

4．親からの分離－個体化過程

　ブロス（Blos, P.）は、青年期を親からの「第2次分離－個体化過程」と捉えた。長尾（1991）は臨床経験に基づいて表5-3-2のように図式化している。親子関係の問題については次節参照。

第3章　思春期を生きる　　315

表5-3-2　青年期の親からの分離―個体化過程

年齢	区分	図式	特徴
10歳〈12歳	分化期	中間対象（同性の友人）母　子	○自我とエスとの不均衡が生じて、母親に汚い言葉を吐いたり、「おてんばぶり」を見せる○母と子の中間対象として、同性の友人と交流する
〈15歳	再接近期	母　子	○第2次性徴にともない、物理的には親と距離を置くが、心理的には母親に対して退行して、依存と独立のアンビバレントな感情を示す
〈18歳	練習期	移行対象（友人・同僚）父・母　子	○物理・心理的に親と距離を置き、その孤独感や悲哀感を補う意味で交友関係が活発になる　その過程で理想自我を形成しやすい○同性の親に対して反抗・批判が高まる
〈22歳	個体化期	父・母　子としての同一性	○しだいに親との一定の物理・心理的距離を保った関係が形成される○安定した自己評価ができるようになる
〈+α歳	親を全体対象として、捉えられる時期	父・母　子　エス　自我　超自我	○調和の取れたパーソナリティが形成され、親をよい面もわるい面ももった全体対象として捉えられる

出典）長尾（1991 p. 69）。

5．思春期の不適切な行動の目標と対応

　アドラー派のドライカース（Dreikurs, R.）は、子どもの不適切な行動の目標と対応について表5-3-3のようにまとめている（Chew, 1995）。これらは思春期の不適切な行動への対応にも活用できる。

6．思春期危機に悩む家族への援助

　黒沢（2002）は、ブリーフ・サイコセラピーの解決志向アプローチによる保護者面接の7ステップを表5-3-4のように示している。ブリーフ・サイコセラピーは家族の問題や一時的な不適応の問題には特に有効であり、思春期危機の問題に直面する家族への援助として役立つと思われる。

316　　第5部　「人生」を生きていくということ

表5-3-3 不適切な行動の目標と対応

不適切な行動	目標	対応
うるさい行動、怠惰	注目	不適切な行動を無視し、後で話を聞く。役割を与え、協力的な行動をしたときは関心を示す。
反抗、頑固さ	力	力を認めた上で、協力を求め、責任ある仕事を与える。
悪意のある行動（盗み、暴力など）、暴力的な受け身（ふてくされ、つっぱり）	復讐	予想もしなかったことをして驚かせ喜ばせ、信頼を作る。
悪意のある行動（盗み、暴力など）、希望のなさ（愚かさ、怠け、へま、劣等コンプレックス）	無力さを示す	やってみようとすることに価値があると感じさせ、失敗したときに勇気づけを与える。

出典）チュウ（1995）をもとに作成。

表5-3-4 保護者面接の7ステップ

ステップⅠ　合わせる（ジョイニング）
ステップⅡ　「何を問題とお感じですか」（ニーズの見立て）
ステップⅢ　「どうなればいいですか」（ゴール・イメージ）
ステップⅣ　「ご家族の問題ではありません！」（親のつらい気持ちを汲み取る）
ステップⅤ　「お子さんの"売り"は何ですか」（リソースの宝探し）
ステップⅥ　「うまくいっていることは何ですか」（例外）
ステップⅦ　必要に応じ、課題を出す（具体的行動指針）

出典）黒沢（2002）をもとに作成。

第3章　思春期を生きる

第3節　思春期の問題とその援助：教育と心理のコラボレーション（3）

1．思春期とは

　第2節でも述べられているように、私たちは子どもから大人へと成長していくなかで、いろいろな問題と直面していく。特に思春期はその大変な時期の中間期として位置づけることができる。子どもから大人になることはそれほど簡単なことではない。ある高校生が、親と話をすると、親の都合でときには「お前はもう大人なのだから」と大人扱いし、またあるときは「お前はまだ子どもだから」と子ども扱いされて頭にくることを話してくれたことがある。高校生の側から見れば、もっともな気持ちと思える。ところが、大人の方から見れば、もう高校生なのだからもう少ししっかりしてくれないと困るという気持ちと、偉そうなことをいってもやっていることはまだまだ子どもなのだからという、両方の思いが働くのも事実である。思春期を生きることは「大人」と「子ども」の混在した時期を生きることにほかならない。多くのつまずきを経験するなかで、「大人とは何か」「自分は大人なのか、子どもなのか」といった問題を抱えながら生きていくことになる。ここでは、思春期の意味について考えてみることにする。

　あるとき、中学校のクラス担任から生徒のことで話を聞いてほしいということで、相談を受けたことがあった。その生徒は、成績も優秀で、性格も温厚であり強い信念をもっていて、親も教師も期待しており、周りの生徒も一目置いているような女子であった。その子が中学2年生の1学期が始まって間もないころ、突然家出をしてしまい、すぐに発見されたがそれから不登校になってしまい、どう対応したらよいかわからず困っているということであった。二度と家出をすることなく、学校に来させるためにはどうしたらよいかその方法を教えてほしいというのが、担任の話のポイントであった。担任の考え方についてはここではあえて取り上げないが、指摘したのは「家出」「不登校」をすべて悪いことと決めつけているが、果たして本当にそうだろうかという点である。

　「家出」とは、家を出ることにほかならない。大学生の場合を例に挙げてみると、多くの大学生は遠く家を離れてアパート生活を送っている。家を出て生活

をしていることは「家出」をしたことと同じであると考えることができる。これを問題にする人はいないと思われる。このように、家出には1人で生きていこうとする自立への考えがあることがうかがえる。カウンセリングを通してわかったことであるが、この中学2年生の生徒は自分1人で何ができるのか試してみたかったし、本当に自分の歩むべき道を見つけて、中学生活を充実したものにしたいがため家を出たのにわかってもらえず、学校に行く気力もなくなって家にこもって部屋から出ず何も考えずに1日を過ごしていたことを話してくれた。中学2年生の子がこんなことまで考えていたのかと唸らされる思いであるが、全面的に感心してばかりはいられない。なぜなら、この中学生の考えは現実的裏づけに欠けているからである。現実的な裏づけのない行動はおそらく挫折につながるであろうし、その対策も考えず評価していたのでは、後で取り返しのつかないことになる危険性が高い。ただ、思春期の問題行動を考えその援助を行うにあたっては、この事例からも考えられるように、「家出」は悪という単純構造にはなっていないということを肝に銘じなくてはならない。思春期の行動にはプラスの面とマイナスの両面があるということをよくよく考えてかかわる必要があるということである。1つの行動を取り上げて、絶対的な尺度で評価し決めつけることは比較的容易なことと思われる。しかし、思春期の問題に対応する場合は、プラスとマイナスの両面をよく認識し、正面からかかわっていくことで、新たな展開が起こると考えられるのである。思春期の「つまずき」を考えるとき、プラスの視点をどれくらい入れて、その行動の意味を深く考えていくことが必要になってくるのである。

2．思春期における親子の関係

　思春期において自立を考えたとき、親子の問題は避けては通れないものである。大学生の抱える問題として、親からの分離独立は主要な課題の1つとして挙げられる。この問題がこじれると、ときには親殺しや子殺しに結びつくことすらある。中学生くらいになると、それまでいつも母親と一緒に行動することを求めていた子が、急に母親を遠ざけるような態度に出たりすることがある。こんなとき、母親は戸惑い、自分が嫌われないように関係を密に作ろうとして、かえって家庭内暴力などを引き起こす悪循環を作り出してしまったりする。成

長ということを考えたとき、子どもは母親から離れていかなければならない。そのため、思春期においては親子の断絶が起こったり、関係を切ろうとしたりすることが起こる。しかし、親子の絆は予想外に強いものであるため、簡単には切れないものである。思春期の反抗は、この関係の絆を切ろうとする試みと見ることもできる。この時期、母親を「くそババア」などと罵った子どもが、思春期を過ぎ社会人になり、初めての給料で母親を旅行に連れて行ったりすることがある。このことからもわかるように、親子が迷いながら努力をし、自分自身を少し客観的に見ることができるようになると、一時的切断が絆の質を変えるためのものであったことがわかるのである。親子の絆は切断と修復を繰り返すことにより、より深いものに変わっていくと考えられるのである。

3．子どもが大人になるときのつまずき

　思春期のつまずきは飛翔へのステップと損失の両方のものを含んでいる。思春期の問題とは、このつまずきが表面化したものと考えることができる。そのため、ネガティブな面とポジティブな面の両方からつまずきの意味を考えてみる必要がある。分類わけを行って検討してみることにする。

1）反社会的行動

　新しいものを創り出すため、一度古いものを壊す破壊の行動を取り、それが内面で統合されずに外に問題が出てしまうものとして、窃盗、傷害、殺人などの反社会的行動が挙げられる。このような行動は思春期から青年期前期によく見られ、年齢が高くなると、自我の成長を通してコントロールする力が強くなるので、青年期後期では少なくなってくる。暴走行為を行っていた少年が、成人式を迎えると同時に暴走族から卒業していくのは、このことを表していると考えられる。思春期は内面からの破壊的衝動を経験するために、その矛先が身近な大人に向けられることが多い。大人への反発や抵抗を表出しながら、どこかで甘えたい依存葛藤を起こすことになる。依存することで自己嫌悪になり、依存対象である親（特に母親）に対して、暴言・暴力を振るう家庭内暴力の問題が発生したりする。また、自我が未熟なため、不安や葛藤に耐えられず、自暴自棄になりリストカットなどのように、自分を傷つけるような行動に走る場合もある。

320　第5部　「人生」を生きていくということ

２）非社会的行動

　反社会的行動とは逆に、問題の方向が自分の内側に向かうものとして不登校や引きこもり、心身症、チック、場面緘黙症、摂食障害などを挙げることができる。不登校においては、学業や先生・生徒との関係が嫌で自らの意思で行かない不登校と、背景に強い無気力や適応障害があり、行きたくても行けない不登校がある。また、親からの心理的分離ができていないため、親から離れることのできない不登校もある。それぞれの状況を理解し、個別的に対応していくことが重要である。心身症、チック、場面緘黙症などでは、情緒面の動きに注意を払い、内面に抱えたストレスを、時間をかけて開放していくことが必要である。また、思春期は人との関係に過敏なことから、視線恐怖、赤面恐怖、自己臭恐怖などになりやすい。ありのままの自分を認めることができるようになると、開放されていくと考えられる。摂食障害は、周りの期待に過剰に応えようとする傾向をもち、家族関係や人間関係での不満や葛藤を表せないでいる。このため、暖かく愛情をもって受け止め、無理せず休む自分を許せるようになることが必要である。

３）病気・失敗・事故

　つまずきが病気・失敗・事故などを通して表出される場合もある。内的な変化と、現実の感覚がうまくかみ合わず悩みが生じると、注意集中力が損なわれ、現実感が薄れることにより交通事故にあったり、部活中に思わぬけがを起こしてしまったりする。自分としては注意を払っていたはずなのに、このようなことが起こりやすいのも思春期の時期だからである。病気・失敗・事故などは、臨床心理学の視点から眺めると、象徴的な死を意味している。この象徴的死を体験することにより、新たな自分を創生していくことになるのである。ただ、本当の命を落としてしまったら元も子もなくなってしまう。そうならないために、バランス感覚を身につけながら成長していく必要があるのである。

◇◆コラム◆◇
不登校への対応

　文部科学省は、不登校状態が継続している理由について表5-3-4のような様態分類を行っており、それに応じた対応をとる必要がある。

　教室復帰への支援については、表5-3-5のように段階的に進める。

　表5-3-6の「問題の解決を導く3つの鍵」（小野，1999）は、不登校への対応にも役立つ。また、初期には問題の外在化（虫や菌のせい、治まっているときは？）も有効。問題が複雑な場合はスケーリング・クエスチョン（最悪を0点、最良を10点として現在は何点？　1点あがったら？）を使う。本人が保健室登校した際には、いわれてきただけのビジター（冷やかし）タイプにはほめて次につなげ、不満を訴えるコンプレナント（ぼやき屋）タイプにはねぎらいつつ観察力をほめ、解決したいカスタマー（上客）タイプには目標と行動を話し合う。

表5-3-4　不登校状態が継続している理由

理由	具体例	対応
学校における人間関係 13.2％；17.9％	嫌がらせをする生徒の存在や教師との人間関係等、学校における人間関係の影響から登校しない。（傷つき体験）	①怒りや不満を聴く。 ②対応・調整を図る。 ③自信の回復を図る。
遊び・非行 0.9％；6.0％	遊ぶためや非行グループに入ったりして登校しない。（愛情・承認の飢え）	①同じ経験を語る。 ②解ける課題を出す。 ③将来の展望を描く。
無気力 28.8％；30.8％	無気力でなんとなく登校しない。登校しないことへの罪悪感が少なく、迎えに行ったり強く催促すると登校するが、長続きしない。（失敗体験・挫折体験）	①ほめる、認める。 ②学校内で活躍できる場や役割を与える。 ③未来の自分を描く。
不安 34.0％；30.4％	登校の意志はあるが、身体の不調を訴えて登校できない、漠然とした不安を訴えて登校しない等、不安を中心とした情緒的な混乱によって登校しない。（いい子・優等生タイプ）	今までの自分を崩し、再構築する。（親への反発・攻撃、愛情確認、自分らしさの発見）
その他 23.1％；14.9％	上記のいずれにも該当しない。	

注1）不登校とは、何らかの心理的、情緒的、身体的あるいは社会的要因・背景により、登校しない、あるいはしたくともできない状況にあるため年間30日以上欠席した者のうち、病気や経済的な理由による者を除いたもの。

注2）数字は2016年度の不登校全体における割合で、小学校；中学校を表す。括弧内の説明と対応は筆者による。学校における人間関係は、以前は学校生活上の影響といわれ、その具体例は学校生活上の影響の具体例を一部改変したもの。

出典）皆川（2004 p. 213）（統計数字については文部科学省（2018）により更新）。

表5-3-5 保健室・相談室登校から教室復帰への支援

第1段階：教室以外での登校場所での生活を充実させ、安定させる。
①本人が興味・関心を示す活動を取り入れる。生活設計を立て、生活リズムを作る。 ②部屋の清掃、使ったものの後始末、教師と一緒にできる仕事などを行う。 ③これまでできたことを確認し、これからやりたいことをともに考える。 ④教科学習などは自主選択を促す。 ⑤折り紙、パズル、お話作り、絵を描く作業などを一緒に行う。
第2段階：人間関係作りを支援する。（本人の緊張が和らいできたとき）
①仲のよい子どもと会えるようにしてみる。別室登校の子ども同士での諸活動（トランプ、オセロ、ボール遊び、小動物と遊ぶ、話し合いなど）を行う。 ②休み時間、昼休み、放課後などに同級生と交流を図る場面を作る（徐々に増やす）。担任や他の教師から話をしてもらう、個別に学習指導をしてもらう。
第3段階：教室復帰を試みる。（友だちと話しても緊張しなくなったとき）
①誰もいなくなった教室に教師がつき添っていき、教室の雰囲気に慣れさせる。 ②参加できる行事に誘ってみる。 ③興味のある教科に誘ってみる。 ④仲のよい友だちに迎えにきてもらう。

出典）新潟県教育委員会（2005）をもとに筆者作成。

表5-3-6 問題の解決を導く3つの鍵

黒字ノート （リソース）	本人の長所・美点・売り（得意なこと、好きなこと）を探し出す。 本人の助けになる人・もの・場所を探し出す。 ※関係者が集まって出し合う、家庭連絡帳・交換ノートにするなども有効。
よい例外	問題が起きていないときを思い出し、そのときの状況や対応を組み入れる。
小さな変化	新たに「何か違ったこと」をする（小さな、容易な、おもしろいもの）。「あれもよし、これもよし（問題行動も認め、新たな提案をする）」「パラドックス（逆の対応）」「太陽の魔術（ほめる）」「好意の提供（喜ぶことをする）」「意味のある仕事（役割を与える）」「無理しない」「エスケープ」など。

出典）小野（1999）をもとに筆者作成。

● 引用・参考文献

小野直広（1999）．107錠のこころの即効薬 日総研

新潟県教育委員会（2005）．不登校児童生徒支援のためのホームページ（http://www.kyouikucho.nein.ed.jp/gimukyouiku/futoukou-shien/index.htm）

皆川州正（2004）．主な問題行動：どんな気持ちと心理的課題があるのか 今城周造（編） 福祉の時代の心理学 pp. 197-218.

文部科学省（2018）．「児童生徒の問題行動・不登校等生徒指導上の諸課題に関する調査」について（確定値）（http://www.mext.go.jp/b_menu/houdou/30/02/1401595.htm）

第3章 思春期を生きる 323

4．大人になること

　思春期において、子どもたちはこのようなつまずきを経験しながら、大人への道筋を歩むことになる。そのなかで、教育と心理が手を結び、どのような貢献ができるか考えてみる。子どもたちが学校生活を通して経験するのが入学と卒業である。高校の入学式を思い出してみると、応援指導で校歌を覚え、運動部の応援で校歌や応援歌を歌ったとき、その高校の一員になったと感じた人は意外に多いかもしれない。あるいは、卒業のときもう中学生には戻れない、高校生を再び経験することはなくなったと思って寂しさを覚えた人は多いかもしれない。このように、成長において教育現場では節目の時期に通過儀礼（イニシエーション）が用意されており、これを一人ひとりが越えていくことにより個性化が起こり大人への段階を次々に上っていくことになる。通過儀礼を行うには、特定の集団に所属する必要がある。学校という場はほどほどの安全性をもち、段階的に自分を捉え直し、変化していくための課題を教育を通して提供していると考えることができる。学校だけがそれを提供できるかというとそうではないが、重要なのは人や環境からの刺激を通してどのような通過儀礼と向き合うかである。今までの自分と決別し新しい自分を発見し取り込んでいくことは、危険をともなうこともある。しかも、それは現代社会では一度で終わることはほとんどないといってよい。思春期の若者がこの時期を乗り越えて大人になっていくために、しばらくの間、あきらめることなくかかわり続け見守っていくことが必要になってくる。ときには励ましつつ、ときには厳しさをもって向き合いながら、教え学び、ともに育っていくことが求められていると考えられる。

●引用・参考文献

チュウ, A. L.　岡野守也（訳）（2004）．アドラー心理学への招待　金子書房（Chew, A. L.（1995）. *A primer on Adlerian psychology: behavior management techniques for young children.* Humanics Publishing Group.）

エリクソン, E. H. & エリクソン, J. M.　村瀬孝雄・近藤邦夫（訳）（2001）．ライフサイクル、その完結（増補版）　みすず書房　pp. 149-165.

伊藤美奈子（2006）．思春期・青年期の意味　伊藤美奈子（編）　朝倉心理学講座 16　思春期・青年期臨床心理学　朝倉書店　pp. 1-12.

河合隼雄（1978）．ユングの生涯　第三文明社

河合隼雄（1983）．大人になることのむずかしさ—青年期の問題—　岩波書店　pp. 1-86.

川瀬正裕・松本真理子・松本英夫（1996）．心とかかわる臨床心理—基礎・実際・方法—　ナカニシヤ出版　pp. 18-74.

黒沢幸子（2002）．指導援助に役立つスクールカウンセリング・ワークブック　金子書房

久世敏雄（編）（1989）．青年の心理を探る　福村出版

ラザルス, R. S. & フォルクマン, S.　本明　寛・春木　豊・織田正美（監訳）（1991）．ストレスの心理学—認知的評価と対処の研究—　実務教育出版　pp. 3-24.

Marcia, J. E. (1966). Development and validation of ego-identity status. *Journal of Personality and Social Psychology,* **3**, 551-558.

三田英二（2004）．自己意識と自己概念　西川隆蔵・大石史博（編）　人格発達心理学　ナカニシヤ出版　pp. 47-59.

水島恵一（1985）．人間性の探求—人間科学としての人間学—　大日本図書　pp. 188-208.

水島恵一（1989）．人間学への道—私の探求過程—　大日本図書　pp. 95-184.

水島恵一（1987）．教育と福祉—心理・社会的実践への視点—　大日本図書　pp. 3-31.

水島恵一（1977）．人間学　有斐閣双書　pp. 151-210.

水島恵一（編）（1976）．人間科学入門　有斐閣双書　pp. 57-80.

森　武夫（1989）．青年期の諸問題—危機理論からの展望—　日本家族心理学会（編）　家族心理学年報7　思春期・青年期問題と家族　金子書房　pp. 121-144.

長尾　博（1991）．学校カウンセリング　ナカニシヤ出版

中村雄二郎（1993）．デザインする意志　青土社　pp. 49-71.

落合良行・伊藤裕子・齊藤誠一（1998）．ベーシック現代心理学4　青年の心理学　有斐閣

櫻庭隆浩・松井　豊・福富　護・成田健一・上瀬由美子・宇井美代子・菊島充子（2001）．女子高校生における「援助交際」の背景要因　教育心理学研究, **49**, 167-174.

田端純一郎（2004）．アイデンティティの形成と病理　西川隆蔵・大石史博（編）人格発達心理学　ナカニシヤ出版　pp. 103-116.

辻　平治郎（1994）．自意識過剰の心理学—バスらの自己意識論—　梶田叡一（編）　自己意識心理学への招待—人とその理論—　有斐閣ブックス　pp. 123-134.

◇◆コラム◆◇
DV・自死・いじめについて

　マスコミ紙上をにぎわす社会的問題として、DV・自死・いじめについて考えてみようと思う。これらの問題が人々の関心を引くのは、被害者の「死」に結びつくことが多いことが、その理由の１つではないかと思われる。尊い生命が脅かされ、死にさらされることがまれではないこれらの問題について、何らかの手立てを打ちたいと思うのは、多くの一致した想いであろう。紙面上多くのことを語ることはできないが、問題の概要だけでも簡単にまとめておきたいと思う。

　①DV（ドメスティック・バイオレンス　Domestic Violence）について
DVとは、配偶者や恋人などの親密な関係にある、もしくはかつてあった者から振るわれる暴力という意味で使われやすい言葉である。男女を問わず、身体的暴力や心理的攻撃、性的強要などの形をとって行われる。DV被害の特徴としては、例えば加害者が身内である場合、家庭という密室で行われることになり、当初抵抗し避難を繰り返すが、次第に対応できなくなり、命の危険をともなう恐怖にさらされることになる。好転を望んで耐えれば耐えるほど状況は悪化していく。被害者は一方的な支配のなかで、自信喪失・自己評価の低下・自責感・希死念慮等のうつ状態に陥っていくことになる。回復には長い時間がかかり、現実認知の困難さや、不安定な安全感へのこだわり、喪失への対応など、さまざまな問題をクリアしていかなければならない。

　②自死について　　　自殺者の数はここ数年減少傾向にある。しかし、東日本大震災後の福島の現状に見られるように生活の基盤を作れずに自殺を選ぶ人が増えることもある。自殺行動とは、ある意味強烈で否定的な感情から逃れたり、あるいは避けたりすることを目的として学習された問題解決法といえるかもしれない。そこには、苦痛に満ちた感情や絶望感を経験したがゆえに、この苦痛が耐えがたいものであり、逃げられないものであり、果てしなく続くものであるという認知が働いていると考えられる。さらにうつ病との関連性も指摘されており、社会的孤立や不安、焦燥感、絶望感などからいかにすくい上げるかが重要である。

　③いじめについて　　　いじめの構造としてよくいわれるのは、「四層構造」である。いじめが成立する要因として被害者、加害者のほかに、傍観者と観衆の存在が大きいといわれている。傍観者は加害者のいじめ行動を消極的に承認することになる。そのため、加害者のいじめ行動を促進することになる。また、観衆はいじめを積極的に是認し、いじめの火に油を注ぐ役割を担っている。近年はいじめを苦に自殺まで追い込まれる事案も毎年のように発生している。学校でのクラスなどの好ましくない雰囲気や、教師の無関心さ、発見の遅れ、対応の遅れと不適切さなどが問題を大きくしていると考えられる。このことから、いじめへの対応は、早期に発見し、迅速は対応を行うために、教員同士の協力や家庭との連携が求められるのである。必要に応じて、スクールカウンセラーやスクールソーシャルワーカーの活用なども求められるところである。

第4章

老年期を生きる

第1節　老年期の生物学的意味

1．生物学から見る老年期

　わが国における 65 歳以上の高齢者の占める割合は 26% を超えており、4 人に 1 人が高齢者という時代になっている。また平均寿命も世界のトップクラスに位置しているが、この大きな原因は、乳幼児の死亡率が低下したことと高齢者自身が長生きするようになったことにある。

　細胞レベルで考えると、誕生と死は頻繁に起こっている。特に細胞の死については、あらかじめプログラムされているという考えが有力である。細胞死の 1 つはアポトーシス（apoptosis）と呼ばれる。これは細胞の自滅であり、プログラムされた細胞の自殺といわれている。人間のような多細胞生物は、体細胞の増加と死のバランスによって体細胞数、個体の統一性と恒常性が保たれている。もし人間にアポトーシスという細胞の死滅がなかったとすれば、人間は巨大な生物になっていく。もう一方の細胞死はネクローシス（necrosis）と呼ばれる。これは細胞の壊死タイプであり、外因や内因による病理過程における細胞死といわれる。このことによって、不要になった余剰細胞や老化細胞、有害なガン細胞、ウィルス感染細胞などを取り除くことができると考えられている。

　人間の脳は、他の動物に比べて著しく大きいが、青年期以降脳の神経細胞は減少し始め、平均寿命まで生きたとすると、脳の重量は成人期に比べて約 15% 程度軽くなるといわれる。しかし、加齢にともなって脳細胞が死滅し始めたとしても著しい知能低下を示すことがないのは、死滅した細胞を補うネットワークが再構築されていくためと考えられている。

327

２．老化と個人差の問題

　発達心理学的に考えると老年期は最も個人差が大きい時期である。平均寿命はあくまでも平均であり、長命な人もいれば短命な人もいる。また80歳を過ぎても現役で仕事をしている人もいれば、60代でも寝たきりになる人もいるなど個人差は大きい。人と人との個人差は個体差と呼ばれており、個人のなかでも発達と老化には差がある。例えば、新陳代謝機能は、生まれてすぐから老化が始まるが、20歳を過ぎたあたりから老化は緩やかになる。また運動機能は、生後すぐから発達を始め、20歳前後でピークに達した後40歳くらいまで維持され、その後徐々に低下していく。さらに生殖機能のように思春期にかけて現れ、老年期の前に消失してしまうなど途中から現れてまったく消失してしまう機能もある。このように人間の発達と老化は、ばらばらに起こるという特徴があり、これらの差は個人内差異と呼ばれている。このように、老年期は最も個人差の大きい発達段階であることが老年期の研究を複雑にしている。

３．老年期の身体的特徴

１）外見上の特徴

　高齢者の身長は、加齢にともなって低くなっていくという報告が多く、これは、男性で40歳前後から、女性はそれよりも3年くらい遅れて始まるといわれ、女性の減少率の方が大きい。これは、背筋の萎縮や脊柱の変化、水分の喪失などによって起こるものと考えられており、特に女性の場合には骨粗鬆症が大きな原因といわれている。

　体重の変化について、多くの研究では壮年期で体重が増加し、高齢期で減少することが明らかにされている。小金井縦断調査では、男性が70歳〜85歳までに起こる体重減少率は5.8%で、女性の場合8.9%であり、女性の減少率の方がやや大きいことが明らかにされている。老年期の体重の減少の原因は、筋肉や骨の減少と体に占める水分の割合が低下するためと考えられている。

　体格と姿勢の変化では、加齢にともなって腕や脚は細くなるが、胸の幅や厚みは増し、胴も太くなるといわれる。特に高齢期に胴が太くなることは、脂肪組織の増加によるものではなく、腹壁筋の緊張低下によるたるみが大きな原因といわれる。姿勢に関しては、背中が曲がって前屈みの姿勢になるが、これは

脊椎の変形や腰や背中の筋力の低下によって起こる。歩行姿勢も変化し、歩幅が狭く横方向に広がり、両足が地面についている時間も長くなる。このため歩く姿がとぼとぼ歩くように見える。

皮膚や顔貌の加齢変化に関しては、皮膚の色つやがなくなり、しわが増え、しみ（老人性色素斑）が増えたり大きくなったりする。皮膚の変化は、生物学的な老化によるものよりも太陽光線の紫外線成分による光老化と呼ばれるものが大きな原因である。屋外の仕事を長く続けた人は皮膚の変化は大きく、高齢者であっても露出部分の少なかった部分の変化は少ない。またしわの増える原因は皮膚の柔軟性と弾力性の変化によるものが大きい。

2）運動機能の変化

体力は主に筋力や柔軟性、持久性、瞬発力などで測定される。60歳までの被験者を対象とした研究では、ほとんどの運動能力のピークは10歳代後半から30歳代の間で、その後は低下することが明らかにされている。ただしその度合いは機能により異なり、柔軟性と瞬発力はピーク後に著しく低下するが。筋力は低下の度合いが緩やかであることがわかっている。筋力に関しては、握力は50歳を超えると加速度的に低下するが、下肢は若いうちから低下し、80歳では20歳に比べて約60%程度に筋力が低下すること、持久力は加齢にともなって加速度的に低下し、80歳では20歳の40%のレベルに低下することが報告されている。さらに縦断的に追跡した調査では、65歳を過ぎると、背筋力と下肢の筋力が低下することや、加齢にともなって身体の活発さは衰えること、加齢にともなって最大運動能力は衰えること、また握力は30歳まで増加し、40歳を過ぎるまでには加速度的に減少することなどが報告されている。

4．感覚・知覚系の変化

1）視覚の変化

視覚とは、単に視力の問題だけではなく、視野や順応、色覚といった幅広い要素を含んでいる。視力は9歳ごろまで発達し、40歳を過ぎたあたりから低下が始まるが、本人が自覚するのは50歳〜60歳からであり、70歳までにはほとんどの人が感じるようになる。また老眼と呼ばれる近方視力の低下は10歳くらいから徐々に始まり、40歳から60歳あたりで顕著になる。視野に関しては、

周辺視野の狭窄が壮年期あたりから始まり、75歳以降に顕著となる。高齢者の色彩認知に関しては、暖色はよく識別できるが寒色の識別が困難になる。また高齢者は、ものを見るときに十分な明るさがないと対象を知覚しにくくなるなどの特徴がある。加齢にともなう視覚の変化は、車の運転や夜間の外出など日常生活に広く影響を与えるようになる。

2）聴覚の変化

聴覚は青年期あたりまでに発達し、成人前期までは一定に維持され、40歳を過ぎたあたりから低下が始まる。特に50歳代では老人性難聴といわれる高音域の聴力低下が起こり始め、聴力低下はその後中音域から低音域にも及ぶようになる。また高齢者は、騒音や他の話し声がするなかで発せられる言葉を聞き取ることが苦手になる。実際には、騒がしい場所で会話を聞き取ることなどが困難になるし、不明瞭な音声や、早口で話されると言葉の内容を聞き取ることも困難になってくるなど、コミュニケーションに影響を与えることになる。高齢者とコミュニケーションを行うときには、大きな声で話すより近くによって低めの声で話す方がよく聞こえる場合が多く、騒音の少ない環境で会話する方がよい。

3）味覚の変化

味覚は感じる感覚が舌の場所によって異なり、しかも味覚に関する個人差も大きい。味覚は加齢にともなって低下すると一般にいわれているが、味覚全体が低下していくなかで逆に苦味の感度は鋭くなるという報告や、甘味や塩味に比べて苦味と酸味の感受性の方が持続するという報告などさまざまであり、はっきりしたことはわかっていない。また味覚は主観的感覚で測定が難しいという問題もある。高齢者の味覚低下の原因は、高齢者の唾液量の減少や、唾液の各成分の濃度の増加、義歯などの口腔内の変化にともなう咀嚼状況の変化、口腔内衛生の低下などといわれる。

4）嗅覚の変化

過去に行われた加齢と嗅覚に関する大規模な調査の結果では、女性は男性よりも全年齢層で成績がよいこと、喫煙者の成績が悪いこと、20歳代〜40歳代の成績は良好だが60歳代以後は成績が顕著に低下すること、65歳〜80歳の高齢者のうち6割以上が嗅覚に関する中等度以上の障害を有しており、80歳を超

えるとその数は 8 割に達することなどが明らかにされている。しかし、健康を害している高齢者の嗅覚はかなり衰えるが、健常者には加齢による嗅覚の低下はほとんど認められないという報告もあり、嗅覚の衰えは加齢の影響よりもむしろ病気の影響を受けやすいことも考えられる。

5）触覚の変化

皮膚の感覚は、皮膚を圧迫することや、皮膚を刺激して 2 点に感じるか、1 点に感じるかを調べる 2 点触域という方法を用いられることが多い。これまでの研究では、高齢者は 2 点触域の弁別閾が低くなることや、強い刺激を与えないと感じにくくなること、物体の温度を感じる機能も鈍化してくることなど、加齢にともなって皮膚感覚が鈍化していくという結論は共通しており、この原因は、加齢による皮膚の変化と考えられている。しかし皮膚の変化は加齢によって比較的一律な低下を示すが、皮膚感覚の変化は高齢者に一律に起こるものではなく、個人差がきわめて大きい。また高齢者は痛みの感覚が鈍化しているという考え方があるが、熱を用いた実験の結果では、年齢による差がないことが報告されている。痛みは主観的な感覚であり、しかも痛みの耐性には個人差の影響が強く現れる。高齢者は痛みの感覚が鈍いというのは、誤った俗説といえるだろう。

第 2 節　老年期の心理学的意味

1．加齢と反応や注意力の変化

1）反応時間の変化

反応時間には、1 つの刺激に対して 1 つの反応をする「単純反応時間」と、複数の刺激に対してそれぞれ異なる反応をするという「選択反応時間」がある。これまでの研究では、高齢者ほど反応時間が長くなり、単純反応時間よりも選択反応時間の方が長くなることが明らかになっており、反応の選択肢が多くなるほど反応時間は長くなるという報告が多い。しかし実際にその課題を練習することができれば、高齢者であっても選択反応にも大きな遅れが見られないという研究結果もあり、反応時間の遅れは、練習によって克服できる可能性があるということになる。一方反応のエラーに注目した研究では、若い年代の人はエ

ラーからの立ち直りが早いのに対し、高齢者の場合にはエラーからの立ち直り
が遅いことが明らかになっている。これは高齢者の慎重な態度が影響している
可能性がある。

2）注意力の変化

注意力には、「持続注意」「選択的注意」「分割的注意」などがある。

「持続注意」とは、気が散らないような場面で単一刺激の状況で決められた課
題に集中するような能力を指す。これは、流れ作業のなかでの不良品チェック
のような能力であり、この能力は若い人と高齢者に差がないことが報告されて
いる。

「選択的注意」とは、気が散るような刺激があるなかで、所定の課題に集中す
るような能力を指す。これは私語の多い教室のなかで教員の話しに耳を傾けた
り、車を運転しているときに看板や風景に目をうばわれず、信号機などを認識
するような能力であり、高齢者の能力が若い年代の人の能力よりもはるかに劣
るということがわかっている。

「分割的注意」とは、さまざまな情報に同時に注意を払い、それを処理する
能力を指す。これは、ラジオ番組を聞きながら試験勉強するような能力であり、
高齢者の成績は、若い年代の被験者に比べて悪いという報告が多い。

2．加齢と記憶の変化

1）記憶の保持時間に関する加齢の影響

記憶の分類の1つの考え方として、近年「感覚記憶」「短期記憶」「長期記憶」
という概念が一般的になってきている。感覚記憶とは、外界の情報に注意を向
け、必要な情報かどうか判断する役割を担っている。短期記憶とは、数秒から
数分前のごく近い過去に認知されたものを一時的に覚えておく役割であり、長
期記憶とは、記憶の永久保存の役割を担っている。感覚記憶が扱う情報量は2、
3個程度であり、短期貯蔵庫（短期記憶）に送られた段階で消去される。次の短
期記憶が扱える情報量は、7個程度であり、頭のなかでそれを循環している間
は忘却が起こらないが、それを長期貯蔵庫に送った段階で消去される。最後の
長期記憶は記憶の永久保存の場所であり、蓄えられた記憶は長期間にわたって
保管されることになる。

332 第5部 「人生」を生きていくということ

高齢者は一般に最近のことを忘れても、昔のことをよく覚えているといわれるが、これまでの研究では、病的な記憶障害でない限り、高齢になっても感覚記憶や短期記憶が目立った低下を示すことはないことがわかっている。つまり、直前のことを忘れるのは、認知症のように病的な障害が起こった場合に見られるものである。

2）記憶の内容に関する加齢の影響

記憶に関する質的な分類としては、個人的な体験の記憶である「エピソード記憶」、学習によって獲得された「意味記憶」、水泳のように身体で覚える「手続き記憶」などがある。このなかで、最も加齢の影響を受けやすいのは、個人の体験的記憶であるエピソード記憶といわれる。これはエピソード記憶の内容を詳細に報告してもらい、時間が経過した後にも同じように報告されるかどうかで確かめることになる。その結果、時間が経過した場合、話の大筋は一致しても、細かい部分は一致しなくなるといわれる。つまり、高齢者の体験の記憶は、基本的な部分は変わらないにしても、正確さに問題があるということである。これに比べて学習によって蓄積された専門知識などの意味記憶は、加齢の影響を受けにくいといわれる。高齢になっても専門家の知識は保たれるというのはこのためである。さらに身体で覚えたような手続き記憶は加齢の影響を最も受けにくい記憶といわれる。歳をとっても名人は名人なのである。

3）覚え込むことと思い出すこと

記憶を確かめるためには、学習したことを想起してもらうことによって証明されるが、思い出せないということは、「覚え込むこと」「貯蔵すること」「思い出すこと」のいずれかの段階で失敗したことになる。

覚え込むことに関する脳の画像を用いた研究では、年齢による違いが明らかにされており、高齢者は覚え込むことが苦手になることは、おそらく真実である。

またど忘れの体験は、若い人にも高齢者にも起こる。しかし、どの年代であってもど忘れは90%以上解消されるという研究結果を見ると、ど忘れは、記憶の検索の失敗といえるだろう。若い人と高齢者の違いは、ど忘れの内容を思い出すまでの時間に差があるということである。これは、高齢者ほど多くの情報を貯蔵しているため検索が難しくなると解釈するのが妥当かもしれない。貯

蔵の失敗に関しては、現在のところそれを明らかにする方法がなく、今後の研究に期待されるところである。

3．加齢と知能の変化

　人間の知能は、生後急速に発達し始め、青年期でピークを迎え、その後急速に低下していくというのがこれまでの一般的な考え方であった。しかしこれらの研究の多くは、横断的研究と呼ばれるさまざまな年代層を比較した結果であり、個人の追跡を行ったものではない。この研究方法の最大の欠点は、その年代の育った時代の影響や平均教育年数の違いなどが考慮されていないことにある。知能と教育年数は高い相関を示すことは、多くの研究者に指示されている考え方であり、横断研究の最大の欠点はここにある。この影響を排除するためには、1人の人を長年にわたって追跡する縦断的研究が有効となる。しかし、縦断的研究では、その期間が長いほど脱落群が増え、最終的には優秀な集団が残る可能性が出てくるため、必ずしも理想的な研究とはいえない。これらの研究法の長所を取り入れたのが、ある一定期間追跡して比較する縦列法というやり方である。この研究法によって明らかになったことは、知能は青年期にピークに達するのではなく、青年期以降もゆっくり上昇し続け、60歳を過ぎたあたりから緩やかに低下するというものである。しかし知能はさまざまな能力の集合体であり、そのなかには加齢の影響を受けやすい部分もあれば、受けにくい部分もある。

　ホーン（Horn, J. L.）とキャッテル（Cattell, R. B.）は、この個別的な能力を「結晶性知能」と「流動性知能」で説明している。結晶性知能とは、個人が長年にわたって経験し、獲得してきた能力で、教育や学習、経験などによって獲得されていく知能である。これは、一般常識や専門知識などが含まれる。一方の流動性知能とは、新しい環境に適応していくために働く能力で、新しい情報を獲得し、それをうまく処理し、操作していく能力のことであり、新しいゲームにチャレンジしたり、新しい機械の操作を覚えたりする能力などが含まれる。ホーンとキャッテルによると、結晶性知能は加齢の影響を受けにくく、60歳代を過ぎても発達を続けているのに対し、流動性知能は加齢の影響を受けやすく、低下は20歳代から始まると報告している。その後シャイエ（Schaie, K. W.）は、

流動性知能は30代でピークを迎え、その後しばらく維持されて60代あたりから低下が始まることを報告しているが、この長期的研究は半数以上が脱落しており、やや問題が残る。しかし、結晶性知能に比べて流動性知能の方が加齢の影響を受けやすいことは確かである。ただし、高齢者であっても流動性知能の低下が見られない一群が15％程度いるという報告もあり、知能の問題についても個人差の影響は大きいといえるだろう。

４．加齢とパーソナリティの変化

これまで一般に高齢者になると頑固になるとか、融通が利かなくなるといった画一的なイメージがもたれてきたが、小学生の性格特徴がないのと同じように、高齢者だからこういう性格になるというものはではない。しかし加齢による心身の変化や環境の変化、これまでの生活体験などが高齢者の性格に影響を及ぼすことは事実であろう。

高齢者は、人生のなかで大きな問題がない場合には、大きな性格変化が見られないといわれ、適応した生活を送っていれば、円熟傾向が増すといわれている。ライチャード（Reichard, S.）は、退職後の高齢者の性格を「成熟型」「安楽いす型」「自己防衛型」「外罰型」「内罰型」に類型化して説明している。「成熟型」とは日常生活に建設的で現在の生活に満足を感じている未来指向型の高齢者であり、このタイプは積極的な適応型といわれる。次の「安楽いす型」とは、受動的、依存的で安楽に暮らすことを望むタイプであり、消極的な適応型ということができる。「自己防衛型」とは、老化への不安や苦悩を抑圧する自己防衛的なタイプであり、防衛できているときには適応しているが、防衛しきれなくなると、不適応を起こすタイプといわれる。「外罰型」とは、人生の生き方の不満を他人のせいにして攻撃するタイプであり、攻撃をしても満足できないタイプであるため、不適応タイプといわれる。最後の「内罰型」は人生を不幸や失敗の連続と考え自分を責めるタイプであり、抑うつ的になりやすい不適応タイプといえるだろう。このような類型は理解しやすいが、実際には典型タイプに当てはまることは少なく、複数のタイプを併せ持ったり、状況によっても変化する場合もあるだろう。

第3節　老年期の生きがいと死生観

1．老年期の生きがい

　「生きがい」とはわが国固有の言葉らしく、訳語はない。生きがいとは、「生きる意味」「生きる意欲」「生きる目的」「生きる喜び」などともいわれている。また生きがいには2つの意味があり、1つは、「子どもが生きがい」のように生きがいをもたらしてくれる対象のことを指し、もう1つは、「生きがいを感じる」というようにその状態を指している。

　生きがいの研究は、「主観的幸福感」や「生活の質（QOL）」などをテーマにしたものが多いが、精神医学の分野では、精神疾患などによって生きがいが喪失した状態から、健康な状態への復帰過程を対象とした研究が多く、社会学の分野では、主にサラリーマンを対象にした生きがいに関する研究が多い。このように考えると、これらの結果がそのまま高齢者の生きがいにあてはまるかどうかは問題があるが、年金シニアプラン総合研究機構が1991年度から5年おきに行っている「サラリーマンの生活と生きがいに関する調査」は、35歳から74歳の人を対象にした6回にわたる大規模調査であり、高齢者の生きがいの問題を知る上で重要な手がかりとなる。

　2016年度の調査では、生きがいをもっている人は35〜64歳で3割から4割程度であるものの、65歳以上の人たちは6割以上が生きがいをもっており、高齢者の方が生きがいをもって生活していることが明らかになっている。生きがいの意味については、「生きる喜びや満足感」「心のやすらぎや気晴らし」「生活の活力や張り合い」の割合が高い比率を占めている。

　高齢者がどのようなことに生きがいを感じるかについて上位3位までを見ると、男女とも「趣味」「子供・孫・親などの家族・家庭」が2位までを占めているが、3位は男性が「配偶者・結婚生活」、女性が「自分自身の健康づくり」となっている。また女性の場合、仕事に生きがいを見出す割合は若い年齢から低いが、男性は35〜54歳までは「仕事」が上位に入るものの、高齢期では大きく減少しているのも特徴である。

　これまで高齢者は生きがいが少なくなると信じられてきたが、これらの結果

を見ると加齢とともに生きがいをもっている人が多くなり、その生きがいの意味は生きる喜びや心の安らぎ、生活の活力など自分自身に関するものである。また生きがいを感じる場を「家庭」としている人が最も多いことを考えると、家族や家庭が生きがいと強く関連していることは明らかである。

２．老年期と喪失体験

　私たちは生まれてから多くのものを獲得してきたが、老年期になると獲得するものは減り、逆に失うものが増えていく。

　例えば仕事をしていた人は、退職にともなって地位の喪失と就労することによって得られていた収入を失うことになる。また高齢になることによって体力が低下し、ほとんどの人が慢性疾患をもつようになり、健康の喪失が起こるだろう。退職にともなって仲間を失ったり、友人や知人が亡くなることによって仲間の喪失も起こってくる。仕事や子育てが生きがいだった人にとっては、生きがいの喪失も起こるし、役割の喪失も起こってくるだろう。最後に起こるのは生命の喪失である。このように多くのものを喪失していくなかで、老年期に生きがいをもって適応的に生活していくことは、実は大変なことなのかもしれない。

３．老年期の死生観

１）高齢者と死の認識

　「最期は畳の上で死にたい」と思う高齢者は多いかもしれないが、ほとんどの高齢者は病院や施設のベッドの上で亡くなることが多く、在宅死は昔に比べると非常に減っている。近年では、高齢者の病気が進行してくると、ほとんどが入院することになり、そこで最期を迎えることが多い。したがって、若い年代の人や子どもが、人間の死を目の当たりにするという体験は減ったといえるだろう。また若い人にとって高齢になって死を迎えるということは、現実からかなりかけ離れた問題であり、実感がわかないのも無理はない。しかし、壮年期になると、自分が人生の半分以上を生きてきたことを実感するようになり、親戚や親の死に遭遇することによって、死の問題はかなり現実的なものとなってくるだろう。国は毎年平均寿命を報告する。若い年代の人にとっての平均寿命の伸びは、単に驚きかもしれないが、平均寿命と同じ年齢の人たちは、あと何

年で自分もと思うだろうし、平均寿命の人が見たときには、もういつ逝っても
おかしくないと感じるかもしれない。高齢者にとっての死の問題は、若い年代
の人に比べてはるかに身近なものとして感じられているのである。

2）死についての態度

ニューマン（Newman, B. M. & Newman, P. R.）らは、エリクソン（Erikson, E. H.）
の心理社会的発達段階の考えをもとに、死についての態度の発達に関して論じ
ている。それによると、死については児童期から考え続けるものの現実感はな
く、死の恐怖に関しては青年期後期あたりに起こるものであり、成人期前期に
は、他者の死についての不安や自分自身の死が及ぼす他者への責任意識を生む
ことが指摘されている。成人期の中期には、自分が人生の半分を過ごし、残さ
れた時間が少ないという意識が起こるようになり、死を恐怖を感じることなく
受け入れられるのは、成人期後期になってからであると解説している。しかも
死の受容をできるのは、それぞれの発達段階におけるさまざまな課題を解決し
てきた人に訪れるものであり、成人期の最期の段階を「統合」という形で解決
した人に起こるものと考えている。

3）安　楽　死

人生のぎりぎりまで健康でいて、最期は安らかに逝きたいと思うのは多くの
人の願いだろう。助かる見込みがなく、苦痛だけが続くような場合には、安ら
かに死んでいきたいと感じるのも当然かもしれない。

死に関する問題として安楽死という考えがあり、このなかには、「消極的安
楽死」と「積極的安楽死」がある。消極的安楽死とは、延命を目的とした治療
を行わないことによって結果として死が訪れるものであり、積極的安楽死とは、
故意に生命を短縮するような行為を行うことによって死に至るものを指して
いる。現在わが国の法律では安楽死は認められていないが、過去において安楽
死に関する事件がいくつかあり、そのなかの代表的なものに、東海大学病院に
おける医師による安楽死事件がある。この裁判の判例では、医師による積極的
な安楽死が許容される条件として、①本人に耐えがたい肉体的苦痛があること、
②死を避けることができず、しかも死期が迫っていること、③肉体的な苦痛を
除去したり、緩和するための方法を尽くし、ほかに変わる手段がないこと、④
生命の短縮を承諾する本人の明示の意思表示があることの4点が指摘されてい

る。しかし、これは法律で安楽死を認めているわけではなく、罪として問われないための判断基準と考えるべきものである。

4）尊　厳　死

尊厳死とは、自分の意思で行われるものであり、昏睡状態に陥り、意識が回復する見込みがない場合には、植物状態でいるよりも死を望むということを健康なときに前もって書き記しておくものである。わが国には、日本尊厳死協会という組織があり、「尊厳死の宣言書（Living-will）」によって意思表明が行われる。そのなかでは、①自分の病気が現代医学では不治の病であり、死期が迫っていると診断されたときには、死期を引き延ばすための延命装置は一切断るということ、②その場合であっても、自分の苦痛を和らげる措置は最大限に実施し、麻薬などを使った場合の副作用で死期が早まったとしてもかまわないということ、③数ヵ月にわたって植物状態に陥ったときは、一切の生命維持装置を使うことをやめることの3点が強調されている。尊厳死とはあくまで本人の意思によって行われるものであり、自分の生き方を自分で決めるように、自分の死に方も自分で決めるという考えに基づくものといえるだろう。

5）死の5段階説

死に関する研究で著名なキューブラー－ロス（Kübler-Ross, E.）は、死の受容までの段階を「否認」「怒り」「取引」「抑うつ」「受容」の5段階で示している。「否認」は、自分に向けられた死の宣告を否認し、自己防衛を図る段階である。「怒り」は、なぜ自分が死を迎えるのかということに対する怒りが出現する段階であり、「取引」は、延命や苦痛除去を神と取引する段階である。次の「抑うつ」は、目前に迫った死に対して思い悩み、うつ状態になる段階であり、この段階を経て自分の運命を静かに受け入れる「受容」の段階に到達するという考え方である。この考え方は、死にゆく人の心の内面的な世界の変化を表すものとして評価されたが、必ずしもこの段階の順を追っていかない症例も見られることや、病気の質やパーソナリティ、環境などの要因について配慮されていない点などが指摘されている。

6）遺された人々の課題

高齢者と死の問題を考える場合、家族など遺された人々にも大きな課題がある。アルフォンス・デーケン（Deeken, A.）は、遺されたものの悲嘆のプロセス

を、①精神的打撃と麻痺状態、②否認、③パニック、④怒りと不当惑、⑤敵意とルサンチマン（うらみ）、⑥罪意識、⑦空想形成、⑧孤独感と抑うつ、⑨精神的混乱とアパシー（無関心）、⑩あきらめ－受容、⑪新しい希望、⑫立ち直りの段階の12の過程で表している。このプロセスのすべてを経ていくのか、あるいはこの順番に進んでいくのかは別として、この考え方は悲嘆のプロセスを理解する上では非常に参考になるものである。

　また死別に対しては、高齢者特有の問題点もある。核家族化によって老夫婦世帯が増えてきた現状のなかでは、夫婦でともに依存する生活を余儀なくされ、共依存の関係が強いほど遺された人の自立は難しくなる。また遺された人は、これまで依存してきた相手の役割を担うことになるが、新しい役割を覚えることが苦手な高齢者にとっては、大きな課題といえるだろう。

第4節　これからの老年期：福祉と心理のコラボレーション（3）

1．老年期を生きるということ

　「幸福な老い」について考えた場合、多くの人は経済的にも恵まれた不自由のない生活を思い浮かべるかもしれないが、「幸福」という概念はかなり主観的なものであり、何を幸福と感じるかはその人によって異なる。例えば、経済的に恵まれ、家族に囲まれて生活している高齢者は幸福そうに見えるかもしれないが、本人は家族との人間関係が煩わしく、経済的に困窮しても気ままに生きたいと思っているかもしれない。逆に子どもと離れて一人暮らししており、1日の生活がやっとという経済状態に置かれている人は気の毒に見えるかもしれないが、本人は経済的な問題は、いざとなれば何とでもなると思っているかもしれず、気ままな生活を気に入っているのかもしれないのである。ロートン（Lawton, M. P.）は、幸福な老いを迎えるための条件として、①精神科的な疾患の症状がないこと、②楽天的な思考、③現在の状況を受け入れていること、④歳を取ることによって環境が悪い方向に変化しているという認識をもっていないこと、⑤高齢者に対する画一的な考え方の拒否、⑥環境をプラス面に評価することの6点を挙げている。つまり、精神的に健康で楽天的であり、高齢者に対する偏見を受け入れず、環境変化を否定的ではなくプラス面に考えていくこ

340　第5部　「人生」を生きていくということ

とが、幸福な老いを迎える条件ということになる。

２．サクセスフルエイジング

　生涯発達の最終段階である老年期を幸せに送りたいと思うのは誰もが思うことである。幸福な老後を送り、人生の最後を適応した状態で送る生き方をサクセスフルエイジング（幸福な老い）と呼び、そのためにはどのような生活を送ることが望ましいかのかという問題について、いくつか理論的な検討がなされてきた。

　最初に登場したのはハヴィガースト（Havighurst, R. J.）らによって提唱された「活動理論」と呼ばれる考え方である。活動理論の基本的な考え方は、引退後であっても壮年期の社会的活動レベルを維持することが必要であり、それを高齢期にも維持することによってサクセスフルエイジングを実現可能にするというものである。つまり職業や社会生活を引退した後も、さまざまな活動を活発に行い、たとえ退職によって友人を失ったとしても新たな社会活動を行うことによってそれを補い、引退前と同じような活動水準を維持し続けることが大切であり、高齢期になって新たな生活様式を獲得するよりも、壮年期の生活様式を継承し、それを維持する方がよいという考え方である。

　しかし、この考え方は、サクセスフルエイジングが議論されるようになった初期の段階の考え方であり、その後はカミング（Cumming, E.）らの「離脱理論」という考えが支持されるようになっていく。離脱理論とは、端的にいえば活動理論とは逆の考え方であり、人間は引退することによって活動量や人間関係は減少するものであり、それは必然的なものであるとした上で、高齢期の個人の人生を職業生活や他者との関係性に結びつけず、個人的な価値観や高齢期の目標に費やすことが重要であることを指摘している。つまり離脱は高齢者にとって望ましいという考え方である。

　この２つの理論に対して、ニューガーテン（Neugarten, B. L.）らは「連続性理論」という考え方を示している。この考え方では、退職などによって社会生活から離脱した場合に、その生活に適応できるかどうかは、個人のパーソナリティによって異なるとした上で、活動理論のように活動的な社会生活を継続し続けることによって幸福感を感じる人もいれば、離脱理論のように社会活動を抑制

第４章　老年期を生きる　　*341*

することで老年期に適応する人もいるということを指摘している。つまり、老年期は、これまでの発達段階の連続線上にあり、これまでの変化は個人が選択してきたものであるという考え方である。

3．第4世代の問題

　サクセスフルエイジングは、老年期を生活する上で理想的なことではあるが、現実問題として、どれほど多くの人がサクセスフルエイジングを迎えているのだろうか。老年期を否定的に捉え、否定的な面を高齢者自身が受け入れてしまうことにも問題があるが、サクセスフルエイジングを強調しすぎることも問題である。老年期は発達心理学的に見て最も個人差が大きい時期であり、健康で活動的な高齢者もいる反面、支援が必要な虚弱な高齢者も多いのが現実である。

　人生モデルでは、子どもから青年世代を第1世代、成人世代を第2世代、老年期を第3世代と考えてきた。しかし先進諸国では超高齢化が進み、後期高齢者の増加だけではなく、さらに上の年代の超高齢者といわれる人たちも増加しているのが現状であり、平均寿命を超える第4世代の問題が出てきたのである。このような第4世代の存在に対しては、これまでのサクセスフルエイジングの概念をそのままあてはめて考えること自体が困難になってきている。サクセスフルエイジングを構成する要素としてロウ（Rowe, J. W.）とカーン（Kahn, R. L.）は、①病気や障害のリスクを最小限にしていること、②心身の機能を最大限にしていること、③社会的・生産的な活動を維持していることの3つの要素を挙げているが、第4世代においては、この3つの要素を満たすこと自体が難しいだけではなく、このうち1つでさえも維持することが困難であるのが現状であろう。高齢者全般について考えても、高齢者の8割以上の人が少なくても1つの内科的な慢性疾患を抱えているという事実だけではなく、質的に異なる病気が複数存在していることも多いこと、治療のために用いる薬物の種類も多くなるため、副作用が起こりやすいということなど、病気が影響する生活の質の低下の問題もある。さらに認知症の出現率は加齢とともに加速度的に増加し、高齢者全体の15.7％程度の発症率も、平均寿命である85歳では約40％となり、ほぼ2人に1人に認知症が発症する可能性があることなど、老年期を一括して考えること自体が困難な状況にあるといえる。社会生活面に関しては、第4世代の多く

342　第5部　「人生」を生きていくということ

は女性であり、その多くは未亡人で一人暮らしであることや、最終的には病院か施設で1人で死亡するという事実が指摘されている。

4. 高齢者を支える福祉と心理のコラボレーション

　日本人の平均寿命は世界のトップクラスにある。このようななかで高齢期を迎えてから平均寿命までの20年以上をどう生きていくかが生涯発達の最終段階である高齢期の課題といえるだろう。

　高齢化に対する負のイメージを初めて「老人差別（エイジズム）」と呼んだバトラー（Butler, R. N.）は、高齢者自身がエイジズムに影響されてその否定的イメージを自己に内在化させ、高齢者が自分自身を否定的に捉えてしまう危険性を指摘した。その後ネガティブ・エイジングへの反動としてポジティブ・エイジングの考えが強調されるようになり、サクセスフルエイジングといった肯定的側面が強調されるようになったが、近年ではこの両者の極論ではなく、高齢期を生きる人の現実を直視する必要性が問われるようになってきた。このことは、第4世代の増加や、核家族化にともなう高齢者夫婦世帯の増加、老々介護の問題、その後に訪れる高齢者の一人暮らしの問題、自立が難しくなった場合の在宅生活の継続の問題、施設入所の問題など多くの課題が出現してきたことによるものであろう。

　近年介護予防の考え方が提唱されるようになり、心身ともに健康な状態を維持していこうとする動きがある。このこと自体は非常に意義深く、価値のあることではあるが、現時点で介護が必要な人や要介護状態になった人たちの多くは、予防を怠った結果としてそのような状態に陥ったわけではない。しかし、予防という視点があまり強調されすぎると、要介護状態の人たちは何か落伍者のように扱われる可能性があり、本人や家族は肩身が狭い思いをすることになるかもしれない。たとえ虚弱になっても、認知症になったとしても、その人は自分らしく、尊厳をもって生きる権利がある。それを支えるのが福祉の仕事であり、心理の仕事といえるだろう。

　老年期に限ったことではないが、人に対する支援は、一律なものではなく、その年代とその個人に応じた個別的な支援が必要となる。個人を支援するということは、その人の内面をサポートする心理学的な視点と、社会で支えるとい

う社会福祉学的視点があり、この両面からの支援を絶え間なく継続していくことが必要となる。

　しかしながら、高齢者支援の領域において心のケアの重要性が指摘されているにもかかわらず、実際に活動する心理職は少ないのが現状である。特に高齢者福祉領域においては、心理職という職名で雇用されているところはまれであり、多くは相談員という立場で仕事をしている人たちである。しかし、相談員は基本的に社会福祉を専攻した人たちが大多数を占めており、相談員はソーシャルワーカーとしての役割を担っている。今後、公認心理師の動きに関連して、心理職が高齢者福祉施設等に配置されるようになれば、高齢者の心理学的アセスメントや、心理学的な支援を担う重要な存在になることが期待される。

　現在高齢者精神医学の領域では、心理職が重要なパートナーとして認識されるようになり、心理学的なアセスメントだけではなく、高齢者に対する心理療法的なアプローチ、さらに家族に対するカウンセリングなど重要な役割を担っている人たちも増えつつある。また福祉領域で活動する数少ない心理職の人たちも、高齢者への支援だけではなく、組織全体に対するメンタルヘルス教育や、スタッフに対するカウンセリングなど幅広い活躍をしている人たちもいる。高齢者領域における心理職は、遅れてきた専門職といえるが、今後は多職種協働のなかの重要なメンバーとして活躍していくことが重要である。そして多職種の人たちそれぞれが高齢者自身ときちんと向き合い、思いを受け止め、高齢者を尊厳ある1人の人として生活支援の方法を考え、そして自分たちがたどる道である老年期をどう生きていくのかをも含めて考えていくことが重要なのである。

●引用・参考文献

ヘイフリック, L. 今西二郎・穂北久美子（訳）(1996).　人はなぜ老いるのか―老化の生物学―　三田出版会（Hayflick, L. (1994). *How and why we age.*）

サントロック, J. W. 今泉信人・南　博文（訳）(1992).　成人発達とエイジング　北大路書房（Santrock, J. W. (1985). *Adult development and aging.*）

下仲順子（編）(2007).　高齢期の心理と臨床心理学　培風館

スチュアート-ハミルトン, I.　石丸　正（訳）(1995).　老いの心理学―満ち足りた老年期のために―　岩崎学術出版社（Sutuart-Hamilton, I. (1994). *The psychology of ageing.* 2nd ed.）

人名索引

ア 行

アーツ（Aarts, H.）　92
アイゼンク（Eysenck, H. J.）　106, 226
アイビィ（Ivey, A. E.）　25
赤塚大樹　222
アクスライン（Axline, V. M.）　231
アクセルロッド（Axelrod, R.）　172
アサジョーリ（Assagioli, R.）　109, 111, 118
アトキンソン（Atkinson, R. C.）　67
アトキンソン（Atkinson, R. L.）　25
アドラー（Adler, A.）　10, 105, 108
穴井千鶴　184
アリエス（Aries, P.）　21
アリストテレス（Aristotelēs）　2, 118
アルティマイヤー（Altimaier, E. M.）　195
アレキサンダー（Alexander, F.）　240
アントノフスキー（Antonovsky, A.）　195-7
池上貴美子　96
池上知子　17
伊藤研一　232
岩田紀　166
岩渕千明　115
ウィーゼル（Wiesel, T. N.）　35
ヴィゴツキー（Vygotsky, L. S.）　72
ウィットマー（Witmer, L.）　7
ウェーバー（Weber, E. H.）　5
ウェクスラー（Wechsler, D.）　72
上田敏　298
ウェルトハイマー（Wertheimer, M.）　9, 39
ウェルニッケ（Wernicke, C.）　5
氏原寛　222
宇田川一夫　222
ウッドワース（Woodworth, R. S.）　8
ヴント（Wundt, W.）　5-6, 12, 143
エクマン（Ekman, P.）　86
エピクテトス（Epictētos）　3
エリクソン（Erikson, E. H.）　14, 23, 112-3, 155, 159, 277, 286, 289-92, 312, 338
エリクソン（Erickson, M. H.）　125
エンゲル（Engel, G. L.）　256
エンジェル（Angell, J. R.）　7
大石繁宏　162
岡堂哲雄　157
小川俊樹　222
小野直広　13
オルポート（Allport, F. H.）　94

カ 行

カーバー（Carver, C. S.）　194
カーン（Kahn, R. L.）　342
カニッツァ（Kanizsa, G.）　40
神谷美恵子　155
カミング（Cumming, E.）　341
カラスコ（Carrasco, M.）　43
河合隼雄　25, 27, 120, 144, 151, 230, 238-9, 289, 314
北出亮　135
北村晴朗　116
北山忍　160
木部則雄　232
キャッテル（Cattell, J. M.）　7-8
キャッテル（Cattell, R. B.）　106
キャノン（Cannon, W. B.）　82, 87, 189, 240
キャプラン（Caplan, G.）　201
キューブラー－ロス（Kübler-Ross, E.）　339
キュルペ（Külpe, O.）　7
キルケゴール（Kierkegaard, S.）　142
ギルバート（Gilbert, G. T.）　92
クーリー（Cooley, H.）　112
クライン（Klein, M.）　232
クラウス（Klaus, M. H.）　306
クレイク（Craik, F. I. M.）　67
クレッチマー（Kretschmer, E.）　104-5
黒沢幸子　316
ケーラー（Köhler, W.）　9
ゲゼル（Gesell, A.）　21, 281
ケネル（Kennell, J. H.）　306

ケリー（Kelley, H. H.）　169
ケリー（Kelly, G. A.）　110
ケントリッジ（Kentridge, R. W.）　45
孔子　3
コーエン（Cohen, Y.）　42
コーチン（Korchin, S. J.）　220
小城幸子　96
コスタ（Costa, P. T.）　106
ゴダード（Goddard, H. H.）　21
小西啓史　165
コフート（Kohut, H.）　112
コフカ（Koffka, K.）　9, 163-4

サ 行

ザイアンス（Zajonc, R. B.）　94-5
櫻庭隆浩　310
サリヴァン（Sullivan, H. S.）　11
サルトル（Sartre, J.-P.）　142
ジェームズ（James, W.）　7, 86, 111, 143
シェルドン（Sheldon, W. H.）　105
ジェンドリン（Gendlin, E. T.）　142
重村淳　269
シフネオス（Sifneos, P. E.）　240
シフリン（Shiffrin, R. M.）　67
シボー（Thibaut, J. W.）　169
清水新二　186
清水陽香　208
下仲順子　292
シモンズ（Simons, D. J.）　44
シャイアー（Scheier, M. F.）　194
シャイエ（Schaie, K. W.）　74, 276, 334
シャクター（Schachter, S.）　87-8
シャピロ（Shapiro, D.）　26
シャピロ（Shapiro, D. A.）　26
シュテルン（Stern, W.）　21
シュプランガー（Spranger, E.）　105
生島浩　259
シンガー（Singer, J. E.）　87
スーパー（Super, D. E.）　266
スキナー（Skinner, B. F.）　11, 61-5, 281
スティーヴンス（Stevens, S. S.）　37
スティーブンス（Stevens, S. T.）　43
ストーム（Storm, R. W.）　44
聖アウグスチヌス（St. Augustinus）　3
セリエ（Selye, H.）　185, 190, 240

セリグマン（Seligman, M. E. P.）　84,
　206-7
ソーンダイク（Thorndike, E. L.）　8, 61
ソクラテス（Sōkratēs）　2, 111, 118

タ 行

ダーウィン（Darwin, C. R.）　86
ダイナー（Diener, E.）　162
タルヴィング（Tulving, E.）　69
丹野義彦　25
チェリー（Cherry, E. C.）　40-1
千葉胤成　12
チャブリス（Chabris, C. F.）　44
辻平治郎　106
ティチナー（Tichener, E. B.）　7
ティモショック（Temoshok, L.）　105
デーケン（Deeken, A.）　203, 339
デカルト（Descartes, R.）　3-4, 111, 142
デューイ（Dewey, J.）　7
土居健郎　150-1, 220
ドウズ（Dawes, R. M.）　171
トールマン（Tolman, E. C.）　11
ド・シェーザー（De Shazer, S.）　13
トドロフ（Todorov, A.）　92
トマス（Thomas, A.）　104
トムソン（Thomson, D. M.）　69
友田明美　284
外山美樹　208
ドライカース（Dreikurs, R.）　316
鳥居修晃　34
トリプレット（Triplett, N.）　93
トレーガー（Trager, G.）　164
トンプソン（Thompson, H.）　281

ナ 行

長尾博　315
中根千枝　151
ニーチェ（Nietzsche, F. W.）　142
ニスベット（Nisbett, R. E.）　162
ニューガーテン（Neugarten, B. L.）
　341
ニューマン（Newman, B. M.）　338
ニューマン（Newman, P. R.）　338
ノーマン（Norman, D. A.）　36
ノレム（Norem, J. K.）　208

ハ 行

バークレイ（Berkeley, G.）　4
ハーズバーグ（Herzberg, F.）　200
パーソンズ（Parsons, F.）　266
バード（Bard, P.）　87
ハートレイ（Hartley, D.）　4
バートレット（Bartlett, F. C.）　68
パールズ（Perls, F. S.）　142
ハーロー（Harlow, H.）　22
バーン（Berne, E.）　109, 142
ハイダー（Heider, F.）　17-8
ハイデッガー（Heidegger, M.）　142
バウアー（Bauer, R. M.）　130
ハヴィガースト（Havighurst, R. J.）
　105, 266, 277, 287, 341
バウム（Baum, A.）　167
長谷川啓三　13
バトラー（Butler, R. N.）　343
パブロフ（Pavlov, I. P.）　60, 266
ハル（Hull, C. L.）　11
バルテス（Baltes, A.）　279
ハルトマン（Hartman, H.）　112
パルマー（Palmer, S.）　227
バンデューラ（Bandura, A.）　64, 66,
　109
ハント（Hunt, P. J.）　94
ピアジェ（Piaget, J.）　71, 282-3
ビネー（Binet, A.）　73
ヒューベル（Hubel, D. H.）　35
ヒューム（Hume, D.）　4
ヒラリー（Hillery, J. M.）　94
ピリシン（Pylyshyn, Z. W.）　44
廣井亮一　255
ビンスワンガー（Binswanger, L.）　14,
　142
フェヒナー（Fechner, G. T.）　5
藤井麗　20
藤岡淳子　259
藤永保　283
藤原俊通　269
ブライユ（Braille, L.）　46
プラチック（Plutchik, R.）　86
プラトン（Platōn）　2, 118
フラン（Frone, M. R.）　186

フランクル（Frankl, V. E.）　14, 124,
　142-3
フリーセン（Friesen, W. V.）　86
フリードマン（Friedman, M.）　105
ブリス（Bliss, J. C.）　47
ブルーム（Bloom, B.）　201
フロイト（Freud, S.）　3, 8, 10, 14, 90,
　105-9, 226, 240, 266, 289-90
フロイト，アンナ（Freud, A.）　14, 112,
　232
ブローカ（Broca, P. P.）　5
ブロードマン（Brodmann, K.）　5
ブロス（Blos, P.）　315
フロム（Fromm, E.）　11, 104-5, 118,
　154, 156, 159
フロム-ライヒマン（Fromm-Reichmann,
　F.）　11
ブロンフェンブレンナー
　（Bronfenbrenner, U.）　284
ヘイウッド（Heywood, C. A.）　45
ペッシン（Pessin, J.）　94
ベネディクト（Benedict, R.）　149
ヘラー（Heller, K.）　201
ベルナール（Bernard, C.）　189
ヘルムホルツ（Helmholtz, H. L. F.）　5
ペンフィールド（Penfield, W.）　54
ボウルビー（Bowlby, J. M.）　22, 283
ホーナイ（Horney, K.）　11, 14, 118
ホームズ（Holmes, T. H.）　191-2
ホール（Hall, E. T.）　164-5
ホール（Hall, G. S.）　7
ホーン（Horn, J. L.）　334
ボス（Boss, M.）　142
ポズナー（Posner, M. I.）　42
ホッブス（Hobbes, T.）　4
ボニウェル（Boniwell, I.）　207
ポルトマン（Portman, A.）　285
ホワイト（White, R. W.）　83

マ 行

マーカス（Markus, H. R.）　160
マーシア（Marcia, J. E.）　313
マイヤー（Meyer, A.）　12
前田重治　113
増田貴彦　162

マズロー（Maslow, A. H.）　14, 18, 82, 109, 118-20, 126-7, 141-3
マックレー（McCrae, R. R.）　106
マッツァ（Matza, D.）　257
丸井清泰　12
ミード（Mead, M.）　104, 111-2
三田英二　313
ミッシェル（Mischel, W.）　106
ミハイルズ（Michaels, J. W.）　95
ミュンスターベルク（Münsterberg, H.）　7
ミルグラム（Milgram, S.）　28-31
村尾泰弘　255, 258
村本由紀子　162
メイ（May, R.）　14, 142
孟子　3
森さち子　232
森武夫　313
森田正馬　230
森田光子　237
モレイ（Moray, N.）　41

ヤ 行

山岸俊男　173
山口勧　162
山本和郎　167-8
山本泰輔　269
ヤング（Young, T.）　5
ユング（Jung, C. G.）　10, 105, 108, 111, 118-9, 124, 230, 291, 314
吉田綾乃　162
吉田弘道　232
吉本伊信　230

吉本哲郎　180

ラ 行

ライチャード（Reichard, S.）　105, 335
ライト（Wright, B. A.）　307
ラザルス（Lazarus, R. S.）　138, 189, 192, 195
ラタネ（Latané, B.）　96-7
ランゲ（Lange, C.）　86
リュー（Liu, T.）　43
リンゼイ（Lindsay, P. H.）　36
リンビル（Linvill, J. G.）　47
ルリヤ（Lurija, A. R.）　71
レイ（Rahe, R. H.）　191-2
レヴィン（Lewin, K.）　10, 109, 164
レヴィンソン（Levinson, D. J.）　277, 289, 291-2
ロウ（Rowe, J. W.）　342
ローエンフェルト（Lowenfeld, M.）　230
ロートン（Lawton, M. P.）　340
ローレンツ（Lorenz, K. Z.）　22, 60
ロジャーズ（Rogers, C. R.）　14, 109, 111-2, 118, 124, 126, 128-9, 141-2, 226-7, 231
ロック（Locke, J.）　4, 34, 280
ロックハート（Lockhart, R. S.）　67

ワ 行

ワイスクランツ（Weiskrantz, L.）　45
ワイナー（Weiner, B.）　84
ワトソン（Watson, J. B.）　7-8, 10, 21, 24, 61, 281

事 項 索 引

ア 行

愛　136, 156
IQ　73
愛着　283
アイデンティティ（自己同一性）　140,
　290, 312
アイデンティティ論　14
IPCC　18
ACT　249
アセスメント　344
アタッチメント（愛着）理論　22
アドラー心理学　24, 108
アポトーシス　327
甘え　150
アメリカ心理学会（APA）　28
アルファ波　53
暗順応　37
安全基地　［アタッチメント（愛着）］
　283, 304
暗黙の性格観　110
安楽いす型　335
安楽死　338
怒り　86, 103, 105, 120, 136
生きがい　243
イギリス連合主義心理学　4
育児ストレス　286
移行期　［思春期］　309
意識的過程　［心（こころ）］　99
いじめ　235, 326
一次障害　301
一次的生理的欲求　283
一事例実験　25
一体感的人間関係　149
遺伝　280
　　　　か環境か　21
遺伝説　21
イド　107, 289
意味記憶　68, 333
意味的処理　67
意欲的な戦略家　90
医療保健領域　246

因子分析　86, 106
インフォームド・コンセント　29
インプリンティング（刻印づけ）　22
impairment　［障害の意味］　295
ヴァレンス　164
VCP　180
WISC-IV　303
WISC-Ⅲ　74
WPPSI　74
WAIS-Ⅲ　74
ウェーバーの法則　5
ウェクスラー知能検査　72
ウェルニッケ野　54
ウェルビーイング　158
氏か育ちか　280
内と外　150
うつ病　56
運動機能　329
運動神経系　52
ヴント文庫　12
ASD（自閉スペクトラム症）　300
ADHD（注意欠如・多動症）　23, 300,
　305
エゴ（自我）　289
エス　10, 107
S-R強化論　11
S/N比　35
SLD（限局性学習症）　48, 305
S-O-R方式　10
SOA　42
SOC　195
エッジ検出器　36
エピソード記憶　68, 333
fMRI（機能的磁気共鳴画像法）　58
縁　151
エンカウンターグループ　129, 142
遠隔心理学　180
援助行動　109
遠慮　150
横断法　74
応報戦略　172
応用行動分析　303

349

オープンスペース　168
置き換え　138
オキシトシン　53
恐れ　86, 103, 120
男らしさと女らしさ　292
大人の適応　315
驚き　86
オプタコン　46
オペラント　11
オペラント条件づけ　62
音韻的処理　67
音声　134

カ　行

外観　134
解決志向アプローチ　180
外向型　105
外向性　103, 106, 165
解釈　271
　――のバイアス　110
外側溝（シルビウス溝）　53
外的帰属　91
外的自己　［自己概念］　311
外罰型　335
外発的注意　42
外発的動機づけ　20, 83
開放性　103
解離症群　217
カウンセリング　205, 234, 344
核家族化　305
学習　60
学習意欲　287
学習心理学　303
学習性無力感　84, 109
学習理論　109
確証バイアス　110
覚醒　89
覚醒水準　55, 94
学派　7
学齢期　299
家系研究　21
下降的変化　［老化］　276
下縦束　130
家族　304
　――の多様化　153

家族機能　155
家族療法　25-6
可塑性　［発達］　280
カタルシス効果　72
価値観　287, 290, 315
　――の転換　307
活動制限　295-6
活動理論　341
家庭　304
カテゴリー化　91
悲しみ　86, 103, 120, 136
空の巣症候群　158
加齢　292, 331, 334-5
感覚　34
感覚記憶　67, 332
感覚神経系　52
感覚代行　46, 48
感覚・知覚　303, 329
感覚的順応　37
環境　163, 280
環境因子　296
環境閾値説　282
環境心理学　16
環境説　21
環境優位説　280
簡潔でよい形（プレグナンツ）　35
観察学習　64, 109
観察法　221
感受性　130
感情　85, 130
　――の中枢起源説　87
　――の二要因説　88
　――の末梢起源説　86
寒色　［視覚］　330
感性　130
感性情報処理　130
簡単感情　6
間脳　55
顔面フィードバック仮説　87
記憶　66, 130, 303, 332-3
　――のバイアス　110
記憶力　302
器官選択　240
危機介入　202
『菊と刀』　149

気質　102, 104, 288
帰属のバイアス　110
期待　86
期待効果　17
機能主義　7
機能主義心理学　143
機能障害　295
機能的磁気共鳴画像法　45
気分　85, 130
基本感情　86
基本的信頼感　290
基本的信頼関係　288
基本的な帰属のエラー　91
基本的な生活能力　286
基本的欲求　167
記銘・符号化　66
逆転移　270
キャノン・バード説　87
ギャングエイジ　287
嗅覚　330
急性ストレス反応（ASR）　218
教育心理学　233
強化　62, 75, 109
境界性パーソナリティ障害　109
強化子　62
強化スケジュール　63
共感　227
共感的理解　305
強迫神経症　106
強迫性障害　216
恐怖症　109
共有スペース　168
義理　150
近接の要因　39
勤勉さ　313
空間的行動　134
空間理解　303
駆動される行為者モデル　90
クライエント中心療法　13-4, 24, 129, 142, 226
クラウディング　166
グリーフケア　203
群化と分節　9
群化の法則　39
経験　128

——の要因　39
——の開放性　106
形態的処理　67
傾聴　305
系統的脱感作法　271
系列法　75
K-ABC2　303
ゲシュタルト心理学　9, 39, 143
ゲシュタルトの法則　9
ゲシュタルト療法　24, 141-2
結晶性知能　276, 334-5
権威主義的性格　104
原因帰属　84, 88, 91
嫌悪　86
研究倫理　28
元型　108
健康至上主義　187
健康心理学　27
健康相談活動　237
健康の増進　185
健康－病気の連続体　199
言語処理　303
言語性知能　73-4
言語的コミュニケーション　133
言語の役割　71
言語発達遅滞　305
顕在的注意　41
現存在分析　14, 141-2
コア・リフレクション　27
行為者－観察者バイアス　91
郊外型（団地型）超高層集合住宅　168
効果の法則　62
交感神経　55
交感神経系（SNS）　52
後期高齢者　342
後期選択説　41
攻撃　105
攻撃行動　109
攻撃衝動　108
攻撃性　103
攻撃的　91, 103, 110
攻撃的感情　104
攻撃欲求　139
高次脳機能障害　56
公衆距離　164

事項索引　*351*

口唇期　108
構成主義　7
構成主義心理学　6, 143
構造化　9
高層集合住宅　167
公的自己　112
行動遺伝学　103
行動形成のシステム　303
行動主義　8
行動心理学　143
行動的環境　163
行動の障害　297
行動のパフォーマンス　89
後頭葉　54
行動抑制機能　300
行動療法　65, 142-3, 226
公認心理師　27, 176, 247, 344
幸福感　109
幸福な老い　340
肛門期　108
合理化　139
交流分析　24, 109, 141-2
高齢化社会　276
口話法　48
コーホート　74, 293
国際障害分類　295
国際生活機能分類　295
心（こころ）　50, 52, 76, 99, 126
心＝精神世界　52
個人主義的人間関係　149
個人内差異　328
個人療法　26
個性　99, 126, 130, 151
個性化　291, 315
　　――の過程　109, 119
個性記述的アプローチ　104
個性心理学　10
個体距離　164
個体差　328
古典的条件づけ　61
子どもの適応　315
コヒアランス感　198
コミットメント　138
コミュニケーション　88, 131, 330
コミュニティ支援　176

コミュニティ心理学　138
混雑感　166
コンサルテーション　204, 236
コンサルテーション・リエゾン精神医学
　250
コンストラクト　110

サ　行

罪悪感　108
サイコドラマ　24
サイコロジカル・ファーストエイド　178
再生的問題解決　78
再体制化　76
再認課題　163
細胞体　52
作業検査法　222
サクセスフルエイジング　341
作動記憶　67
サピア・ウォーフ仮説　135
サリュートジェネシス　198
参加制約　296
酸化ヘモグロビン　58
産業・組織心理学　263
サンクショニング・システム　173
惨事ストレス　269
3段階モデル　91
サンドイッチ効果　167
CAI　11
自意識　312
シータ波　53
シェーピング法　271
ジェームズ・ランゲ説　86
シェマ（スキーマ）　68, 90, 228, 282,
　293
ジェンダー　296, 311
自我　10, 107-8, 110, 112-4, 286, 290
　　――の課題と危機　277
　　――の強さ　113
自我拡大感　312
視覚　329
視覚性の感情低下　130
視覚皮質　130
自我縮小感　312
自我心理学　14
自我心理学派　112

自我同一性の確立　23, 290
時間的行動　134
時間的展望　312
磁気共鳴（MR）信号　58
軸索　52
刺激連合学習　55
資源　195
自己　108, 110, 112-3
自己愛性パーソナリティ障害　112
自己愛的同一化　313
自己意識　112
自己一致　227
思考　77
至高経験（至高体験）　118-9, 143
試行錯誤学習　8, 61
自己開示　115
自己開示性　136
自己概念　112-3, 128, 311, 315
自己機能　70
自己構造　128
自己高揚傾向　161
自己効力感　66, 109
自己実現　14, 18, 118, 127, 154
自己実現傾向　128
自己臭恐怖　315
自己主張　286
自己受容　113
自己心理学　112
自己制御（セルフ・コントロール）　115
自己知覚理論　112
自己中心的言語　71
自己超越　120, 143
自己呈示　115
自己同一性（アイデンティティ）　290
自己の対象化　311
自己の統合　312
自己破壊的行動　114
自己標的バイアス　110
自己分裂　113
自己防衛型　335
自己奉仕的帰属　91
自己理論　109
自死　326
思秋期　291
思春期　278, 290, 309, 311, 318-9

思春期スパート　309
思春期やせ症　315
死生観　337
視線恐怖　315
持続注意　332
自尊感情　113
自尊心　113
　　──の維持・高揚　113
実験参加者　29
失語症　56
実存主義的人間性心理学　141
実存心理学　14, 141-2
実存分析　141
疾病モデル　184
私的自己　112
自伝的記憶　70
自動化　39
児童期　278, 309, 311
児童虐待　242, 284
児童相談所　241
自動的処理　39, 90
自動目標論　92
シナプス　52
シナプス間隙　52
視認性　50
死の認識　337
自発的特性理論　91
自分づくり　70
自閉症　305
嗜癖性障害群　219
司法・犯罪心理学　252
司法臨床　255
地元学　180
社会化　304
社会学的性　311
社会距離　164
社会集団　148
社会心理学　16
社会性　287
社会的アイデンティティ　112
社会的学習理論　109
社会的機能　70
社会的言語　71
社会的交換理論　169
社会的再適応評価尺度　191

社会的ジレンマ　19, 169
社会的性格　104
社会的促進　93
社会的手抜き　93, 96
社会的認知　89
社会的場面システム　138
弱化　62
弱化子　62
謝罪　258
習慣的協力者　20
集合的無意識　108
習熟度　94
囚人のジレンマ　169
住性能水準　168
縦断的方法　74
集団療法　26
執着気質　105
周辺視野　330
自由連想　10
自由連想法　270
主観的幸福感　336
熟慮型－衝動型　110
樹状突起　52
受容　86, 305
受容野　35
手話　48
循環性（躁うつ）気質　105
純粋感覚　6
順応　37
昇華　139
障害の意味　295
障害の受容　301, 306
生涯発達　21, 276, 279-80
生涯発達心理学　277
消去　63
状況の統制可能性　194
状況論　106
消去抵抗　64
条件刺激　61
条件づけ　61, 75, 109
条件反応　61
少子高齢化　304
上昇的変化［発達］　276
情操　130
情動　85, 130

情動中心対処　192
小脳　55
情報処理プロセス　162
初期学習　279
初期経験　104
初期選択説　41
女性性　292
初潮　310
触覚　331
処理水準　67
自立　290
自律神経系（ANS）　52, 55, 103
事例研究　25
人格　102, 289
人格検査　222
新奇性　103
シングル介護　212
神経細胞＝ニューロン　52
神経質　103
神経症的傾向　106
神経心理学　51
神経伝達物質　53, 103
神経発達症候群　215
新行動主義　10
心身症　321
心身相関　240
心身相互作用説　4
心身二元論　4
身体症状症　217
身体的行動　134
身体的成熟　311
診断行為の意義　302
心的外傷　31, 216
心的外傷後ストレス障害（PTSD）　218
信念　138
新フロイト派　11
親密性　155, 313
　　──と孤立　291
心理アセスメント　24
心理機能　105
心理検査法　221
心理社会的発達段階　338
心理・社会の発達理論　277
心理－性的発達理論　108
心理的ストレスモデル　189

心理的な危機　288
心理療法　24
　──のモデル（治すと治る）　27
神話的モチーフ　108
親和欲求　165
図　35
推理　130
推論　303
数的処理　303
スーパーエゴ（超自我）　289
スキーマ（シェマ）　68, 90, 228, 282, 293
スキーマ理論　68
スクールカウンセラー　234
スケール　168
鈴木ビネー法知能検査　73
ステレオタイプ　90, 110
図と地の分節　35
ストレス　189, 288, 292
ストレス因関連障害群　216
ストレス学説　240
ストレス理論　192
ストレッサー　177
スリーステップス・モデル　178
性格　102
生活空間　10, 164
生活者　296, 298
生活の質（QOL）　336
性急な結論バイアス　110
生産的問題解決　78
誠実性　103, 106
成熟　279
成熟型　335
成熟優位説　281
正常性バイアス　110
性衝動　108
生殖性と停滞　292
精神科リエゾン　27
成人期　290, 309
精神構造論　10
精神主義　149
精神的解放　193
精神的離乳　290
精神統合　143
精神年齢　73
精神物理学　5

精神分析　10, 142-3, 226
精神分析学　12
精神分析理論　107, 289
性成熟　310
生態学的環境　284
精緻化　68
性的な衝動　289
性的欲求　139
青年期　278, 289-90, 312
青年期危機　313
正の強化　62
正の弱化　62
性の商品化　310
生物学的性　311
性別違和　219
性別役割分業　154
生命維持　55
性役割　287, 311, 315
生理心理学　51
生理的早産説　285
赤面恐怖　315
世間体　152
セックス　311
摂食障害　219, 321
セルフケア　262
セルフ・ハンディキャッピング　114
セルフ・モニタリング　115
セロトニン　53, 103
宣言的記憶　68
全コミュニティ型予防　202
潜在的注意　41
前思春期　290
全身適応症候群　190
選択的注意　332
センチメント関係　17
先天的疾患　300
前頭葉　54, 103
想起　69
早期完了　313
想起・検索　67
早期発見・早期養育　301
双極性障害　216
早期療育　305
相互依存理論　169
相互協調的自己観　160

事項索引　355

相互行為　132
相互作用　22, 148, 283
相互作用説　21, 282
相互作用論　106
相互独立的自己観　160
操作的定義　11
喪失体験　337
喪失と獲得　292
双生児統制研究　281
双生児法　103
ソーシャルワーカー　344
側頭葉　54
側抑制　36
尊厳死　339

タ　行

第 1 次予防　201
第 2 次予防　201
第 3 次予防　201
対応バイアス　110
体験としての障害　298
退行　139
対自己とのコミュニケーション　136
対象関係論　109
対人葛藤　171
対人恐怖　315
対人距離　165
対人コミュニケーション　132
体制化　38
体性神経系　52
態度　105
第 2 次性徴　289, 310
大脳　53
大脳半球　53
大脳皮質　53
　　——の機能局在　54
大脳辺縁系　130
対比　35
タイプ A　105
タイプ C　105
ダウン症　305
高さ　［超高層集合住宅］　167
多数派同調バイアス　110
多世代家族　154
脱感作　25

脱酸化ヘモグロビン　58
達成動機　84
縦割り集団　287
田中ビネー式知能検査　73
タブラ・ラサ　280
WHO（世界保健機関）　295
短期記憶　67, 332
男根期　108
単純観念　4
単純細胞（simple cell）　36
暖色　［視覚］　330
男性性　292
地　35
小さな大人　21
チーム医療　27
チーム学校　27
知覚　34
知覚的フィードバック　112
知覚的負荷　41
地球温暖化　18
地球環境異変　18
地球環境保全　168
知識　76　80
知性　130
知性化　139
知性情報処理　130
チック　321
知的発達障害　300
知能　72, 302, 334
知能検査　222, 300, 303
知能偏差値　73
チャンキング　67
チャンク　67
注意　35, 40, 303
　　——によるフィルタリング　44
　　——の定位　41　43
　　——のバイアス　110
注意機能　300
注意力　332
中心溝（ローランド溝）　53
中心縦裂　53
中枢神経系（CNS）　52
中年期　276-8, 290-1
　　——の危機　277
　　——の 4 つの対立　291

中和の技術　257
聴覚　330
長期記憶　41, 67, 332
超高層集合住宅　167
超高齢化　342
超自我　10, 107
調節　282
超複雑型　36
調和性　103, 106
直列的　130
地理的環境　163
追跡調査　75
通園施設　305
通過儀礼　324
DV　284, 326
DSM-5　215
抵抗　271
disability［障害の意味］　295
DINKS　154
敵意バイアス　110
適応　137
適応メカニズム　190
適応性　133
適合のよさ　194
テストステロン　103
テスト・バッテリー　74, 222
「哲学研究」　6
手続き記憶　68, 333
デブリーフィング　30
デルタ波　53
転移　270
てんかん　56
点字　46
同一化　112
同一視　139
同一性拡散　113, 312
同一性対同一性の拡散　312
同一性達成　313
同一性の確立　113, 312
動因低減説　82
動因理論　94
投影的帰属バイアス　110
投影法　222
同化　282
動機づけ　82, 92, 96, 109

動機づけ－衛生理論　200
道具的条件づけ　62
統合　338
統合失調症　56
統合失調スペクトラム障害　216
統合心理学　109
統合的意識（統覚）　6
統合と絶望　292
動作性知能　73-4
洞察　76
洞察学習　9
統制的処理　90
頭頂葉　54
トークンエコノミー法　271
特殊教育　299
特性5因子モデル　106
特性推論　91
特性論　106
特徴検出器　35
特別支援教育　299
都心型超高層集合住宅　168
ドーパミン　53, 103
トポロジー心理学　10
トランザクショナルモデル　192
トランスパーソナル心理学　25, 142
ど忘れ　333

ナ　行

内観法　6
内観療法　230
内向型　105
内向性　106, 292
内的帰属　91
内的自己［自己概念］　311
内的対象関係　109
内罰型　335
内発的注意　42
内発的動機づけ　20　83
内部環境　189
内閉性（分裂）気質　104
なめらかな連続の要因　39
慣れ　39
縄張り　164
二過程理論　90
二次障害　301-2

事項索引　*357*

二次的動因　283
二重貯蔵モデル　67
2点触域　331
乳児期　309
乳幼児期　300
ニューロフィードバック　59
人間性心理学　24, 109, 126, 143
認識　130
人情　150
認知　34
認知科学　34
認知過程　46
認知機能　292, 302-3
認知行動療法　24
認知資源　92
認知症　56, 292, 333, 342
認知心理学　34, 142, 303
認知スタイル　110
認知説　87
認知的倹約家　89
認知的な判断　88
認知的バイアス　174
認知的評価　138
認知的不協和理論　114
認知的複雑性　110
認知能力　302
認知バイアス　110
認知論　110
ネガティブ・エイジング　343
年間加速現象　309
粘着性気質　105
年齢コーホート　279
脳幹　55
脳機能ネットワーク　59
脳細胞　327
脳死　55
脳性まひ　305
脳のなかのホムンクルス　54
脳波　53
能力感のアンバランスさ　302
ノルアドレナリン　103

ハ　行

パーソナリティ　335
パーソナリティ障害　219

パーソナル・スペース　164
背景因子　296
ハイリスク型予防　202
箱庭療法　24, 230
恥の文化　149
長谷川式簡易知能評価スケール　75
発生的認識論　282
発達　276, 279, 299
発達加速現象　309
発達課題　23, 287
発達期待　104
発達検査　222
発達勾配現象　310
発達障害　48, 235, 298, 302-4
発達段階　284
発達の障害　297-8
場独立－場依存　110
場の理論　109
場面緘黙症　321
バランス理論　18
般化　61
反抗　286
反抗期　287
犯罪　253
反社会的行動　114, 320
判断　130
handicap　［障害の意味］　295
汎抵抗資源　198
汎適応症候群　178
反動形成　139
反応時間　331
POXシステム　17
非意識的過程　99
非言語的コミュニケーション　133
被験者（実験参加者）　6
非行　253
非社会的行動　321
ヒステリー　106
額感覚認識システム（FSRS）　48
悲嘆　203
否定的アイデンティティ　114
否定的同一性　313
人か状況か論争　106
避難行動　110
否認　138

ビネー V　303
ヒューマニスティック心理学　14
表現療法　26
表情　85-6, 134
不安　103, 108, 120
不安障害　216
フェヒナーの法則　5
フォーカシング　141-2
副交感神経　55
副交感神経系（PNS）　52
複合観念　4
複雑型　36
福祉心理学　13, 241
複数物体の追跡課題　44
輻輳説　21, 282
父性原理　151
不注意による見落とし　44
物質関連障害　219
不登校　235, 315
負の強化　62
負の弱化　62
部分強化スケジュール　64
プライミング　92
プライミング効果　17, 112
フリースペース　168
ブリーフ・サイコセラピー　13, 316
ブローカ野　54
プログラム学習　65
文化　104
文化学派　11
文化価値　105
文化差　86
文化心理学　160
文化心理学的アプローチ　159
分割的注意　44, 332
文化的自己観　112
文化的自己観理論　160
分析心理学　10
紛争　174
紛争エートス　174
分離・個体化　153
分離独立　319
閉合の要因　39
並列的　130
ベータ波　53

変化　［発達］　280
偏見　93
扁桃体　103
弁別閾　5
防衛機制　108, 138
防衛的悲観主義　208
方向づけ機能　70
法則定立的アプローチ　106
『方法序説』　4
法務省式ケースアセスメントツール
　255
補完　40
母子関係　22
保持・貯蔵　66
ポジティブ・エイジング　343
ポジティブ心理学　27, 206
母子分離　168
補償　138
母性愛　156
母性原理　151
母性的養育の剥奪　283
ボディワーク　26
ホメオスタシス　190
BOLD 効果　58

マ 行

マイクロカウンセリング　25
マイルストーン型予防　202
マインドフルネス　25
マグニチュード推定法　37-8
末梢神経系　52
身内　153
味覚　330
味覚低下　330
三つ子の魂百まで　288
密集　166
密接距離　164
密度　167
無意識　8, 10
無条件刺激　61
無条件の肯定的関心　227
無条件反応　61
無知の姿勢　176
無力感　84
明順応　37

メタ分析　25
メッセージ　132
メランコリー型性格　105
面接法　221
メンタルヘルス　268, 344
妄想観念　110
目的的行動主義　11
文字認識システム（OCR）　47
モデリング　112
モラトリアム　313
森田療法　230
モリヌークスの疑問　34
問題解決　75, 130
　　──の過程　77
問題中心対処　192
問題箱　61

ヤ 行

役割　159
役割期待　112
野生児　103, 137
大和言葉　148
唯識　3
遊戯療法　26, 104, 226, 231
ユニット関係　17
ユニバーサルデザイン　50
　　──の7つの原則　50
夢分析　10
ユング心理学　109
よい形の要因　39
要因統制研究　25
幼児期　309, 311
陽電子放射断層撮影　45
抑圧　138
抑うつ　103, 109-10
抑うつ障害群　216
欲求階層説　14, 18, 82, 109, 127
欲求不満　109, 137
予防　184
喜び　86

ラ 行

ライフイベント　279, 293
ラインによるケア　262
リーダーシップ　264

リエゾン心理士　249
力動的構造論　106
力動的心理療法　24
離人症　113
離脱理論　341
利他的な利己主義　173
立体感覚失認　55
リハーサル　67
リビドー理論　10
流動性知能　334
両耳分離聴課題　40
臨床心理士　27, 176, 246-7, 306, 344
臨床心理学　24
臨床心理学的人間性心理学　142
臨床発達心理士　306
倫理基準　28
類型論　104
類同の要因　39
霊魂論　2
暦年齢　73
レジリエンス　265
resting-state fMRI 研究　59
レスポンデント　11
レスポンデント条件づけ　60
劣等感　287, 315
レディネス　279
レディネス重視　282
連続強化スケジュール　63
連続性理論　341
老化　276, 328
老眼　329
老人差別（エイジズム）　343
老人性色素斑　329
労働安全衛生法　261
老年期　277-8, 290, 292, 309, 331, 337
老老介護　212
ロールリバース（役割交換）　114
ロゴセラピー　14, 142

ワ 行

ワークエンゲージメント　265
ワークライフバランス　186

編著者紹介

小松　紘（こまつ・ひろし）
　　現　在　東北福祉大学名誉教授
　　主な著書　『視覚の時間周波数処理と色処理の機能連関に関する研究—光駆動法を中心としたフリッカー応用技法による接近—』風間書房、1997

木村　進（きむら・すすむ）
　　現　在　東北福祉大学名誉教授
　　主な著書　『ライフサイクルからよむ障害者の心理と支援』（編著）福村出版、2009

渡部純夫（わたなべ・すみお）
　　現　在　東北福祉大学総合福祉学部福祉心理学科教授
　　主な著書　『福祉心理学の世界』（分担）ナカニシヤ出版、2018

皆川州正（みなかわ・しゅうせい）
　　現　在　東北福祉大学名誉教授
　　主な著書　『心理学理論と心理的支援』（分担）弘文堂、2008

現代と未来をつなぐ実践的見地からの心理学 ［改訂版］

2009 年 3 月 30 日　第 1 版 1 刷発行
2019 年 3 月 11 日　改訂版 1 刷発行
2024 年 1 月 22 日　改訂版 3 刷発行

編著者 ── 小松　紘・木村　進
　　　　　　渡部純夫・皆川州正
発行者 ── 森口恵美子
印刷所 ── 東西インテリジェントプランニング
製本所 ── グリーン
発行所 ── 八千代出版株式会社
　　　　　〒101-0061　東京都千代田区神田三崎町 2-2-13
　　　　　TEL　03-3262-0420
　　　　　FAX　03-3237-0723
　　　　　振替　00190-4-168060

＊定価はカバーに表示してあります。
＊落丁・乱丁本はお取替えいたします。

ISBN 978-4-8429-1737-5　　　　　　©2019 H. Komatsu et al.